Aufrechnung im Verwaltungsrecht

Europäische Hochschulschriften
Publications Universitaires Européennes
European University Studies

Reihe II
Rechtswissenschaft

Série II Series II
Droit
Law

Bd./Vol. 1885

PETER LANG
Frankfurt am Main · Berlin · Bern · New York · Paris · Wien

Klaus Hartmann

Aufrechnung im Verwaltungsrecht

PETER LANG
Europäischer Verlag der Wissenschaften

Die Deutsche Bibliothek - CIP-Einheitsaufnahme

Hartmann, Klaus:

Die Aufrechnung im Verwaltungsrecht / Klaus Hartmann. -
Frankfurt am Main ; Berlin ; Bern ; New York ; Paris ; Wien :
Lang, 1996
(Europäische Hochschulschriften : Reihe 2, Rechts-
wissenschaft ; Bd. 1885)
Zugl.: Mannheim, Univ., Diss., 1995
ISBN 3-631-49272-3

NE: Europäische Hochschulschriften / 02

D 180
ISSN 0531-7312
ISBN 3-631-49272-3

Vorwort

Die nachfolgende Arbeit wurde im Sommersemester 1995 von der Fakultät für Rechtswissenschaften der Universität Mannheim als Dissertation angenommen. In der vorliegenden Fassung befindet sie sich auf dem Stand von Februar 1995.

Mein Dank gilt vor allem Herrn Prof. Dr. Wolf-Rüdiger Schenke, der den Anstoß zu dieser Untersuchung gegeben hat. Die Arbeit entstand während einer Tätigkeit als wissenschaftlicher Mitarbeiter an seinem Lehrstuhl. Herr Prof. Dr. Schenke hat ihren Fortgang durch beinahe allgegenwärtige Diskussionsbereitschaft und große wissenschaftliche Fürsorge stets gefördert und unterstützt. Die herzliche und menschliche Atmosphäre an seinem Lehrstuhl hat auch über Tiefen hinweggeführt, die (wohl) jedes größere Projekt dieser Art durchmißt.

Ein besonderer Dank gebührt auch Herrn Prof. Dr. Gerd Roellecke für die überaus zügige Erstellung des Zweitgutachtens. Darüberhinaus danke ich allen Freunden und Kollegen, insbesondere Herrn Josef Ruthig und Herrn Dr. Peter Baumeister, für wichtige Hinweise und jederzeitige Gesprächsbereitschaft sowie nicht zuletzt die Hilfe bei diversen technischen Problemen, die der Einsatz von Computern oftmals mit sich bringt.

Meine Frau Birgit und unser Sohn Daniel waren mir im privaten Bereich eine große Stütze - meine Frau daneben auch durch die Hilfe beim Korrekturlesen des Manuskripts - und haben auf diese Weise einen Beitrag zum Entstehen dieser Arbeit geleistet.

Mannheim, im Mai 1995 *Klaus Hartmann*

Einführung

Die Aufrechnung ist im öffentlichen Recht von hoher praktischer Relevanz. Hauptanwendungsgebiete sind insbesondere im Bereich des Abgabenrechts, des Beamtenrechts und des Sozialrechts; aber auch für das allgemeine Verwaltungsrecht ist das Rechtsinstitut der Aufrechnung von Bedeutung. Gerade dieses Rechtsgebiet steht für die vorliegende Untersuchung im Vordergrund.

Wesentliche Fragen in Verbindung mit dem Institut der Aufrechnung sind bislang kontrovers behandelt und unterschiedlich gelöst worden. Hieran knüpft die vorliegende Arbeit an, mit der versucht wird, die bis in jüngste Zeit strittigen Probleme aufzuzeigen und eine Lösung vorzuschlagen.

Zur begrifflichen Klarstellung ist anzumerken, daß mit dem Begriff der Aufrechnung, soweit er im Rahmen dieser Arbeit von Bedeutung ist, die Aufrechnung durch einseitige Erklärung, wie sie für das bürgerliche Recht in den Vorschriften der §§ 387 ff. BGB geregelt ist, nicht aber die Rechtsfigur des Aufrechnungsvertrages bzw. der Anrechnung gemeint ist. Bei der Anrechnung, im öffentlichen Recht oft im Zusammenhang mit dem Begriff Einbehaltung anzutreffen, handelt es sich um die Berücksichtigung von Abzugsposten mit unmittelbar anspruchsmindernder Wirkung bei der Berechnung der Höhe einer Forderung bzw. um den Bezug von Leistungen auf eine bestimmte Schuld[1]. Der Aufrechnungsvertrag ist im Gegensatz zur einseitigen Aufrechnungserklärung ein zweiseitiges Rechtsgeschäft, das die Tilgung zumindest zweier Forderungen verschiedener Gläubiger durch Verrechnung zum Gegenstand hat. Dieser Vertragstyp ist zwar im BGB nicht geregelt, seine Existenz wird aber allgemein anerkannt[2]. Hierbei ist lediglich im einzelnen die genaue Konstruktion umstritten, nämlich ob ein gegenseitiger Erlaßvertrag[3] oder ein Vertrag über die Annahme einer Leistung an Erfüllungs statt vorliegt[4]. Ebenso wie die in diesem Zusam-

---

1 Vgl. hierzu ausf. *Gernhuber*, Erfüllung, § 12 I 2 (S. 208); *Larenz*, Schuldrecht Allgemeiner Teil, § 18 VI (S. 256).

2 Vgl. *Gernhuber*, Erfüllung, § 14 I 2 (S. 297); *Larenz*, Schuldrecht Allgemeiner Teil, § 18 VI f (S. 265 f.); *Soergel/Zeiss*, BGB, Vor § 387 Rz. 5; *Erman/Westermann*, BGB, Vor § 387 Rz. 4.

3 So *Staudinger/Kaduk*, BGB, (11. Auflage) Vor § 387 Rz. 73 m. w. Nachw., anders nunmehr 12. Auflage, 1994, Vor § 387 Rz. 75.

4 Dafür wohl, *Erman/Westermann*, BGB, Vor § 387 Rz. 4; allgemein zum Aufrechnungsvertrag vgl. auch *Bülow*, JuS 1991, 529 (536), der die Konstruktion des Erlaßvertrags ebenfalls ablehnt, da keine Partei auf Befriedigung verzichte, (s. dazu auch

menhang auftretende Frage nach dem numerus clausus schuldrechtlicher Verfügungsgeschäfte[5] und sich eventuell hieraus ergebender Konsequenzen für den Aufrechnungsvertrag müssen diese Probleme für die hier durchzuführende Untersuchung unberücksichtigt bleiben, da sie unmittelbar die Aufrechnung im hier behandelten Sinne nicht berühren und den Umfang der Untersuchung zu sehr ausweiten würden.

Obwohl die Thematik der Aufrechnung im öffentlichen Recht im hier zugrundegelegten Sinne schon mehrmals durch Dissertationen aufgegriffen wurde[6], rechtfertigen seither eingetretene Änderungen in der Rechtsprechung, aber auch die fortentwickelte Dogmatik eine erneute Beschäftigung mit dem Thema.

Gang der Darstellung

Die Arbeit ist in 5 Teile gegliedert. Im 1. Teil werden die Grundlagen der Aufrechnung im öffentlichen Recht untersucht. Hierbei ist die grundsätzliche Anwendbarkeit des Rechtsinstituts von Bedeutung und es ist auf die gesetzlichen Grundlagen einzugehen.

Im 2. Teil wird die Aufrechnung des Bürgers dargestellt, wobei hier der Schwerpunkt auf der Behandlung der Konstellationen liegt, in denen die Aufrechnung gegenüber einer Forderung erklärt wird, die in Zusammenhang mit einem Verwaltungsakt steht. Einen wesentlichen Teil der Problematik bildet die Frage, wie sich die Aufrechnung auf diesen Verwaltungsakt auswirkt.

Der 3. Teil behandelt die Aufrechnung durch die Verwaltung. Schwerpunkte sind hier die Rechtsnatur der Aufrechnungserklärung sowie die Fallgestaltung,

---

Larenz, Schuldrecht Allgemeiner Teil, § 18 VI f. [S. 266]). *Bülow* geht insoweit von einem gegenseitigen Erfüllungsersetzungsvertrag aus (S. 536 m. Fn. 91).

5 Vgl. *Gernhuber*, Erfüllung, § 14 I 2 (S. 297).

6 S. *Hipp, Wolfgang*: Die Aufrechnung im öffentlichen Recht unter besonderer Berücksichtigung der Frage nach der Zulässigkeit gegenseitiger Aufrechnung öffentlich-rechtlicher und privatrechtlicher Forderungen, Hamburg 1935; *Löbbecke, Wolf von*: Die Aufrechnung im öffentlichen Recht, Göttingen 1935; *Löwenberg, Bernward*: Die Geltendmachung von Geldforderungen im Verwaltungsrecht, Münster 1967; *Schumann, Herbert*: Können privatrechtliche und öffentlich-rechtliche Forderungen gegeneinander aufgerechnet werden?, Heidelberg 1917; *Sussmann, Julius*: Die Aufrechnung im öffentlichen Recht, namentlich ihre Berücksichtigung im Prozeß, Heidelberg 1934, zuletzt *Herbsleb, Hartmut*: Die Aufrechnung im Verwaltungsrecht, Münster 1968; vgl auch *Burmester, Marion*: Die Verrechnung von Steuerforderungen, Hamburg 1976, *Hermann, Ulrike*: Die Aufrechnung im Steuerrecht, Passau 1992.

in der die Behörde mit einer Forderung, die durch Verwaltungsakt geltend gemacht wird, aufrechnet. Hierbei ist insbesondere die Wirkung der Einlegung von Rechtsbehelfen gegen diesen Verwaltungsakt für die Aufrechnung von Bedeutung. Im einzelnen wird dazu zwischen forderungsbegründenden und forderungsfeststellenden Verwaltungsakten differenziert.

Im 4. Teil wird die Problematik der prozessualen Berücksicksichtigung der Aufrechnung mit einer rechtswegfremden Forderung behandelt. Hier ist zum einen die Gesetzesänderung durch das 4. VwGOÄndG zu berücksichtigen und zum anderen auf die Fälle einzugehen, die durch diese Änderung nicht erfaßt werden.

Im 5. Teil werden die Ergebnisse zusammengefaßt.

1. Teil: Die Grundlagen der Aufrechnung im öffentlichen Recht

I. Die Zulässigkeit der Aufrechnung im öffentlichen Recht

Die Zulässigkeit der Aufrechnung im öffentlichen Recht war Anfang diesen Jahrhunderts umstritten[7], wird aber seit einigen Jahrzehnten nicht mehr in Frage gestellt[8]. Mittlerweile sind die Aufrechnung im öffentlichen Recht ablehnende Auffassungen bereits der Rechtsgeschichte zugeordnet worden[9], wobei dies gleichwohl nicht bedeutet, daß eine nähere Betrachtung dieser Auffassungen für die aktuelle Diskussion von vornherein völlig fruchtlos ist.

Hierbei stellen sich im wesentlichen zwei unterschiedliche Auffassungen dar: Es ist zu differenzieren zwischen Begründungsansätzen, die die Anwendung des Rechtsinstituts der Aufrechnung im Bereich des öffentlichen Rechts gänzlich verneinen und solchen, die dessen grundsätzliche Anwendbarkeit zwar bejahen, mit unterschiedlicher Argumentation jedoch Einschränkungen vornehmen.

1. Auffassungen, die die Aufrechnung im öffentlichen Recht völlig ablehnen

Obwohl es mehrere Vertreter dieser Auffassung gegeben hat, stellt sie nicht die seinerzeit herrschende Meinung dar - vielmehr gab es bereits damals weit mehr Stimmen, die die grundsätzliche Anwendbarkeit des Rechtsinstituts der Aufrechnung im öffentlichen Recht nicht in Frage stellten.

Heute noch vielfach genannte[10] Vertreter der ablehnenden Auffassung sind *Hartmann*[11] und *Fleiner*[12]. *Hartmann* vertritt den Standpunkt, in das öffentliche Recht habe das Institut der Aufrechnung keinen Eingang gefunden, da die Vorschriften des BGB nur privatrechtliche Rechtsbeziehungen regeln. Im Zusam-

---

7 Vgl. *Hartmann*, DJZ 1912, Sp. 519; *ders.*, VerwArch. 25 (1917) 389 (401 ff.); *Fleiner*, S. 436; *BayVGHE* 40, 39 (43) in einem obiter dictum.

8 So hat bereits *Herbsleb*, S. 21, festgestellt, daß es keine neuere Lit. u. Rspr. gibt, die die Zulässigkeit der Aufrechnung insoweit ablehnt - daran hat sich zwischenzeitlich nichts geändert.

9 Vgl. *Schenke/Ruthig*, NJW 1992, 2505, Fn. 2.

10 Vgl. *Kröger/Jakobs*, JA 1981, 266, Fn. 6; *Pietzner*, VerwArch. 73 (1982), 453, Fn. 4; *Ehlers*, NVwZ 1983, 446, Fn. 3; *Schenke/Ruthig*, NJW 1992, 2505, Fn. 2.

11 S. *Hartmann*, DJZ 1912, Sp. 519; *ders.*, VerwArch. 25 (1917), 389 (401 ff.).

12 S. *Fleiner*, S. 436.

menhang mit der Aufrechnung öffentlich-rechtlicher und privatrechtlicher Forderungen spricht er weitergehend von "inkommensurablen Größen" und lehnt insoweit die Möglichkeit der Aufrechnung ab[13]. *Fleiner* erkennt, ohne nähere Begründung, einen allgemeinen Grundsatz, der außerhalb des Steuerrechts die Aufrechnung eines Privaten sowohl öffentlich-rechtlicher Forderungen gegeneinander, als auch privatrechtlicher Forderungen mit öffentlich-rechtlichen verbietet. Zu diesem Ergebnis kommt auch *Tezner*[14], der seine Auffassung damit begründet, öffentliche Pflichten zur Geldzahlung seien so absolut, daß sich keine Anhaltspunkte für die Berücksichtigung eines von ihnen verschiedenen Rechtsverhältnisses finden.

2. Auffassungen, die die Aufrechnung im öffentlichen Recht einschränken

Weit überwiegend ist bereits zu jener Zeit die Zahl der Autoren, die die Aufrechnung auch im öffentlichen Recht grundsätzlich anerkennen, aber aus unterschiedlichen Erwägungen Bedenken herleiten, die zu Einschränkungen führen:

Hier ist eine Argumentationslinie zu verfolgen, die insbesondere die Aufrechnung privatrechtlicher und öffentlich-rechtlicher Forderungen gegeneinander ablehnt.

Diese Auffassung vertritt beispielsweise *Hipp*, der ausdrücklich die Aufrechnung im Bereich des öffentlichen Rechts anerkennt[15], die Aufrechnung privatrechtlicher mit öffentlich-rechtlichen Forderungen jedoch ablehnt, da diese nicht gleichartig seien[16].

Josef stellt ebenfalls die grundsätzliche Anwendbarkeit des Rechtsinstituts der Aufrechnung auch im öffentlichen Recht fest[17], schränkt aber dann die Aufrechnungsmöglichkeit dahingehend ein, daß eine Aufrechnung nur dann zulässig

---

13 S. *Hartmann*, VerwArch. 25 (1917) 389 (403).

14 Vgl. *Tezner*, ÄöR Bd. 9 (1894), 520.

15 Vgl. *Hipp*, S. 18 f., 22.

16 S. *Hipp*, S. 41.

17 S. *Josef*, VerwArch. 22 (1914), 369 (374).

ist, wenn für die Entscheidung über Forderung und Gegenforderung dieselbe Behörde zuständig ist[18].

Ähnliche Bedenken, die auf die fehlende einheitliche Gerichtszuständigkeit bei der Aufrechnung privatrechtlicher und öffentlich-rechtlicher Forderungen gegeneinander gegründet sind, erhebt auch *Malachow*, der die Aufrechnung im Ergebnis jedoch zuläßt, wobei entgegen dem Wortlaut von § 322 Abs. 2 ZPO die Entscheidung über die Gegenforderung nicht in Rechtskraft erwachsen soll; außerdem verweist er auf die Möglichkeit der Aussetzung des Verfahrens bzw. den Erlaß eines Vorbehaltsurteils[19].

Eine andere Ansicht will unter Hinweis auf die Probleme, die sich aus der Unzuständigkeit des Gerichts für eine Entscheidung über eine rechtswegfremde Forderung ergeben, auch außerhalb des Steuerrechts, in dem eine dies ausdrücklich bestimmende Regelung bereits damals existierte[20], die Aufrechnung nur mit unbestrittenen oder rechtskräftig festgestellten Forderungen zulassen[21].

Dagegen hat bereits *Forsthoff* angeführt, eine Anwendung des § 124 RAO auf die Aufrechnung privatrechtlicher und öffentlich-rechtlicher Forderungen könne nicht durch Auslegung, sondern nur durch den Gesetzgeber erfolgen[22].

Friedrichs läßt sowohl die Aufrechnung öffentlich-rechtlicher Forderungen gegeneinander, als auch öffentlich-rechtlicher gegenüber privatrechtlichen zu. Dabei stellt er fest, daß auch eine Berücksichtigung der Aufrechnung im Verwaltungsprozeß wie im Zivilprozeß erfolgen müsse, ohne sich jedoch mit den insoweit von anderen Autoren geäußerten Bedenken auseinanderzusetzen - lediglich für den Bereich des Abgabenrechts macht er davon, wegen der besonderen Bedeutung des Veranlagungsverfahrens, eine Ausnahme[23].

---

18 Vgl. *Josef*, VerwArch. 22 (1914), 369 (378 ff., 381); *ders.*, VerwArch. 24 (1916), 324 (335 ff., 340) - wobei *Josef* ersichtlich den Begriff der Behörde auch im Sinne von Gericht versteht.

19 S. *Malachow*, VerwArch. 28 (1921), 279 (279 ff.).

20 § 124 RAO, - heute findet sich eine entsprechende Regelung in § 226 Abs. 3 AO.

21 Vgl. *Jellinek*, Verwaltungsrecht, S. 213; ähnlich auch *Hatschek*, Verwaltungsrecht, S. 32 f.

22 Vgl. *Forsthoff*, Lehrbuch des deutschen Verwaltungsrechts, 1950, S. 217.

23 S. *Friedrichs*, Verwaltungsrechtspflege I, S. 268 ff.

Schumann hingegen will die Vorschrift des § 322 Abs. 2 ZPO, in der er das größte Problem bei der Aufrechnung öffentlich-rechtlicher und privatrechtlicher Forderungen gegeneinander erblickt, nicht anwenden, da diese dem materiellen Recht in diesen besonderen Fällen nicht gerecht werde[24].

Eine besondere Position nimmt *Hoheisel* ein, der zwar die Aufrechnung im öffentlichen Recht anerkennt und von daher der zweiten Gruppe zuzurechnen wäre, bei näherer Betrachtung weisen seine Argumente jedoch Parallelität zu denen der Vertreter der ersten Gruppe auf: Er unterscheidet zwischen öffentlich-rechtlichen Forderungen im engeren Sinne und im weiteren Sinne. Hierbei definiert er das öffentliche Recht im engeren Sinne als das Verhältnis aufgrund hoheitlicher Machtbeziehung und das öffentliche Recht im weiteren Sinne als das Verhältnis aufgrund irgendwelcher Rechtsbeziehungen. Soweit der Staat aufgrund seines Herrschafts- und Machtverhältnisses etwas verlangt, sei er nicht Gläubiger und sein Verlangen nicht Forderung im Sinne des Schuldrechts. Dieses Verhältnis werde nicht durch Rechte regiert, sondern durch Macht. Es seien allenfalls Ansprüche des Staates gegen den Untertan, nicht aber solche des Untertanen gegen den Staat denkbar. Den Rechten des Staates, die in Wirklichkeit Macht seien, entsprächen keine Pflichten im eigentlichen Sinne. Demnach läßt *Hoheisel* die Aufrechnung auch nur im Bereich des öffentlichen Rechts im weiteren Sinne zu[25].

3. Stellungnahme und Bewertung

Dieser Überblick über das Meinungsspektrum zur Frage der Aufrechnung im öffentlichen Recht zu Beginn dieses Jahrhunderts zeigt, daß einzelne Probleme, die auch in neueren Stellungnahmen noch diskutiert werden, bereits damals gesehen wurden.

Dies gilt vor allem für die Ansätze, die verschiedene prozessuale Einwände vorbringen. Hierauf wird noch einzugehen sein. Die Ansätze, die die Aufrechnung völlig ablehnen oder jedenfalls die Aufrechenbarkeit öffentlich-rechtlicher und privatrechtlicher Forderungen gegeneinander verneinen, sind vielfach aus einem damals häufig anzutreffenden, obrigkeitlich geprägten Staatsverständnis begründet, das sich mit dem heutigen nicht deckt und insoweit als überkommen be-

---

24 Vgl. *Schumann*, S. 71 ff., 88.

25 Vgl. *Hoheisel*, Pr.Vbl. 40 (1919), 570.

zeichnet werden kann[26]. Auch andere Zeitströmungen finden in der Begründung ihren Ausdruck[27]. Diese Positionen werden in neuerer Zeit nicht mehr vertreten:

Vielmehr besteht heute Einigkeit, daß auch im öffentlichen Recht das Rechtsinstitut der Aufrechnung Anwendung findet[28]. Als entscheidend wird insoweit meist die der Aufrechnung zugrundeliegende Erwägung vorgebracht, daß der wirtschaftlich sinnlose Austausch gleichartiger Leistungen unterbleiben soll[29], da diesem Grundgedanken auch im Bereich des öffentlichen Rechts Bedeutung zukomme[30].

Diese die Aufrechnung bejahende Auffassung ist auch dogmatisch begründbar und nicht nur Ausdruck reiner Zweckmäßigkeitserwägungen:

Für bestimmte Rechtsmaterien des öffentlichen Rechts ist die Aufrechnung ausdrücklich geregelt: z. B. § 51 Abs. 2 BRRG, § 84 Abs. 2 BBG, § 226 AO, § 51 Abs. 1 SGB, § 19 BAFöG, § 11 Abs. 2 BBesG, § 51 Abs. 2 BeamtVG. Hierbei handelt es sich jeweils um Regelungen, die die Aufrechnung einschränken und nicht um solche, die die Möglichkeit der Aufrechnung ausdrücklich erst begründen. Bei der Schaffung dieser Einschränkungen setzte der Gesetzgeber die Möglichkeit der Aufrechnung als solche offenbar als bereits gegeben voraus. Danach ist der Schluß zu ziehen, daß auch im Fall des Fehlens einer solchen Regelung die Aufrechnung nach allgemeinen Grundsätzen zulässig ist, da der Gesetzgeber nur einschränkende Abweichungen ausdrücklich geregelt hat[31]. Aufgrund des einschränkenden Charakters der Regelungen läßt sich methodisch

---

26 Dies gilt wohl vor allem für *Hartmann*, *Fleiner* und *Hoheisel*.

27 Vgl. *Hipp*, S. 16 f.

28 Vgl. nur BVerwG, DVBl. 1960, 36; DÖV 1972, 574; BVerwGE 65, 226; 66, 218 (221); 77, 19 (21); *Wolff/Bachof/Stober*, Verwaltungsrecht I, § 55 Rz. 47; *Pietzner*, VerwArch. 73 (1982), 453 (455); *Glose*, DÖV 1990, 146 (146 f.); *Ehlers*, JuS 1990, 777; *ders.*, NVwZ 1983, 446 (446 f.); *Buhmann*, MDR 1984, 983; *Weidemann*, DVBl. 1981, 113; *Neupert*, JuS 1978, 825 (826); *Battis*, DVBl. 1971, 572 (572 f.); *Tiemann*, KStZ 1971, 6; *Appel*, BayVBl. 1983, 201; *Lüke/Huppert*, JuS 1978, 165 (171); *Herdegen*, VBlBW 1984, 193; *Veitenthal*, BayVBl. 1990, 615; *Ebsen*, DÖV 1982, 389; *Schmidt*, JuS 1984, 28 (28 ff.).

29 Vgl. dazu: *Palandt/Heinrichs*, § 387 Rz 1; differenzierend: *Gernhuber*, S. 210 f.; zur Aufrechnung als Ausdruck des Satzes "dolo agit qui petit quod statim redditurus est" in der bes. Konstellation, daß jemand zugleich Schuldner und Gläubiger einer and. Person ist: *MK/v. Feldmann*, BGB, § 387 Rz 1.

30 Vgl. beispielsweise: *Herbsleb*, S.15; *Lüke/Huppert*, JuS 1978, 165 (171); *Ehlers*, NVwZ 1983, 446.

31 So auch *Pietzner*, VerwArch. 73 (1982), 453 (454).

jedenfalls nicht der Schluß gewinnen, bei fehlender Regelung durch den Gesetzgeber sei die Aufrechnung ausgeschlossen - die jeweils einschränkende Regelung setzt die Möglichkeit der Aufrechnung denknotwendigerweise bereits voraus und enthält gerade keine ablehnende Aussage zur Zulässigkeit der Aufrechnung im allgemeinen.

II. Die gesetzliche Regelung der Aufrechnung im öffentlichen Recht

1. Das Fehlen einer allgemeinen Regelung der Aufrechnung für das öffentliche Recht

Von den oben bereits erwähnten öffentlich-rechtlichen Vorschriften abgesehen, fehlt eine Regelung der Aufrechnung für das öffentliche Recht, wie man sie als allgemeine Regelung etwa im Bereich der Verwaltungsverfahrensgesetze erwarten könnte.

In Literatur und Rechtsprechung besteht insoweit Konsens, daß einerseits - wie oben bereits angesprochen - die Aufrechnung auch im Bereich des öffentlichen Rechts möglich ist und andererseits mangels spezialgesetzlicher Normierungen auf die Vorschriften des BGB zurückgegriffen wird.

2. Die Anwendung der die Aufrechnung betreffenden Vorschriften des BGB

Die entsprechenden Regelungen der §§ 387 ff. BGB werden in der Literatur als Ausdruck eines allgemeinen Rechtsgedankens angesehen und auch im öffentlichen Recht angewendet[32].

Auch in den einschlägigen gerichtlichen Entscheidungen wird die generelle Anwendbarkeit der Vorschriften nicht in Frage gestellt, bzw. ohne nähere Erörterung von einer solchen Anwendbarkeit ausgegangen. Das *BVerwG*[33] stellt beispielsweise fast lakonisch unter Verweis auf *Forsthoff*[34] die Anwendbarkeit des

---

32 S. *Kröger/Jakobs*, JA 1981, 266 (266 f.); *Arnold*, BayVBl. 1972, 151; *Herbsleb*, S. 16 ff.; vgl. auch die Nachw. in Fn. 36, 43; für das Steuerecht vgl. *Hermann*, S. 11 ff.

33 Vgl. etwa BVerwG, DVBl. 1960, 36.

34 Vgl. *Forsthoff*, 7. Aufl. 1958, S. 259, inhaltsgleich 10. Aufl. 1973, S. 285.

§ 389 BGB bei der Aufrechnung gegen öffentlich-rechtliche Forderungen fest[35], wobei letztlich offen bleibt, ob eine direkte oder analoge Anwendung vorliegt.

Forsthoff wendet die Vorschriften des BGB nicht direkt an, sieht sie jedoch als Ausdruck allgemeiner Grundsätze, soweit sie sich nicht auf Besonderheiten des Privatrechts beziehen - insoweit verweist er auf die §§ 393-395 BGB - die mit der Rechtsnatur der Aufrechnung als solcher gegeben und nicht auf das bürgerliche Recht beschränkt seien[36].

III. Die gesetzliche Regelung der Aufrechnung im Zivilrecht

1. Begriff und Bedeutung der Aufrechnung

Die Aufrechnung ist im Zivilrecht als Erfüllungssurrogat[37] einseitiges, gestaltendes Rechtsgeschäft[38], das zur Tilgung gegenseitiger und gleichartiger Forderungen führt[39]. Zum einen hat die Aufrechnung in bezug auf die Forderung des Gläubigers Tilgungswirkung[40]. Darüberhinaus hat die Aufrechnung auch die Tilgung der eigenen Forderung des Schuldners zur Folge und dient damit deren

---

35 Ebenso in weiteren Entscheidungen: BVerwGE 77, 19 (21); zur Anwendbarkeit in der umgekehrten Konstellation der Aufrechnung durch die Behörde: BVerwG, ZBR 1972, 189 = DÖV 1972, 374.

36 So wohl auch *Erichsen*, in: Erichsen/Martens, § 30 Rz. 2; *Brandel* in: Schweickhardt (Hrsg.), Rz. 308; jüngst: *Schenke/Ruthig*, NJW 1992, 2505. Ohne nähere Ausführungen zu den anzuwendenden Vorschriften: *Wolff*, Verwaltungsrecht I, § 44 III e; *Wolff/Bachof/Stober*, Verwaltungsrecht I, § 55 Rz. 47; *Maurer*, § 17 Rz. 1, § 9 Rz. 10, § 20 Rz. 11; *Knack/Henneke*, VwVfG, § 35 Rz 4.4; *Herbsleb*, S. 96 ff., insbes. S. 99 f. bejaht ebenfalls die Anwendbarkeit des § 389 BGB; allgemein zur Anwendung bürgerlich-rechtlicher Vorschriften im Verwaltungsrecht: *Weber*, JuS 1970, 169 (170 ff.).

37 Trotz des oftmals vorgetragenen Arguments, die Aufrechnung vermeide lediglich zwei gegenläufige und insoweit sinnlose Zahlungen, bleibt der Unterschied zwischen Erfüllung durch Barzahlung und Aufrechnung, besonders aus der Sicht des Gläubigers, evident. Von hierher erklärt sich auch die Existenz gesetzlicher und vertraglicher Einschränkungen der Aufrechnungsmöglichkeit bis hin zum Aufrechnungsausschluß; vgl. insoweit *Gernhuber*, Erfüllung, § 12 I 3 (S. 210 f.); zu Schranken für Aufrechnungsverbote *Palandt/Heinrichs*, BGB, § 387 Rz. 17 ff.

38 Zur begrifflichen Abgrenzung von Anrechnung und Aufrechnungsvertrag vgl. o. S. 1.

39 S. *Gernhuber*, Erfüllung, § 12 I 1 (S. 207); *Erman/Westermann*, BGB, Vor § 387 Rz. 1; *Soergel/Zeiss*, BGB, Vor § 387 Rz. 1.

40 S. *Larenz*, Schuldrecht Allgemeiner Teil, § 18 VI (S. 255).

Durchsetzung. Insoweit kommt der Aufrechnung eine Sicherungsfunktion[41] im Hinblick auf die eigene Forderung zu, da diese Durchsetzung beispielsweise auch bei Zahlungsunfähigkeit des Schuldners möglich ist[42]. Vor dem Hintergrund dieser Doppelfunktionalität[43] ist umstritten, welche Funktion im Vordergrund steht[44], wobei im Bereich des Zivilrechts nach der systematischen Stellung der Aufrechnung die Rolle als Erfüllungsersatz, im Konkursrecht die als Befriedigungsmöglichkeit wohl von größerer Bedeutung ist[45]. Diese Frage ist für die hier behandelte Problematik jedoch nicht von Relevanz, womit sich eine weitere Vertiefung erübrigt.

Im Zusammenhang mit der Aufrechnung ist zwischen Aufrechnungslage, Aufrechnungserklärung und Aufrechnungswirkung zu differenzieren.

2. Voraussetzungen der Aufrechnung

Voraussetzungen der Aufrechnung sind die Gegenseitigkeit und die Gleichartigkeit der einander gegenüberstehenden Forderungen (§ 387 BGB). Gegenseitigkeit bedeutet hierbei, daß den Parteien wechselseitig Forderungen zustehen, d. h. jeder ist zugleich Gläubiger und Schuldner des anderen[46]. Es wird begrifflich zwischen Haupt- bzw. Passivforderung und Gegen- bzw. Aktivforderung, d. h. zwischen der Forderung, gegen die aufgerechnet wird und derjenigen, mit der aufgerechnet wird, unterschieden[47]. Dabei bezeichnet die Forderung, mit der aufgerechnet wird, d. h. die Gegenforderung oder Aktivforderung, die Forderung, die dem Aufrechnenden gegen den Aufrechnungsgegner zusteht, deren Gläubiger er und deren Schuldner der andere ist. Die Forderung, gegen die aufgerechnet wird, d. h. die Hauptforderung oder Passivforderung, ist die Forde-

---

41 Vgl. dazu *Larenz*, Schuldrecht Allgemeiner Teil, § 18 VI (S. 255); *Bötticher*, Festschrift für Schima, S. 95 (100 ff.); *Palandt/Heinrichs*, BGB, § 387 Rz. 1.

42 Vgl. die Vorschriften der §§ 53 ff. KO, 54 VglO, 770 Abs.2 BGB, 129 Abs.3 HGB.

43 S. auch *Burmester*, S. 17 f.

44 Vgl. *Hermann*, S. 7.

45 S. *Erman/Westermann*, BGB, Vor § 387 Rz, 1; vermittelnd *Gernhuber*, Erfüllung, § 12 I 1 (S. 208).

46 S. *Erman/Westermann*, BGB § 387 Rz. 1; *Soergel/Zeiss*, BGB, § 387 Rz. 1; *Palandt/Heinrichs*, BGB, § 387 Rz. 4.

47 Vgl. *Larenz*, Schuldrecht Allgemeiner Teil, § 18 VI a 3, 4 (S. 258); *Gernhuber*, Erfüllung, § 12 IV, V (S. 226 ff.); *Palandt/Heinrichs*, BGB, § 387 Rz. 11 f.

rung, deren Schuldner der Aufrechnende und deren Gläubiger der Aufrechnungsgegner ist[48].

Gem. § 387 BGB ist Voraussetzung, daß der Aufrechnende die ihm gebührende Leistung zu fordern berechtigt ist, was bedeutet, daß die Forderung des Aufrechnenden, also die Gegen- oder Aktivforderung, gültig, fällig und durchsetzbar sein muß[49]. Die Forderung, gegen die aufgerechnet wird, die Passiv- oder Hauptforderung, muß erfüllbar[50] sein - der Gesetzeswortlaut verlangt insoweit eine Leistung, die der Schuldner bewirken kann. Die Anforderungen, die an die Hauptforderung gestellt werden, sind demnach geringer als die, die an die Gegenforderung gestellt werden.

a. Anforderungen an die Hauptforderung

Aus dem Erfordernis (lediglich) der Erfüllbarkeit für die Hauptforderung folgt, daß diese nicht fällig sein muß und beispielsweise auch eine unvollkommene Verbindlichkeit ausreicht[51]. Weiterhin ist eine Aufrechnung gegen eine einredebehaftete Forderung möglich, gleichwohl ob es sich um peremptorische oder dilatorische Einreden handelt[52].

---

48 Dabei ist diese Unterscheidung z. T. eher verwirrend als klarstellend und kann in der Terminologie leicht zu Verwechslungen führen; s. auch *Gernhuber*, Erfüllung, § 12 I 1 (S. 207), der außerhalb des Prozesses die Bezeichnung der Aktivforderung als Hauptforderung und die der Passivforderung als Gegenforderung für näherliegend erachtet und auf die Prozeßsituation als Grundlage der obigen Terminologie vor allem in der Rechtsprechung hinweist. Insoweit bezeichnet prozessual der Begriff der Gegenforderung die Forderung des aufrechnenden Beklagten, im Gegensatz zur Hauptforderung des Klägers.

49 Teilweise wird auch von voll wirksam, fällig und durchsetzbar gesprochen, ohne daß damit in der Sache eine Differenzierung gemacht würde, vgl. *Larenz*, Schuldrecht Allgemeiner Teil, § 18 VI 3 (S. 258); *Gernhuber*, Erfüllung, § 12 IV (S. 226 f.); *Palandt/Heinrichs*, BGB, § 387 Rz. 11; *Soergel/Zeiss*, BGB, § 387 Rz. 8; *Erman/Westermann*, BGB, § 387 Rz. 2; *Staudinger/Kaduk*, BGB, § 387 Rz. 84; *MK/v. Feldmann*, BGB, § 387 Rz. 18.

50 S. *Larenz*, Schuldrecht Allgemeiner Teil, § 18 VI 4 (S. 258 f.); *Gernhuber*, Erfüllung, § 12 V (S. 231 f.); *Palandt/Heinrichs*, BGB, § 387 Rz. 12; *Soergel/Zeiss*, BGB, § 387 Rz. 10; *Erman/Westermann*, BGB, § 387 Rz. 2; *Staudinger/Kaduk*, BGB, § 387 Rz. 84; *MK/v. Feldmann*, BGB, § 387 Rz. 21.

51 S. *Gernhuber*, Erfüllung, § 12 V 1 (S. 231 f.).

52 Vgl. *Gernhuber*, Erfüllung, § 12 V 3 (S. 233 f.); *MK/v. Feldmann*, BGB, § 387 Rz. 21 f, § 390, Rz. 1.

b. Anforderungen an die Gegenforderung

Der Gegenforderung hingegen darf neben dem Erfordernis der Fälligkeit und der Durchsetzbarkeit keine Einrede entgegenstehen. Dies wird durch die Vorschrift des § 390 BGB ausdrücklich klargestellt, insoweit liegt eine Präzisierung und Erweiterung von § 387 BGB vor[53]. Der Begriff der Einrede wird hier nicht im prozessualen, sondern im materiellrechtlichen Sinne aufgefaßt[54].

Durchsetzbarkeit bedeutet jedoch noch mehr als Freiheit von Einreden. Die Gegenforderung muß, wie bereits angesprochen, voll wirksam und fällig sein[55]. Hierbei bedarf insbesondere der Begriff der Fälligkeit einer näheren Betrachtung:

aa. Die Fälligkeit im Zivilrecht

Für den Bereich des Zivilrechts regelt § 271 Abs. 1 BGB, daß, wenn nichts anderes bestimmt ist, der Gläubiger die Leistung sofort verlangen und der Schuldner sie sofort bewirken kann. Den Zeitpunkt, von dem an der Gläubiger die Leistung verlangen kann, bezeichnet man mit dem Begriff der Fälligkeit[56]. Die Fälligkeit einer Forderung bedeutet hierbei nicht eine abstrakte Rechtsgestaltung, sondern in der Regel bezeichnet die Fälligkeit den Zeitpunkt, zu welchem der Schuldner säumig zu werden beginnt, also Leistungsaktivität zu entfalten hat[57]. § 271 BGB wird im Zivilrecht überwiegend nicht nur als Regelung der Fälligkeit und Erfüllbarkeit angesehen (vgl. auch § 271 Abs. 2), sondern auch als Regelung der Beweislast derart, daß eine sofortige Fälligkeit zu vermuten

---

53 S. *MK/v. Feldmann*, BGB, § 390 Rz. 1 f; *Larenz*, Schuldrecht Allgemeiner Teil, § 18 VI 3 (S. 258); *Gernhuber*, Erfüllung, § 12 IV 2 (S. 229 f) weist darauf hin, daß das Abstellen allein auf das Bestehen der Einrede, unabhängig davon, ob sich der Schuldner auch darauf beruft, nicht zwingend aus dem Erfordernis der Durchsetzbarkeit der Gegenforderung folgen muß, daß aber die Gegenansicht nur schwer in das Gesamtgefüge des Rechts der Aufrechnung einzugliedern sei.

54 S. *Erman/Westermann*, BGB, § 390 Rz. 1; *Soergel/Zeiss*, BGB, § 390 Rz. 1; *Palandt/Heinrichs*, BGB, § 390 Rz. 1; *MK/v. Feldmann*, BGB, § 390 Rz. 1.

55 Vgl. d. Nachw. oben bei Fn. 49.

56 Vgl. *Palandt/Heinrichs*, BGB, § 271 Rz. 1; *Larenz*, Schuldrecht Allgemeiner Teil, § 14 V (S. 198).

57 So *Gernhuber*, Erfüllung, § 3 I 4 (S. 52).

sei, wenn nicht der Schuldner eine andere Fälligkeitsregelung behauptet und beweist[58].

bb. Die Fälligkeit von öffentlich-rechtlichen Forderungen

Im Gegensatz zum Privatrecht, wo in § 271 BGB eine Regelung existiert, die im Grundsatz die sofortige Fälligkeit einer Forderung bestimmt, falls nichts anderes geregelt ist, gibt es für das öffentliche Recht eine derartig allgemeine Regelung nicht. Dies erklärt sich wohl aus dem strukturellen Unterschied zwischen Privatrecht und öffentlichem Recht, wonach das öffentliche Recht in eine Vielzahl von speziell geregelten Materien untergliedert ist, was demgegenüber im Privatrecht nicht, zumindest nicht in dieser Weise, der Fall ist.

α. *Spezialgesetzliche Regelungen der Fälligkeit im öffentlichen Recht*

Für den Bereich des Steuer- und Abgabenrechts regeln weitgehend Vorschriften in den Einzelsteuergesetzen die Fälligkeit der betreffenden Forderungen: Nach § 36 Abs.4 EStG, § 49 Abs.1 KStG, § 20 Abs.2 GewStG, § 22 Abs.1 VStG, § 18 Abs.4 UStG sind Jahresabschlußzahlungen innerhalb eines Monats nach Bekanntgabe des Steuerbescheids zu entrichten. Nach § 220 AO ist bestimmt, daß im Fall einer fehlenden anderweitigen gesetzlichen Regelung die Fälligkeit einer Forderung mit der Entstehung des Anspruchs eintritt, es sei denn, daß in einem Leistungsgebot eine Zahlungsfrist eingeräumt ist. Für die Fälle, in denen sich der Anspruch aus der Festsetzung einer Steuer, einer Steuerprüfung oder einer steuerlichen Nebenleistung ergibt, tritt die Fälligkeit gem. § 220 Abs.2 S.2 AO nicht vor Bekanntgabe der Festsetzung ein.

Die Regelung des § 220 AO ist, was § 220 Abs.2 S.2 anbetrifft, der Vorschrift des § 271 BGB nachgebildet[59]. Da jedoch in zahlreichen Einzelgesetzen speziellere Regelungen getroffen sind, ist der praktische Anwendungsbereich dieser Vorschrift nicht sehr groß[60]. In anderen Bereichen des öffentlichen Rechts finden sich ebenfalls vielfach Spezialregelungen: z. B. § 10 Abs.4 LAbwasserabgabenG-BW, wonach die Abwasserabgabe drei Monate nach Zustellung des Festsetzungs- oder Vorauszahlungsbescheids zur Zahlung fällig ist; nach § 9 LAbfAG-BW ist die Abgabe einen Monat nach Bekanntgabe des Festsetzungs-

---

58 Vgl. *Larenz*, Schuldrecht Allgemeiner Teil, § 14 V (S. 198) m. w. Nachw. in Fn. 21.

59 S. *Tipke/Kruse*, § 220, Rz. 3 - der Inhalt der Vorschrift soll sich "aus der Natur der Sache ergeben".

60 S. *Tipke/Kruse*, § 220, Rz. 4.

bescheids, die Vorauszahlung sofort zur Zahlung fällig; nach § 15 LGebG-BW sind die Gebühren grundsätzlich nach Vornahme der Amtshandlung mit Bekanntgabe der Gebührenfestsetzung an den Schuldner fällig; nach § 8 Abs.3 KAG gilt für Verwaltungsgebühren § 15 LGebG entsprechend, ebenso gem. § 8 a KAG für die Tätigkeit eines Gutachterausschusses; nach § 10 Abs.7 KAG ist für Beiträge in Zusammenhang mit öffentlichen Einrichtungen geregelt, daß die Beitragsschuld entsteht, sobald das Grundstück an die Einrichtung angeschlossen werden kann, bzw. mit Fertigstellung der Erneuerung einer Einrichtung, in allen Fällen frühestens mit Inkrafttreten der Beitragssatzung, die einen späteren Zeitpunkt festlegen kann, ebenso ist nach § 10 Abs.7 KAG unter bestimmten Voraussetzungen das Verlangen einer Vorauszahlung möglich. Es ist jedoch fraglich, ob nach § 10 KAG das Entstehen der Beitragsschuld mit der Fälligkeit der Forderung gleichzusetzen ist. Da in anderen gesetzlichen Regelungen zwischen Entstehen einer Forderung und deren Fälligkeit differenziert wird, ist diese Frage zu verneinen - Entstehung der Forderung und Fälligkeit derselben können "jedoch zusammenfallen, was einer eigenständigen Regelung zu entnehmen ist. In § 3 Abs.1 Ziff.5a KAG ist jedoch auch auf § 220 AO verwiesen, der gem. § 3 Abs.1 S.1 KAG anwendbar ist, falls das KAG keine speziellere Regelung enthält. Danach ist die Beitragsschuld mit Entstehen fällig.

ß. *Die Fälligkeit in anderen Fällen*

Fraglich ist jedoch, wie diejenigen Fälle zu behandeln sind, in denen die Entstehung einer Forderung sich nicht unmittelbar aus dem Gesetz ergibt; beispielsweise, weil es zunächst noch einer Bestimmung oder Festsetzung der Höhe der Forderung durch die Verwaltung bedarf - mangels konkreter Bestimmtheit des Anspruchs kann vor dieser Festsetzung oder Bestimmung noch keine wirksame Forderung vorliegen bzw. fällig sein. Ist die Bestimmung jedoch erfolgt, stellt sich wiederum die Frage nach der Fälligkeit, die vor allem dann relevant wird, wenn keine spezialgesetzliche Regelung oder ein Verweis auf eine andere, die Fälligkeit regelnde Norm vorliegt. Hier bietet sich ein Rückgriff auf die Vorschriften des § 271 BGB bzw. 220 AO an, da diese Ausdruck eines allgemeinen Rechtsgedankens sind und daher die Anwendung sowohl unter dem Gesichtspunkt der Rechts- als auch unter dem der Gesetzesanalogie in Betracht kommt[61].

---

61 Zur Ausfüllung offener Lücken im Wege der richterlichen Rechtsfortbildung durch Gesetzes- oder Gesamtanalogie vgl. *Larenz*, Methodenlehre, S. 381 ff.

c. Gemeinsame Anforderungen an Haupt- und Gegenforderung

Haupt- und Gegenforderung müssen gem. § 387 BGB gleichartig sein. Das Erfordernis der Gleichartigkeit der einander gegenüberstehenden Forderungen bedeutet, daß die Forderungen die gleiche Leistung zum Gegenstand haben müssen[62]. Unterschiede in den Leistungsmodalitäten, wie zum Beispiel Leistungszeit und Leistungsort, sind für die Frage der Gleichartigkeit ohne Belang[63], gleichwohl ist die Leistungszeit, wie oben bereits dargelegt, für die Aufrechnung nicht unbeachtlich. Das Erfordernis der Gleichartigkeit hat zur Folge, daß der Aufrechnung von Geldforderungen in der Praxis die größte Bedeutung zukommt[64].

Für den Bereich des öffentlichen Rechts wurde die Aufrechnung früher vereinzelt mit dem Hinweis auf die fehlende Gleichartigkeit privatrechtlicher und öffentlich-rechtlicher Forderungen abgelehnt[65], was auf einer Gleichsetzung von Gleichartigkeit und Gleichwertigkeit beruhte und bei einem Abstellen auf den Leistungsgegenstand als solchen nicht aufrecht zu erhalten ist[66].

d. Die Aufrechnungserklärung

Gem. § 388 BGB erfolgt die Aufrechnung durch Erklärung gegenüber dem anderen Teile. Diese Erklärung ist eine einseitige, empfangsbedürftige Willenserklärung[67]. Hier wird die Abgrenzung zum Aufrechnungsvertrag deutlich, da die

---

62 Vgl. *Palandt/Heinrichs*, BGB, § 387 Rz. 8 ff.; *Soergel/Zeiss*, BGB, § 387 Rz. 5 ff.; *Erman/Westermann*, BGB, § 387 Rz. 7; *Larenz*, Schuldrecht Allgemeiner Teil, § 12 VI 2 (S. 257 f.).

63 S. *Gernhuber*, Erfüllung, § 12 III 9 (S. 223).

64 Vgl. *Erman/Westermann*, BGB, § 387 Rz. 9, auch weitergehend zu den Fällen, in denen Gleichartigkeit vorliegt; vgl. dazu auch die Nachw. in Fn. 62; ausf. *Gernhuber*, Erfüllung, § 12 III (S. 217 ff.).

65 Insoweit wurde Gleichartigkeit mit Gleichwertigkeit gleichgesetzt, vgl. *Hartmann*, DJZ 1912, 1519; *ders.*, VerwArch. Bd. 25 (1917); 389 (409); *Tezner*, AöR 9 (1894), 325 (388); *Hipp*, S. 36.

66 In diesem Zusammenhang wird auch von einer Überzeugung des fast mythischen Vorrangs von Forderungen des öffentlichen Rechts gesprochen, vgl. *Gernhuber*, Erfüllung, § 12 III 10 (S. 223).

67 Vgl. *Larenz*, Schuldrecht Allgemeiner Teil, § 18 VI c (S. 261 f.); *Erman/Westermann*, BGB, § 88 Rz. 1; *Soergel/Zeiss*, BGB, § 388 Rz. 1; *Palandt/Heinrichs*, BGB, § 388 Rz. 1; *MK/v. Feldmann*, BGB § 388 Rz. 1.

Aufrechnung im Sinn der §§ 387 ff. BGB ein einseitiges Rechtsgeschäft darstellt. Daraus ergeben sich weitere Konsequenzen:

Nach § 388 Abs. 2 BGB ist die Erklärung unwirksam, wenn sie unter einer Bedingung oder einer Zeitbestimmung abgegeben wird. Die Bedingungsfeindlichkeit und Unwiderruflichkeit der Aufrechnungserklärung folgt unmittelbar aus dem Charakter als Gestaltungsgeschäft[68]. Der Aufrechnungsgegner soll sofortige Gewißheit über die Erledigung seiner Schuld und die Tilgung seiner Forderung haben - damit sind Schwebezustände schlechthin nicht vereinbar.

3. Die Aufrechnungswirkung: Erlöschen der Forderungen

Die Wirkung der Aufrechnung ist in § 389 BGB geregelt; danach bewirkt die Aufrechnung, daß die Forderungen, soweit sie sich decken, als in dem Zeitpunkt erloschen gelten, in welchem sie zur Aufrechnung geeignet einander gegenübergetreten sind.

Soweit die Forderungen erlöschen, wird die Rechtsnatur der Aufrechnung als Erfüllungssurrogat deutlich[69]. Von erheblicher Bedeutung ist jedoch nicht die Erfüllungswirkung als solche, sondern der in § 389 BGB geregelte Zeitpunkt des Eintritts dieser Wirkung.

4. Die Bedeutung der Aufrechnungslage

Grundlage der Einführung der Vorschrift des § 389 BGB sind Bestrebungen des Gesetzgebers gewesen, Anforderungen des praktischen Verkehrs zu genügen und in Einklang mit dem damaligen geltenden Recht zu bleiben[70]. Danach soll das Vertrauen des Schuldners, bei Erwerb der Gegenforderung nicht mehr von seinem Gläubiger in Anspruch genommen zu werden, geschützt sein. Zinsen werden vom Eintritt der Aufrechnungslage an nicht mehr geschuldet[71], ein Verzug ist nicht mehr möglich bzw. gilt als nicht eingetreten[72]. Hierin ist der Grund

---

68 Vgl. *Palandt/Heinrichs*, BGB, § 388 Rz. 1; *Soergel/Zeiss*, BGB, § 388 Rz. 1; *Gernhuber*, Erfüllung, § 12 VIII 2 (S. 273 f.).

69 S. o. S. 11.

70 Vgl. *MK/v. Feldmann*, BGB, § 389 Rz. 6, unter Hinweis auf Mot. II, 109; Prot. I, 366 f.

71 S. *MK/v. Feldmann*, BGB, § 389 Rz. 6.

72 S. BGHZ 102, 41 (50) = NJW 1988, 258; 80, 269, 278 f. = NJW 1981, 1729.

für die Rückwirkung der Aufrechnungserklärung auf das erstmalige Entstehen der Aufrechnungslage zu sehen.

Das BGB hat damit das Erlöschen aufrechenbarer Forderungen von einem Gestaltungsakt, der Aufrechnungserklärung, abhängig gemacht und ist nicht dem Prinzip einer kraft Gesetzes eintretenden selbsttätigen Tilgung (ipso iure compensatur) gefolgt[73], das noch im 19. Jahrhundert vielfach bejaht wurde[74], gleichwohl aber Wirkungselemente dieses Grundsatzes aufgenommen. Diese Rückwirkung ist im Regelfall für die beteiligten Parteien interessengerecht[75].

IV. Probleme der Anwendung insbesondere der Vorschrift des § 389 BGB im öffentlichen Recht

1. Zusammentreffen von Rückwirkung und Verwaltungsakt

Die in der Vorschrift des § 389 BGB geregelte Rückwirkung der Aufrechnungswirkung vermag jedoch bei der Aufrechnung in Zusammenhang mit öffentlich-rechtlichen Forderungen besondere, über die zivilrechtliche Zielsetzung der Rückwirkung hinausgehende Schwierigkeiten aufzuwerfen[76]. Hier wird vor allem bedeutsam, daß eine Forderung der öffentlichen Hand oftmals durch Verwaltungsakt geltend gemacht wird. Geht der Bürger nunmehr gegen diesen

---

73 Zur Nachwirkung dieses Satzes in der Vorschrift des § 389 BGB vgl. *Larenz*, Schuldrecht Allgemeiner Teil, § 18 VI (S. 255).

74 Vgl. *Gernhuber*, Erfüllung, § 12 I 4 (S. 211); *Larenz*, Schuldrecht Allgemeiner Teil, § 18 VI (S. 255); *Lehmann*, in: Enneccerus, Recht der Schuldverhältnisse Bd. 2, § 69, S. 206 ff. weist darauf hin, daß auch im römischen Recht rein materiellrechtlich der Grundsatz "ipso iure compensatur" nicht bekannt war, sondern daß dieser Grundsatz in enger Verbindung mit dem Prozeßrecht stand, insoweit als der Schuldner sich im Prozeß auf einen entsprechenden Gegenanspruch berufen mußte, was dann zur Folge hatte, daß der Gläubiger nur den Überschuß beider Forderungen verlangen konnte. *Lehmann* spricht insoweit von einem Mißverständnis in Bezug auf die römisch-rechtlichen Quellen, in dessen Folge später dieser Grundsatz dahin mißverstanden worden sei, daß das bloße Gegenübertreten der Forderungen genüge, um ihre automatische Tilgung herbeizuführen. Zur Rückwirkung als "Relikt der ipso-iure Theorie" auch *Lüke/Huppert*, JuS 1971, 165 (168). Vgl. zur Rückwirkung der Aufrechnung auch *Grunsky*, JuS 1963, 102 ff.

75 Vgl. *Gernhuber*, Erfüllung, § 12 VIII 4 (S. 281), der die Rückwirkung nicht dem "wie auch immer verstandenen Wesen" der Aufrechnung zuschreibt, sondern diese als interessengerechte Regelung ansieht.

76 Die Anwendung des § 389 BGB, die zur Rechtswidrigkeit des Verwaltungsakts führen kann, hat bereits *Herbsleb*, S. 98 ff., als ein Hauptproblem dieser Fallkonstellation ausgemacht.

Verwaltungsakt vor und erklärt die Aufrechnung, könnte unter Anwendung des § 389 BGB eine Rückwirkung eintreten, die auch Folgen für den Verwaltungsakt mit sich bringen könnte, bei der insbesondere die Beeinflussung der Rechtmäßigkeit desselben genauer untersucht werden müßte. Macht man sich deutlich, daß auch eine Rückwirkung auf einen Zeitpunkt nicht ausgeschlossen ist, der sogar vor dem Erlaß des möglicherweise angefochtenen Verwaltungsakts liegt, wird daran die Vielschichtigkeit der Problematik offenbar. Soweit die Voraussetzungen der §§ 387 ff. BGB gegeben sind, d. h. eine Aufrechnungslage vorliegt und die Forderung der Behörde erfüllbar ist, hätte danach die Aufrechnung des Bürgers zur Folge, daß gem. § 389 BGB die Forderungen als in dem Zeitpunkt erloschen gelten, in dem sie sich zur Aufrechnung geeignet gegenüberstanden.

Sofern der Aufrechnung im öffentlichen Recht Relevanz für die Rechtmäßigkeit des Verwaltungsakts beizumessen ist, ergibt sich eine besondere Problematik daraus, daß mit der möglicherweise zeitlich erst viel später erfolgenden Aufrechnungserklärung ein Umstand für die Rechtswidrigkeit bedeutsam würde, den die Behörde bei Erlaß des Verwaltungsakts nicht berücksichtigt hat, ja möglicherweise auch noch gar nicht berücksichtigen konnte.

Diese Erwägungen führen daher zu der Überlegung, ob für den Bereich des öffentlichen Rechts die Anwendbarkeit des § 389 BGB einzuschränken ist.

2. Vorbehalte gegen die Anwendung des § 389 BGB

Ein Überblick über diesen Fragenkomplex eröffnet sich bereits aus der Betrachtung der Entwicklung der Rechtsprechung, anhand derer sich die Grundstrukturen der Problematik nachvollziehen und veranschaulichen lassen:

Zunächst entschied der *BayVGH* in einem Fall, in dem der Kläger sich unter Bezugnahme auf eine Aufrechnung gegen einen Leistungsbescheid wandte, daß die Aufrechnung im Rechtsbehelfsverfahren unbeachtlich sei: Das Gericht differenzierte danach, ob die Aufrechnungserklärung bis zum Ergehen des Widerspruchsbescheids erfolgte oder erst später, bei oder nach Erhebung der Anfechtungsklage - im ersten Fall müsse der Einwand der Aufrechnung berücksichtigt und geprüft werden, da davon die Rechtmäßigkeit des Verwaltungsakts abhängen könne, im zweiten Fall dagegen handele es sich um einen Vorgang, der auf die Rechtmäßigkeit des angefochtenen Verwaltungsakts nicht mehr von Einfluß sein könne. Eine Prozeßaufrechnung in einem Anfechtungsverfahren, das sich gegen einen Abgabenbescheid richte, sei begrifflich ausgeschlossen[77].

Diese Entscheidung des *BayVGH* basiert, obwohl dies expressis verbis nicht ausgeführt wird, auf der Prämisse, daß das Gericht die Vorschrift des § 389 BGB nicht anwendet[78]. Nur so sind die gerichtlichen Ausführungen und die Differenzierung nach Erklärung der Aufrechnung bis zum Abschluß des Verwaltungsverfahrens und der Erklärung im Anfechtungsverfahren verständlich und sinnvoll: Maßgeblicher Zeitpunkt der Sach- und Rechtslage ist danach der Zeitpunkt der letzten behördlichen Entscheidung - war die Aufrechnung bis zu diesem Zeitpunkt nicht erklärt, konnte die Behörde sie nicht berücksichtigen. Der *BayVGH* stellte, unter Außerachtlassen der Regelung des § 389 BGB, für die Erfüllungswirkung allein auf den Zeitpunkt der Erfüllungshandlung, das Erklären der Aufrechnung, ab, obwohl die ausdrückliche Regelung des § 389 BGB für die Wirkung der Aufrechnung an das Entstehen der Aufrechnungslage anknüpft, die auch zu einem früheren Zeitpunkt (in Relation zur Aufrechnungserklärung als Erfüllungshandlung) eintreten kann.

Demgegenüber hat das *BVerwG* in der Revisionsentscheidung zu dieser Sache die Aufrechnung auch noch während des Anfechtungsverfahrens zugelassen und ihren Einfluß auf die Rechtmäßigkeit des Verwaltungsakts bejaht[79]. Diesen hat es in der Wirkung der Vorschrift des § 389 BGB gesehen, da nach dieser Vorschrift die Forderungen zu einem Zeitpunkt als erloschen galten, in dem sie sich zur Aufrechnung geeignet gegenüberstanden. Da dieser Zeitpunkt auch bei der Erklärung der Aufrechnung im Anfechtungsprozeß sogar vor dem Verwaltungsverfahren liegen könne, müsse die Aufrechnungserklärung beachtet werden und klargestellt werden, ob die Forderung danach im Zeitpunkt ihrer Geltendmachung noch bestanden hat. Diese Folgerung zieht das *BVerwG* aus der "gesetzlichen Fiktion" des § 389 BGB und der aus der Anwendung dieser Vorschrift auch im öffentlichen Recht resultierenden gesetzlichen Zurückbeziehung der Aufrechnungswirkung.

Die Anwendbarkeit der Regelungen des BGB im Fall einer Aufrechnung im öffentlichen Recht wird heute, wie bereits ausgeführt, einhellig bejaht. Die Anwendbarkeit auch des § 389 BGB wird in diesem Rahmen nicht besonders problematisiert bzw. unter Hinweis auf eine fehlende privatrechtliche Besonderheit

---

77 S. BayVGH, KStZ 1958, 75.

78 So auch *Battis*, DVBl. 1971, 572 (573); *Herbsleb*, S.97.

79 S. BVerwG, DVBl. 1960, 36.

ebenfalls vorausgesetzt[80]. Auch in anderen einschlägigen gerichtlichen Entscheidungen wird die generelle Anwendbarkeit der Vorschrift nicht in Frage gestellt bzw. ohne nähere Erörterung von einer solchen Anwendbarkeit ausgegangen[81]. In der angeführten Revisionsentscheidung zu der bereits angesprochenen Entscheidung des *BayVGH*[82] stellt das *BVerwG*[83], ohne dies zu problematisieren, unter Verweis auf *Forsthoff*[84] die Anwendbarkeit des § 389 BGB bei der Aufrechnung gegen öffentlich-rechtliche Forderungen fest[85].

Wie oben bereits ausgeführt, hält *Forsthoff* allgemein die §§ 387 ff. BGB auch im öffentlichen Recht für anwendbar, soweit sie sich nicht auf Besonderheiten des Privatrechts beziehen, da sie mit der Rechtsnatur der Aufrechnung als solcher gegeben und nicht auf das bürgerliche Recht beschränkt seien[86]. Die grundlegende Frage des Vorliegens privatrechtlicher Besonderheiten wird jedoch trotz der Bezugnahme auf *Forsthoff* weder vom *BVerwG* noch von den meisten anderen Stellungnahmen aufgegriffen.

3. Das Fehlen privatrechtlicher oder öffentlich-rechtlicher Besonderheiten

Die Aussage, die Vorschrift des § 389 BGB stelle keine privatrechtliche Besonderheit dar, ist allein ausgehend von den Regelungen des Privatrechts nicht zu stützen. Es ist vielmehr darauf abzustellen, inwieweit Besonderheiten des öffentlichen Rechts einer Anwendung des § 389 BGB in diesem Bereich entgegenstehen. Dazu soll zunächst das Augenmerk nochmals auf den zivilrechtlichen Hintergrund der Vorschrift des § 389 BGB gerichtet werden, um daran anschließend die Vereinbarkeit mit öffentlich-rechtlichen Besonderheiten zu erörtern.

---

80 Vgl. nur *Ehlers*, JuS 1990, 777 (777, 779); *Glose*, DÖV 1990, 146 (147); *Herdegen*, VBlBW 1984, 193; *Ebsen*, DÖV 1982, 389 (391 f.); *Lüke/Huppert*, JuS 1971, 165 (171); *MK/v. Feldmann*, BGB, § 389 Rz. 6; *Palandt/Heinrichs*, BGB, § 389 Rz. 3.

81 Vgl. BVerwGE 77, 19 (21); BVerwGE 66, 218 (221).

82 S. BayVGH, KStZ 1958, 75.

83 Vgl. BVerwG, DVBl. 1960, 36.

84 S. *Forsthoff*, 7. Aufl. 1958, S. 259, inhaltsgleich 10. Aufl. 1973, S. 285, dieser wendet jedoch nur allgemein die §§ 387 ff. BGB als Ausdruck allgemeiner Rechtsgrundsätze an und stellt dies unter den Vorbehalt fehlender privatrechtlicher Besonderheiten.

85 Ebenso in weiteren Entscheidungen: BVerwGE 77, 19 (21); zur Anwendbarkeit in der umgekehrten Konstellation der Aufrechnung durch die Behörde: BVerwG, ZBR 1972, 189 = DÖV 1972, 374.

86 S. *Forsthoff*, Verwaltungsrecht I, 7. Aufl. 1958, S. 259, inhaltsgleich 10. Aufl. 1973, S. 285.

a. Grundlage und Gegenstand des § 389 BGB

Wie bereits dargelegt, sind im bürgerlichen Recht Grundlage der Vorschrift des § 389 BGB Bestrebungen des Gesetzgebers gewesen, Anforderungen des praktischen Verkehrs zu genügen und in Einklang mit dem damaligen geltenden Recht zu bleiben[87]. Danach soll das Vertrauen des Schuldners, bei Erwerb der Gegenforderung nicht mehr von seinem Gläubiger in Anspruch genommen zu werden, geschützt sein. Zinsen werden vom Eintritt der Aufrechnungslage an nicht mehr geschuldet, ein Verzug ist nicht mehr möglich bzw. gilt als nicht eingetreten[88]. Hierin ist der Grund für die Rückwirkung der Aufrechnungserklärung auf die Aufrechnungslage zu sehen.

b. Die Anwendung auch im öffentlichen Recht

aa. Prinzipielle Geltung des Regelungsgedankens auch im öffentlichen Recht

Die Situation des Bürgers, der sich einer öffentlich-rechtlichen Forderung gegenübersieht, weist auf den ersten Blick keine signifikanten Unterschiede auf, die gegen die Anwendung auch der Vorschrift des § 389 BGB sprechen würden. Im Bereich des öffentlichen Rechts ist, ebenso wie im Zivilrecht, der Erwerb einer Forderung, die hier gegen einen Träger öffentlicher Gewalt gerichtet ist, möglich. Ebenso vermag der Bürger Schuldner der Verwaltung zu werden. Wenn im öffentlichen Recht ein Vertrauen des Bürgers, der eine Forderung gegen seinen Gläubiger erlangt, von diesem Zeitpunkt an nicht mehr leisten zu müssen, ebenso wie im Zivilrecht entstünde, das dort durch den Regelungsgedanken des § 389 BGB anerkannt und geschützt ist, müßte dieser Schutz auch auf das öffentliche Recht übertragen werden. Das Entstehen eines derartigen Vertrauens als Ausprägung eines allgemeinen schuldrechtlichen Grundsatzes wäre auch im öffentlichen Recht zu bejahen, wenn dem keine spezifischen Regelungen entgegenstünden.

---

87 Vgl. *MK/v. Feldmann*, BGB, § 389 Rz. 6, unter Hinweis auf Prot. I, 367; Mot. II, 109; Prot. I, 366 f. S. dazu auch oben S. 18 f.

88 S. BGHZ, 80, 269, 278 f. = NJW 1981,1729.

bb. Entgegenstehende Regelungen des öffentlichen Rechts

α. § 80 Abs.2 VwGO

Möglicherweise ist die Vorschrift des § 80 Abs.2 Nr.1 VwGO, nach der bei der Anforderung von öffentlichen Abgaben oder Kosten die aufschiebende Wirkung von Widerspruch und Anfechtungsklage entfällt, als eine solche Regelung anzusehen, die einer Anwendung des § 389 BGB im öffentlichen Recht entgegensteht.

αα. Regelungsgegenstand und -ziel des § 80 Abs.2 Nr.1

Nach dieser Vorschrift ist durch den Gesetzgeber für die Anforderung von öffentlichen Abgaben oder Kosten eine grundsätzliche Wertung dahingehend getroffen, daß eine vorläufige Zahlungspflicht besteht, da danach Widerspruch und Anfechtungsklage gegen einen eine derartige Leistung anfordernden Verwaltungsakt grundsätzlich keine aufschiebende Wirkung entfalten[89].

Die Regelung des § 80 Abs.2 Nr.1 VwGO dient der Sicherung der Erfüllung öffentlicher Aufgaben durch die Anordnung der Vollziehbarkeit der für die Gewährleistung der staatlichen Finanzkraft erforderlichen Verwaltungsakte[90]. Auch soll sich der Adressat seiner Verpflichtung etwa zur Leistung einer Abgabe nicht einfach, sei es auch nur zeitweise, durch Einlegung eines Rechtsmittels entziehen können[91]. § 80 Abs.2 Nr.1 VwGO soll damit vor allem sicherstellen, daß die Finanzierung notwendiger öffentlicher Aufgaben nicht gefährdet wird[92].

ββ. Der Begriff der Abgaben und Kosten

Soweit § 80 Abs.2 Nr.1 VwGO für die Aufrechnung von Bedeutung sein sollte, beträfe dies nach dem Wortlaut der Vorschrift jedenfalls nur die Aufrechnung gegenüber der Anforderung öffentlicher Abgaben oder Kosten. Hierbei ist im

---

89 Das BVerwG, NVwZ 1984, 168 f., zieht in Zusammenhang mit der Aufrechnung ebenfalls § 80 Abs. 2 Nr. 1 VwGO als Argumentationshilfe mit heran, allerdings um die Zulässigkeit einer vorbeugenden Feststellungsklage gegen den Vollzug des Abgabenbescheides abzulehnen.

90 S. nur *Kopp*, VwGO, § 80 Rz. 37.

91 Vgl. VGH München, NVwZ 1987, 64; *Wüterich*, NVwZ 1987, 959 ff.

92 So *Kopp*, VwGO, § 80 Rz. 37 m. w. Nachw.

einzelnen umstritten, welche Leistungen unter den Begriff der öffentlichen Abgaben und Kosten fallen[93]. Im Rahmen der hier untersuchten Problematik braucht diese Frage jedoch nicht weiter vertieft zu werden. Es könnte dahingestellt bleiben, welche Leistungen im einzelnen unter den Begriff der Abgaben und Kosten fallen, wenn § 80 Abs.2 Nr.1 VwGO auch in diesen Fällen ein Vertrauen des Bürgers, der eine Forderung gegen die Verwaltung erwirbt, darauf, mit dieser Forderung aufrechnen zu können, nicht beeinträchtigen würde.

ττ. Die Regelung des § 80 Abs.2 Nr.1 VwGO im Hinblick auf die Aufrechnung

Zunächst ist festzustellen, daß sich dem Wortlaut des § 80 Abs.2 Nr.1 VwGO keine Aussage zur Problematik der Aufrechnung entnehmen läßt, der Wortlaut steht der Aufrechnung somit zumindest nicht entgegen. Es ist daher auf den Sinn und Zeck dieser Vorschrift abzustellen. Bei dieser Betrachtung zeigt sich, daß auch der Zweck, die Finanzierung öffentlicher Aufgaben zu sichern, einer Anwendung des § 389 BGB im Fall einer Aufrechnung nicht entgegensteht:

Nach § 80 Abs.2 Nr.1 VwGO soll eine Auseinandersetzung über den Grund und die Berechtigung der staatlichen Forderung nicht dazu führen, daß der Schuldner, d. h. der Bürger, einstweilen nicht zahlt. Der staatliche Finanzbedarf soll durch eine derartige Auseinandersetzung nicht beeinträchtigt werden. Hierin liegt zwar, gerade im Vergleich zu bürgerlich-rechtlichen Leistungsbeziehungen, eine Benachteiligung des Schuldners, der quasi vorläufig zahlen muß - diese Benachteiligung ist jedoch aus den bereits genannten finanzpolitischen Gründen und im Hinblick auf eine ordnungsgemäße Aufgabenerfüllung der Verwaltung erforderlich. Dies ist für den Bürger auch wirtschaftlich zumutbar - besteht die Forderung des Staates zu Recht, muß der Schuldner diese auch begleichen, besteht sie nicht zu Recht, so trifft den Schuldner das Insolvenzrisiko bezüglich seines nunmehr zur Rückzahlung verpflichteten Gläubigers nicht in vergleichbarer Weise wie in den Fällen privatrechtlicher Rechtsbeziehungen. Hier trüge der Schuldner im Fall einer vorläufigen Zahlung das Risiko der Insolvenz seines Gläubigers, falls sich die Nichtberechtigung hinsichtlich der beglichenen Forderung herausstellte. Dieses Risiko ist bei Beteiligung des Staates als Gläubiger und damit Schuldner der (möglichen) Regreßforderung nicht gegeben. Insoweit stellt die vorläufige Zahlungspflicht in den Fällen des § 80 Abs.2 Nr.1 VwGO keine unzumutbare Belastung und Beeinträchtigung der Interessen des Schuldners dar.

---

93 Vgl. BVerwG, NVwZ 1987, 64; VGH München, BayVBl. 1990, 471; ausf. *Kopp*, VwGO, § 80 Rz. 37 a.

Entscheidender Gesichtspunkt für die Problematik der Aufrechnung und die hier in erster Linie relevante Frage der Vereinbarkeit mit § 389 BGB ist jedoch, daß vor dem Hintergrund der Zielsetzung des § 80 Abs.2 Nr.1 VwGO diese Vorschrift dem Schuldner aufgibt, vorläufig zu erfüllen. Die Aufrechnung als Erfüllungssurrogat ist wegen der mit ihr verbundenen Tilgung der Forderung eine Form der Erfüllung[94] und infolgedessen durch die Regelung des § 80 Abs.2 Nr.1 VwGO nicht eingeschränkt oder gehindert. Die Durchsetzung der Erfüllung ist gerade das Ziel der Vorschrift. Auch im Hinblick auf die durch § 80 Abs.2 Nr.1 VwGO angestrebte Erhaltung der Finanzkraft der öffentlichen Hand ergibt sich insofern keine andere Betrachtungsweise, denn die finanzielle Leistungsfähigkeit des Staates ist von vornherein nur dann gegeben bzw. insoweit in ihrem Umfang beschränkt, wenn ein positiver Saldo zugunsten der Verwaltung besteht. Das bedeutet, die Verwaltung kann zur Erfüllung ihrer Aufgaben nur diejenigen Mittel verwenden, die ihr tatsächlich zur Verfügung stehen; Mittel, die infolge anderer Verbindlichkeiten schon vergeben sind, können insoweit nicht mehr in Ansatz gebracht werden[95]. Dieser Gedanke wird gerade in Zusammenhang mit der Aufrechnung relevant: In Höhe der Gegenforderung war die finanzielle Leistungsfähigkeit der öffentlichen Hand ohnehin bereits beschränkt - die Aufrechnung hat infolge ihrer doppelten Tilgungswirkung[96] nicht nur das Erlöschen der öffentlich-rechtlichen Forderung zur Folge, sondern auch das der Verbindlichkeit der öffentlichen Hand. Insoweit wird die staatliche Finanzkraft nicht beeinträchtigt, da diese durch die Verbindlichkeit ohnehin belastet war. Diese wird nunmehr durch die Aufrechnung erfüllt. Im Wege der Aufrechnung vollzieht sich demnach exakt, was die Regelung der Vorschrift des § 80 Abs.2 Nr.1 VwGO zum Ziel hat; die Erfüllung der hoheitlichen Forderung unter Wahrung der finanziellen Leistungsfähigkeit des Staates.

Insoweit läßt sich also feststellen, daß das von § 389 BGB geschützte Vertrauen, bei Erwerb einer Forderung gegen seinen Gläubiger auf die Forderung des Gläubigers nicht mehr leisten zu müssen, durch § 80 Abs.2 Nr.1 VwGO nicht beeinträchtigt wird, weil diese Regelung nicht in erster Linie auf Leistung, sondern auf Erfüllung der öffentlich-rechtlichen Forderung gerichtet ist. Durch die Erfüllung oder ein Erfüllungssurrogat entzieht sich der Schuldner gerade nicht sei-

---

94 Vgl. *Gernhuber*, Erfüllung, § 5 I 1 (S. 93); *Palandt/Heinrichs*, BGB, § 387 Rz. 1; *Soergel/Zeiss*, BGB, Vor § 387 Rz. 1; *Erman/Westermann*, BGB, Vor § 387 Rz. 1.

95 Zur Möglichkeit der Verwaltung zur Aufgabenerfüllung nur innerhalb des positiven Saldos bei Aufrechnung für den Bereich des Steuerrechts im Fall von Forderungen des Steuerschuldners gegen die Steuerbehörde, vgl. *Burmester*, S. 22.

96 Vgl. oben S. 11.

ner Verpflichtung - allein dies zu verhindern ist aber Absicht und Zielsetzung des § 80 Abs.2 Nr.1 VwGO. Mithin läßt sich aus dieser Vorschrift nicht der Gedanke ableiten, eine Aufrechnung sei dadurch ausgeschlossen.

Ein allgemeiner Ausschluß der Anwendung der Vorschrift des § 389 BGB aus den Erwägungen, daß im Fall öffentlich-rechtlicher Forderungen der Schuldner grundsätzlich davon auszugehen hat, die Leistung erbringen zu müssen, stellte sich bei näherer Betrachtung als Negierung der Anwendung des Rechtsinstituts der Aufrechnung im öffentlichen Recht heraus. Eine solche Argumentation würde sich aber nicht nur auf den Bereich der Anforderung von Abgaben und Kosten beziehen, sondern auch im Fall anderer öffentlicher Geldforderungen Bedeutung gewinnen. Aus der Tatsache der Beschränkung des § 80 Abs.2 Nr.1 VwGO auf die öffentlichen Abgaben und Kosten kann auch aus diesem Grund mithin nicht entnommen werden, daß ein Anwendungsausschluß, der für die Anforderung sämtlicher öffentlicher Forderungen sinnvoll sein könnte, beabsichtigt ist.

Dies wird im übrigen durch die Vorschrift des § 226 AO bekräftigt, da durch diese Regelung, die für die Aufrechnung gegenüber Steuerforderungen verlangt, daß die Forderung des Bürgers unbestritten oder rechtskräftig festgestellt sein muß, prinzipiell zum Ausdruck gebracht ist, daß gegenüber solchen Forderungen überhaupt eine Aufrechnungsmöglichkeit besteht. Weitergehend läßt sich daraus der Schluß gewinnen, daß der Gesetzgeber im Bereich öffentlicher Forderungen nicht von vornherein von einem Aufrechnungsausschluß ausgeht[97]. Wenn überhaupt, hätte gerade im Hinblick auf Erwägungen zur Finanzkraft der öffentlichen Haushalte im besonders wichtigen Bereich des Steuerrechts aus solch allgemeinen Erwägungen ein grundsätzlicher Aufrechnungsausschluß nahegelegen. Geht aber der Gesetzgeber auch in diesem wichtigen Bereich, zwar mit Einschränkungen, von der prinzipiellen Möglichkeit der Aufrechnung aus, deutet dies darauf hin, daß auch in anderen Bereichen ohne ausdrückliche gesetzliche Regelung allein aus Zweckmäßigkeitserwägungen oder im Hinblick auf allgemeine Bedenken nicht von einem Ausschluß der Aufrechnung ausgegangen werden kann.

ß. § 226 AO

Damit ist noch keine Aussage darüber getroffen, ob die Vorschrift des § 226 AO eine öffentlich-rechtliche Regelung darstellt, die die Anwendung des § 389 BGB im Bereich des Steuerrechts oder sogar in einem darüberhinausgehenden weite-

---

97 Vgl. dazu bereits oben S. 9; ausf. m. w. Nachw. *Pietzner*, VerwArch. 73 (1982), 453 (454).

ren Bereich hoheitlicher Forderungen einschränkt. Nach dieser Vorschrift des § 226 AO ist eine Aufrechnung des Steuerpflichtigen gegen eine Steuerschuld nur mit rechtskräftig festgestellten oder unbestrittenen Forderungen zulässig. Hierin könnte eine Einschränkung der Wirkung der Aufrechnung im Sinne des § 389 BGB zu sehen sein.

Bereits bei Erwerb der Forderung gegen die Finanzbehörde durch den Steuerschuldner steht fest, daß dieser mit der Forderung nur aufrechnen kann, wenn die Voraussetzungen des § 226 Abs.3 AO vorliegen. Ein Vertrauen darauf, in Bezug auf die Steuerschuld nicht mehr leisten zu müssen, könnte insoweit bis zum Eintritt dieser speziellen Voraussetzungen gehindert sein. Gleichwohl wird diese Folgerung in der steuerrechtlichen Literatur nicht gezogen. Vielmehr wird auch hier bei der Frage der Wirkung der Aufrechnung auf § 389 BGB verwiesen und diese Vorschrift angewendet[98]. Dennoch ist auch unter Betrachtung der Entstehungsgeschichte dieser Vorschrift der Schluß nicht von vornherein fernliegend, daß durch § 226 Abs.3 AO das mit § 389 BGB geschützte Vertrauen des Schuldners nicht entstehen kann. Diese Vorschrift wäre dann konsequenterweise im Bereich des § 226 Abs.3 AO nicht anwendbar. Für diesen Fall müßte aber festgelegt werden, wie und in welcher Weise die Wirkung einer Aufrechnung einträte, da § 226 Abs.3 AO generell die Möglichkeit der Aufrechnung voraussetzt. Eine solche ausdrückliche Vorschrift fehlt jedoch, da eine diesbezügliche Regelung weder in der Abgabenordnung noch in anderen öffentlich-rechtlichen Vorschriften getroffen ist.

Die Frage der Wirkung der Aufrechnung wäre insoweit also unbeantwortet und könnte beispielsweise auch dahingehend gelöst werden, daß die Aufrechnungswirkung im Zeitpunkt der Aufrechnungserklärung einträte - in diesem Fall erhielte die Vorschrift des § 226 Abs.3 AO als Einschränkung der Aufrechnung eine zusätzliche Bedeutung. Ein solcher Inhalt läßt sich der Vorschrift jedoch nicht unmittelbar entnehmen, sondern allenfalls mit systematisch-teleologischen Erwägungen begründen, was aber den naheliegenden Vorwurf der freien Rechtsschöpfung nicht zu entkräften vermöchte, da eine solche Auslegung nicht zwingend ist und darüberhinaus durch den Wortlaut des § 226 AO nicht vorgegeben ist. Diese Auslegung wäre allenfalls, da sie dem Wortlaut jedenfalls nicht ausdrücklich widerspricht, durch die Erwägung zu legitimieren, daß andernfalls die Vorschrift überhaupt keinen Anwendungsbereich aufweisen würde[99]. Aber auch

---

98 Vgl. nur *Hermann*, S. 15 ff. m. umf. Nachw. in Fn. 96 zur allgemeinen Anwendung der Vorschriften der §§ 387 ff. BGB, zur Anwendung des § 389 BGB, S. 148 f.

99 Zum Wortlaut als Grenze der Auslegung vgl. *Larenz*, Methodenlehre, S. 320, 324.

dies ist zu verneinen. Zwar trifft § 226 AO im Hinblick auf die Möglichkeit einer Aufrechnung gegen Steuerforderungen eine einschränkende Regelung insoweit, als allein das Bestehen der Aufrechnungslage nicht ausreichend ist, sondern vielmehr die Gegenforderung noch eine bestimmte Qualität aufweisen muß. Dies beinhaltet aber keine Regelung der Aufrechnungswirkung, sondern stellt lediglich verstärkte Anforderungen an die Aufrechnungslage auf. Hierdurch wird das die Grundlage der Vorschrift des § 389 BGB bildende Vertrauen des Schuldners, bei Erwerb einer Forderung gegen den Staat die hoheitliche Forderung gegen ihn nicht mehr begleichen zu müssen, nicht ausgeschlossen, sondern allenfalls eingeschränkt. Sobald die durch die Vorschrift des § 226 AO aufgestellten Voraussetzungen aber gegeben sind, sind der Regelung keine darüberhinausgehenden weiteren Besonderheiten im Hinblick auf die Aufrechnung zu entnehmen.

Dies gilt insbesondere für die Frage der Auswirkung der Regelung des § 226 AO auf die Aufrechnungswirkung. Bereits die Existenz dieser Vorschrift zeigt, daß der Gesetzgeber aber von der Möglichkeit der Aufrechnung im Steuerrecht ausging. Sie läßt daran anknüpfend sogar den Schluß zwingend erscheinen, daß der Gesetzgeber auch im Bereich des öffentlichen Rechts im allgemeinen die Möglichkeit der Aufrechnung anerkannt hat[100]. Dies vorausgesetzt legt aber auch den Schluß nahe, daß auch im Hinblick auf die Wirkung der Aufrechnung die Notwendigkeit einer Regelung erkannt wurde und insoweit auch von einer eindeutigen Entscheidung des Gesetzgebers auszugehen ist.

Die einzige Vorschrift, die die Wirkung der Aufrechnung regelt, ist aber § 389 BGB, dessen Anwendbarkeit somit zumindest im Zusammenhang mit der die Aufrechnung im Steuerrecht betreffenden Regelung des § 226 AO nicht ausdrücklich ausgeschlossen wurde. Die Vorschrift des § 389 BGB erweist sich vielmehr als Ausdruck eines allgemeinen Rechtsgedankens, der sozusagen im Wesen der Aufrechnung bereits vorausgesetzt ist, und ist mithin auch im Bereich des öffentlichen Rechts anwendbar, da keine öffentlich-rechtlichen Besonderheiten erkennbar sind, die einer Anwendung entgegenstehen. Aus dem Fehlen einer anderweitigen Regelung der Aufrechnungswirkung für den Bereich des Steuerrechts folgt, daß § 226 Abs.3 AO insofern nicht die Anwendung des § 389 BGB einschränkt.

Wenn dies schon für den im Hinblick auf die Aufrechnung eingeschränkten Bereich des Steuerrechts gilt, so muß es um so mehr für den Bereich des sonstigen öffentlichen Rechts gelten, für den eine Regelung, die § 226 Abs.3 AO ent-

---

100 Dazu bereits oben S. 9.

spricht, nicht getroffen ist. Weder für den Bereich des Steuerrechts noch darüber hinaus ist § 226 AO somit eine Intention zur Einschränkung der Regelung des § 389 BGB zu entnehmen.

V. Die Anwendung des § 226 Abs.3 AO außerhalb des Steuerrechts

Die Vorschrift des § 226 AO wirft im Hinblick auf die Aufrechnung noch eine weitere, von der vorstehend behandelten Problematik zu unterscheidende, über die Möglichkeit einer darin liegenden Einschränkung des § 389 BGB hinausreichende Frage auf, die in diesem Zusammenhang erörtert werden soll. Hierbei handelt es sich um die Problematik, inwieweit die Regelung des § 226 Abs.3 AO verallgemeinerungsfähig ist und auch über den Bereich des Steuerrechts hinaus Anwendung findet:

Die Anwendung des § 226 Abs.3 AO auch auf sonstige öffentlich-rechtliche Forderungen schränkte die Aufrechnungsmöglichkeit erheblich ein, gleichwohl könnte eine allgemeine Anwendung zu erwägen sein. So wird beispielsweise für das schweizerische Recht ein derartiger einschränkender, noch über § 226 Abs.3 AO hinausgehender Grundsatz aufgestellt, wonach es für eine Verrechnung des Bürgers gegen eine öffentlich-rechtliche Forderung der Zustimmung des Staates bzw. der Gemeinde bedarf[101], während dies bei einer Verrechnung gegen privatrechtliche Forderungen des Staates oder der Gemeinde nicht der Fall ist, gleichgültig, ob mit einer öffentlich-rechtlichen oder einer privatrechtlichen Forderung aufgerechnet wird.

Insoweit ist auch für das deutsche Verwaltungsrecht eine Möglichkeit der Einschränkung der Aufrechnung im Bereich des öffentlichen Rechts auf unbestrittene oder rechtskräftig festgestellte Forderungen, wie bereits in anderem Zusammenhang erwähnt[102], schon früh diskutiert worden[103]. Hierbei handelt es sich letztlich um eine Beschränkung der Aufrechnung auf liquide Forderungen. Es ist jedoch erforderlich, bei der Frage der Berücksichtigung der Illiquidität der Gegenforderung zwischen materiellen und verfahrensrechtlichen Berücksichti-

---

101 Vgl. *Knapp*, Verwaltungsrecht I, S.169.

102 S. o. S. 7, in Verbindung mit der Frage der Zulässigkeit der Aufrechnung im öffentlichen Recht.

103 S. *Jellinek*, Verwaltungsrecht, S. 213; ähnlich auch *Hatschek*, Verwaltungsrecht, S. 32 f.

gungsverboten zu differenzieren[104], denn die hieraus resultierenden Wirkungen sind für den Schuldner von erheblicher Bedeutung:

Im Fall des materiellen Berücksichtigungsverbots vermag die Aufrechnungserklärung keinerlei Wirkung zu entfalten, im Fall des verfahrensrechtlichen Berücksichtigungsverbots bleibt die Aufrechnung für das konkrete Verfahren ohne Bedeutung, womit aber noch keine Aussage über die materielle Wirkung getroffen ist. Obwohl die Aufrechnung nicht berücksichtigt wird, kann der Schuldner seine Forderung verlieren[105], falls die materielle Wirksamkeit hiervon unberührt bleibt.

Eine Anwendung der Vorschrift des § 226 AO bzw. des ihr zugrundeliegenden Rechtsgedankens auch außerhalb des Steuerrechts wäre erwägenswert, wenn die ratio der Norm in dieser Hinsicht eine weitergehende Anwendung nahelegte. Die Gesetzesmaterialien liefern jedoch insoweit keine Anhaltspunkte, als sich bis hin zur (Vorgänger-) Vorschrift des § 103 RAO keine Begründung für die Beschränkung der Aufrechnung auf liquide Forderungen findet[106]. Vielmehr wird nur die grundsätzliche Zulässigkeit der Aufrechnung im Steuerrecht insoweit hervorgehoben, als mit dieser Regelung eine Ausnahme vom bis dahin allgemein anerkannten sog. privilegium fisci geregelt wurde[107]. Danach schränkte bereits das Gemeine Recht die Möglichkeit der Aufrechnung gegenüber Steuerforderungen des Staates durch dieses privilegium fisci nicht unerheblich ein: es war dem Steuerschuldner nicht möglich, gegenüber einer Steuerforderung aufzurechnen[108]. Als Zweck einer solchen Einschränkung kommt nur das Interesse an

---

104 Dazu, daß hier, insbesondere in älteren Stellungnahmen, eine derartige Differenzierung oftmals nicht erfolgte *Pietzner*, VerwArch 74 (1983), S.59 insbes. Fn. 61.

105 Eine Anwendbarkeit des § 226 Abs. 3 AO bzw. der diesem entsprechenden früheren Vorschrift allgemein für öffentliche Forderungen bejaht *Nebinger*, Allgemeines Verwaltungsrecht, S. 57; einen allgemeinen Rechtsgedanken für alle nicht der Abgabenordnung unterliegenden Steuern und Abgaben sehen *Staudinger/Kaduk*, BGB, § 395 Rz. 17; *Erman/Westermann*, BGB, § 395 Rz. 1; BayVGH, BayVBl. 1977, 249, BayVBl. 1973, 531, BayVBl. 1982, 245 - hier wurde offen gelassen, ob ein materiellrechtliches oder ein verfahrensrechtliches Verbot vorliege.

106 Vgl. *Tipke/Kruse*, AO, § 226 Rz.2; *Pietzner*, VerwArch. 74 (1983), S. 62 m. Fn. 74.; die Spärlichkeit der Gesetzesmaterialien konstatiert auch *Burmester*, S. 62.

107 Im Zusammenhang mit der Einfügung des § 103 RAO spricht *Pietzner*, VerwArch. 74 (1983), S. 62, insoweit von der Beseitigung einer als besonders unbillig empfundenen Auswirkung und nicht von einer Wende im Grundsätzlichen.

108 Vgl. dazu *Tipke/Kruse*, AO, § 226 Rz.2; *Pietzner*, VerwArch 73 (1982), S. 453 m. w. Nachw. - auch auf die Digesten.

einer einfachen und schnellen Steuereinziehung in Betracht[109], um die Erfüllung des Finanzbedarfs der öffentlichen Hand sicherzustellen. Andernfalls vermöchte die Geltendmachung sogar zweifelhafter Gegenforderungen die Erfüllung der Steuerforderung zumindest für die Dauer der Auseinandersetzung über das Bestehen oder die Höhe der Gegenforderung aufzuschieben, was dem Bedürfnis des Staates an einer geordneten Finanzierung zuwiderliefe[110]. Hierdurch wird der Schuldner auch nicht übermäßig benachteiligt (wie insoweit vergleichbar bereits oben ausgeführt), da er im Hinblick auf seine Gegenforderung keinem Insolvenzrisiko ausgesetzt ist. Insoweit ergeben sich Parallelen zur oben bereits erörterten Regelung des § 80 Abs.2 Nr.1 VwGO sowohl im Hinblick auf die Zielsetzung der Vorschriften als auch in der Frage der Zumutbarkeit dieser Regelungen für den Schuldner.

Das Interesse des Staates, welches im Hinblick auf die Durchsetzung von Steuerforderungen zur Deckung des staatlichen Finanzbedarfs zweifelsohne besteht und insoweit auch Beachtung verdient, ist jedoch möglicherweise in anderen Bereichen nicht in gleicher Weise gegeben. Eine derartige Ausdehnung der Regelung des § 226 Abs. 3 AO über das Steuerrecht hinaus würde die öffentliche Hand gegenüber dem Bürger unangemessen bevorzugen. Ein solcher Vorteil ist nicht im Hinblick auf jede beliebige öffentlich-rechtliche Forderung gerechtfertigt, denn nicht mit jeder Gläubigerfunktion des Staates steht auch die Sicherheit des öffentlichen Haushalts- und Finanzwesens auf dem Spiel. Die Ausdehnung der Anwendung der Vorschrift des § 226 Abs.3 AO als Ausprägung eines allgemeinen Rechtsgedankens vermag daher nicht zu überzeugen, da eine Ausdehnung auf sämtliche Bereiche öffentlich-rechtlicher Forderungen dem eigentlichen Regelungszweck dieser Vorschrift nicht entspräche. Zu beachten ist jedoch, daß etwas anderes gelten kann und diese Erwägungen dann unberücksichtigt bleiben, wenn der Gesetzgeber für bestimmte Bereiche ausdrückliche Regelungen trifft und damit ein Bedürfnis für eine eingeschränkte Regelung manifestiert. In diesem Fall ist eine Ausdehnung des Anwendungsbereiches des § 226 Abs. 3 AO über den Bereich unmittelbarer staatlicher Finanzdeckung hinaus möglich und auch, wie oben bereits dargelegt, durch die Verweisung zahlreicher Gesetze auf die Vorschriften der AO längst geschehen.

---

109 Vgl. auch *Pietzner*, VerwArch 74 (1983), S. 62 f.: "Entkleidet man die dem privilegium fisci zugrundeliegenden Zweckerwägungen von den etatistischen Relikten eines überholten Obrigkeitsstaates, verbleibt als Zweckgehalt das öffentliche Interesse an einer prompten und einfachen Steuereinziehung."

110 So auch *Pietzner*, VerwArch 74 (1983), S. 63 m. umf. Nachw. a. d. Rspr.

Diese Regelung unterliegt der Einschätzungsprärogative des Gesetzgebers und erscheint auch nicht offensichtlich willkürlich und fehlerhaft, da der Bürger zwar benachteiligt wird, dies jedoch noch unterhalb der Schwelle einer unzumutbaren Benachteiligung liegt. Allein die Anwendung des § 226 Abs. 3 AO als Ausdruck eines allgemeinen Rechtsgedankens für den gesamten Bereich des öffentlichen Rechts ist nach den vorgehenden Erwägungen ausgeschlossen, so daß von hierher diese Vorschrift keine Einschränkung der Aufrechnung außerhalb des Steuerrechts gebietet und auch keine Einschränkung der Vorschrift des § 389 BGB enthält.

Somit läßt sich konstatieren, daß die Vorschrift des § 389 BGB auch bei der Aufrechnung im Bereich des öffentlichen Rechts als Ausdruck eines allgemeinen Rechtsgedankens, dem keine speziellen öffentlich-rechtlichen Gesichtspunkte entgegenstehen, Anwendung findet und sich darüberhinaus der Vorschrift des § 226 Abs.3 AO kein allgemeiner Rechtsgedanke der Art entnehmen läßt, daß dem Bürger im gesamten Bereich des öffentlichen Rechts die Aufrechnung nur mit einer rechtskräftig festgestellten oder unbestrittenen Forderung möglich ist. Nach Abschluß dieser Vorüberlegungen soll nunmehr der Frage der Wirkung der Aufrechnung nachgegangen werden.

2. Teil: Die Aufrechnung durch den Bürger

I. Einführung in die Problematik

Spezifische Probleme bei der Erörterung der Aufrechnung durch den Bürger wirft in erster Linie die Aufrechnung gegenüber einer den Gegenstand eines Verwaltungsakts bildenden Forderung auf. Vor allem auf diese Fälle hat sich bislang das Hauptaugenmerk bei einer Beschäftigung mit den sich aus der Aufrechnung des Bürgers ergebenden Fragestellungen gerichtet[1]. Als Grund hierfür ist zweifelsohne zum einen der Umstand anzusehen, daß im Bereich des öffentlichen Rechts der Verwaltungsakt quasi den Normalfall behördlichen Handelns ausmacht. Daneben ist als Erklärung für die Häufigkeit gerade dieser Verbindung anzuführen, daß im Zusammenhang mit (Geld)Forderungen die Existenz eines Verwaltungsakts oft auch von Bedeutung für das Entstehen einer Forderung oder deren Fälligkeit ist, mit der Folge, daß von hierher wegen der Verbindung beider Institute mit einer Forderung das Zusammentreffen von Aufrechnung und Verwaltungsakt sozusagen als Standard vorgezeichnet ist.

Damit lassen sich auch bereits die Hauptproblemfelder der Aufrechnung des Bürgers gegenüber einer durch Verwaltungsakt geltend gemachten Forderung eingrenzen: Im Vordergrund steht die Frage, ob die Aufrechnung die Rechtmäßigkeit eines Verwaltungsakts berührt, was sich auch auf die Möglichkeit ihrer Geltendmachung auswirken würde. Eng mit diesem Komplex verzahnt sind Probleme, die sich aus der Anwendung des § 389 BGB in Verbindung mit der danach eröffneten Rückwirkungsmöglichkeit der Aufrechnung ergeben.

---

1 BVerwG, DVBl. 1960, 36; NVwZ 1984, 168 = DÖV 1983, 980; E 77, 19 = DÖV 1987, 823; VGH München, DÖV 1960, 646; BayVBl. 1980, 179; BayVBl. 1985, 119; OVG Münster, JZ 1965, 366, NJW 1976, 2036 = DÖV 1976, 673; VGH Mannheim, KStZ 1981, 134; *Menger*, VerwArch. Bd. 52 (1961), 92 (106 f.); *Tiemann*, KStZ 1971, 6 ff.; *Sahlmüller*, KStZ 1971, 73 f.; *Lüke/Huppert*, JuS 1971, 165 (171); *Battis*, DVBl. 1971, 572 ff.; *Arnold*, BayVBl. 1972, 151 ff.; *Renck*, BayVBl. 1975, 635 ff.; *Metschies*, DÖV 1977, 142 ff.; *Neupert*, JuS 1978, 825 ff.; *Ebsen*, DÖV 1982, 389 ff.; *Herdegen*, VBlBW 1984, 193 ff.; *Buhmann*, MDR 1984, 983 ff.; *Seibert*, JuS 1985, 625 (626); *Ehlers*, JuS 1990, 777 ff.; *Glose*, DÖV 1990, 146 ff.; *Veitenthal*, BayVBl. 1990, 615 ff.; *Schenke*, Verwaltungsprozeßrecht, Rz. 427 ff.; *Sachs*, in: Stelkens/Bonk/Sachs, VwVfG, § 44 Rz. 17 ff.; *Kopp*, VwGO, § 40 Rz. 46. Zur Aufrechnung im Steuerprozeß vgl. *Pietzner*, VerwArch. 76 (1985), 87 ff.; *Hermann*, S. 190 ff.

II. Die verschiedenen Ansätze zur Wirkung der Aufrechnung auf einen mit der Hauptforderung in Zusammenhang stehenden Verwaltungsakt

Die Wirkung der Aufrechnung durch den Bürger auf einen an ihn adressierten Verwaltungsakt, mit dem die Forderung, gegen die der Bürger aufrechnet, geltend gemacht wird, ist bislang kontrovers diskutiert worden. Hier lassen sich drei Hauptrichtungen ausmachen, die im folgenden dargestellt werden sollen, wobei der jeweils eingenommene Standpunkt hinsichtlich der Wirkung der Aufrechnung sich auch auf die Möglichkeit ihrer Geltendmachung auswirkt, worauf anschließend genauer einzugehen sein wird.

1. Die Rechtswidrigkeit als Folge der Aufrechnung

Früh findet sich der zunächst noch undifferenzierte Ansatz, die Aufrechnung des Bürgers auf einen Leistungsbescheid hin mache diesen rechtswidrig[2], wobei der maßgebliche Grund hierfür in der Regelung des § 389 BGB gesehen wird, wonach die Forderungen als Folge der Aufrechnung als in dem Zeitpunkt erloschen gelten, in dem sie zur Aufrechnung geeignet einander gegenübergetreten sind. Ausgangspunkt war insoweit die bereits erwähnte Entscheidung des BVerwG, wonach die Rückwirkung des § 389 BGB zur Rechtswidrigkeit des Leistungsbescheides führe[3]. Die Entwicklung der Rechtsprechung zu dieser Frage wurde bereits angesprochen[4].

Nach der Revisionsentscheidung des BVerwG[5] hatte der VGH München erneut in der Sache zu entscheiden. Hier folgte er unter Hinweis auf die sich aus den Vorschriften der §§ 63 Abs.5 BVerwGG u. 144 Abs. 6 VwGO ergebende Bindung den Darlegungen des *BVerwG* insoweit, als er die Anwendung der Vorschrift des § 389 BGB bejahte und ausführte, die Gebührenbescheide seien zu Unrecht ergangen, wenn die Aufrechnung zulässig und begründet sei[6], wobei

---

2 So BVerwG, DVBl. 1960, 36; VGH München, DÖV 1960, 646; *Lüke/Huppert*, JuS 1971, 171; *Tiemann*, KStZ 1971, 6 ff.; *Battis*, DVBl. 1971, 572 ff.; wohl auch *Eyermann/Fröhler*, VwGO, § 40 Rz. 45.

3 So BVerwG, DVBl. 1960, 36.

4 S. o. S. 19 ff.

5 Vgl. BVerwG, DVBl. 1960, 36.

6 S. VGH München, DVBl. 1960, 646.

die Klage letztlich mit der Begründung, die Gegenforderung bestehe nicht, abgewiesen wurde[7].

Gegenüber der Entscheidung des BVerwG hat zuerst *Menger* Kritik geäußert[8]: Danach habe das BVerwG den Streitgegenstand verkannt - der Verwaltungsakt könne als Rechtsgrund für die erbrachte Leistung auch durch Aufrechnung nicht betroffen werden, weil dies zu einem Wegfall der Forderung und damit zu einem Wegfall der Aufrechnungslage führen würde, mithin die Voraussetzungen für die Aufrechnung selbst beseitigt würden.

2. Verneinung der Auswirkung der Aufrechnung auf die Rechtmäßigkeit des Verwaltungsakts

Zum Teil wird danach die Auffassung vertreten, die Aufrechnung sei im Anfechtungsverfahren unbeachtlich, ihre materiellen Wirkungen aber im Vollstrekkungs(gegen)verfahren vorzubringen[9].

Der Ansicht des BVerwG, wonach die Aufrechnung zur Rechtswidrigkeit des Verwaltungsakts führen könne, widersprach in der Folge auch das OVG Münster, das ebenfalls die Möglichkeit verneinte, die Aufrechnung eines Abgabenschuldners könne zur Rechtswidrigkeit des Abgabenbescheids führen[10]. Hierbei führte das Gericht aus, entgegen dem BVerwG gehe es nicht um die Frage der Rechtmäßigkeit eines Gebots, sondern um die Rechtmäßigkeit der Durchsetzung dieses Gebots, da der Leistungsbescheid den Rechtsgrund für die geforderte, vom Adressaten zu erbringende Leistung bilde und die Erfüllung zwangsläufig nicht zur Rechtswidrigkeit des ihr von der Rechtsordnung zugeordneten Leistungsgrunds führen könne[11]. Diese Entscheidung enthält damit bereits Erwägungen, die nach der rechtlichen Bedeutung des Leistungsgebots fragen, verharrt dann jedoch auf der Thematik des Rechtsgrundes und stellt somit nicht auf die unterschiedlichen inhaltlichen Bedeutungen eines Leistungsbescheids, Festset-

---

7 S. VGH München, DVBl. 1960, 646 (647 f.).

8 S. *Menger*, VerwArch. Bd. 52 (1961), 92 (106).

9 Vgl. *Arnold*, BayVbl. 1972, 151 ff.; *Sahlmüller*, KStZ 1971, 73 f.; *Menger*, VerwArch. Bd. 52 (1961), 92 (106 ff.); *Neupert*, JuS 1978, 825 ff.; *Ebsen*, DÖV 1982, 389 ff.; *Seibert*, JuS 1985, 625 (626); *Kopp*, VwGO, § 40 Rz. 46; OVG Münster, NJW 1976, 2036 ff.; VGH München, BayVbl. 1980, 179 f.; VGH Mannheim, KStZ 1981, 134 f.

10 Vgl. OVG Münster, NJW 1976, 2036 = DÖV 1976, 673.

11 S. OVG Münster, NJW 1976, 2036 f.

zung und Zahlungsaufforderung, ab[12]. Gleichzeitig wird aber in der Erörterung der Rechtsschutzmöglichkeit im Rahmen der Verwaltungsvollstreckung zugestanden, daß nach erfolgreicher Aufrechnung eine nochmalige Leistung nicht verlangt werden kann[13], ein Gedanke, der ersichtlich auf die Zahlungsaufforderung zugeschnitten ist.

Der BayVGH hat sich, dem OVG Münster folgend, ebenfalls wieder von der Entscheidung des BVerwG distanziert und ausgeführt, die freiwillige Erfüllung, wozu auch die Aufrechnung gehöre, bewirke nicht die Rechtswidrigkeit des Verwaltungsakts, der den Rechtsgrund für die geforderte Leistung darstelle, sondern führe nur zur Rechtswidrigkeit der Vollstreckung des Titels, die in einem besonderen Verfahren festzustellen sei[14].

3. Rechtwidrigkeit der Leistungssaufforderung

Den von *Menger* früh geäußerten Bedenken ist das *Bundesverwaltungsgericht* insoweit gefolgt, als in einer späteren Entscheidung der Aufrechnung eine Wirkung auf die Rechtmäßigkeit des Verwaltungsakts im Anfechtungsverfahren jedenfalls dann abgesprochen wurde, wenn der angegriffene Verwaltungsakt keine Aufforderung zur Zahlung neben der Festsetzung der Leistung enthält[15]. Hierdurch sollte wohl für diesen Fall den Erwägungen *Mengers*, eine Rechtswidrigkeit des Verwaltungsakts könnte möglicherweise auch die Voraussetzung der Aufrechnung selbst antasten, Rechnung getragen werden[16].

Dieser differenzierende Ansatz unterscheidet danach neuerdings zwischen der Festsetzung der Forderung und der Aufforderung zur Zahlung im Leistungsbe-

---

12 Diese über die Frage des Rechtsgrundcharakters des Verwaltungsakts hinausgehende Unterscheidung vermißt man auch bei *Metschies*, DÖV 1977, 142.

13 S. OVG Münster, NJW 1976, 2037: "Damit ist zugleich gesagt, daß der Erfüllungseinwand, der im Ergebnis nicht unbeachtlich bleiben kann, weil der Schuldner auf das Leistungsgebot nur einmal zu leisten verpflichtet ist, erst im Bereich des Vollstrekkungsschutzes erheblich wird, unabhängig davon, ob er vor oder nach Eintritt der Unanfechtbarkeit des Bescheides entstanden ist."

14 S. BayVGH, BayVBl. 1980, 179 (180).

15 S. BVerwG, NVwZ 1984, 168.

16 Zum Verwaltungsakt als Rechtsgrund zuvor bereits OVG Münster, NJW 1976, 2036 (2037).

scheid[17]. Lediglich Letztere soll durch die Aufrechnung rechtswidrig werden können, während die Festsetzung bzw. Feststellung der Forderung durch Verwaltungsakt den Rechtsgrund für die Forderung bilden soll und auch den Rechtsgrund für das auf die Forderung Geleistete[18].

Damit wird die Wirkung der Aufrechnung auf die Rechtmäßigkeit des Verwaltungsakts nicht ausgeschlossen, sondern jedenfalls im Hinblick auf ein in diesem Verwaltungsakt enthaltenes Leistungsgebot vielfach bejaht[19].

---

17 Zur Differenzierung zwischen festsetzenden und gebietenden Elementen bei einem Geldleistungsverwaltungsakt bereits *Löwenberg*, S. 36 f.; *G. Arndt*, S. 70; in Zusammenhang mit der Aufrechnung *Arnold*, BayVBl. 1972, 151 (152 ff.); *Sachs*, in: Stelkens/Bonk/Sachs, VwVfG, § 44 Rz. 17 f.; *Schenke*, Verwaltungsprozeßrecht, Rz. 428 ff.; *Ehlers*, JuS 1990, 777 (781); *Ebsen*, DÖV 1982, 389 (391 ff.); *Battis*, DVBl. 1971, 572 (573 ff.); *Buhmann*, MDR 1984, 983 (984); *Kohls*, KStZ 1985, 181 (187); *Herdegen*, VBlBW 1984, 193 (194 f.); *Veitenthal*, BayVBl. 1990, 615 (618); *Pietzner*, VerwArch. Bd. 76 (1985), 107; *Lüke*, in: GS für Geck, S. 497 f.; bereits *Herbsleb*, S. 33; differenziert nach Feststellung und Leistungsgebot, knüpft aber an die Rechtswidrigkeit des Leistungsgebots die Folge der Rechtswidrigkeit des gesamten Verwaltungsakts; BVerwG, NVwZ 1984, 168; BVerwGE 77, 19 (20); diese Differenzierung findet sich nicht bei *Glose*, DÖV 1990, 146 (148).; vgl. auch *Neupert*, JuS 1978, 825 (830), der Festsetzung und Leistungsbefehl ebenfalls als unterscheidbare Strukturelemente des Leistungsbescheids hervorhebt, eine Aufhebung des rechtswidrigen Teils des Verwaltungsakts jedoch ablehnt, weil es sich um "untrennbare Strukturelemente eines einheitlichen Verwaltungsakts" handele; krit. dazu bereits *Buhmann*, MDR 1984, 983 (984 f.).

18 Zum Verwaltungsakt als Rechtsgrund insoweit schon *Menger*, VerwArch. Bd. 52 (1961), 92 (106 f.); BVerwG, NVwZ 1984, 168 unter "Klarstellung" der Entscheidung des *BVerwG*, DVBl. 1960, 36, in der noch von umfassender Rechtswidrigkeit ausgegangen worden war; s. a. *Ehlers*, JuS 1990, 777 (780); für den Fall des forderungsbegründenden Verwaltungsakts auch *Glose*, DÖV 1990, 146 (148), der jedoch der (unrichtigen) Auffassung ist, ein feststellender Verwaltungsakt werde durch Aufrechnung rechtswidrig, dazu s. u. S. 65 f.

19 S. BVerwG, NVwZ 1984, 168; BVerwGE 66, 218, 77, 21; *Buhmann*, MDR 1984, 983 (984); differenzierend (s. u. Fn. 21) *Ehlers*, JuS 1990, 777 (781); für vollständige Rechtswidrigkeit *Herdegen*, VBlBW 1984 193 (194), der auch die Entscheidung des BVerwG, NVwZ 1984, 168 in diesem Sinne versteht, weil die Leistungsaufforderung wesentliches Element des Verwaltungsakts sei; dagegen spricht jedoch, daß diese Folgerung den Gründen ausdrücklich nicht zu entnehmen ist - selbst bei den die Leistungsaufforderung betreffenden Ausführungen des Gerichts handelt es sich um ein bloßes obiter dictum, weil in dem konkreten Fall keine Leistungsaufforderung in dem Verwaltungsakt enthalten war.

Zum Teil wird aber auch die Möglichkeit, die Aufrechnung könne (allein) zur Rechtswidrigkeit dieses Leistungsgebots führen, bestritten, weil das Leistungsgebot in besonderer Weise ausgelegt wird[20].

Nach einer anderen Auffassung wird zwar die Möglichkeit der Rechtswidrigkeit des Verwaltungsakts als Folge der Aufrechnung bejaht, wobei aus dem Zusammenhang hier nur die Rechtswidrigkeit der Zahlungsaufforderung gemeint sein kann, es wird aber zugleich offenbar davon ausgegangen, der Verwaltungsakt habe sich durch die Aufrechnung erledigt, weil nach Erfüllung kein Anlaß bestehe, an der Wirksamkeit des Verwaltungsakts festzuhalten[21].

III. Die daraus resultierende Geltendmachung des Aufrechnungseinwands

In Konsequenz dieser unterschiedlichen Ansätze ergeben sich unterschiedliche Modelle zur Geltendmachung des Aufrechnungseinwands durch den Bürger.

Soweit die Möglichkeit der Rechtswidrigkeit des Verwaltungsakts verneint wird, wird die Geltendmachung der Aufrechnung, insoweit durchaus folgerichtig, als Geltendmachung des Erfüllungseinwands dem Vollstreckungsverfahren zugewiesen[22]. Hierbei werden als Rechtsschutzform sowohl Gestaltungsklagen[23], Feststellungsklagen[24] wie auch die Vollstreckungsgegenklage[25] vorgeschlagen.

---

20 S. *Ebsen*, DÖV 1981, 389 (393), der das Leistungsgebot als auf Tilgung der Forderung und nicht auf Zahlung gerichtet auslegt. Nach seiner Argumentation bezieht sich die Rückwirkung des § 389 BGB lediglich auf die Erfüllungswirkung und nicht auf die Erfüllungshandlung, so daß der Verwaltungsakt auch insoweit, als er zur Handlung auffordert, rechtmäßig bleibt.

21 S. *Sachs*, in: Stelkens/Bonk/Sachs, VwVfG, § 44 Rz. 18, der aber im Hinblick auf die Feststellung der Forderung ebenfalls davon ausgehen dürfte, diese werde nicht rechtswidrig; auch *Ehlers*, JuS 1990, 777 (782) hält das Leistungsgebot dann für erledigt, wenn die Gegenforderung, mit der der Bürger aufrechnet, erst nach Erlaß des Leistungsbescheids entstanden ist. In den Fällen, in denen die Gegenforderung vor Erlaß des Leistungsbescheids entstanden ist, wird auch nach *Ehlers* das Leistungsgebot wegen der Rückwirkung der Aufrechnung rechtswidrig (781).

22 Vgl. *Arnold*, BayVbl. 1972, 151 ff.; *Sahlmüller*, KStZ 1971, 73 f.; *Menger*, VerwArch. Bd. 52 (1961), 92 (106 ff.); *Neupert*, JuS 1978, 825 ff.; *Ebsen*, DÖV 1982, 389 ff.; *Kopp*, VwGO, § 40 Rz. 46; OVG Münster, NJW 1976, 2036 ff.; VGH München, BayVbl. 1980, 179 f.; VGH Mannheim, KStZ 1981, 134 f.

23 S. VGH München, BayVBl. 1980, 179 (180 f.); *Fischer*, BayVBl. 1980, 173 (175).

24 So BVerwGE 27, 141 ff.; OVG Münster, NJW 1976, 2036 (2038).

Geht man hingegen von der Rechtswidrigkeit des Verwaltungsakts aus, ist ein Vorgehen gegenüber demselben folgerichtig, sei es mittels einer Anfechtungs- oder einer Verpflichtungsklage[26].

Eine Auseinandersetzung mit diesen verschiedenen Ansätzen und ihren Lösungswegen ist ohne ein genaueres Eingehen auf die aufrechnungsspezifischen Fragen und Zusammenhänge nicht möglich, weil gerade die Problematik der Aufrechnung eine außerordentlich differenzierte Betrachtungsweise erfordert.

IV. Der Ausgangspunkt dieser Ansätze

1. Die Differenzierung zwischen Leistungsfestsetzung und Leistungsgebot

Wie bereits angedeutet, hat sich insbesondere in Zusammenhang mit der Aufrechnungsproblematik bei der Betrachtung des Leistungsbescheids die Differenzierung zwischen Leistungsfestsetzung und Zahlungsaufforderung bzw. Leistungsgebot durchgesetzt[27].

In dieser Differenzierung findet letztlich auch die Rechtsfigur des feststellenden Verwaltungsakts einen Ausdruck, die trotz einiger dogmatischer Umstrittenheit mittlerweile einhellig anerkannt sein dürfte[28].

Gegen eine solche Differenzierung läßt sich auch nicht grundsätzlich einwenden, daß es sich bei einem Leistungsbescheid insoweit um einen einheitlichen Verwaltungsakt handelt[29]. Soweit *Neupert* in Leistungsfestsetzung und Leistungsbefehl zwei "untrennbare Strukturelemente" eines einheitlichen Verwaltungsakts sieht, verkennt er die durchaus selbständigen Regelungsinhalte beider Anordnungen, die sich daraus ergeben, daß beide Regelungen auch in zwei getrennten

---

25 S. OVG Münster, JZ 1965, 366 ff.; *Herbsleb*, S. 108 ff.; *Arnold*, BayVBl. 1972, 151 (155); s. dazu auch *Renck*; BayVBl. 1975, 635 (637 ff.).

26 Vgl. nur BVerwG, DVBl. 1960, 36; *Herdegen*, VBlBW 1984, 193 (194); *Battis*, DVBl. 1971, 572 (574).

27 Vgl. die Nachw. o. Fn. 17.

28 So war lange der Regelungscharakter des feststellenden Verwaltungsakts umstritten, der nunmehr in der Verbindlichkeit der Feststellung gesehen wird; vgl. dazu auch *Engel*, S. 13 ff; allgemein *Maurer*, Allgemeines Verwaltungsrecht, § 9 Rz. 46 ff.; *Wolff/Bachof/Stober*, Verwaltungsrecht I, § 46 Rz. 7 ff. jew. m. weit. Nachw.

29 So wohl *Neupert*, JuS 1978, 825 (830), dagegen bereits *Buhmann*, MDR 1984, 983 (984) u. *Ehlers*, JuS 1990, 777 (782 u. Fn. 67).

Verfügungen getroffen werden könnten, ohne daß eine solche Trennung von vornherein sinnlos oder ohne praktischen Nutzen wäre. Gegen die von *Neupert* behauptete Einheit spricht ferner, daß eine Leistungsfestsetzung auch "negativ" möglich ist[30], so daß bereits von hierher eine zwingende Verbindung mit einer Zahlungsaufforderung nicht überzeugt.

Soweit auch nach Erfüllung die Möglichkeit einer Leistungsfestsetzung anerkannt wird[31], macht dies zugleich deutlich, daß in der reinen Leistungsfestsetzung als solcher nicht auch das Begehren enthalten sein dürfte, die Leistung nochmals zu erhalten. Wäre es bereits in der Leistungsfestetzung enthalten, wäre eine eigenständige Zahlungsaufforderung überflüssig. Zwar können diese beiden Regelungen miteinander verbunden werden, verlieren aber dadurch nicht ihre Eigenständigkeit. Die Zerlegung des Verwaltungsakts in diese Bestandteile ist auch nicht konstruiert oder gekünstelt, da beide Regelungen sinnvollerweise auch eigenständig ergehen können.

Es ist nicht überzeugend, in einem Leistungsbescheid notwendigerweise einen konstitutiv-feststellenden Verwaltungsakt, in Abgrenzung zum deklaratorisch-feststellenden Verwaltungsakt zu sehen, weil darin ein eigenständiger Rechtsgrund geschaffen wird.[32] Es wird hierbei nicht deutlich, daß neben dem konstitutiven Element des Leistungsbescheids, welches darin zu sehen ist, daß nach Bestandskraft ohne Aufhebung des Bescheids nicht mehr eingewendet werden kann, ein Rechtsgrund für das Leistungsverlangen bestehe nicht, auch ein deklaratorisches Element enthalten sein kann, soweit auf eine bestimmte Rechtslage Bezug genommen wird. Diese Bezugnahme verliert durch die Verbindung mit einem Leistungsgebot nicht ihren deklaratorischen Charakter. Zu beachten ist jedoch, daß der Verwaltungsakt aber im Fall seiner Rechtswidrigkeit konstitutiv wirkt[33]. In Bezug auf die Differenzierung zwischen Forderungsfestsetzung und Leistungsgebot ist festzustellen, daß auch *Randak* ausführt, der Leistungsbe-

---

30 Vgl. dazu, m. Belegen aus dem Bereich des Steuerrechts, *Kohls*, KStZ 1985, 181 (187), der ausführt, daß auch die Freistellung von einer Abgabe gem. § 155 S.2 AO Abgabenfestsetzung ist, die niemals zu einem Leistungsgebot führen kann.

31 Vgl. *Ehlers*, JuS 1990, 777 (781); BVerwG, NVwZ 1984, 168; *Kohls*, KStZ 1985, 181 (187); *Sahlmüller*, KStZ 1971, 73 (73 f.); *Arnold*, BayVBl. 1972, 151 (154).

32 So *Randak*, JuS 1992, 33 (38); vgl. dazu auch *Kollmann*, DÖV 1990, 189 (194).

33 In diesem Zusammenhang weist *Seibert*, S. 44, 90 ff. (94) darauf hin, daß jedem feststellenden Verwaltungsakt ein konstitutives Element eigen ist.

scheid, der einen eigenständigen Leistungsbefehl enthalte, wirke pflichtenbegründend[34].

Damit läßt sich jedenfalls die Unterscheidung von Zahlungsfestsetzung und Leistungsaufforderung als eigenständige Teile des Leistungsbescheids nicht beanstanden. Eine davon jedoch zu unterscheidende Frage ist, daß dem Zahlungsgebot auch die möglicherweise nur konkludente Feststellung zu entnehmen ist, die Forderung bestehe *noch*, d. h. der Schuldner habe noch zu erfüllen, und inwieweit die Tatbestandswirkung eines Verwaltungsakts sich im Hinblick auf *diese* Feststellung auszuwirken vermag.

2. Die Differenzierung zwischen forderungsfeststellenden und -begründenden Verwaltungsakten

a. Der Inhalt dieser Differenzierung

Die Differenzierung zwischen forderungsfeststellenden und forderungsbegründenden Verwaltungsakten findet sich neben der Unterscheidung von Leistungsfestsetzung und Zahlungsaufforderung durchaus häufig in neueren Stellungnahmen zur Aufrechnungsproblematik[35].

Im Fall des forderungsbegründenden oder konstitutiven Verwaltungsakts ergibt sich die Forderung nicht bereits aus dem Gesetz, sondern wird erst durch den Verwaltungsakt begründet, beispielsweise bei einer Geldforderung, weil diese vor dem Erlaß des Verwaltungsakts noch unbestimmt war.

Im Fall des forderungsfeststellenden Verwaltungsakts hingegen besteht die Forderung bereits in Ansehung der Gesetzeslage, d. h. unabhängig von dem die Forderung (nochmals) feststellenden Verwaltungsakt.

---

34 Vgl. *Randak*, JuS 1992, 33 (38).

35 Vgl. *Ehlers*, JuS 1990, 777 (780 ff.); *Ebsen*, DÖV 1982, 389 (391 ff.); *Schenke*, Verwaltungsprozeßrecht, Rz. 428 ff.; *Glose*, DÖV 1990, 146 (148 f.); im Ansatz auch *Veitenthal*, BayVBl. 1990, 615 (618) in Zusammenhang mit der insoweit parallelen Problematik der Aufrechnung durch die Behörde; *Eyermann/Fröhler*, VwGO, § 40 Rz. 45 wollen im Gegensatz zur Vorauflage nunmehr allein auf das Entstehen der Aufrechnungslage abstellen: Entstehe diese vor Ergehen der Widerspruchsentscheidung, sei der Verwaltungsakt ex tunc, entstehe sie danach, sei der Verwaltungsakt ex nunc aufzuheben. Unabhängig von ihrer Schlußfolgerung, s. dazu auch unten S. 68 ff., sind dabei jedoch dieselben Erwägungen ausschlaggebend, da der Charakter des Verwaltungsakts als forderungsbegründend oder forderungsfeststellend sich unmittelbar auf das Entstehen der Aufrechnungslage auswirkt.

b. Die besondere Konsequenz dieser Differenzierung in Zusammenhang mit der Aufrechnung

Die besondere Bedeutung dieser o. g. Differenzierung folgt in Zusammenhang mit der Aufrechnung aus der speziellen Bedeutung, die der Aufrechnungslage nach der Vorschrift des § 389 BGB erwächst. Begründet der Verwaltungsakt die Forderung erst, kann eine Aufrechnungslage, die das Gegenüberstehen beider Forderungen voraussetzt, unabhängig von dem Verwaltungsakt nicht entstehen[36].

Anders im Fall des feststellenden Verwaltungsakts. Hier besteht die Forderung bereits kraft Gesetzes, d. h. auch die Aufrechnungslage kann unabhängig von dem Verwaltungsakt bereits zu einem früheren Zeitpunkt bestehen. Zu beachten ist allerdings, daß dies nicht notwendigerweise mit dem Vorliegen eines forderungfeststellenden Verwaltungsakts gegeben sein muß, da die Aufrechnungslage nicht allein durch das Gegenübertreten der Forderungen bestimmt ist, sondern noch weitere Voraussetzungen erfüllt sein müssen[37].

Eine Rückwirkung der Aufrechnung auf einen Zeitpunkt vor Erlaß des Verwaltungsakts ist daher nur in der Konstellation des feststellenden Verwaltungsakts möglich, aber nicht notwendigerweise bei jedem feststellenden Verwaltungsakt gegeben. Hier sind zum einen die Fälle zu nennen, in denen der Verwaltungsakt etwa für die Erfüllbarkeit der Forderung von Bedeutung ist[38] oder in denen der Verwaltungsakt die materielle Rechtslage nicht korrekt wiedergibt. In der letztgenannten Konstellation des materiell rechtswidrigen feststellenden Verwaltungsakts ist eine Rückwirkung der Aufrechnung nicht möglich, hier liegt in Ansehung der Forderung ein konstitutiver Verwaltungsakt mit den für diese Konstellation noch näher zu untersuchenden Rechtsfolgen vor.

---

36 Vgl. *Schenke*, Verwaltungsprozeßrecht, Rz. 428; i. E. auch *Ebsen*, DÖV 1982, 389 (391); *Ehlers*, JuS 1990, 777 (781); s. dazu auch unten S. 68.

37 S. dazu oben Teil 1.

38 So VGH Bad.-Württ., KStZ 1981, 134 (135), der in dieser Entscheidung die Rückwirkungsproblematik des § 389 BGB zwar anspricht, ihre Bedeutung für die Rechtmäßigkeit des Verwaltungsakts mit der Begründung verneint, die Aufrechnungslage könne frühestens mit der Bekanntgabe des Leistungsbescheides entstehen, da der Anspruch zu einem früheren Zeitpunkt nicht erfüllbar sei, wenn der Betrag noch nicht durch Bescheid festgesetzt sei. Richtigerweise dürfte es sich nicht um die Frage der Erfüllbarkeit, sondern um die der Wirksamkeit der Forderung handeln, die ohne Festsetzung noch gar nicht konkretisiert gewesen sein dürfte. In den Fällen des deklarato-

Damit sind einige sich aus der Verbindung von Aufrechnung und Verwaltungsakt ergebende Probleme zumindest bereits angedeutet. Bevor sich aber mit der Frage der Wirkung der Aufrechnung auf einen Verwaltungsakt vertieft auseinanderzusetzen ist, soll zunächst die Wirkung der Erfüllung allgemein untersucht werden, da sich von hierher möglicherweise auch Ansätze für die Behandlung der Aufrechnung gewinnen lassen.

V. Die Wirkung der Erfüllung auf einen mit der Hauptforderung in Zusammenhang stehenden Verwaltungsakt

1. Das Rechtswidrigwerden des Verwaltungsakts

Bestünde die Möglichkeit, einen Verwaltungsakt durch Erfüllung rechtswidrig werden zu lassen, und hätte dies zur Konsequenz, daß der Adressat den Verwaltungsakt nach der Erfüllung wegen dieser Rechtswidrigkeit erfolgreich angreifen könnte, würde dies zumindest befremdlich anmuten. Daher erscheint es, zumindest auf den ersten Blick, völlig fernliegend, anzunehmen, aufgrund der Erfüllung einer Forderung vermöge der entsprechende Verwaltungsakt rechtswidrig zu werden.

Im Einklang mit der sich in letzter Zeit bei der Betrachtung der Aufrechnungswirkung verfestigenden Differenzierung soll aber auch hier zwischen der Festsetzung der Forderung und einem eventuellen Leistungsgebot bzw. einer Zahlungsaufforderung unterschieden und die Wirkung der Erfüllung auf diese im folgenden getrennt erörtert werden.

a. Die Beeinflussung der Forderungsfestsetzung

aa. beim forderungsbegründenden Verwaltungsakt

Der forderungsbegründende Verwaltungsakt ist, wie bereits ausgeführt, dadurch charakterisiert, daß durch ihn die geltend gemachte Forderung erst begründet wird. Wenn die Forderung nach Erfüllung durch den Schuldner nicht mehr besteht, könnte die Erfüllung dadurch auch für die Forderungsfestsetzung von Bedeutung sein.

Andererseits hat sich die materielle Rechtslage, die für die Beurteilung der Rechtmäßigkeit des Verwaltungsakts maßgeblich ist und die den Ausgangspunkt

---

risch-feststellenden Verwaltungsakts ist die Forderung bereits definitionsgemäß konkretisiert d. h. wirksam.

des Verwaltungsakts darstellte, allein durch die Erfüllung nicht verändert. Wenn aber die tatsächlichen und rechtlichen Anknüpfungspunkte, die zur Beurteilung der Rechtmäßigkeit des Verwaltungsakts entscheidend sind, durch die Erfüllung nicht berührt werden, wird dadurch auch ein rechtmäßiger Verwaltungsakt nicht rechtswidrig.

Die Beantwortung dieser Frage steht in Zusammenhang mit dem Inhalt der Forderungsfestsetzung. Soweit hier lediglich eine bestimmte Verpflichtung des Adressaten festgestellt wird, ändert sich an dem Bestehen dieser Pflicht zumindest in der Vergangenheit nichts, auch wenn der Betroffene die Verpflichtung erfüllt. Der forderungsbegründende Verwaltungsakt konkretisiert dabei nicht eine bereits sich aufgrund der bestehenden Rechtslage ergebenden Forderung, was auf ein Feststellen bereits anderweitig begründeter Pflichten hindeuten würde, sondern vermag die Rechtslage zu gestalten, sei es auch nur aufgrund der Tatbestandswirkung.

In den einschlägigen Stellungnahmen, die Frage der Wirkung der Erfüllung auf die Rechtmäßigkeit des Verwaltungsakts betreffend, wird meist ausgeführt, die Erfüllung lasse die Rechtmäßigkeit des Bescheides als Rechtsgrund für die Erfüllungspflicht unberührt[39] bzw. führe lediglich zum Erlöschen der durch ihn begründeten Zahlungspflicht und nicht zur Rechtswidrigkeit des angefochtenen Verwaltungsakts[40]. Zum Teil wird vertreten, die Erfüllung eines Gebots führe zur Erledigung des Verwaltungsakts[41]. Es gibt keinerlei Stellungnahmen, die aus der Erfüllung die Folge der Rechtswidrigkeit des Verwaltungsakts herleiten.

Die angeführten Meinungen deuten ebenfalls auf die bereits angesprochene Notwendigkeit der Untersuchung des eigentlichen Regelungszieles der Forderungsfestsetzung hin. Soweit die Möglichkeit der Rechtswidrigkeit ausdrücklich nur für die Zahlungsaufforderung angeführt wird, läßt dies bereits Rückschlüsse auf eine bestimmte Interpretation zu. Dadurch kommt zum Ausdruck, daß nach Erfüllung die Leistung nicht (nochmals) verlangt werden kann, daß dieses Begehren aber offenbar von der Forderungsfestsetzung zu trennen sein muß. Wäre

---

39 Vgl. die Nachw. o Fn. 18.

40 So für die Aufrechnung ausdr. *Kopp*, VwGO, § 40 Rz. 46.

41 S. *Sachs*, in: Stelkens/Bonk/Sachs, VwVfG, § 43 Rz. 147, wobei aber an späterer Stelle eine Einschränkung vorgenommen wird, indem darauf hingewiesen wird, daß in den Fällen des Festsetzens und Leistens einer Abgabe der Verwaltungsakt den Rechtsgrund für das Behaltendürfen der Leistung darstellt und insofern durch Erfüllung nicht erlischt, für den Fall der Aufrechnung wird von der Erledigung des Zahlungsgebots ausgegangen, § 44 Rz. 18; s. dazu u. S. 75.

es bereits in der Forderungsfestsetzung enthalten, wäre eine eigenständige Zahlungsaufforderung überflüssig. Zwar können diese beiden Regelungen miteinander verbunden werden, verlieren aber dadurch nicht ihre Eigenständigkeit.

Stellt man danach auf die Forderungsfestsetzung ab, beinhaltet diese nicht auch ein Leistungsverlangen, sondern trifft lediglich eine Aussage über die Verpflichtung des Adressaten. Diese Aussage kann richtig oder unrichtig, damit rechtmäßig oder rechtswidrig sein - dieser Charakter wird jedoch durch die Erfüllung der Verpflichtung nicht berührt.

Ein solches Verständnis der Folgen der Erfüllung steht auch im Einklang mit der Dogmatik des allgemeinen Schuldrechts nach dem BGB. Danach bedeutet Schulden zur Leistung verpflichtet sein, Leistensollen einerseits und, dem korrespondierend, Bekommensollen andererseits. Beide, Leistensollen und Bekommensollen enden mit dem Erlöschen der Schuld. Das Bekommensollen des Gläubigers setzt sich nach der Leistung und dem Erlöschen der Schuld in einem Behaltendürfen fort und erhält der erloschenen Schuld für den Fall der Leistung so eine Bedeutung[42]. Damit erlischt die Schuld zwar durch Erfüllung, aber sie entfällt nicht, als hätte es sie nie gegeben[43].

Dem korrespondierend wäre eine verwaltungsgerichtliche Aufhebung der Forderungsfestsetzung systemwidrig, was ebenfalls gegen die damit einhergehende Annahme der Rechtswidrigkeit der Forderungsfestsetzung als Folge der Erfüllung spricht.

Allenfalls wäre zu erwägen, inwieweit die Erfüllung als Anerkennen der Forderungsberechtigung anzusehen sein könnte, das ein späteres Bestreiten dieser Berechtigung ausschließt. Ungeachtet der Bedenken, die bereits aus der Systematik der VwGO einer solchen Konstruktion im öffentlichen Recht entgegenstehen, ließe sich ein solches Anerkenntnis wohl nur selten annehmen. Es würde allenfalls konkludent erfolgen, wobei für die Annahme eines konkludenten Anerkennens dann kein Raum verbliebe, wenn der Betreffende die Berechtigung ausdrücklich bestreitet, etwa durch Erhebung einer Anfechtungsklage.

Im Fall des forderungsbegründenden Verwaltungsakts erlischt mit der Erfüllung zwar die Forderung, so daß die Verwaltung die Leistung nicht nochmals verlan-

---

42 S. *Gernhuber*, Erfüllung, § 1, 4 S. 4.

43 Vom Ergebnis her ist dies einhellige Meinung im Bereich des Zivilrechts, vgl. *Larenz*, Schuldrecht Bd. I, § 2 V, S. 29; *Gernhuber*, Erfüllung, § 5 I 5, S. 100 m. w. Nachw. auf z. T. etwas andere Konstruktionen.

gen kann, die ursprüngliche Rechtmäßigkeit der Forderungsfestsetzung wird hierdurch jedoch nicht aufgehoben. Die Erfüllung vermag sich nicht auf die Rechtmäßigkeit der Forderungsfestsetzung auszuwirken. Andernfalls könnte als Folge der Erfüllung die Aufhebung des Verwaltungsakts verlangt werden und damit der Rechtsgrund für die Erfüllung aufgehoben werden, so daß letztlich auch die Leistung zurückverlangt werden könnte.

bb. beim forderungsfeststellenden Verwaltungsakt

Fraglich ist, ob für den Fall des (lediglich) feststellenden Verwaltungsakts das gleiche zu gelten hat.

Der feststellende Verwaltungsakt ist dadurch gekennzeichnet, daß er eine bereits bestehende Verpflichtung zum Ausdruck bringt. Diese wird durch den Verwaltungsakt nicht konstituiert, sondern lediglich wiederholt, was etwa zur Vollstreckungserleichterung auch einen Nutzen haben kann, da Vollstreckungsvoraussetzung vielfach zumindest das Vorliegen eines entsprechenden Leistungsbescheids ist, der auch ein Leistungsverlangen zum Ausdruck bringt (vgl. § 3 VwVG). Daneben vermag die Feststellung des Bestehens des Anspruchs in Bestandskraft zu erwachsen, so daß Einwände hiergegen, ohne daß der Verwaltungsakt aufgehoben wird, nicht erfolgversprechend sind[44].

Daran anknüpfend dürfte die Wirkung der Erfüllung an sich keine andere sein als im Fall des forderungsbegründenden Verwaltungsakts, soweit die gleiche Ausgangslage gegeben ist. Dort macht, wie bereits ausgeführt, die Erfüllung den Verwaltungsakt nicht rechtswidrig, soweit es um die Feststellung der Leistungspflicht geht.

Auch für den feststellenden Verwaltungsakt ist in erster Linie das konkrete Regelungsziel maßgebend. Hier ist ebenfalls die Leistungsfestsetzung von der Zahlungsaufforderung zu unterscheiden. Erstere wird durch die Erfüllung ebensowenig beeinflußt wie im Fall des forderungsbegründenden Verwaltungsakts.

Zu beachten ist in diesem Zusammenhang, daß aber die tatsächliche Ausgangslage im Fall des forderungsfeststellenden Verwaltungsakts nicht notwendigerweise parallel zum Fall des forderungsbegründenden Verwaltungsakts gegeben sein muß. Die Besonderheit des forderungsfeststellenden Verwaltungsakts ermöglicht eine Konstellation, in der die Forderung, die ja unabhängig von dem

---

44 Vgl. *Schenke/Baumeister*, NVwZ 1991, 1 (6); *Schenke*, Verwaltungsprozeßrecht, Rz. 429.

Verwaltungsakt besteht, bereits erfüllt ist, bevor der Verwaltungsakt ergeht. Diese Konstellation ist beim forderungsbegründenden Verwaltungsakt denkgesetzlich nicht möglich, da die Forderung erst nach Entstehung erfüllt werden kann. Es ist demnach zu untersuchen, ob für den Sonderfall der bereits erfüllten Forderung ein Verwaltungsakt rechtswidrig ist, der die Forderung zum Gegenstand hat, also quasi nochmals festsetzt.

Somit werden Überlegungen von Bedeutung, die auch die Frage des Zeitpunkts der Erfüllung mit einbeziehen, auf welche bisher noch nicht einzugehen war. Auch für diesen Fall ist zunächst auf die reine Forderungsfestsetzung abzustellen, mit der das Bestehen der Verpflichtung geregelt wird. Die Frage ist also dahin zu präzisieren, ob die Verwaltung nach Erfüllung das Bestehen der Leistungspflicht durch Verwaltungsakt feststellen darf. In Einklang mit der zivilrechtlichen Dogmatik könnte das Bestehen der Verpflichtung aber auch hier für das Behaltendürfen der Leistung von Bedeutung sein.

Zwar ergibt sich ein Rechtsgrund für das Behaltendürfen der Leistung bereits aus dem Gesetz, da die Forderung unabhängig vom Erlaß des Verwaltungsakts existiert. Gleichwohl muß ein auch vor dem Hintergrund dieser Sachlage erlassener Verwaltungsakt nicht rechtswidrig sein, nur weil die Forderung bereits erfüllt ist. Soweit der Verwaltungsakt allein das (frühere) Bestehen der Verpflichtung feststellt und nicht (nochmalige) Leistung verlangt, gibt er die Gesetzeslage korrekt wieder und ist daher sachlich richtig[45], d. h. auch materiell rechtmäßig.

Er verändert die Rechtsposition des Betroffenen nicht und greift daher nicht in diese ein[46]. Am Erlaß eines solchen feststellenden Verwaltungsakts vermag aus verschiedenen Gründen ein Interesse auf Seiten der Behörde und des Bürgers zu bestehen. Zum einen wird dadurch die Rechtslage verbindlich festgestellt, was den Verwaltungsakt von der reinen Mitteilung abgrenzt[47]. Zum anderen kann durch den feststellenden Verwaltungsakt zugunsten des Adressaten die verbindliche Regelung erfolgen, wonach der Anspruch (nur) in einer bestimmten Höhe

---

45 So auch *Ehlers*, JuS 1990, 777 (781) und *Ebsen*, DÖV 1982, 389 (393).

46 Dementsprechend ist weithin anerkannt, daß auch bei einer Vorauszahlung noch rechtmäßigerweise ein Feststellungsbescheid zu ergehen vermag, s. *Ehlers*, JuS 1990, 777 (781); BVerwG, NVwZ 1984, 168; *Kohls*, KStZ 1985, 181 (187). Eine Veränderung tritt nur insoweit ein, daß ohne die Aufhebung des Verwaltungsakts als Folge der Tatbestandswirkung die Möglichkeit entfällt, einen fehlenden Rechtsgrund für die Leistung geltend zu machen.

47 Vgl. nur *Peine*, Allgemeines Verwaltungsrecht, Rz. 142; *Maurer*, Allgemeines Verwaltungsrecht, § 9, Rz. 46.

besteht, denn die Feststellung konkretisiert verbindlich die bestehende Forderung und bindet letztlich auch die Verwaltung durch die Bestandskraft dahingehend, daß die Forderung nur in dieser und nicht in einer anderen Höhe geltend gemacht wird[48]. Dies gilt jedenfalls für den Regelfall, falls nicht die Verwaltung etwas anderes zum Ausdruck bringt, zum Beispiel durch den Erlaß eines Teilleistungsbescheids oder Vorausleistungsbescheids. Eine andere Auffassung wäre mit dem Rechtsstaatsprinzip, zu dem auch die Verläßlichkeit und Rechtssicherheit staatlicher Entscheidungen gehört, nicht zu vereinbaren. Denn dies hätte zur Konsequenz, daß die Verwaltung auch noch nach Jahren angebliche oder tatsächliche Restforderungen geltend machen könnte und der Bürger letztlich insoweit immer das Prozeßrisiko zu tragen hätte[49].

Aus diesen Überlegungen folgt, daß auch im Fall der Erfüllung vor Erlaß eines die Forderung festsetzenden (lediglich) feststellenden Verwaltungsakts dieser nicht rechtswidrig ist. Insoweit hat die Erfüllung auch in diesen Fällen keinen Einfluß auf die Rechtmäßigkeit der Forderungsfestsetzung.

Etwas anderes gälte nur dann, wenn man der Forderungsfeststellung neben dem deklaratorischen Moment noch eine Regelungswirkung beimäße, die auf das aktuelle Bestehen der Forderung im Sinne eines Leistenmüssen des Schuldners gerichtet ist. Gegen eine solche Interpretation eines die Forderung lediglich festsetzenden, deklaratorischen Verwaltungsakts spricht, daß damit die Abgrenzung zwischen Forderungsfestsetzung und Leistungsaufforderung verwischt würde. Eine Regelung des Inhalts, die Forderung bestehe zum Zeitpunkt des Erlasses bzw. der Wirsamkeit des Verwaltungsakts *noch*, ist nach der hier vertretenen

---

48 Vgl. VGH BW, VBlBW. 1988, 139 (138).

49 Diese Auffassung bedeutet jedoch nicht, daß die Geltendmachung von durch den ursprünglichen Bescheid nicht abgedeckten Restforderungen völlig ausgeschlossen wäre - die Bestandskraft des Bescheides ist jedoch angemessen zu berücksichtigen. Dies setzt voraus, daß eine entsprechende gesetzliche Regelung die Abänderung oder Aufhebung des bestandskräftigen Bescheids ermöglicht. Dann ist Raum für eine Neuberechnung und Geltendmachung der Restforderung. Solche Vorschriften sind etwa in der Abgabenordnung in den §§ 172 - 177 zu finden. Diese Vorschriften versuchen den Prinzipienwiderspruch zwischen Vertrauensschutz und Rechtssicherheit einerseits und materieller Rechtsrichtigkeit andererseits aufzulösen. Hierbei stehen Vertrauensschutz und Rechtssicherheit einer Durchbrechung der Bestandskraft entgegen, die materielle Rechtsrichtigkeit dagegen erfordert diese, vgl. dazu *Tipke/Kruse*, AO, § 173 Rz. 2. Nach BVerfGE, 34, 47 (41); 41, 326 (323) sind alle diese Prinzipien wesentliche Bestandteile des Rechtsstaatsprinzips und haben Verfassungsrang, wobei dem Gesetzgeber der Interessenausgleich im Einzelfall obliegt.

Auffassung systematisch dem Leistungsgebot zuzuordnen[50]. Die reine Forderungsfeststellung beinhaltet danach auch keine Aussage dahingehend, inwieweit diese Forderung beispielsweise bereits erfüllt ist oder nicht. Insoweit dient sie lediglich der Konkretisierung der bestehenden Gesetzeslage. Dies dürfte auch dann gelten, sofern nichts anderes zum Ausdruck kommt, wenn zwischen dem gesetzlichen Entstehen der Forderung und dem Erlaß des forderungsfeststellenden Verwaltungsakts ein gewisser Zeitraum vergangen ist.

Gegenüber dieser Differenzierung dürfte auch nicht einzuwenden sein, sie sei übertrieben oder gekünstelt bzw. praxisfern, da die den (feststellenden) Verwaltungsakt erlassende Behörde darüberhinaus auch Aussagen im Hinblick auf das aktuelle Bestehen der Forderung zu treffen vermag, beispielsweise indem der Bürger zur Leistung aufgefordert wird. Auf die in dieser Konstellation in Ansehung des Leistungsgebots insbesondere aus der Tatbestandswirkung des Verwaltungsakts möglicherweise resultierenden Probleme wird noch genauer einzugehen sein[51].

b. Die Beeinflussung des Leistungsgebots

Anders wird in verschiedenen Stellungnahmen die Möglichkeit einer Beeinflussung des Leistungsgebots beurteilt[52]. Ein solches könne durch die Erfüllung rechtswidrig werden. Auch hier soll wieder eine differenzierte Betrachtung erfolgen.

aa. beim forderungsbegründenden Verwaltungsakt

Soweit ein Verwaltungsakt die Forderung konstituiert und auch eine Zahlungsaufforderung enthält, also zur Leistung auffordert, könnte diese Leistungsaufforderung durch die Erfüllung betroffen sein. Durch die Erfüllung erlischt nach zivilrechtlichen Maßstäben die Forderung, soweit sie das Leistensollen und das Bekommensollen zum Gegenstand hat. Das Leistungsgebot, welches das Leistensollen zum Ausdruck bringt, wird also durch die Erfüllung betroffen. Für die Frage seiner Rechtmäßigkeit ist auch hier auf den genauen Inhalt des Zahlungsgebots abzustellen. Ergeht das Zahlungsgebot und wird anschließend erfüllt, ändert sich die materielle Rechtslage bezüglich der Forderung nicht. War das Zahlungsgebot vor der Erfüllung rechtmäßig, hat sich an dieser Ausgangssitua-

---

50 S. dazu bereits oben S. 41.

51 S. dazu unten S. 73 f. u. S. 94 f.

52 Vgl. nur BVerwG, NVwZ 1984, 168; *Ehlers*, JuS 1990, 777 (781).

tion nichts geändert. Anders wäre die Rechtslage nur, wenn man die Leistungsaufforderung nicht als auf einmalige Leistung gerichtet, sondern als sich ständig wiederholenden Leistungsverwaltungsakt in Art eines Dauerverwaltungsakts begreifen würde. Eine solche Intention ist jedoch in einer einfachen Zahlungsaufforderung nicht zu sehen. Hier ist nach dem objektiven Erklärungswert von einer einmaligen Leistung(-spflicht) auszugehen[53]. Wird diese Leistung erbracht, ändert sich am Bestehen der Leistungspflicht in der Vergangenheit nichts, der Verwaltungsakt gibt insoweit die Rechtslage korrekt wieder und wird durch die Erfüllung auch nicht rechtswidrig.

Möglicherweise führt die nachträgliche Erfüllung zu einer Erledigung des Leistungsgebots[54].

Die Rechtmäßigkeit des Zahlungsgebots könnte in Abhängigkeit mit dem Zeitpunkt der Erfüllung beeinflußt werden. Daran wäre zu denken, wenn die Erfüllung der Forderung einträte und zeitlich danach eine Zahlungsaufforderung erginge, die dann aus der Sicht des Erklärungsempfängers nochmalige Leistung verlangt. Im Fall des Ergehens der Zahlungsaufforderung nach der Erfüllungshandlung des Schuldners ist diese auch aus seiner Sicht nicht anders zu verstehen, als daß die Verwaltung nicht von einer Erfüllung ausgeht und nach wie vor die Leistung begehrt. Wegen des mit Erlöschen der Forderung ebenfalls erloschenen Leistensollens und Bekommensollens entspräche ein solches Leistungsgebot nach Erfüllung nicht der tatsächlichen Rechtslage und wäre mithin rechtswidrig.

Ein solcher Fall ist in der Konstellation des forderungsbegründenden Verwaltungsakts etwa denkbar, wenn das Leistungsgebot in einem selbständigen Verwaltungsakt zeitlich nach dem forderungsbegründenden Verwaltungsakt ergeht. Dann vermag die Forderung nach ihrer Konstituierung durch den ersten Verwaltungsakt erfüllt zu werden, bevor die Zahlungsaufforderung ausgesprochen wird. Fallen, wie dies in der Praxis häufig der Fall sein wird, Leistungsfestset-

---

53 Insoweit ist bei der Auslegung des Inhalts der Leistungsaufforderung auf die Betrachtungsweise nach dem Empfängerhorizont abzustellen, d. h. zu fragen, wie die Leistungsaufforderung aus Sicht des Bürgers zu verstehen sein mußte. Hiernach ist auch bei der Auslegung von Verwaltungsakten, ähnlich wie bei Willenserklärungen, auf den objektiven Erklärungswert abzustellen, wie er sich aus der Sicht des Empfängers darstellt; die Vorschriften der §§ 133, 157 BGB sind dabei entsprechend anwendbar, vgl. statt vieler *Stelkens*, in: Stelkens/Bonk/Sachs, VwVfG, § 35 Rz. 38 f. m. weit. Nachw.; *Kopp*, VwVfG, § 35 Rz. 6; BVerwGE 60, 223; s. auch OLG Düsseldorf, NZV 1990, 363 (364).

54 Dazu unten S. 59 ff.

zung und Zahlungsaufforderung zusammen, liegt im Fall des forderungsbegründenden Verwaltungsakts immer eine Erfüllung zeitlich nach Erlaß des Verwaltungsakts vor, weil die Forderung vor ihrem Entstehen nicht durch Erfüllung zu erlöschen vermag. Hier spielt die Variante der Erfüllung vor dem Erlaß des Leistungsgebots praktisch also keine Rolle. Eine Beeinflussung der Rechtmäßigkeit der Zahlungsaufforderung durch nachträgliche Erfüllung ist somit in den in der Praxis häufigsten Fällen ausgeschlossen.

bb. beim forderungsfeststellenden Verwaltungsakt

Auch für den feststellenden Verwaltungsakt sind insoweit keine Besonderheiten ersichtlich, die für den Fall der nachträglichen Erfüllung eine andere Beurteilung erforderlich machen. Weil aber hier die Forderung unabhängig von dem Erlaß des Verwaltungsakts bereits bestand, ist zu erwarten, daß die Zahl der Fälle größer sein kann, in denen eine Erfüllung bereits vor dem Erlaß des Verwaltungsakts erfolgte.

Diese zeitliche Abfolge von Erfüllung und Zahlungsaufforderung kann bei forderungsfeststellenden Verwaltungsakten auch dann eintreten, wenn Leistungsfestsetzung und Zahlungsaufforderung zeitgleich ergehen.

Hier vor allem sind also die Fälle zu erwarten, in denen die Erfüllung eintritt und anschließend ein Leistungsgebot erfolgt. Dieses Leistungsgebot ergeht jedoch dann zu Unrecht, wenn die Forderung bereits erfüllt ist, da dann das Leistensollen des Schuldners nicht mehr besteht. Ein solches Begehren stünde in Widerspruch zur tatsächlichen Rechtslage und wäre mithin rechtswidrig[55].

2. Die Erledigung des Verwaltungsakts

Wesentlich problematischer ist indes die Frage, ob sich der Verwaltungsakt durch die Erfüllung oder ein Surrogat erledigt. Für eine vertiefte Diskussion dieses Ansatzes ist es erforderlich, den Begriff der Erledigung genauer zu untersuchen.

---

55 S. *Schenke*, Verwaltungsprozeßrecht, Rz. 429. Hiervon geht wohl auch *Veitenthal*, BayVBl. 1990, 615 (618) aus, wenn er ausführt, nach Erfüllung dürfe ein Bescheid nur noch ohne Zahlungsgebot ergehen.

a. Der Begriff der Erledigung

Der Begriff der Erledigung des Verwaltungsakts ist in den einschlägigen Stellungnahmen überraschend konturenlos umschrieben, wobei zwar in Einzelheiten Übereinstimmung besteht, von einer exakten Definition der Erledigung jedoch keine Rede sein kann.

Ansatzpunkte für die Definition der Erledigung sind § 43 VwVfG und § 113 Abs. 1 S. 4 VwGO. In § 43 VwVfG heißt es zur Wirksamkeit eines Verwaltungsakts: "Ein Verwaltungsakt bleibt wirksam, solange und soweit er nicht zurückgenommen, widerrufen, anderweitig aufgehoben oder durch Zeitablauf oder auf andere Weise erledigt ist." In § 113 VwGO: "Hat sich der Verwaltungsakt vorher durch Zurücknahme oder anders erledigt, so spricht das Gericht auf Antrag durch Urteil aus, daß der Verwaltungsakt rechtswidrig gewesen ist, wenn der Kläger ein berechtigtes Interesse an dieser Feststellung hat."

Zahlreiche Stellungnahmen zum Begriff der Erledigung beschränken sich mehr auf die Aufzählung von Beispielen und Negativabgrenzungen, anstatt eine konkrete Definition vorzunehmen[56]. Hier heißt es beispielsweise, die Vollziehung führe nicht notwendig zur Erledigung des Verwaltungsakts[57]; gleiches wird auch für die Erfüllung geltend gemacht[58]. Nach anderen Definitionen ist ein Verwaltungsakt erledigt, wenn er seine regelnde Wirkung verliert[59] oder, in Zusammenhang mit § 113 VwGO, wenn die Aufhebung des Verwaltungsakts sinnlos geworden ist[60] bzw. wenn die mit dem Verwaltungsakt verbundene rechtliche Beschwer weggefallen ist[61]. Zum Teil werden diese Gesichtspunkte

---

56 Dies konstatierte bereits *Bücking*, S. 19, wobei heute insoweit "vom größten Teil der Literatur" nicht mehr gesprochen werden kann; aber vgl.: *Redeker/v. Oertzen*, VwGO, § 113, Rz. 30; *Ule*, Verwaltungsprozeßrecht, § 45 II, III; *Würtenberger*, Rz. 545; ohne nähere Erläuterung des Begriffs: *Faber*, Verwaltungsrecht, § 20 III; *Erichsen*, in: Erichsen/Martens, Allgemeines Verwaltungsrecht; § 12; *Obermayer*, VwVfG, § 43 Rz. 29, der ebenfalls lediglich Beispiele für die Erledigung auf andere Weise anführt.

57 Vgl. *Kopp*, VwGO, § 113 Rz. 52; *Schenke*, Verwaltungsprozeßrecht, Rz. 319.

58 So *Sachs*, in: Stelkens/Bonk/Sachs, § 43, Rz. 147, der jedoch in Zusammenhang mit der Aufrechnung an anderer Stelle (§ 44, Rz. 18) annimmt, daß sich der Verwaltungsakt durch Erfüllung regelmäßig erledigt.

59 *Sachs*, in: Stelkens/Bonk/Sachs, § 43, Rz. 145; VGH Mannheim, NJW 1977, 861.

60 So *Schenke*, Jura 1980, 133 (134); *ders.*, Verwaltungsprozeßrecht, Rz. 313 f.; *ders.*, in: Menger-Festschrift, S. 462 f.

61 Vgl. *Kopp*, VwGO, § 113 Rz. 51 ff.; *Eyermann/Fröhler*, VwGO, § 113, Rz. 39.

kumulativ angeführt[62] bzw. die bereits genannten Ansätze auf andere Art kombiniert[63]. Soweit Definitionen erfolgen, wird deutlich, daß auch diese keine naturwissenschaftlich exakte Festlegung der Erledigung ermöglichen, sondern daß sie wertungsabhängig sind[64].

Ausgehend von den dargestellten Ansätzen erscheint jedenfalls die Ansicht als zu unbestimmt, die Erledigung dann annimmt, wenn die mit dem Verwaltungsakt verbundene rechtliche Beschwer wegfällt[65]. Eine solche Abgrenzung ist wenig praktikabel[66], da die Ergebnisse davon abhängen, wie man den Begriff der rechtlichen Beschwer interpretiert: Bei weiter Interpretation wäre praktisch kaum noch eine Erledigung denkbar, was zur Bedeutungslosigkeit der Vorschrift des § 113 Abs.1 S.4 VwGO führte. Für eine enge Interpretation, die dieses Ergebnis vermiede, werden keinerlei Anknüpfungspunkte genannt, d. h. es bleibt letztlich der Begriff der rechtlichen Beschwer und damit verbunden auch der der Erledigung offen[67].

Ähnlichen Bedenken setzt sich die Auffassung aus, die die Erledigung als Wegfall der regelnden Wirkung des Verwaltungsakts begreift[68]. Auch hier wird nicht deutlich, auf welche Regelung durch den Verwaltungsakt abzustellen ist - nur auf den unmittelbaren konkreten Regelungsgegenstand oder auch auf eventuell eher mittelbare Folgeregelungen bzw. Auswirkungen.

Im Hinblick auf die prozessuale Vorschrift des § 113 Abs.1 S.4 VwGO erscheint eine Definition der Erledigung, die sich am Funktionszusammenhang dieser Vorschrift orientiert, am ehesten praktikabel und interessengerecht. Als Spezialregelung der Fortsetzungsfeststellungsklage im Verhältnis zur Anfechtungsklage

---

62 Nach *Pietzner/Ronellenfitsch*, § 11, Rz. 12 ist ein Verwaltungsakt erledigt, wenn er keine Rechtswirkung mehr entfaltet, was dann der Fall sei, wenn seine Aufhebung sinnlos geworden ist.

63 So nimmt *Schmitt Glaeser*, Rz. 144, Erledigung an, wenn der Verwaltungsakt an Rechtswirksamkeit und Beschwer so verloren hat, daß seine Aufhebung unmöglich oder sinnlos geworden ist.

64 So in Bezug auf die in Fn. 61 genannte Ansicht *Schenke*, Jura 1980, 133 (134 m. Fn. 4).

65 S. o. Fn. 61.

66 So auch *Schenke*, in: Menger-Festschrift, S. 462, der insoweit von einer "sybillinischen Formel" spricht.

67 S. *Schenke*, Jura 1980, 133 (134 m. Fn. 4).

68 S. o. Fn. 59.

gem. § 42 Abs.1 VwGO, deren Entscheidungsumfang in § 113 Abs.1 S.1 VwGO grundsätzlich geregelt ist und bei welcher die Aufhebung des Verwaltungsakts durch das Gericht im Vordergrund steht, bedeutet dies, daß die Erledigung gewissermaßen einen Gegenpol zu dieser Aufhebung durch das Gericht bildet. Insoweit ist von Bedeutung, was in § 113 Abs.1 S.4 VwGO nicht ausdrücklich, sondern nur immanent geregelt ist: Bei Erledigung des Verwaltungsakts hebt das Gericht diesen gerade nicht (mehr) auf, sondern stellt bei berechtigtem Interesse des Klägers seine Rechtswidrigkeit fest. Insoweit besteht zwischen den Begriffen Wirksamkeit und Aufhebung einerseits und Erledigung und Feststellung andererseits ein Zusammenhang bzw. eine Abhängigkeit. Dieser Zusammenhang ist auch für den Begriff der Erledigung von Bedeutung: Steht im Fall des § 113 Abs.1 S.4 VwGO fest, daß der Verwaltungsakt nicht aufgehoben werden muß, impliziert das den Zusammenhang von Aufhebung bzw. deren Nichterforderlichkeit und Erledigung. Von hierher begründet sich auch der Definitionsansatz, der Erledigung dann bejaht, wenn die Aufhebung des Verwaltungsakts sinnlos ist[69].

Als wenig praktikabel erweist sich indessen auch die Ansicht, die Erledigung im Sinne des § 113 Abs.1 S.4 VwGO annimmt, wenn die Aufhebung des Verwaltungsakts unmöglich ist[70], da eine Aufhebung des Verwaltungsakts an sich auch in den dort angeführten Fällen möglich ist. Eine auf Aufhebung des Verwaltungsakts gerichtete Klage scheitert jedoch prozessual am fehlenden Rechtsschutzbedürfnis, da der Kläger in diesen Fällen kein Interesse an der Aufhebung mehr hat[71].

Nicht verkannt wird, daß auch bei einem Abstellen auf die Sinnlosigkeit einer Aufhebung des Verwaltungsakts für die Frage der Erledigung Abgrenzungsprobleme im Einzelfall bestehen. Auch hier führt eine weite Interpretation des klägerischen Interesses an der Aufhebung zu einer Beschneidung der Anwendung der Fortsetzungsfeststellungsklage. Der Vorteil dieser Ansicht liegt jedoch darin, daß zur Ausfüllung des Begriffs der Erledigung auf den systematischen Zusammenhang zwischen Aufhebungsanspruch und Aufhebungsbedürfnis und Erledigung abgestellt wird und nicht auf andere mehr oder weniger weitläufige Definitionen, die quasi von außen in die Systematik der Vorschrift des § 113 Abs. 1 VwGO hereingetragen werden.

---

69 Vgl. o. Fn. 60.

70 So aber *Schmitt Glaeser*, Rz. 144; ähnlich auch *Bücking*, S. 43.

71 Vgl. *Schenke*, Jura 1980, 133 (134); *Kopp*, VwGO, § 113, Rz. 55.

b. Die Erledigung der Leistungsfestsetzung

aa. beim forderungsbegründenden Verwaltungsakt

Aus den oben dargelegten Kriterien deutet sich bereits an, daß sich die Leistungsfestsetzung beim forderungsbegründenden Verwaltungsakt durch nachträgliche Erfüllung auch nicht erledigt. In der Erfüllung kann zum einen eine Erledigung im Sinne der Vorschrift des § 43 Abs. 2 VwVfG, wonach Erledigung auch vorliegt, wenn der Verwaltungsakt zurückgenommen, widerrufen, anderweitig aufgehoben oder durch Zeitablauf gegenstandslos geworden ist[72], nicht gesehen werden. Ein Verwaltungsakt ist jedenfalls dann nicht erledigt, wenn er noch vollziehbar ist[73]. Dies läßt allerdings nicht den Umkehrschluß zu, der Vollzug eines Verwaltungsakts führte immer zu dessen Erledigung[74]. Insofern besteht vielmehr weitgehend Einigkeit, daß der Vollzug eines Verwaltungsakts nicht zwangsläufig zu dessen Erledigung führt[75]. In der Erfüllung liegt darüberhinaus auch nicht der Vollzug des Verwaltungsakts, so daß eine Annahme der Erledigung aus diesen Erwägungen nicht in Betracht kommt. Vielmehr handelt es sich um einen Fall der freiwilligen Befolgung, der ebenfalls nicht zwingend zur Erledigung führt[76]. Im Fall der (bloßen) Leistungsfestsetzung, die allein das (abstrakte) Bestehen der Leistungspflicht zum Gegenstand hat, folgt dies aus dem genauen Inhalt der Leistungsfestsetzung.

Eine Erledigung durch Erfüllung könnte in diesem Zusammenhang lediglich unter dem Aspekt des Wegfalls der wesentlichen Beschwer eintreten, die darin zu sehen sein könnte, daß der Betroffene nicht nochmals leisten muß und die Verwaltung den Verwaltungsakt auch nicht mehr vollstrecken darf.

---

72 Vgl. ausf. *Schenke*, Verwaltungsprozeßrecht, Rz. 309 ff.

73 So *Schenke*, in: Menger-Festschrift, S. 462.

74 Dies wird auch, zumindest in dieser Grundsätzlichkeit, soweit ersichtlich, von niemandem vertreten.

75 S. *Schmitt Glaeser*, Rz. 145 "der bloße Vollzug eines VA - oder auch dessen freiwillige Befolgung ... - hat dagegen grundsätzlich nicht die Erledigung des VA zur Folge"; ähnl. *Kopp*, VwGO, § 113, Rz. 52, jedenfalls "wenn und solange eine Rückgängigmachung der Vollziehung in Betracht kommt und bei objektiver Betrachtung sinnvoll erscheint". *Kopp* nennt in diesem Zusammenhang ebenfalls die freiwillige Befolgung des Verwaltungsakts; *Schenke*, Jura 1980, S. 133 (134 f.); *ders.*, in: Menger-Festschrift, S. 462; *ders.*, Verwaltungsprozeßrecht, Rz. 314; *Eyermann/Fröhler*, VwGO, § 113, Rz. 39; *Pietzner/Ronellenfitsch*, § 27, Rz. 24.

76 So ausdr. *Schmitt Glaeser*, Rz. 145.

Nicht berücksichtigt durch eine derartige Bejahung der Erledigung wäre jedoch, daß zum einen eine Vollziehung der reinen Leistungsfeststellung ausscheidet, da die Vollziehung begrifflich die Durchsetzung eines Gebots oder Verbots zum Gegenstand hat[77]. Zum anderen kann die Fortdauer der Feststellung der bestehenden Zahlungsverpflichtung nach wie vor für die Frage des Behaltendürfens der Leistung und damit als deren Rechtsgrund von Bedeutung sein[78]. Daher erfolgt durch die Erfüllung bei einer allein auf das Bestehen der Forderung gerichteten Leistungsfestsetzung kein Wegfall der sich aus dem Verwaltungsakt ergebenden Beschwer[79], da sich, wie bereits erörtert, am abstrakten Bestehen der Leistungspflicht nichts ändert. Die Tatsache, daß der Betroffene nicht nochmals leisten muß, könnte unter diesem Gesichtspunkt lediglich im Hinblick auf eine eventuelle Zahlungsaufforderung Relevanz entfalten.

bb. beim feststellenden Verwaltungsakt

Aus den bereits angestellten Erwägungen folgt auch für den Fall der Leistungsfestsetzung durch feststellenden Verwaltungsakt, daß sich diese durch Erfüllung nicht erledigt. Der bloßen Leistungsfestsetzung kommt dabei keine eigenständige Beschwer zu, die durch die Erfüllung tangiert sein könnte. Die Erfüllung greift gerade die Tatsache der Leistungsfestsetzung nicht an, sondern im Gegenteil bestätigt sie eher noch, jedenfalls wenn ausdrücklich die Rechtmäßigkeit der Forderung nicht bezweifelt wird. Wegen der Bedeutung der Festsetzung für die Frage der genauen Bestimmung der Forderung und des Behaltendürfens der Leistung bleibt auch der rein feststellende Verwaltungsakt nach Erfüllung bedeutsam. Auch die für die Konstellation des feststellenden Verwaltungsakts mögliche Sachverhaltsgestaltung der Erfüllung vor Leistungsfestsetzung ist hinsichtlich einer Erledigung nicht anders zu behandeln, als im Hinblick auf die Rechtswidrigkeit einer solchen Feststellung. Es läßt sich sogar der Schluß ziehen, daß die anerkannte Möglichkeit des rechtmäßigen Erlasses eines solchen Verwaltungsakts es ausschließt, von einer Erledigung durch Erfüllung auszugehen.

---

77 S. nur *Sachs*, in: Stelkens/Bonk/Sachs, VwVfG, § 43 Rz. 123 f.

78 Vgl. insoweit nur *Menger*, VerwArch. Bd. 52 (1961), 106 (107); *Ehlers*, JuS 1990, 777 (780); *Ebsen*, DÖV 1982, 389 (391); BVerwG, NVwZ 1984, 168.

79 So *Eyermann/Fröhler*, VwGO, § 113, Rz. 39.

c. Die Erledigung des Zahlungsgebots

aa. beim forderungsbegründenden Verwaltungsakt

Soweit durch die Erfüllung die Leistungspflicht erlischt, bedeutet dies, daß der Schuldner einem Leistungsgebot nicht mehr nachzukommen braucht. Hat der Schuldner auf ein Leistungsgebot hin erfüllt, ist er dessen Regelungsinhalt nachgekommen. In diesen Fällen könnte sich das Leistungsgebot erledigt haben[80]. Danach könnte die Erfüllung das Erlöschen des behördlichen Anspruchs und mithin die Erledigung des Zahlungsgebots und die Unwirksamkeit des gebietenden Teils des Leistungsbescheids herbeigeführt haben[81]. *Sachs* selbst schränkt die Erledigung durch Erfüllung jedoch insoweit ein, als die Erfüllung nicht immer zum Erlöschen des Verwaltungsakts führt: Im Fall der Festsetzung einer Abgabe und darauffolgender Leistung bilde der Verwaltungsakt die Rechtsgrundlage für das Behaltendürfen der Leistung[82].

Insoweit werden in der Erledigungsproblematik durch diese Ansicht mehrere Gesichtspunkte nicht klar genug getrennt. Soweit der Verwaltungsakt als Rechtsgrundlage für das Behaltendürfen der Leistung von Bedeutung ist, ist es, wie bereits dargelegt, ausreichend, auf die Forderungsfestsetzung abzustellen.

Mithin ist auch nach dieser Ansicht die Annahme der Erledigung allenfalls im Hinblick auf die Zahlungsaufforderung zu erwägen. Gegen eine solche Annahme spräche es, wenn der Zahlungsaufforderung nach Erfüllung noch ein Regelungsgehalt zukäme:

Soweit die Festsetzung der Forderung als Rechtsgrund für die erlangte Leistung dient, könnte die Zahlungsaufforderung als Rechtsgrund für den Erhalt der Leistung zumindest ab einem bestimmten Zeitpunkt dienen. Die Zahlungsaufforderung kann nämlich beispielsweise für die Frage der Fälligkeit der Forderung oder einer eventuellen Stundung von Bedeutung sein[83]. Insoweit tritt also entge-

---

80 Vgl. *Sachs*, in: Stelkens/Bonk/Sachs, Verwaltungsverfahrensgesetz, § 43 Rz. 147 u. § 44 Rz. 18.

81 Vgl. *Sachs*, in: Stelkens/Bonk/Sachs, Verwaltungsverfahrensgesetz, § 44 Rz. 18.

82 Vgl. *Sachs*, in: Stelkens/Bonk/Sachs, Verwaltungsverfahrensgesetz, § 43 Rz. 147; zum Verwaltungsakt als Rechtsgrund schon *Menger*, VerwArch. 52 (1961), 92 (106 ff.); BVerwG, DÖV 1983, 980 (980 f.).

83 Vgl. nur *Sadler*, VwVG, § 3, Rz. 22 f.; *Engelhardt/App*, VwVG, § 3 Anm. 2.

gen *Sachs* keine Erledigung sondern eine Bestätigung des Leistungsgebots durch die Erfüllung ein.

In den Fällen, in denen der Zahlungsaufforderung kein derartiger (weiterer) Regelungsgehalt zukommt, sie lediglich die Leistung verlangt, ist sie als Rechtsgrund für das Behaltendürfen ohne Relevanz. Dieser wird in ausreichendem Maße durch die Leistungsfestsetzung gewährleistet.

Danach spricht viel dafür, daß in den Fällen der dem Leistungsgebot nachfolgenden Erfüllung sich das Leistungsgebot durch diese erledigt, wenn ihm nicht eine über die Frage des Behaltendürfens hinausgehende Regelungsfunktion zukommt. Wegen der in der Praxis häufigen Verbindung von Festsetzung und Zahlungsaufforderung und der der Fallgruppe der forderungsbegründenden Verwaltungsakte innewohnenden spezifischen Eigenheiten, als deren Folge die Erfüllung nur nach Erlaß des forderungsbegründenden Verwaltungsakts denkbar ist, wird die Konstellation der Erfüllung nach Zahlungsaufforderung den Normalfall darstellen, in dem die Zahlungsaufforderung sich durch die Erfüllung erledigt[84].

Die Konstellation der Erfüllung vor Erlaß des Leistungsgebots ist im Fall eines forderungsbegründenden Verwaltungsakts nur dann denkbar, wenn die Zahlungsaufforderung zeitlich nach der Leistungsfestsetzung ergeht. Da sie auch im Fall des feststellenden Verwaltungsakts in Betracht kommt, soll sie dort erörtert werden.

bb. beim feststellenden Verwaltungsakt

Für den Fall der Erfüllung nach Zahlungsaufforderung spricht in der Konstellation des forderungsfeststellenden Verwaltungsakts noch mehr dafür, daß sich die Zahlungsaufforderung erledigt. Im Gegensatz zu den o. geschilderten Fällen wird hier der Zahlungsaufforderung noch seltener ein weiterer Regelungsgehalt zukommen, da die Forderung bereits kraft Gesetzes besteht. In diesen Fällen wird oftmals auch die Fälligkeit unabhängig vom Erlaß eines Leistungsbescheids eintreten.

Für den Fall der Erfüllung vor Ergehen eines Leistungsgebots vermag dieses sich aber durch die Erfüllung nicht zu erledigen. Vielmehr steht die oben ausge-

---

84 Für Erledigung insoweit *Sachs*, in: Stelkens/Bonk/Sachs, VwVfG, § 43 Rz. 147; *Ehlers*, JuS 1990, 777 (781 m. Fn. 57); *Wolff/Bachof/Stober*, Verwaltungsrecht I, § 52 Rz. 6.

führte Rechtswidrigkeit eines solchen Gebots der Annahme des Wegfalls der wesentlichen Beschwer gerade entgegen.

d. Zwischenergebnis

Damit läßt sich konstatieren, daß die Erfüllung weder zu einer Rechtswidrigkeit noch zu einer Erledigung der Leistungsfestsetzung durch Verwaltungsakt, sei er forderungsbegründend oder forderungsfeststellend, führt. Die Zahlungsaufforderung vermag sich in den Fällen der Erfüllung nach Ergehen des Leistungsgebots zu erledigen, in den Fällen der Erfüllung vor Ergehen desselben ist eine gleichwohl erlassene Zahlungsaufforderung rechtswidrig.

VI. Die Erfüllung durch Aufrechnung

1. Die Aufrechnung als Erfüllungssurrogat

Ihrer Rechtsnatur als Erfüllungssurrogat entsprechend[85], könnte die Aufrechnung hinsichtlich ihrer Wirkung auf den Verwaltungsakt der Erfüllung gleichkommen. Dafür spricht, daß insoweit auch die gesetzliche Regelung eine gleiche Wirkung von Erfüllung und Aufrechnung indiziert. Nach § 362 BGB läßt das Bewirken der geschuldeten Leistung das Schuldverhältnis erlöschen. Nach § 389 BGB bewirkt die Aufrechnung, daß die Forderungen, soweit sie sich decken, als in dem Zeitpunkt erloschen gelten, in dem sie zur Aufrechnung geeignet einander gegenübergetreten sind. § 362 BGB steht im ersten Titel des dritten Abschnitts des BGB, der das Erlöschen der Schuldverhältnisse zum Gegenstand hat, § 389 BGB steht ebenfalls im dritten Titel dieses Abschnitts. Zwar ist begrifflich zwischen Erlöschen des Schuldverhältnisses durch Erfüllung und Erlöschen der Forderungen durch Aufrechnung unterschieden, doch ist der Begriff des Schuldverhältnisses mehrdeutig und in Verbindung mit der Erfüllung als auf die einzelne Leistungsbeziehung gerichtet zu verstehen[86]. Damit wird die Parallelität von Erbringen der Leistung als Erfüllung und Aufrechnung deutlich. Der

---

85 Daß die Aufrechnung ein Erfüllungssurrogat darstellt, ist insoweit unbestritten, vgl. nur *Erman/Westermann*, BGB, Vor § 387 Rz. 1; *MK/v. Feldmann*, BGB, § 387 Rz. 1; *Soergel/Zeiss*, BGB, Vor § 387 Rz. 1; *Gernhuber*, Erfüllung, § 5 I 2, S. 93, der darauf hinweist, daß der Begriff des Erfüllungssurrogates dem BGB an sich unbekannt ist. Nach *Gernhuber* soll der Begriff des Erfüllungssurrogates auf die Gründe des Erlöschens einer Schuld beschränkt werden, die dem Gläubiger anstelle der geschuldeten Leistung einen äquivalenten Ersatz verschaffen. Insoweit kämen nach *Gernhuber* nur Aufrechnung und Hinterlegung als Erfüllungssurrogate in Betracht. Zur Tilgung der Schuld durch Aufrechnung s. a. *Larenz*, Schuldrecht Bd. I, § 18 VI, S. 255.

86 Vgl. *Gernhuber*, Erfüllung, § 1, 1, 3, S. 1 ff.

Aufrechnung kommt zwar über die Tilgungsfunktion hinaus insoweit noch weitere Bedeutung zu, als sie auf Seiten des Aufrechnenden auch Befriedigungsfunktion und Sicherungsfunktion entfaltet[87], dies hat auf die Erfüllungsfunktion jedoch keinen direkten Einfluß[88].

Aus diesen Erwägungen folgt, daß die Aufrechnung, soweit es um die Tilgung der Schuld geht, keine andere Wirkung entfaltet als die Erfüllung durch Erbringen der Leistung. Auf die Auswirkung auf einen Verwaltungsakt sind daher die oben dargestellten Erwägungen, die die Erfüllung betrafen, grundsätzlich übertragbar.

2. Die Bedeutung des Zeitpunkts des Eintritts der Aufrechnungslage

Soweit die Wirkung der Aufrechnung grundsätzlich mit der der Erfüllung durch Erbringen der Leistung gleichgesetzt wird, besteht für die Aufrechnung doch eine wesensmäßige Besonderheit. Diese ist in der schon erörterten Rückwirkung der Aufrechnungswirkung zu sehen, da nach § 389 BGB die Wirkung der Aufrechnung zu dem Zeitpunkt als eingetreten gilt, in dem sich die Forderungen erstmals zur Aufrechnung geeignet gegenüberstanden. Durch diese Fiktion vermag der Erfüllungszeitpunkt zeitlich vor dem Gestaltungsakt, dem Erklären der Aufrechnung einzutreten[89]. In diesem Überholen der Erklärung durch die Aufrechnungswirkung liegt die spezifische Besonderheit der Aufrechnung, die auch bei der Frage des Zusammentreffens einer Aufrechnung mit einem Verwaltungsakt berücksichtigt werden muß.

Die hier begründeten Probleme werden ohne weiteres deutlich, wenn man sich vergegenwärtigt, daß auch für den Fall der Erfüllung durch Zahlung einer Geldschuld die zeitliche Reihenfolge von Erfüllung und Erlaß eines Verwaltungsakts als bedeutsam für die Rechtmäßigkeit des Verwaltungsakts angesehen wurde. Bei der Aufrechnung besteht nunmehr die Besonderheit, daß, soweit die Erfüllungswirkung mit dem Zeitpunkt des Entstehens der Aufrechnungslage eintritt, dieser Zeitpunkt und nicht der Zeitpunkt der Erfüllungshandlung, der im Nor-

---

87 Dazu bereits oben S. 11 f.; Vgl. *Larenz*, Schuldrecht Bd. I, § 18 VI, (S. 255).

88 Der Ausgleich und das Zusammenwirken dieser unterschiedlichen Funktionen erfolgt über die gesetzlichen Wertungen, die durch die Regelung der Aufrechnungsvoraussetzung zum Ausdruck gekommen ist, vgl. dazu näher *Gernhuber*, Erfüllung, § 12 I 3, S. 208 ff.

89 Insoweit findet sich insbesondere in den Entscheidungen des BVerwG der Begriff der Rückwirkungsfiktion des § 389 BGB; vgl. BVerwG, DVBl. 1960, 36; BVerwGE 77, 19 (21).

malfall der Erfüllung durch Erbringen der Leistung von Bedeutung ist, Relevanz erlangt.

Weil aber gerade in der Möglichkeit des (rückwirkenden) Eintritts der Aufrechnungswirkung die Hauptprobleme der Aufrechnung im Hinblick auf ihre Relevanz für einen Verwaltungsakt liegen, ist die Bedeutung des zeitlichen Verhältnisses von Aufrechnungslage und Verwaltungsakt genauer zu untersuchen.

a. Der Eintritt der Aufrechnungslage beim forderungsbegründenden Verwaltungsakt

Wegen der Eigenschaften des forderungsbegründenden Verwaltungsakts ist die Entstehung der Hauptforderung nicht vor dem Erlaß des Verwaltungsakts denkbar. Da der Verwaltungsakt die Forderung begründet, liegt erst nach dieser Begründung eine aufrechenbare Forderung vor. Erst von diesem Moment an vermag eine Aufrechnungslage gegeben zu sein. Damit ist ebenfalls der Zeitpunkt der frühestmöglichen Erfüllungswirkung auf diesen Moment festgelegt, wenn die Hauptforderung die einzige noch fehlende Aufrechnungsvoraussetzung darstellte. Der möglicherweise noch früher liegende Zeitpunkt der Entstehung der Forderung des Bürgers ist insoweit für die zeitliche Fixierung der Aufrechnungslage ohne Bedeutung[90].

b. Der Eintritt der Aufrechnungslage beim forderungsfeststellenden Verwaltungsakt

Beim forderungsfeststellenden Verwaltungsakt existiert die Möglichkeit, daß die Hauptforderung bereits vor Erlaß desselben entsteht, da diese durch den Verwaltungsakt nicht begründet wird. Da auch die Gegenforderung unabhängig von diesem Verwaltungsakt ist, vermag eine Aufrechnungslage bereits zu einem Zeitpunkt vorzuliegen, in dem der Verwaltungsakt noch nicht existent ist, sofern auch die übrigen Voraussetzungen der Aufrechnungslage gegeben sind.

c. Der Einfluß des Leistungsgebots auf die Aufrechnungslage

Die bisher angestellten Überlegungen differenzierten noch nicht zwischen Leistungsfestsetzung und Zahlungsaufforderung, d. h. Leistungsgebot, sondern be-

---

90 Dies gilt jedoch nur insoweit, als zum Entstehen der Aufrechnungslage auch die Voraussetzungen, die an die Gegenforderung gestellt werden, vorliegen müssen. Soll daher die Aufrechnungslage mit dem Erlaß des Verwaltungsakts entstehen, ist es erforderlich, daß zu diesem Zeitpunkt auch die Forderung des Bürgers aufrechenbar ist.

schäftigten sich allgemein mit dem zeitlichen Verhältnis von Aufrechnungslage und Verwaltungsakt. Die Aufrechnungslage aber ist nicht schon mit dem Entstehen der beiden Forderungen gegeben, da die Vorschriften der §§ 387 ff. BGB noch weitere Voraussetzungen aufstellen. Käme es allein auf den Bestand der Forderung an, vermöchte die Zahlungsaufforderung keinen Einfluß zu erlangen, weil insoweit ein Abstellen auf die Leistungsfestsetzung genügte. Für die Aufrechnungslage kann zwar, wie bereits erwähnt, auch die Zahlungsaufforderung und damit die genannte Differenzierung von Bedeutung sein. Hier ist insbesondere das Merkmal der Fälligkeit der Forderung zu erwähnen. Es ist aber zu beachten, daß dies nur in den Fällen der Aufrechnung der Verwaltung relevant wird, weil bei der Aufrechnung durch den Bürger die Erfüllbarkeit der Hauptforderung als Aufrechnungsvoraussetzung genügt[91] und insofern die Fälligkeit nur für die Gegenforderung verlangt wird, welche aber durch eine Zahlungsaufforderung, die immer nur die Forderung der Verwaltung betreffen kann, nicht berührt wird. Soweit das Leistungsgebot für die Frage einer Stundung Relevanz besitzt, wirkt sich dies auf die Erfüllbarkeit der Forderung ebenfalls nicht aus. Daher ist festzustellen, daß ein Leistungsgebot für die Aufrechnungslage im Fall der Aufrechnung durch den Bürger als Adressat eines Verwaltungsakts ohne Bedeutung ist. Der Einfluß des Verwaltungsakts auf das Entstehen der Aufrechnungslage ist daher vor allem durch die Leistungsfestsetzung denkbar.

VII. Die Wirkung der Aufrechnung auf den Verwaltungsakt

Überträgt man die in Zusammenhang mit der Erfüllung dargestellten Erwägungen auf die Konstellation der Aufrechnung, erscheint die Beeinflussung der Rechtmäßigkeit des Verwaltungsakts unter besonderer Berücksichtigung des Zeitpunktes des Eintritts der Aufrechnungslage nicht ausgeschlossen:

1. Die Rechtswidrigkeit des Verwaltungsakts als Folge der Aufrechnung

a. Keine Rechtswidrigkeit der Leistungsfestsetzung

Soweit diverse Stellungnahmen die Rechtswidrigkeit des Verwaltungsakts als Folge der Aufrechnung annehmen[92], zeigt sich bei näherer Betrachtung aller-

---

91 Vgl. aber VGH Bad.-Württ., KStZ 1981, 134 (135), wonach die Aufrechnungslage frühestens mit dem Zeitpunkt der Bekanntgabe des Leistungsbescheides eintreten könne, da der Anspruch zu einem früheren Zeitpunkt noch nicht erfüllbar sei. Zur Kritik an dieser Entscheidung s. Fn. 38. Zur Erfüllbarkeit als Voraussetzung der Aufrechnung bereits oben S. 13.

92 Vgl. die Nachw. oben Fn. 2.

dings, daß die Aufrechnung unter Übertragung der oben für die Erfüllung angestellten Überlegungen die Leistungsfestsetzung nicht rechtswidrig werden läßt.

Daher ist beispielsweise die Folgerung von *Glose*[93], der im Zusammenhang mit der Aufrechnungsproblematik ausführt, die Aufrechnung führe bei forderungsfeststellenden Verwaltungsakten zur Rechtswidrigkeit der Leistungsfestsetzung, nicht haltbar. *Glose* führt aus, durch die rückwirkende Beseitigung der Forderung werde der Bescheid, der nicht causa für die Leistungspflicht sei, rechtswidrig. Bei seiner Behauptung, der Verwaltungsakt werde durch das Erlöschen der Forderungen "funktionslos", vernachlässigt *Glose*[94] völlig die Möglichkeit, auch nach Erfüllung noch einen die Leistungspflicht feststellenden Verwaltungsakt zu erlassen. Auch sein Verweis auf die Darlegungen von *Neupert*[95] trägt zur Stützung seiner These von der Funktionslosigkeit des Verwaltungsakts nichts bei, da jener sich in der Frage der Möglichkeit des Erlasses eines Verwaltungsakts nach Erfüllung auf die Ausführungen anderer bezieht[96], die diese Möglichkeit jedoch gerade bejahen[97], womit sich die Annahme der Funktionslosigkeit des Verwaltungsakts durch Erfüllung nicht vereinbaren läßt[98]. Auch wenn in Zusammenhang mit dem forderungsbegründenden Verwaltungsakt, der beispielsweise Höhe und Fälligkeit der Forderung festlegt, ausgeführt wird, die Rückwirkung der Aufrechnung könne nicht zur Rechtswidrigkeit führen, weil das Erlöschen die Funktion des Bescheides als Rechtsgrund unangetastet lasse[99], werden die Zusammenhänge der Aufrechnung nicht ausreichend berücksichtigt. Hier wird verkannt, daß in diesen Fällen eine spezifische Rückwirkung gar nicht vorliegt, wegen der Konstituierung der Aufrechnungslage durch den Verwaltungsakt handelt es sich einen Fall "normaler" nachträglicher Erfüllung.

Auch *Herdegen* sieht als Folge der Aufrechnung die Rechtswidrigkeit des gesamten Verwaltungsakts, mit der Begründung, die Leistungsaufforderung sei

---

93 S. *Glose*, DÖV 1990, 146 (148).

94 S. *Glose*, DÖV 1990, 146 (148).

95 S. *Glose*, DÖV 1990, 146 (148 u. Fn. 15).

96 *Neupert*, JuS 1978, 825 (830 u. Fn. 59).

97 So ausdrücklich *Menger*, VerwArch. Bd. 52 (1961), 92 (107); ebenso *Sahlmüller*, KStZ 1971, 73 (74) u. *Arnold*, BayVBl. 1972, 151 (154).

98 Krit. insoweit auch *Ehlers*, JuS 1990, 777 (781).

99 S. *Glose*, DÖV 1990, 146 (148).

wesentliches Element des Verwaltungsakts[100]. In diesem Sinne versteht er auch die Entscheidung des BVerwG, NVwZ 1984, 168. Hierbei wird nicht ausreichend berücksichtigt, daß insoweit auch ein rein feststellendes Element enthalten sein kann und nach der Regelung des § 113 VwGO ausdrücklich auch die teilweise Aufhebung eines Verwaltungsakts in Betracht kommt[101], so daß der Teil des Verwaltungsakts, der lediglich die Forderung festsetzt, nicht aufgehoben werden muß.

Die Untersuchung von *Herbsleb* unterscheidet zwar zwischen Leistungsfestsetzung und Zahlungsaufforderung[102] und konstatiert, daß nach Zahlung erlassene Verwaltungsakte, die zur Einziehung einer vor Erlaß des Verwaltungsakts konkretisierten Forderung dienen, rechtswidrig sind. Weiterhin wird ausgeführt, allein derjenige fordernde Verwaltungsakt werde rechtswidrig, vor dessen Erlaß die Aufrechnungslage bereits bestanden hat[103], da er so zu behandeln sei, als sei er nach erfolgter Zahlung erlassen. Die Folgerung, ein feststellender Verwaltungsakt, der eine Zahlungsaufforderung enthalte, sei nach erfolgter Zahlung rechtswidrig[104], läßt jedoch ebenfalls die Teilbarkeit der im Verwaltungsakt enthaltenen unterschiedlichen Regelungen außer acht.

Daher ist es zumindest ungenau, wenn die Differenzierung zwischen Leistungsfestsetzung und Leistungsgebot nicht erfolgt.

Diese Ausführungen stehen im Einklang mit den neueren Stellungnahmen zur Problematik der Aufrechnung, jedenfalls soweit dort ausgeführt wird, die Aufrechnung wirke sich dann nicht auf die Rechtmäßigkeit eines feststellenden Verwaltungsakts aus, wenn dieser keine Zahlungsaufforderung enthalte[105]. Diese Stellungnahmen greifen eine Entscheidung des BVerwG auf, in der dieses sich mit den Folgen der Aufrechnung für den Verwaltungsakt zu befassen

---

100 S. *Herdegen*, VBlBW 1984, 193 (194).

101 Das folgt bereits aus dem Wortlaut der Vorschrift: "soweit der Verwaltungsakt rechtswidrig ist ..." vgl. insoweit nur *Kopp*, VwGO, § 113 Rz. 13 ff.

102 S. *Herbsleb*, S. 33.

103 S. *Herbsleb*, S. 96.

104 S. *Herbsleb*, S. 33.

105 Vgl. BVerwG NVwZ 1984, 168 f.; *Ehlers*, JuS 1990, 777 (781); *Ebsen*, DÖV 1982, 389 (393), *Schenke*, Verwaltungsprozeßrecht, Rz. 428; *Buhmann*, MDR 1984, 983 (984); *Herdegen*, VBlBW 1984, 193 (194); *Veitenthal*, BayVBl. 1990, 615 (618); *Kohls*, KStZ 1985, 181 (187).

hatte[106]: Hierbei unterschied das Gericht ausdrücklich zwischen Festsetzung der Gebühr und Zahlungsaufforderung in dem Verwaltungsakt und führte aus, die Aufrechnung vermöge sich nicht auf erstere auszuwirken, da diese den Rechtsgrund für die Leistung bilde und auch noch nach Zahlung ergehen könne. Die Aufrechnung bringe die Gebührenfestsetzung nicht zu Fall, enthalte der Bescheid aber eine Zahlungsaufforderung, ergebe sich für diese eine andere Rechtslage, wobei auf die Rückwirkungsproblematik ausdrücklich hingewiesen wurde[107]. Diese Rechtsprechung wurde später bestätigt[108].

In Konsequenz des bislang Ausgeführten kommt also allenfalls die Rechtswidrigkeit des Leistungsgebots in Betracht, wobei zu beachten ist, daß dieses Zahlungsgebot wohl auch die Feststellung "in sich trägt", die Forderung bestehe noch.

b. Rechtswidrigkeit des Leistungsgebots

aa. Die Rechtswidrigkeit im Fall des forderungsbegründenden Verwaltungsakts

Hierbei zeigt jedoch eine genauere Betrachtung, daß die Rechtswidrigkeit des Leistungsgebots als Folge der Aufrechnung in den Fällen des forderungsbegründenden Verwaltungsakts, der mit einer Zahlungsaufforderung ergeht, ausgeschlossen ist, da eine entsprechende Rückwirkung auf einen Zeitpunkt vor Erlaß des Gebots zu verneinen ist:

Da der forderungsbegründende Verwaltungsakt mit der Forderung auch die Aufrechnungslage begründet (unterstellt, die übrigen Voraussetzungen der Aufrechnung lägen vor), kann die Aufrechnungswirkung aus logischen Gründen erst nach Erlaß dieses Verwaltungsakts, also nachträglich eintreten. Der sachlich-logische Zusammenhang von Forderungs- und damit Aufrechnungslagenbegründung würde ansonsten nicht berücksichtigt. Die Aufrechnungslage muß daher notwendigerweise, sei es auch nur in Form der "juristischen Sekunde", vorliegen, bevor die Aufrechnungswirkung eintritt[109]. Daher sind für diesen Fall die

---

106 Vgl. BVerwG, NVwZ 1984, 168 = DÖV 1983, 980.

107 S. BVerwG, NVwZ 1984, 168.

108 Vgl. BVerwGE 77, 19 (21).

109 Eine andere Lösung ist, trotz der Hinweise auf die "Spitzfindigkeit" derartiger Überlegungen bei *Ebsen*, DÖV 1982, 389 (391) und der grundsätzlichen Bedenken gegenüber der "juristischen Sekunde" bei *Marotzke*, AcP 191 (1991), 177 f., aus logischen

Bedenken *Mengers* unbegründet, der in der Rechtswidrigkeit des Verwaltungsakts als Folge der Rückwirkung der Aufrechnung einen Zirkelschluß erkennen wollte, der rückwirkend die Aufrechnungslage selbst entfallen lassen müßte[110].

Die Möglichkeit der Rechtswidrigkeit des Verwaltungsakts als Folge der Aufrechnung ist demnach auf die Fälle einzugrenzen, in denen die Aufrechnungslage bereits vor Erlaß des Zahlungsgebots bestand, wobei die häufigste Konstellation die des forderungsfeststellenden Verwaltungsakts sein dürfte. Unverständlich ist es daher, wenn nach *Eyermann/Fröhler* der Verwaltungsakt im Fall des Eintritts der Aufrechnungslage nach Erlaß des Widerspruchsbescheides gem. § 113 VwGO mit Wirkung ex nunc aufgehoben werden soll[111]. Inwieweit hier die Rechtswidrigkeit des Verwaltungsakts eintreten soll, wird nicht näher ausgeführt.

bb. Die Rechtswidrigkeit im Fall des feststellenden Verwaltungsakts

Die bereits angeführten Entscheidungen des BVerwG[112] zur Auswirkung der Aufrechnung auf den Verwaltungsakt differenzieren nicht zwischen forderungsfeststellenden und forderungsbegründenden Verwaltungsakten[113], obwohl diese Unterscheidung im Hinblick auf das Entstehen der Aufrechnungslage wegen der Abfolge von Leistungsgebot und Erfüllungswirkung von Bedeutung ist. Zwar wird mit der Entscheidung die Rückwirkungsproblematik gewissermaßen anerkannt, jedoch nicht erschöpfend behandelt. Danach ist das Leistungsgebot als rechtwidrig anzusehen, wenn infolge der Rückwirkung der Aufrechnung die Forderung zeitlich vor Erlaß des Leistungsgebots erlosch, da das Leistungsgebot in diesem Fall die Erbringung einer Leistung verlange, obwohl die Forderung bereits erfüllt ist.

Die Darlegungen des BVerwG sind jedoch nicht gänzlich fehlerfrei. Insbesondere vermag hierbei die Feststellung, das Leistungsgebot vermöge durch die Aufrechnung rechtswidrig zu werden, bei näherer Betrachtung nicht zu überzeugen. Bei entsprechender Rückwirkung müßte es als von Anfang an rechtswidrig

---

Gründen wenig einleuchtend. So letztlich auch *Ebsen*, DÖV 1982, 389 (391). Auch *Ehlers*, JuS 1990, 777 (781) verwendet den Begriff der "juristischen Sekunde". I. E. auch *Schenke*, Verwaltungsprozeßrecht, Rz. 430.

110 S. *Menger*, VerwArch. Bd. 52 (1961), 92 (106).

111 S. *Eyermann/Fröhler*, VwGO, § 40 Rz. 45.

112 BVerwG, NVwZ 1984, 168; BVerwGE 77, 19 (21).

113 Darauf weist auch *Schenke*, Verwaltungsprozeßrecht, Rz. 430, hin.

angesehen werden[114], bei zu verneinender Rückwirkung liegt ein Fall nachträglicher Erfüllung vor, der nicht zur Rechtswidrigkeit, möglicherweise aber zur Erledigung des Leistungsgebots führt[115].

2. Die Rechtswidrigkeit des Verwaltungsakts als Folge der Rückwirkung des § 389 BGB

Die besondere Problematik im Fall der Aufrechnung liegt nach dem Vorgenannten in der Rückwirkung des § 389 BGB. Wie dargelegt, kann vor allem in den Fällen des feststellenden Verwaltungsakts eine Situation eintreten, in der die Aufrechnungslage bereits vor dem Erlaß des Verwaltungsakts besteht. Entsprechend träte auch die Rückwirkung des § 389 BGB zu diesem Zeitpunkt ein, so daß im Fall des Erlasses des Verwaltungsakts, wenn dieser mit einer Zahlungsaufforderung verbunden wird, die bereits erwähnte Konstellation des Leistungsgebots nach Erfüllung vorliegen könnte.

Wenn dem Verwaltungsakt ein Zahlungsgebot beigefügt ist und die Aufrechnung des Bürgers auf diesen Verwaltungsakt hin nach § 389 BGB zur Folge hat, daß die Forderungen zu einem Zeitpunkt als erloschen gelten, der vor dem Erlaß des Verwaltungsakts liegt, dann stellt dieses Zahlungsgebot eine Leistungsverpflichtung auf, obwohl der Bürger bereits erfüllt hat, ist also (rückwirkend von Anfang an) rechtswidrig[116].

---

114 Ähnlich *Schenke*, Verwaltungsprozeßrecht, Rz. 429; *Ehlers*, JuS 1990, 777 (781); *Sachs*, in: Stelkens/Bonk/Sachs, VwVfG, § 44 Rz. 18.

115 S. *Ehlers*, JuS 1990, 777 (781 m. Fn. 57); *Sachs*, in: Stelkens/Bonk/Sachs, VwVfG, § 44 Rz. 18. Auch hier ist die Frage des Rechtswidrigwerdens des Leistungsgebots von der Frage nach der Möglichkeit eines rechtmäßigen Erlasses in diesem Zeitpunkt zu unterscheiden, vgl. dazu in parallelem Zusammenhang *Schenke*, Verwaltungsprozeßrecht, Rz. 782 ff. 792; NVwZ 1986, 525 (528); DVBl. 1989, (433 ff.).

116 Für Rechtswidrigkeit insoweit auch BVerwG, DVBl. 1960, 36; BVerwGE 77, 19 (21); *Eyermann/Fröhler*, VwGO, § 40 Rz. 45. A. A. *Veitenthal*, BayVBl. 1990, 615 (618), der sowohl von der Rechtmäßigkeit der Leistungsfestetzung als auch des Leistungsgebots ausgeht, ohne dies jedoch näher zu begründen. Dabei bezeichnet er die Ansicht des BVerwG, NVwZ 1984, 168, lediglich als nicht überzeugend (S. 618 m. Fn. 20a). Widersprüche ergeben sich aus dieser Stellungnahme insoweit, als *Veitenthal* andererseits davon ausgeht, im Fall der wirksamen Aufrechnung vor Ergehen eines Leistungsbescheids müsse dieser nachfolgende Bescheid ohne Leistungsgebot ergehen und sich auf die Festsetzung der Leistung beschränken. Damit bejaht *Veitenthal* zwar der Sache nach die Rechtswidrigkeit eines Leistungsgebots nach Erfüllung, ohne dies ausdücklich auszusprechen, verkennt aber gerade, daß der Eintritt der Erfüllungswirkung zeitlich vor dem Erlaß des Leistungsgebots in bestimmten Konstellationen als

Die Abhängigkeit der Rechtswidrigkeit des Verwaltungsakts vom Zeitpunkt des Entstehens der Aufrechnungslage, wobei die Qualität des Verwaltungsakts als forderungbegründend oder lediglich -feststellend von Bedeutung ist, wird nicht immer genau herausgestellt:

Soweit beispielsweise *Lüke/Huppert* ausführen, die Aufrechnung könne zur Rechtswidrigkeit eines Verwaltungsakts führen, der die Existenz der durch die Aufrechnung erloschenen Forderung zur Voraussetzung seiner Rechtmäßigkeit hat[117], ist diese Aussage zwar nicht unrichtig, aber dennoch höchst ungenau und zumindest mißverständlich: Zum einen wird nicht berücksichtigt, daß das Element der Leistungsfestsetzung für die Frage des Rechtsgrundes der Leistung von Bedeutung ist und daher nicht rechtswidrig wird, zum anderen erhält man durch die Konkretisierung, soweit die Existenz der Hauptforderung Voraussetzung für die Rechtmäßigkeit des Verwaltungsakts ist, den Eindruck, für die Rechtswidrigkeit des Verwaltungsakts komme es allein auf das Entstehen der Hauptforderung an. Es wird nicht ausreichend deutlich, daß für den (rückwirkenden) Eintritt der Aufrechnungswirkung das Entstehen der Hauptforderung allein nicht ausreichend, sondern auf das Bestehen der gesamten Aufrechnungslage abzustellen ist. Ähnliche Kritik muß sich auch die Darstellung *Tiemanns* gefallen lassen, der sich zwar in erster Linie mit der Aufrechnung gegenüber Erschließungsbeiträgen befaßt, hierbei aber auch allgemeine Aussagen trifft, die nicht ausreichend differenzieren. So führt er unter Bezugnahme auf die bereits erwähnte Entscheidung des BVerwG[118] aus, zum Zeitpunkt des Erlasses des Beitragsbescheids bestehe die Forderung der Gemeinde nicht mehr, da die Aufrechnung auf den Zeitpunkt der Aufrechnungslage zurückwirke[119]. Hier werden ebenfalls die Folgen nicht

---

Folge der Regelung des § 389 BGB die Besonderheit der Aufrechnung darstellt. Dies läßt sich auch gegenüber *Arnold*, BayVBl. 1972, 151 (154 f.), einwenden, der zwar zwischen Leistungsfestsetzung und Leistungsgebot unterscheidet, jedoch die Unbeachtlichkeit der Aufrechnung im Anfechtungsverfahren gegen den Leistungsbescheid konstatiert, da er den Einwand der Aufrechnung dem Einwand der Zahlung gleichstellt, dabei aber die Regelung des § 389 BGB unbehandelt läßt und die Gesamtproblematik dem Vollstreckungsverfahren zuweist.

117 S. *Lüke/Huppert*, JuS 1971, 165 (171).

118 S. BVerwG DVBl. 1960, 36.

119 Vgl. *Tiemann*, KStZ 1971, 6 (8); dies nochmals bestätigend, ohne die Argumentation jedoch zu vertiefen, KStZ 1971, 176 (177).

ausreichend berücksichtigt, die sich ergeben, wenn der Verwaltungsakt die Aufrechnungslage erst begründet[120].

Die Kernpunkte der Problematik in der Differenzierung nach dem Inhalt des Verwaltungsakts und der Reihenfolge von Erlöschen der Forderung und Leistungsgebot werden übergangen, wenn generell ausgeführt wird, in dem Verfahren um die Rechtmäßigkeit der Beitragsforderung hätten Gegenforderungen nichts zu suchen[121].

Das Leistungsgebot, das infolge der Rückwirkung des § 389 BGB Leistung verlangt, obwohl die Forderung als erloschen gilt, vermag auch nicht durch besondere Auslegung vor dem Verdikt der Rechtswidrigkeit bewahrt zu werden. In der Literatur hat es Bestrebungen gegeben, die Rechtswidrigkeit des Leistungsgebots mit der Begründung zu verneinen, es sei nicht auf Zahlung, sondern auf Tilgung der Forderung gerichtet, so daß auch die Aufrechnung die Erfüllung des Gebots bewirke. Darüberhinaus soll sich die Rückwirkung der Aufrechnung nur auf die Tilgungswirkung und nicht auf die Handlung, die Aufrechnungserklärung, beziehen. Nach § 389 BGB werde nicht fingiert, daß die gebotene Handlung, für die Tilgung der Forderung zu sorgen, schon stattgefunden habe. Folglich werde auch nicht fingiert, daß das Leistungsgebot zu einer Handlung auffordere, die im Zeitpunkt des Gebots bereits ausgeübt worden sei[122].

Diese Ausführungen vermögen nicht zu überzeugen. Soweit sich *Ebsen* gegen eine Fiktion der Rückwirkung der Erfüllungshandlung ausspricht, ist ihm zwar

---

120 Kritisch bereits *Sahlmüller*, KStZ 1971, 73 (74), der zwar unter Bezugnahme auf *Menger*, VerwArch. Bd. 52 (1961), 92 (107), auf die Zulässigkeit des Erlasses von Verwaltungsakten auch nach Erfüllung hinweist, jedoch seinerseits die Rückwirkungsmöglichkeit der Aufrechnung auf einen Leistungsbefehl verkennt und die Aufrechnung generell aus dem Anfechtungsverfahren verbannt. Der Zusammenhang zwischen forderungsbegründendem Verwaltungsakt und Aufrechnungslage wird auch von *Battis*, DVBl. 1971, 572 (573) nicht in vollem Umfang erkannt, wenn dieser ausführt, im Fall des forderungsbegründenden Verwaltungsakts wirke die Aufrechnung auf den Zeitpunkt des Erlasses zurück. Ähnlich auch *Kohls*, KStZ 1985, 181 (187), der zwar davon ausgeht, eine Aufrechnung, die sich zeitlich vor einem Leistungsgebot auswirke, mache dieses rechtswidrig, jedoch nicht erkennt, daß dies nicht in dem Fall einzutreten vermag, in dem die Forderung durch den Verwaltungsakt erst konstituiert wird.

121 So ohne nähere Begründung ebenfalls *Sahlmüller*, BayVBl. 1970, 128 in Zusammenhang mit Erschließungsbeiträgen, der von diesem Grundsatz nur dann eine Ausnahme zuläßt, wenn die Gegenforderung Einfluß auf die Höhe des Erschließungsaufwandes zeitigt.

122 S. *Ebsen*, DÖV 1982, 389 (392).

insoweit beizupflichten, da § 389 BGB allein auf die Erfüllungswirkung abstellt und von einer Rückbeziehung der Aufrechnungserklärung keine Rede ist[123]. Um eine solche geht es in der Sache aber überhaupt nicht. Auch *Ebsen* vermag die Konsequenz nicht zu umgehen, daß durch die Rückwirkung gem. § 389 BGB Sachverhalte zu entstehen vermögen, in denen sich das Leistungsgebot auf eine rückwirkend erfüllte Forderung bezieht und damit praktisch nochmalige Erfüllung verlangt. Mit einer anderen Auslegung wird der Regelung des § 389 BGB nicht ausreichend Rechnung getragen[124]. Darüberhinaus ist kritisch anzumerken, daß *Ebsen* zwar die Abhängigkeit der Aufrechnungslage vom forderungsbegründenden Verwaltungsakt erkennt, hieraus aber gerade für die mit einem feststellenden Verwaltungsakt verbundene Zahlungsaufforderung keine Konsequenz herleitet[125].

Die Rechtswidrigkeit des Leistungsgebots wäre demnach nur dann zu verneinen, wenn es als für den Fall der Erklärung der Aufrechnung durch den Bürger aufschiebend bedingt ansehen würde. Es bestehen bereits Bedenken gegenüber einer derartigen Bedingung, weil diese dem Verwaltungsakt nur konkludent beigemessen werden könnte. Im übrigen erwiese sich eine solche Annahme auch als konstruiert, da die Verwaltung sich bei Erlaß des Leistungsgebots die Möglichkeit einer Aufrechnung durch den Bürger regelmäßig nicht vergegenwärtigt, sondern dies erst nach Erklärung der Aufrechnung der Fall sein wird. Die von der Behörde gewollte Durchbrechung der Bindungswirkung des Leistungsgebots muß diesem eindeutig zu entnehmen sein. Die Annahme einer derartigen konkludenten auflösenden Bedingung scheidet bereits für den Fall aus, in dem der Bürger die Forderung vor Erlaß des Leistungsgebots durch Zahlung erfüllt hat. Dies muß noch in weit stärkerem Maße für die entferntere Möglichkeit gelten, die Forderung durch Aufrechnung rückwirkend zu tilgen. Im Wege der Auslegung ist daher die Rechtmäßigkeit des Leistungsgebots bei eingetretener rückwirkender Erfüllung nicht zu begründen.

Geht die Behörde aber trotz der Aufrechnung aus dem Leistungsbescheid vor, ist die hier beschriebene Konstellation der Aufrechnung damit anderen Fällen ver-

---

123 Die Rückbeziehung der Aufrechnungserklärung wird auch insoweit gerade ausdrücklich verneint, vgl. *MK/v. Feldmann*, BGB, § 389, Rz. 1; *Gernhuber*, Erfüllung, § 12 VIII 4 (S. 281 f.).

124 Ähnlich auch *Ehlers*, JuS 1990, 777 (781 m. Fn. 57); *Buhmann*, MDR 1984, 983 (985).

125 Die Zahlungsaufforderung im Zusammenhang mit dem feststellenden Verwaltungsakt wird von *Ebsen* überhaupt nicht näher erörtert; vgl. *Ebsen*, DÖV 1982, 389 (392 f.).

gleichbar, in denen erst nach Erfüllung ein Leistungsgebot ergeht oder in denen die Grundlage eines Leistungsgebots rückwirkend entfällt.

Insoweit ist daher festzuhalten, daß die Aufrechnung in bestimmten Konstellationen zur Rechtswidrigkeit des Leistungsgebots führt.

3. Die für den Bürger hieraus resultierenden Konsequenzen

Ginge die Behörde zur Durchsetzung ihrer Forderung im Wege einer Leistungsklage vor, entstünden keine weiteren Schwierigkeiten, da in diesem Fall eine der zivilrechtlichen Situation vergleichbare Ausgangslage einträte: Beriefe sich der Bürger im Klageverfahren mit Erfolg auf die Aufrechnung, würde die Leistungsklage abgewiesen[126].

Allein die Besonderheiten des Verwaltungsakts werfen zusätzliche Schwierigkeiten auf, die vor allem in der konstitutiven Wirkung eines rechtswidrigen aber rechtswirksamen Verwaltungsakts begründet sind[127].

a. Die Vollstreckbarkeit des rechtswidrigen Verwaltungsakts

Eine den Bürger erheblich belastende Maßnahme stellte es dar, wenn der wirksame Leistungsbescheid die Grundlage einer Vollstreckung bildete und somit trotz Aufrechnung und eingetretenem Erlöschen der Forderung dem Bürger ein weiteres Mal die Leistung abverlangt würde[128]. Allein die Rechtswidrigkeit des Leistungsgebots stellt hierbei noch keinen eine Vollstreckungsmöglichkeit ausschließenden Gesichtspunkt dar, weil die Rechtmäßigkeit des Verwaltungsakts im Gegensatz zur Rechtswirksamkeit nicht Voraussetzung einer rechtmäßigen Vollstreckung desselben ist[129]. Diese auf den ersten Blick möglicherweise über-

---

126 Zur Lage im Zivilrecht vgl. nur *Staudinger/Kaduk*, BGB, § 389 Rz. 39.

127 S. dazu ausf. *Schenke*, Verwaltungsprozeßrecht, Rz. 502 h; s. auch die Nachw. in Fn. 129.

128 Diese Überlegung veranlaßt offenbar *Ehlers*, JuS 1990, 777 (782) zu der Feststellung, der Bürger dürfe das Leistungsgebot in keinem Fall bestandskräftig werden lassen, um nicht Gefahr zu laufen, einerseits auf den Verwaltungsakt hin leisten zu müssen und andererseits seine Forderung infolge der Aufrechnung zu verlieren. Hierauf wird noch näher einzugehen sein.

129 Dazu, daß Voraussetzung der rechtmäßigen Vollstreckung nicht das Vorliegen eines rechtmäßigen Verwaltungsakts ist, ausf. m. weit. Nachw., *Schenke/Baumeister*, NVwZ 1991, 1 ff.; *Baumeister*, VBlBW 1993, 53.; *Schenke*, Verwaltungsprozeßrecht, Rz. 368, 502h; *App*, Verwaltungsvollstreckungsrecht, Rz. 94; *Arndt*, S. 81 ff., 99 ff.;

raschende Feststellung ergibt sich aus den einschlägigen Vollstreckungsgesetzen. So knüpft beispielsweise § 3 VwVG an die Vollstreckung wegen Geldforderungen folgende Voraussetzungen. In § 3 Abs. 1 VwVG heißt es,

> "die Vollstreckung wird gegen den Vollstreckungsschuldner durch Vollstreckungsanordnung eingeleitet; eines vollstreckbaren Titels bedarf es nicht". Abs. 2 lautet: "Voraussetzungen für die Einleitung der Vollstreckung sind:
>
> a) der Leistungsbescheid, durch den der Schuldner zur Leistung aufgefordert worden ist;
>
> b) die Fälligkeit der Leistung;
>
> c) der Ablauf einer Frist von einer Woche seit Bekanntgabe des Leistungsbescheids oder, wenn die Leistung erst danach fällig wird, der Ablauf einer Frist von einer Woche nach Eintritt der Fälligkeit".

Daraus wird deutlich, daß im Gegensatz zur Vollstreckung zur Erzwingung von Handlungen, Duldungen oder Unterlassungen, die in den §§ 6 ff. VwVG geregelt ist, die Unanfechtbarkeit oder die sofortige Vollziehbarkeit des zu vollstrekkenden Verwaltungsakts (vgl. die Vorschrift des § 6 VwVG) für die Vollstrekkung von Geldforderungen nach dem VwVG nicht erforderlich ist[130]. Voraussetzung ist insoweit lediglich das Vorliegen eines (wirksamen) Leistungsbescheids. Teilweise sehen die landesrechtlichen Vollstreckungsregelungen auch für die Vollstreckung von Geldforderungen vor, daß der Verwaltungsakt unanfechtbar geworden ist oder die aufschiebende Wirkung eines Rechtsbehelfs entfällt[131]. Vom Erfordernis der Rechtmäßigkeit ist insoweit aber ebenfalls nicht die Rede.

Soweit die Rechtmäßigkeit des Verwaltungsakts nicht Voraussetzung seiner Vollstreckung ist, kann sie derselben damit korrespondierend auch nicht mit Erfolg entgegengehalten werden, sondern dies ist den Verfahren gegenüber dem Ausgangsbescheid vorbehalten[132]. Insofern vermag auch der hinsichtlich des

---

Wolff/Bachof/Stober, Verwaltungsrecht I, § 48 Rz. 9 f.; *Maurer*, Allgemeines Verwaltungsrecht, § 10 Rz. 20 ff.

130 So auch *Engelhardt/App*, VwVG, § 3 1 c; *Sadler*, VwVG, § 3 Rz. 26.

131 S. z. B. § 2 LVwVG-BW.

132 Dies bestimmt ausdrücklich die Vorschrift des § 256 AO, der gem. § 5 VwVG Anwendung findet, denn hier ist geregelt, daß Einwendungen gegen den zu vollstreckenden Verwaltungsakt außerhalb des Vollstreckungsverfahrens mit den hierfür zugelassenen Rechtsbehelfen zu verfolgen sind. Vgl. auch *Engelhardt/App*, VwVG, Anh.1 §

Leistungsgebots rechtswidrige Leistungsbescheid Grundlage einer Vollstrekkung zu sein. Die Rechtswidrigkeit kann mittels einer auf Aufhebung des Verwaltungsakts gerichteten Verpflichtungsklage geltend gemacht werden, wobei nach der Aufhebung des Verwaltungsakts ein auf Beseitigung der Vollzugsfolgen gerichteter Vollzugsfolgenbeseitigungsanspruch entsteht[133].

b. Gefahr der doppelten Inanspruchnahme

Aus dieser Vollstreckbarkeit des rechtswidrigen aber rechtswirksamen Verwaltungsakts drohte dem Bürger die Gefahr einer doppelten Inanspruchnahme, wenn einerseits seine Aufrechnungserklärung zum Erlöschen seiner Forderung führte und andererseits die Verwaltung den Leistungsbescheid zwangsweise durchzusetzen vermöchte[134].

Als Folge der Rückwirkungsfiktion des § 389 BGB ist der Leistungsbescheid so anzusehen, als verlangte er Zahlung trotz bereits eingetretener Erfüllung. In den insoweit parallel strukturierten Fällen, in denen der Bürger vor Erlaß des Leistungsbescheids geleistet hat und danach ein Zahlungsbefehl ergeht, ist dieser, Rechtswirksamkeit vorausgesetzt, vollstreckbar, wenn nicht der Bürger gegen den Leistungsbescheid selbst vorgeht. Diese besondere Konstellation des rechtswidrigen Verwaltungsakts ist im Hinblick auf die Geltendmachung des Aufrechnungseinwands zu berücksichtigen.

Diese Folge der Rechtswirksamkeit trotz Rechtswidrigkeit versucht *Sachs* zu vermeiden, indem er unter Bejahung der in bestimmten Konstellationen eintretenden Rechtswidrigkeit des Leistungsgebots ausführt, nach erfolgter Aufrech-

---

256 AO, Ziff.1, "§ 256 stellt im Grunde nur die Selbstverständlichkeit klar, daß sich ein Schuldner, der die Anfechtung eines rechtswidrigen Verwaltungsakts versäumt hat, bei der Vollstreckung dieses Verwaltungsakts so behandeln lassen muß, als wäre der Verwaltungsakt rechtmäßig"; s. a. *v. Mutius*, in: Verwaltungsvollstreckung, S. 34; Demgegenüber spricht *Arndt*, S. 109 zwar davon, die Vollstreckung eines rechtswidrigen Verwaltungsakts sei unzulässig, seine Ausführungen lassen gleichwohl erkennen, daß auch er die Rechtmäßigkeit nicht als Vollstreckungsvoraussetzung begreift, denn ansonsten wäre seine Überlegung, die Behörde sei verpflichtet, den unanfechtbaren Verwaltungsakt zurückzunehmen oder zumindest nicht zu vollstrecken, nicht folgerichtig. Im Gegenteil impliziert die auch insoweit erörterte Rücknahmepflicht gerade, daß an sich ohne eine solche Rücknahme die Vollstreckung zulässig wäre. S. auch die Nachw. o. Fn. 129.

133 Vgl. *Schenke/Baumeister*, NVwZ 1993, 1 (3), der i. V. m. einer Anfechtungsklage prozessual vereinfacht gem. § 113 Abs. 1 S.2 VwGO durchsetzbar ist; *Schenke*, Verwaltungsprozeßrecht, Rz. 429, 502 h.

134 Dazu auch *Ehlers*, JuS 1990, 777 (782).

nung bestehe kein Anlaß, die Wirksamkeit der Zahlungsaufforderung aufrecht zu erhalten[135]. Dieser Weg ist jedoch in sich widersprüchlich, da es nicht einzusehen ist, wodurch sich der anfänglich rechtswidrige Verwaltungsakt erledigt haben sollte[136]. Insoweit schließen sich die Annahmen, daß gleichzeitig Rechtswidrigkeit und Erledigung eintritt, gegenseitig aus, da der Verwaltungsakt nach der Vorschrift des § 43 VwVfG seine Wirksamkeit erst verliert, wenn sein Regelungsinhalt wegfällt. Im Fall des rechtswidrigen Leistungsgebots ist der Leistungsbefehl jedoch noch enthalten, der Regelungsinhalt also gerade nicht entfallen. Es stellt sich hingegen die Frage, ob diese Aufforderung infolge der Rechtswidrigkeit aufgehoben werden muß. Diese ist jedoch von der Problematik der Erledigung streng zu trennen.

Danach ist bei differenzierender Betrachtungsweise festzustellen, daß die Aufrechnung des Bürgers sich, abhängig vom Entstehen der Aufrechnungslage und damit zusammenhängend, dem Vorliegen eines feststellenden oder forderungsbegründenden Verwaltungsakts, unterschiedlich auf diesen Verwaltungsakt auszuwirken vermag. Daher soll auch die Betrachtung der Geltendmachung der Aufrechnung diesen verschiedenen Möglichkeiten folgen.

VIII. Die Geltendmachung der die Rechtmäßigkeit nicht berührenden Aufrechnung

1. Einwendung der Erfüllung durch Aufrechnung gegenüber der Vollstreckung

Im zunächst zu untersuchenden Fall, in dem die Aufrechnung nicht die Rechtswidrigkeit des Leistungsgebots zur Folge hat, d. h. vor allem in den Konstellationen, in denen der Verwaltungsakt die Forderung erst begründet, weil hier eine Rückwirkung auf einen Zeitpunkt vor dem Erlaß nicht in Betracht kommt, handelt es sich um den "Normalfall" nachträglicher Erfüllung.

Im Fall der die Rechtmäßigkeit unbeeinflußt lassenden Aufrechnung richtet sich das Augenmerk automatisch auf die die Forderung betreffenden materiellrechtlichen Auswirkungen derselben. Es handelt sich hierbei um den Normalfall des

---

135 S. *Sachs*, in: Stelkens/Bonk/Sachs, VwVfG, § 44 Rz. 18.

136 Krit. auch *Ehlers*, JuS 1990, 777 (781 m. Fn. 57), der anführt, hier würde die Rückwirkung der Aufrechnung nicht berücksichtigt, was insoweit jedoch relativiert werden muß, als *Sachs* die Möglichkeit der Rechtswidrigkeit des Zahlungsgebots infolge der Rückwirkung anspricht, gleichwohl jedoch die Erledigung bejaht, um damit dem Bürger die Anfechtungslast zu nehmen.

Erfüllungseinwands, in dem aufrechnungsspezifische Besonderheiten nicht festzustellen sind, da insbesondere die Rückwirkung der Erfüllungswirkung hier unproblematisch ist. In Betracht kommt daher die Frage nach einem Rechtsschutz, der vor allem in den Fällen erforderlich wird, wenn die Verwaltung die Erfüllungswirkung der Aufrechnung bestreitet.

Eine Anfechtung des Leistungsgebots kommt ebenso wie eine auf Aufhebung gerichtete Verpflichtungsklage nicht in Betracht, weil beide die Rechtswidrigkeit der Zahlungsaufforderung als Voraussetzung für eine erfolgreiche Geltendmachung haben.

Zur Geltendmachung des Aufrechnungseinwands scheiden daher Rechtsbehelfe, die die Rechtswidrigkeit des Verwaltungsakts zum Gegenstand haben, nunmehr bereits vom Ansatz her aus, da sich die Aufrechnung auf die Rechtmäßigkeit nicht auswirkt. Die Konstellation stellt sich demnach so dar, daß durch die Aufrechnung die Forderung erloschen ist, dies das Leistungsgebot jedoch nicht zu beeinflussen vermochte. Es besteht daher ein rechtmäßiger Leistungsbescheid und eine durch Aufrechnung erfüllte Forderung. Diese Konstellation mündet aus der Sicht des Bürgers in das Vollstreckungsverfahren, wenn die Verwaltung die Aufrechnung nicht anerkennt und den Verwaltungsakt weiter verfolgt. Es handelt sich daher hier um den Fall der Geltendmachung des Erfüllungseinwands, dessen Berücksichtigung im Vollstreckungsverfahren in Betracht kommt.

Bei genauer Betrachtung zeigt sich, daß alle vollstreckungsspezifischen Regelungen eine immanente Beschränkung der Vollstreckung vorsehen, wenn das Ziel der Vollstreckung nicht mehr erreicht werden kann oder bereits erreicht ist. Dies folgt teilweise aus einer Anwendung der Vorschrift des § 257 AO, auf welche einige Vollstreckungsgesetze verweisen. Danach ist u. a. die Vollstreckung einzustellen oder zu beschränken, sobald der Anspruch auf die Leistung erloschen ist (§ 257 Abs.1 Ziff. 2 AO). Die Anwendung des § 257 AO erfolgt bei einer Vollstreckung nach den Vorschriften des VwVG aufgrund der Vorschrift des § 5 Abs.1 VwVG. Da die Vorschrift am Begriff des Erlöschens des Anspruchs anknüpft, sind keinerlei Anhaltspunkte ersichtlich, daß hierunter nicht auch das Erlöschen des Anspruchs durch Aufrechnung fallen soll[137]. Eine vergleichbare Rechtslage besteht auch im Fall der Vollstreckung nach anderen Vollstreckungsgesetzen. Die Rechtslage in Baden-Württemberg wird durch die Regelung des § 11 LVwVG-BW bestimmt, die lautet:

> "Wenn der Zweck der Vollstreckung erreicht ist oder wenn sich zeigt, daß er durch die Anwendung von Vollstreckungsmitteln nicht erreicht werden kann, ist die Vollstreckung einzustellen."

Nach *Fliegauf/Maurer* ist der Zweck der Vollstreckung i. S. dieser Vorschrift erreicht, "wenn der zu vollstreckende Verwaltungsakt verwirklicht ist, d. h. wenn der rechtliche oder tatsächliche Zustand hergestellt ist, der dem in dem Verwaltungsakt enthaltenen Gebot oder Verbot oder der darin getroffenen Feststellung entspricht"[138]. Diese Rechtslage tritt ein, wenn eine Geldforderung erfüllt ist[139]. Die Vollstreckungsgesetze anderer Länder weisen inhaltlich gleichlautende Regelungen[140] auf oder verweisen auf die Vorschrift des § 257 AO[141].

Nach § 14 Abs.1 Ziff.2 LVwVG R-P ist die Vollstreckung einzustellen, wenn sie oder einzelne Vollstreckungsmaßnahmen für unzulässig erklärt werden. Nach Abs.2 S.2 dieser Vorschrift sind Vollstreckungsmaßnahmen aufzuheben, wenn die Verpflichtung offensichtlich erloschen ist. Daraus läßt sich entnehmen, daß auch insoweit davon ausgegangen wird, eine Vollstreckung werde nach dem Erlöschen des Anspruchs unzulässig[142]. Das (zusätzliche) Erfordernis des of-

---

137 Das Erlöschen des Anspruchs durch Aufrechnung wird ausdrücklich aufgeführt beispielsweise von *App*, Verwaltungsvollstreckungsrecht, Rz. 297; *Sadler*, VwVG, § 3Rz. 18; *Tipke/Kruse*, AO, § 257 Rz. 5.

138 S. *Fliegauf/Maurer*, VwVG-BW, § 11 Rz. 1.

139 S. a. *Schneider*, VwVG-BW, § 11 Rz. 1; *Fliegauf/Maurer*, VwVG-BW, § 11 Rz. 1.

140 Vgl. § 37 Abs. 1 f HmbVwVG; § 3 Abs. 1 HessVwVG; § 23 Abs. 1 Nr. 5 NdsVwVG; § 10 Abs.1 Nr.4 Saarl. VwVG; § 259 S-H LVwG; § 2 S.2 Sächs. VwVG.

141 S. § 6 Abs.1 BremGVG; Art. III Abs. 1 EGVwR M-V (Verweis auf die Vorschriften der §§ 1-3, 5 VwVG, mithin ebenfalls auf die AO); § 5 VwVG BB.

142 Insoweit mißverständlich OVG Koblenz, NJW 1982, 2277 (re. Sp. o.), wenn es ausführt, "Denn die Vollstreckbarkeit des Verwaltungsakts als eines von der Behörde geschaffenen Titels ist unabhängig von dem Bestehen des materiellrechtlichen Anspruchs". Hier wird nicht deutlich, ob die Frage der Erfüllung als für die Vollstreckung unerheblich angesehen wird oder ob es sich um die nicht ganz exakte Formulierung der Tatsache handelt, daß die Vollstreckung eines Verwaltungsakts von der Rechtmäßigkeit desselben unabhängig ist. Die Vollstreckung eines rechtswidrigen Verwaltungsakts kann danach rechtmäßig sein, obwohl der konkretisierte Anspruch materiellrechtlich gar nicht besteht. Vermutlich ist die Aussage des Urteils in letzterer

fensichtlichen Erlöschens ändert an diesem grundsätzlichen Aspekt nichts und ist vor dem Hintergrund vollstreckungsrechtlicher Wertungen durchaus verständlich[143]. Die Offensichtlichkeit des Erlöschens ist jedenfalls dann zu bejahen, wenn das Erlöschen des Anspruchs Gegenstand einer dies aussprechenden gerichtlichen Entscheidung ist[144].

Näher einzugehen ist auf die Vorschrift des § 16 Abs.2 LVwVG R-P, die lautet:

> "Einwendungen, welche den Anspruch selbst betreffen, sind bei der Behörde geltend zu machen, die den Verwaltungsakt erlassen hat. Sie sind nur zulässig, soweit die Gründe, auf denen sie beruhen, nach Erlaß des Verwaltungsakts entstanden sind und durch Anfechtung nicht mehr geltend gemacht werden konnten."

Diese Vorschrift, die die Geltendmachung von Einwänden gegenüber dem Anspruch zum Gegenstand hat, steht der Geltendmachung der Erfüllung des Anspruchs durch Aufrechnung aber nicht entgegen. Es erscheint zunächst fraglich, ob diese Regelung überhaupt den Erfüllungseinwand betrifft[145]. Sie könnte sich auch auf Einwendungen gegen den Verwaltungsakt beziehen, die die Rechtmäßigkeit desselben betreffen, genauer, seine nachträgliche Rechtswidrigkeit[146] geltend machen. Einen Anhaltspunkt hierfür liefert vor allem § 16 Abs. 2 S.2, wonach die Einwendungen nur zulässig sind, wenn es sich um Gründe handelt, die nach Erlaß des Verwaltungsakts entstanden sind und durch Anfechtung nicht mehr geltend gemacht werden konnten. Gerade das Erfordernis des nicht **mehr** geltend machen Könnens setzt die grundsätzliche Möglichkeit der Geltendmachung durch Anfechtung voraus, die als terminus technicus die Rechtswidrigkeit des Verwaltungsakts zum Gegenstand hat.

Hinsicht zu verstehen, zumal auch an anderer Stelle ausdrücklich auf die Unabhängigkeit der Vollstreckung von der Rechtmäßigkeit des Verwaltungsakts hingewiesen wird (S. 2277 li. Sp.) und der Sachverhalt gar keinen Anlaß bot, die Problematik des Erlöschens des Anspruchs durch Erfüllung zu erörtern.

143 In diesen Zusammenhang fällt beispielsweise auch die Regelung des § 7 Abs. 2 NWVwVG, wonach vorläufig zu leisten ist, wenn geltend gemacht wird, daß der Anspruch erloschen oder gestundet sei, die ebenfalls nicht dazu führt, Vollstreckungsmaßnahmen unabhängig von der Erfüllung zuzulassen dazu unten S. 81 f.

144 In diesem Sinne auch *Schenke/Baumeister*, NVwZ 1993, 1 (10 m. Fn. 56).

145 Dies bejahen *Schenke/Baumeister*, NVwZ 1993, 1 (5); a. A. OVG Koblenz, NJW 1982, 2276 f.

146 Dagegen *Schenke/Baumeister*, NVwZ 1993, 1 (6).

Danach wäre die Erfüllung nicht im Verfahren des § 16 LVwVG vorzubringen, da sie nicht die Rechtswidrigkeit des Verwaltungsakts nach sich zieht, die durch Anfechtung geltend zu machen wäre. Auch ein solches Verständnis der Vorschrift des § 16 LVwVG R-P führte aber nicht dazu, daß die Erfüllung der Vollstreckung nicht entgegengehalten werden kann.

Dies ergibt sich aus der Regelung des § 14 LVwVG, der insoweit eindeutig die Einstellung der Vollstreckung bei Erlöschen des Anspruchs vorsieht.

Sollte man bezüglich des Regelungsgegenstands des § 16 der Auffassung sein, die Vorschrift betreffe gerade den Fall materiellrechtlicher Einwendungen gegenüber dem Anspruch[147], kann gegenüber der Aufrechnung jedenfalls nicht eingewendet werden, infolge der Rückwirkung handele es sich nicht um eine Einwendung, deren Grund im Sinne der Vorschrift des § 16 Abs.2 S.2 nach dem Erlaß des Verwaltungsakts entstanden ist, denn in den hier betrachteten Fällen findet eine den Verwaltungsakt gewissermaßen überholende Rückwirkung nicht statt. Infolgedessen stellt die Aufrechnung einen Umstand dar, der nach Erlaß des Verwaltungsakts im Sinne des § 16 Abs.2 LVwVG R-P entstanden ist. Da die Erfüllung nicht zur Rechtswidrigkeit führt und damit keine Einwendung darstellt, die mittels Anfechtung geltend gemacht werden kann, kommt nach dieser Auffassung eine Berücksichtigung der Einwendung im Vollstreckungsverfahren in Betracht, die prozessual über eine auf den Erlaß eines die Unzulässigkeit der Vollstreckung aussprechenden Verwaltungsakts gerichtete Verpflichtungsklage zu verfolgen wäre[148]. Es stellt sich allenfalls die Frage, inwieweit § 16 LVwVG R-P abschließend die Geltendmachung gegen den Anspruch gerichteter materiellrechtlicher Einwendungen regelt[149].

Nach beiden Auffassungen schließt daher § 16 LVwVG R-P die Einwendung der Erfüllung nicht aus, wobei aus systematischen Gründen mehr für die letztgenannte Ansicht spricht, weil die erstgenannte Auffassung zu wenig berücksichtigt, daß eine Einwendung, die sich auf die Rechtswidrigkeit des Verwaltungsakts stützt, wegen der Wirksamkeit des rechtswidrigen Verwaltungsakts den Anspruch aus dem Verwaltungsakt nicht betrifft, der solange besteht, bis der Ver-

---

147 So *Schenke/Baumeister*, NVwZ 1993, 1 (5).

148 Vgl. nur *Schenke/Baumeister*, NVwZ 1993, 1 (9).

149 Auch *Schenke/Baumeister*, NVwZ 1993, 1 (9) gehen davon aus, daß materiellrechtliche Einwendungen neben der Verpflichtungsklage auf den Erlaß eines die Unzulässigkeit der Vollstreckung aussprechenden Verwaltungsakts auch durch eine auf die Feststellung des Nichtbestehens des in dem Verwaltungsakt titulierten Anspruchs gerichtete Feststellungsklage geltend gemacht werden können.

waltungsakt aufgeboben ist. Im übrigen entstünde in den Fällen des rechtswidrigen Verwaltungsakts das seltsam anmutende Ergebnis, daß der Verwaltungsakt wirksam bliebe, jedoch nicht mehr rechtmäßig vollstreckt werden könnte. In diesem Fall erfolgte eine Leistung des Bürgers gleichwohl mit Rechtsgrund, wenn nicht der Verwaltungsakt aufgehoben würde[150].

Ähnlich wie in Rheinland-Pfalz ist auch nach bayerischem und thüringischem Landesrecht die Möglichkeit eröffnet, daß die Anordnungsbehörde über Einwendungen gegen die Vollstreckung entscheidet. Art. 21 BayVwZVG[151] lautet:

> "Über Einwendungen gegen die Vollstreckung, die den zu vollstreckenden Anspruch betreffen, entscheidet die Anordnungsbehörde. Sie sind nur zulässig, soweit die geltend gemachten Gründe erst nach Erlaß des zu vollstreckenden Verwaltungsakts entstanden sind und mit förmlichen Rechtsbehelfen nicht mehr geltend gemacht werden können."

Auch bei dieser Regelung ist fraglich, ob sie materiellrechtliche Einwendungen zum Gegenstand hat oder das Rechtswidrigwerden des Verwaltungsakts betrifft[152]. Letztlich kommt es auf die Entscheidung dieser Frage auch hier nicht an, da auch nach Art. 22 Nr. 3 BayVwZVG die Vollstreckung einzustellen ist, soweit die Verpflichtung offensichtlich erloschen ist.

Damit läßt sich auch für das bayerische und rheinland-pfälzische Landesrecht trotz der Besonderheit der Möglichkeit des Erlasses eines die Unzulässigkeit der Vollstreckung aussprechenden Verwaltungsakts feststellen, daß eine Vollstreckung nach dem Erlöschen der Verpflichtung unterbleiben soll. Gesteigerte Anforderungen finden sich allein im Hinblick auf das Erfordernis des offensichtlichen Erlöschens, dem aber jedenfalls dann genüge getan ist, wenn die Erfüllung der Forderung Gegenstand einer dies feststellenden gerichtlichen Entscheidung ist[153].

Die Unbeachtlichkeit der Erfüllung für die Vollstreckung läßt sich beispielsweise auch für das Landesrecht von Nordrhein-Westfalen nicht aus der Vorschrift des § 7 Abs.2 S.1 VwVG NW herleiten. Danach ist vorläufig zu leisten,

---

150 Vgl. dazu ausf. *Schenke/Baumeister*, NVwZ 1993, 1 (4 ff.)

151 Vgl. § 24 Thür-VwZVG.

152 Für die erstere Möglichkeit auch hier *Schenke/Baumeister*, NVwZ 1993, 1 (5).

153 So auch *Schenke/Baumeister*, NVwZ 1993, 1 (10) m. Fn. 56.

wenn geltend gemacht wird, der Anspruch sei erloschen oder gestundet[154]. Dies zeigt sich an der Regelung des § 7 Abs. 2 S. 2 VwVG NW, wonach die Erstattung eines nach Meinung des Pflichtigen zu Unrecht gezahlten Betrages bei der Vollstreckungsbehörde zu beantragen ist. Damit dient die vorläufige Leistungspflicht der erleichterten Durchführung des Vollstreckungsverfahrens, trifft aber noch keine Aussage über die abschließende Zuordnung der erbrachten Leistung, die ggf. im Wege des Erstattungsverfahrens des § 7 Abs. 3 VwVG NW geklärt werden muß[155].

Von hierher wird deutlich, daß weder die bloße Existenz noch eine eventuell eintretende Bestandskraft des Leistungsbescheids es der Behörde gestatten, diese Leistung nach Erfüllung endgültig nochmals durchzusetzen.

Die Erfüllung ist danach innerhalb des Vollstreckungsverfahrens grundsätzlich insoweit von Bedeutung, als eine Vollstreckung unzulässig wird, wenn Erfüllung eingetreten ist. Wobei dies nicht nur für die landesrechtlichen Regelungen gilt, in denen ausdrücklich der Erlaß eines die Unzulässigkeit der Vollstreckung aussprechenden Verwaltungsakts gesetzlich geregelt ist[156].

2. Prozessuale Möglichkeiten der Geltendmachung der Erfüllung

a. Die Geltendmachung des Erfüllungseinwands im Zivilrecht

Im Zivilrecht kommt bei vergleichbaren Konstellationen, in denen eine Einwendung gegen die Forderung nach Vorliegen eines vollstreckbaren Titels vorgebracht werden soll, § 767 ZPO zur Anwendung. Zu beachten ist jedoch die Regelung des § 767 Abs.2 ZPO in der durch die Rechtsprechung erfolgten weiten Auslegung, nach der im Fall der Aufrechnung die Vorschrift eine Geltendmachung auch dann ausschließen soll, wenn die Aufrechnungslage bereits vor dem in der Vorschrift des § 767 Abs.2 ZPO genannten Zeitpunkt gegeben war, auch wenn der Schuldner hiervon keine Kenntnis hatte. Diese Auslegung ist bereits

---

154 Eine gleichlautende Regelung findet sich auch in § 7 Abs.2 VwVG BB, wobei hier § 5 VwVG BB auf die Vorschriften der AO verweist, wodurch von hierher deutlich wird, daß der Zweck der Vollstreckung nach Erfüllung erreicht ist.

155 So auch *Erlenkämper*, VwVG NW, § 7, Erl. 1, 4.2; *Rietdorf/Waldhausen/Voss*, VwVG NW, § 7, Erl. 4.

156 Dies verkennt *Tiemann*, KStZ 1971, 6 (8), wenn er ausführt, die Aufrechnungserklärung könne nur als Vollstreckungseinwand vorgetragen werden, wenn die landesrechtliche Regelung ein Vollstreckungsgegenverfahren vorsehe.

für die zivilrechtlichen Konstellationen durchaus angreifbar[157]. Zusätzliche Probleme wirft die Übertragung der Vollstreckungsabwehrklage auf das öffentliche Recht, insbesondere auf das Verwaltungsaktsverfahren, auf, da im Verfahren gegenüber dem Verwaltungsakt die Erfüllung nicht zum Erfolg einer entsprechenden Anfechtungsklage führt, während im Fall der zivilprozessualen Leistungsklage die Erfüllung zur Klageabweisung führt[158]. Hier deutet sich bereits an, daß die strukturellen Unterschiede zwischen zivilrechtlichen Klageverfahren und öffentlich-rechtlichem Verfahren des Verwaltungsakts bei einer wechselseitigen Anwendung von Rechtsinstituten des jeweils anderen Rechtsbereichs enorme Bedeutung erlangen können und daher in diesen Fällen immer zu bedenken sind.

b. Die Geltendmachung des Erfüllungseinwands im öffentlichen Recht

Im öffentlichen Recht eröffnet zwar § 167 Abs.1 S.1 VwGO die entsprechende Anwendung des § 767 ZPO[159]. Fraglich ist hier jedoch, inwieweit sich die bereits angesprochenen, grundsätzlichen Unterschiede zwischen der zivilrechtlichen und der verwaltungsrechtlichen Ausgangsposition auswirken: Diese Unterschiede könnten über die Frage der Anwendung des § 767 ZPO hinaus von Bedeutung sein.

Es bestehen bereits erhebliche Bedenken, ob die Mittel des § 767 ZPO, der auf die Abwehr einer Vollstreckung eines gerichtlichen Titels zugeschnitten ist, im Verfahren gegenüber der Durchsetzung des Verwaltungsakts anwendbar sind[160]. Die Anwendbarkeit kann insbesondere aus den Vorschriften der §§ 167, 168 VwGO nicht abgeleitet werden, die die Vollstreckung eines Verwaltungsakts

---

157 Vgl. *Rosenberg/Gaul/Schilken*, Zwangvollstr., § 40 V 2b aa; *Staudinger/Kaduk*, BGB, § 389 Rz. 54 ff.; krit. auch *Brox/Walker*, Zwangsvollstreckungsrecht, Rz. 1343 ff; ohne Kritik: *Herget*, in: Zöller, ZPO, § 767 Rz. 12; *Hartmann*, in: Baumbach/Lauterbach/Albers/Hartmann, ZPO, § 767 Anm. 4 B b; der Rechtsprechung ebenfalls zustimmend *MK/Schmidt*, ZPO, § 767 Rz. 80 ff. m. umfangr. weit. Nachw.

158 Vgl. nur *Staudinger/Kaduk*, BGB, § 389 Rz. 39.

159 Allg. Meinung: vgl. nur *Kopp*, VwGO, § 167 Rz. 1 ff; *Redeker/v. Oertzen*, VwGO, § 167 Rz. 5; *Eyermann/Fröhler*, VwGO, § 167 Rz. 10 ff.

160 Zur Nichtanwendbarkeit des § 767 ZPO in den Fällen, in denen der Verwaltungsakt ohne vorheriges Anfechtungsverfahren vollstreckt wird, vgl. *Schenke/Baumeister*, NVwZ 1993, 1 (9 ff.); *Kopp*, VwGO, § 167 Rz. 14 ff., 18 ff.; *Redeker/v. Oertzen*, VwGO, § 167 Rdnr. 6; *Eyermann/Fröhler*, VwGO, Anh. § 172 Rz. 1.

nicht betreffen[161]. Eine Anwendung käme daher allein gem. § 173 VwGO zur Ausfüllung bestehender Lücken im Rechtsschutzsystem der VwGO in Betracht[162], wobei die Problematik an dieser Stelle noch nicht vertieft werden soll. Die Durchsetzung des Verwaltungsakts, dessen Aufhebung abgelehnt wurde, erfolgt durch die Behörde nach den einschlägigen gesetzlichen Vorschriften des Verwaltungszwangsverfahrens[163]. Soweit, was in der Regel der Fall sein wird, einzelne Vollstreckungsmaßnahmen Verwaltungsaktsqualität aufweisen, käme als geeignete Klage hiergegen auch eine Anfechtungsklage gem. § 42 VwGO in Betracht. Zu beachten ist jedoch, daß eine solche Anfechtungsklage auf die Aufhebung der Vollstreckungsmaßnahme als rechtswidrig und den Kläger in seinen Rechten verletzend gerichtet ist. Die Frage der Zulässigkeit der Vollstreckung und damit der Rechtmäßigkeit des Vollstreckungsaktes ist von der der Rechtmäßigkeit des zu vollstreckenden Verwaltungsakts sorgfältig zu trennen, da die Vollstreckung unabhängig von der Rechtswidrigkeit des Grundverwaltungsakts ist. Zu beachten ist, daß die Erfüllung zur Unzulässigkeit der (weiteren) Vollstreckung führt, so daß von hierher die Rechtswidrigkeit einer entsprechenden Vollstreckungsmaßnahme in Betracht käme. In den Fällen der Aufrechnung geht es dem Schuldner nicht um ein ausschließliches Bestreiten der Leistungspflicht an sich und damit die Behauptung der Rechtswidrigkeit des Leistungsbescheids, sondern um die Abwehr des (staatlichen) Leistungsbegehrens, soweit die Leistung nochmals geltend gemacht wird, d. h. die Verwaltung nicht von einer Erfüllung der Forderung ausgeht.

Darin wird besonders deutlich, daß bei der Betrachtung der Aufrechnungswirkung zwischen der Einwendung der Aufrechnung gegenüber dem ursprünglichen Verwaltungsakt und der Einwendung gegenüber der Vollstreckung des Verwaltungsakts zu unterscheiden ist.

Die Geltendmachung materiellrechtlicher Einwände, die sich gegen das Bestehen des titulierten Anspruchs richten, ist daher auf verschiedene Arten denkbar: Zum einen kommt eine auf den Erlaß eines die Zwangsvollstreckung für unzulässig erklärenden Verwaltungsakts gerichtete Verpflichtungsklage in Betracht - dies jedenfalls dort, wo die Verwaltungsvollstreckungsgesetze den Erlaß solcher feststellender Verwaltungsakte vorsehen. Zum anderen ist neben der Möglich-

---

161 Vgl. nur *Kopp*, VwGO, § 167 Rz. 1, 14 ff.; *Schenke*, Verwaltungsprozeßrecht, Rz. 366.

162 Für eine Anwendung des § 767 ZPO auf diesem Weg *Kleinlein*, VerwArch., Bd. 81 (1990), 149 (177) m. w. Nachw.

163 Statt vieler *Eyermann/Fröhler*, VwGO, § 167 Rz. 6.

keit der Anfechtung einzelner Vollstreckungsakte die Möglichkeit einer Feststellungsklage zu untersuchen, wobei verschiedene Feststellungsbegehren zu erörtern sind.

aa. Die Klage auf Erlaß eines die Unzulässigkeit der Vollstreckung feststellenden Verwaltungsakts

Wie bereits erörtert, sehen einige Verwaltungsvollstreckungsgesetze der Länder für die Verwaltung die Möglichkeit vor, die Unzulässigkeit der Zwangsvollstreckung feststellende Verwaltungsakte zu erlassen; z. B. Art 21 BayVwZVG, § 16 Abs. 2 VwVG R-P. Soweit man davon ausgeht, die Regelungen beträfen auch materiellrechtliche Einwendungen wie die Erfüllung, ist insoweit zur Geltendmachung dieses Einwands die Erhebung einer auf den Erlaß eines entsprechenden Verwaltungsakts gerichteten Verpflichtungsklage möglich[164]. Zu der Frage, ob daneben bzw. darüberhinaus auch die Erhebung einer Feststellungsklage in Betracht kommt und gegebenenfalls, in welchem Verhältnis beide Verfahren stehen, siehe unten cc, dd.

bb. Rechtsschutz mittels der Anfechtung des Vollstreckungsakts

Soweit Vollstreckungsmaßnahmen, was häufig der Fall sein dürfte, Verwaltungsakte darstellen, kommt eine Anfechtung derselben in Betracht[165]. Knüpfen die vollstreckungsrechtlichen Regelungen die Zulässigkeit der Vollstreckung daran, daß die Forderung noch nicht erfüllt ist, ist eine Vollstreckungsmaßnahme, die trotz eingetretener Erfüllung ergeht, rechtswidrig. Hier wird nämlich nicht die Rechtswidrigkeit des zu vollstreckenden Verwaltungsakts[166], sondern

---

164 Im übrigen wird diese Möglichkeit der Verpflichtungsklage auch von ihren Befürwortern im Hinblick beispielsweise auf die Erfüllung nicht als abschließend verstanden; vgl. *Schenke/Baumeister*, NVwZ 1993, 1 (9); anders für die Rechtslage nach bayerischem Landesrecht, *Fischer*, BayVBl. 1980, 173 (175), der gerade für die Geltendmachung der Aufrechnung ein Vorgehen nach Art. 22 Bay VwZVG befürwortet. Art 22 Bay VwVZG knüpft daran an, daß die Erhebung in einem förmlichen Verfahren nicht möglich gewesen sein darf. Das Vorliegen dieser Voraussetzung ist gerade im Fall der Erfüllung, die mittels Anfechtungsklage nicht geltend zu machen ist, zu bejahen.

165 Vgl. *Schenke/Baumeister*, NVwZ 1993, 1 (8); *Kröller*, S. 54 ff. m. w. Nachw.; zu den Lücken einer solchen Klage ausf. *Schenke*, VerwArch. Bd. 61 (1970), 260, 343, (345 ff.); *Arndt*, S. 98; *ders.*, MDR 1964, 376 (377 f.).

166 Die Verneinung einer Anfechtung einzelner Vollstreckungsakte bei *Schenke/Baumeister*, NVwZ 1993, 1 (8) betrifft den Fall, daß die Rechtswidrigkeit des zu vollstreckenden Verwaltungsakts geltend gemacht wird. Die Geltendmachung des

allein diejenige der Vollstreckungsmaßnahme geltend gemacht. Von hierher bietet die Anfechtungsklage eine grundsätzlich geeignete Möglichkeit, in diesen Fällen das Erlöschen des Anspruchs einzuwenden[167].

cc. Rechtsschutz mittels der allgemeinen verwaltungsgerichtlichen Feststellungsklage

Soweit der Erlaß eines Verwaltungsakts mit dem oben erwähnten Inhalt nicht in Betracht kommt bzw. eine Anfechtung beispielsweise infolge fehlenden Verwaltungsaktscharakters einer Vollstreckungsmaßnahme ausscheidet, ist fraglich, ob die Möglichkeit besteht, mittels anderer allgemeiner verwaltungsgerichtlicher Klagearten den Aufrechnungseinwand auch noch im Vollstreckungsverfahren oder zur Vermeidung desselben zu erheben und zu verfolgen. Wie bereits angedeutet, ist hierbei der Rechtsschutz mittels der allgemeinen Feststellungsklage in Betracht zu ziehen.

Diese Möglichkeit wird auch in zahlreichen Stellungnahmen der Literatur unter Abstellen auf die verschiedensten Feststellungsbegehren erörtert. Es wird eine Feststellungsklage angeführt, die entweder die Feststellung der Unzulässigkeit der Vollstreckung aus dem Verwaltungsakt[168] oder die Feststellung des Nichtbestehens des in dem Verwaltungsakt titulierten Anspruchs[169] zum Gegenstand hat. In Betracht zu ziehen ist auch eine Feststellung, daß die im Verwaltungsakt statuierte Verbindlichkeit erloschen ist, da die Forderung erfüllt ist[170]. Der letzten Möglichkeit entsprechen dürfte die Feststellung, daß die Forderung nicht (mehr) besteht[171]. Unabhängig vom genauen Wortlaut des Feststellungsantrages kann die Feststellungsklage nur zur Klärung des Bestehens eines konkreten Rechtsverhältnisses erhoben werden. Die Frage nach der eigentlichen Feststel-

---

Erlöschenseinwands mittels der Anfechtungsklage gegen einzelne Vollstreckungsakte wird auch von *Schenke/Baumeister*, NVwZ 1993, 1 (11) bejaht.

167 So auch *Kröller*, S. 56; früher bereits *Groß/Kreiling*, DVBl. 1964, 863 (865); im Grunde wohl auch *Schenke*, VerwArch. Bd. 61 (1970), 260, 343, (345).

168 S. *Bosch/Schmidt*, § 32 I (S. 170 f.); *Kopp*, VwGO, § 167 Rz. 19; VGH Mannheim, VBlBW.1982, 403 f.; VGH Kassel, NVwZ-RR 1989, 507; s. dazu *Schenke/Baumeister*, NVwZ 1993, 1 (10); Schenke, VerwArch. Bd. 61 (1970), 260, 345 (351 ff.).

169 S. OVG Münster, NJW 1976, 2036 (2038); *Schenke/Baumeister*, NVwZ 1993, 1 (9); *Schenke*, Verwaltungsprozeßrecht, Rz. 429 f.

170 So *Schenke*, VerwArch. Bd. 61 (1970), 260, 343, (352 ff.).

171 Vgl. *Schenke*, Verwaltungsprozeßrecht, Rz. 430.

lung ist daher nicht isoliert von dem Begriff des Rechtsverhältnisses zu beantworten. Es kommt darauf an, ob das Bestehen der Verpflichtung ein Rechtsverhältnis im Sinne des § 43 VwGO darstellt[172]. Der Begriff des Rechtsverhältnisses wird gemeinhin als die sich aus einem konkreten Sachverhalt aufgrund einer Rechtsnorm ergebenden rechtlichen Beziehungen einer Person zu einer anderen Person oder einer Sache umschrieben[173]. Es ist nicht erforderlich, daß das Verwaltungsrechtsverhältnis als Ganzes zum Gegenstand der Feststellungsklage gemacht wird. Auch einzelne Verpflichtungen unterliegen der Feststellungsklage, z. B. einzelne Forderungen oder Ansprüche daraus[174].

Danach stellt das Bestehen des in einem Leistungsbescheid konkretisierten Anspruchs ein Rechtsverhältnis im Sinne des § 43 VwGO dar[175]. Soweit das Bestehen des Anspruchs unproblematisch als Rechtsverhältnis zu qualifizieren ist, bedeutet dies jedoch nicht automatisch die Zulässigkeit einer entsprechenden, auf Feststellung der Erfüllung dieses Anspruchs gerichteten Klage. In diesem Zusammenhang sind sowohl das Merkmal der Subsidiarität der Feststellungsklage als auch das Vorliegen des Rechtsschutzbedürfnisses von Bedeutung. Soweit der Bürger sich gegen zukünftige Vollstreckungsakte verwahren will, ist daran zu denken, daß hier in Wahrheit vorbeugender Rechtsschutz begehrt wird[176], der eigenständige Zulässigkeitsprobleme aufwirft[177]; nicht zuletzt auch im Hinblick auf die Abgrenzung von vorbeugender Feststellungs- und vorbeugender Unterlassungsklage[178].

In dem Begehren, die Unzulässigkeit der Vollstreckung festzustellen, wird dabei bereits vom Ansatz her wohl am ehesten deutlich, daß es dem Bereich des vor-

---

172 Verneinend *Kohls*, KStZ 1985, 181 (188).

173 Vgl. statt vieler *Kopp*, VwGO, § 43 Rz. 11, m. weit. Nachw.; *Schenke*, Verwaltungsprozeßrecht, Rz. 378 ff.

174 Vgl. *Schmitt Glaeser*, Verwaltungsprozeßrecht, Rz. 328; *Eyermann/Fröhler*, VwGO, § 43 Rz. 3; BVerwGE 33, 42 f.; 36, 225; BGH, NJW 1984, 1556.

175 Vgl. *Schenke*, Verwaltungsprozeßrecht, Rz. 393; ausführlich zu dem durch Verwaltungsakt begründeten Rechtsverhältnis *Schenke*, VerwArch. Bd. 61 (1970), 260, 343, (352 ff.).

176 Zu diesen Bedenken *Kohls*, KStZ 1985, 181 (188); BVerwG, NVwZ 1984, 168; s. a. *Schenke*, VerwArch. Bd. 61 (1970), 260, 343, (351).

177 Zur vorbeugenden Unterlassungsklage vgl. z. B. *Schenke*, Verwaltungsprozeßrecht, Rz. 354.

178 S. dazu *Schenke*, AöR 95 (1970), 223 (255 f.).

beugenden Rechtsschutzes zuzuordnen sein dürfte[179]. Dabei ist aber fraglich, ob die Unzulässigkeit der Vollstreckung im Ganzen ein Rechtsverhältnis im Sinne des § 43 VwGO darstellt. Näherliegend scheint es, insoweit das Vorliegen eines Rechtsverhältnisses zu verneinen, da es sich vielmehr um eine abstrakte Rechtsfrage und damit um einen nicht feststellungsfähigen Rechtszustand handelt[180].

Etwas anderes gilt aber im Hinblick auf die Zulässigkeit bzw. Unzulässigkeit einzelner konkreter Vollstreckungsmaßnahmen. Die Unzulässigkeit einzelner Vollstreckungsmaßnahmen stellt dabei zwar ein Rechtsverhältnis dar, aber auch hier ist der vorbeugende Charakter einer derartigen Feststellung sehr deutlich und entsprechend zu berücksichtigen. Bei der Zulässigkeit vorbeugender Klagen ist neben der Tatsache einer im Grundsatz an einem repressiven Rechtsschutz orientierten VwGO das durch Art. 19 Abs.4 GG konkretisierte Gebot des effektiven Rechtsschutzes von Bedeutung[181]. Zum Teil wird vertreten, der Zulässigkeit einer Klage, mit der das Bestehen oder Nichtbestehen eines durch Verwaltungsakt begründeten staatlichen Anspruchs festgestellt werden soll, stehe die Subsidiarität der Feststellungsklage gem. § 43 Abs.2 S.2 VwGO nicht entgegen[182]. Soweit hierfür zur Begründung angeführt wird, Gestaltungs- oder Leistungsklagen stünden dem Bürger nicht zur Verfügung, da er sich nicht gegen die Rechtmäßigkeit des Verwaltungsakts wende, ist dies durchaus zutreffend. Die Problematik des möglicherweise vorbeugenden Charakters einer solchen Klage wird dadurch aber nicht beseitigt. Die Feststellung, daß der Anspruch erfüllt wurde, zielt gerade unter praktischen Erwägungen auf die Vermeidung von Folgewirkungen ab, die an den Verwaltungsakt geknüpft werden können, und hat insoweit - zumindest im Hinblick auf die Vermeidung von Vollstreckungsmaßnahmen - eine vorbeugende Intention. Infolgedessen ist das Verhältnis zu einem Rechtsschutz gegenüber den Vollstreckungsmaßnahmen zu untersuchen. Hierbei ist zu prüfen, ob es einer Feststellungsklage wegen der zumutbaren Möglichkeit der Inanspruchnahme eines Rechtsschutzes gegenüber Vollstreckungsmaßnahmen am erforderlichen Rechtsschutzbedürfnis mangelt, soweit gegen Maßnahmen der Vollstreckung die Anfechtungsklage gegeben ist[183] oder

---

179 So ausdr. *Bosch/Schmidt*, § 32 I (S. 170); vgl. auch BVerwG, NVwZ 1984, 168 f.

180 S. *Schenke*, VerwArch. Bd. 61 (1970), 260, 343, (351).

181 S. dazu *Schenke*, in: BK (Zweitb.), Art. 19 Abs.4 Rz. 390 ff.

182 So *Schenke*, Verwaltungsprozeßrecht, Rz. 426.

183 Zum Verhältnis vorbeugenden zum repressiven Rechtsschutz allgemein s. *Kopp*, VwGO, Vor § 40 Rz. 33; *Redeker/v. Oertzen*, VwGO, § 43 Rz. 9; *Schenke*, Verwaltungsprozeßrecht, Rz. 416 ff.; *Schenke*, in: BK (Zweitb.), Art. 19 Abs.4 Rz. 393 ff.

eine Feststellungsklage wegen des vorbeugenden Charakters der Feststellung gegenüber einer allgemeinen Leistungsklage subsidiär wäre[184].

dd. Zum Konkurrenzverhältnis entsprechender Leistungs-, Anfechtungs- und Feststellungsklagen

Die vorstehenden Ausführungen zeigen bereits, daß für die Erhebung des Erfüllungseinwands unterschiedliche prozessuale Möglichkeiten in Betracht kommen. Im Rahmen dieser Untersuchung ist es nicht möglich, unter Berücksichtigung aller landesrechtlicher Besonderheiten auf alle denkbaren Vollstreckungsmaßnahmen einzugehen und für jede Maßnahme zu untersuchen, mit welcher Klageart die Einwendung der Erfüllung prozessual zu verfolgen ist. Folgende allgemeine Erwägungen werden für die Frage der im Einzelfall geeigneten Klage von Bedeutung sein.

Es ist denkbar, daß, abhängig von der jeweiligen landesgesetzlichen Regelung, bestimmte Vollstreckungsmaßnahmen trotz eingetretener Erfüllung rechtmäßig sind. In diesen Fällen scheidet ein Verweis auf die Anfechtung entsprechender Maßnahmen zur Geltendmachung des Erfüllungseinwands bereits vom Ansatz her aus. Das Gleiche gilt für Vollstreckungsmaßnahmen, die keine Verwaltungsaktsqualität aufweisen[185]. Insoweit läßt sich nicht auf den Vorrang repressiven Rechtsschutzes verweisen.

Von Bedeutung ist weiterhin, daß zwar im Hinblick auf die Unzulässigkeit bestimmter Vollstreckungsmaßnahmen eine Feststellungsklage unter dem Gesichtspunkt des Rechtsschutzbedürfnisses Bedenken ausgesetzt sein könnte, dies auf eine Feststellung, die auf das Erlöschen des Anspruchs gerichtet ist, aber nicht unbesehen übertragen werden darf. Im Gegensatz zu ersterer bedeutet letztere für den Bürger einen weitergehenden und letzten Endes effektiveren Rechtsschutz: Die Feststellung der Unzulässigkeit einer konkreten Vollstreckungsmaßnahme, die sich letztlich auf das Erlöschen der Forderung gründet, trifft eine verbindliche Aussage zunächst nur für diese konkrete Maßnahme, womit über die Zulässigkeit anderer Vollstreckungsmaßnahmen noch nicht automatisch entschieden ist. Die Feststellung, daß die Forderung erloschen ist, entfaltet im Gegensatz dazu Wirkung für alle Vollstreckungsmaßnahmen, deren Zulässigkeit von der Tatsache der Erfüllung beeinflußt wird. Dadurch steht nämlich die Tatsache der Erfüllung verbindlich fest und vermag der Verwaltung

184 Vgl. *Schenke*, AöR 95 (1970), 223 (255 f.).

185 Vgl. dazu bereits ausf. *Schenke*, VerwArch. Bd. 61 (1970), 260, 343 (346).

entgegengehalten zu werden, wobei die Bindungswirkung auch andere gerichtliche Verfahren umfaßt. Insoweit weist diese Feststellungsklage einen gänzlich anderen Verfahrensgegenstand auf[186]. Dieser Gesichtspunkt ist auch im Hinblick auf die Verweisung des Bürgers auf eine Anfechtung von Vollstreckungsmaßnahmen relevant, weil auch hier die Notwendigkeit mehrerer, gegen verschiedene Vollstreckungsmaßnahmen gerichteter Anfechtungsklagen die Folge sein kann[187].

Auch die Erwägung, Regelungen wie beispielsweise die Vorschrift des § 80 Abs. 2 Nr.1 VwGO, wonach die aufschiebende Wirkung eines Rechtsbehelfs für bestimmte Verwaltungsakte im Grundsatz nicht eintritt und die die Erleichterung der Vollziehung dieser Verwaltungsakte bezweckt, stünden der Zulassung eines vorbeugenden Rechtsschutzes entgegen[188], überzeugt letztlich nicht. Ungeachtet der Bedenken, die Feststellungsklage wegen des anderen Verfahrensgegenstands als vorbeugende Klage einzuordnen, werden hier die Intentionen des vorbeugenden und des vorläufigen Rechtsschutzes vermischt. Nicht berücksichtigt wird, daß ein Hinweis auf die Vorschrift des § 80 VwGO in den Fällen wenig dienlich ist, in denen der der Vollstreckung zugrundeliegende Verwaltungsakt gar nicht angegriffen wird. Die Einwendung der Erfüllung ist somit von der Regelungsintention des § 80 VwGO her, in bestimmten Fällen trotz Bestreitens der Existenz der Forderung zur Sicherung des staatlichen Finanzbedarfs vorläufig leisten zu müssen, gar nicht erfaßt. Im Gegenteil ist das Ziel dieser Vorschrift, die Erfüllung zu gewährleisten, in den hier behandelten Fällen gerade erreicht.

Im Hinblick auf das Bedürfnis an einem effektiven Rechtsschutz ist vielmehr darauf abzustellen, in welchem Verhältnis einerseits Rechtsschutzmöglichkeiten des Bürgers und andererseits Regelungen stehen, die die Vollstreckung erleichtern sollen, beispielsweise indem Rechtsbehelfen gegenüber Vollstreckungsmaßnahmen keine Suspensivwirkung zukommen soll. Mit diesem Regelungsziel muß ein letztlich auch der Abwehr von Vollstreckungsmaßnahmen dienender Rechtsschutz vereinbar sein, wobei im Einzelfall von Bedeutung ist, inwieweit die Erfüllung der Leistungspflicht die Unzulässigkeit von Vollstreckungsmaßnahmen zur Folge hat.

---

186 Vgl. *Schenke*, Verwaltungsprozeßrecht, Rz. 419, 426 ff.

187 S. dazu *Schenke*, VerwArch. Bd. 61 (1970), 260, 343 (349). Auch das OVG Münster, NJW 1976, 2036 (2038) hat insoweit die Zulässigkeit einer Feststellungsklage bejaht.

188 So BVerwG, NVwZ 1984, 168 (169).

Dabei ist zu berücksichtigen, daß die Existenz einer die Erfüllung feststellenden Entscheidung auch dazu führt, daß das Erlöschen des Anspruchs nunmehr offensichtlich ist, was nach einigen Verwaltungsvollstreckungsgesetzen Voraussetzung für die Aufhebung von Vollstreckungsmaßnahmen ist[189].

Daneben trifft eine Vorschrift, die die Durchsetzung im Wege der Vollstreckung zunächst erleichtert, damit noch keine Aussage zur endgültigen Zuordnung des Vermögenswertes, sondern dient allein der Verfahrensvereinfachung. Diese Verfahrensvereinfachung kann jedoch nicht Selbstzweck sein, so daß von hierher diesbezügliche Einwendungen gegen die verbindliche Klärung der wirtschaftlichen Zuordnung eines Vermögenswertes an Gewicht verlieren, da eine derartige Klärung für alle Beteiligten von Bedeutung ist und durch vollstreckungsrechtliche Vereinfachung nicht berührt wird.

Damit läßt sich die Zulässigkeit einer die Erfüllung der Forderung zum Gegenstand habenden Feststellungsklage nicht generell verneinen. Das Verhältnis der jeweiligen Klagearten zueinander und die Notwendigkeit vorbeugenden Rechtsschutzes gegenüber repressivem Rechtsschutz ist nur nach Maßgabe des konkreten Einzelfalles unter Berücksichtigung der jeweiligen landesgesetzlichen Besonderheiten zu bestimmen. Für das allgemeine Rechtsschutzbedürfnis einer gerichtlichen Klärung der Erfüllung der Forderung ist jedenfalls zu verlangen, daß die Verwaltung die Erfüllungswirkung der Aufrechnung in Frage stellt[190].

Im Hinblick auf die dann aus Sicht des Bürgers unklare Situation wird ein Rechtsschutzbedürfnis an der Klärung der Frage, ob der Bürger die Verpflichtung (noch) zu erfüllen hat oder dieser Pflicht genüge getan ist, schwerlich zu verneinen sein. Der Bürger hat ein Interesse, diese Frage zu klären, auch wenn die Verwaltung noch keine Vollstreckung in Aussicht stellt. Ein Verneinen des Rechtsschutzbedürfnisses unter dem Hinweis, mit einer die Erfüllung feststellenden Entscheidung werde in Wahrheit vorbeugender Rechtsschutz gegenüber der Vollstreckung begehrt[191], bietet zwar bedenkenswerte Ansätze, verkürzt zugleich aber auch die Problematik, indem allein auf den vollstreckungsrechtlichen Zusammenhang abgestellt wird. Zwar ist die Möglichkeit der trotz Erfüllung möglicherweise drohenden Vollstreckung des Verwaltungsakts eine Beschwer, die den Bürger in seiner Rechtsstellung massiv beeinträchtigt und die er in der Praxis am ehesten zu vermeiden suchen wird, so daß die Frage der Erfül-

---

189 So auch *Schenke/Baumeister*, NVwZ 1993, 1 (10 m. Fn. 56).

190 S. *Schenke*, VerwArch. Bd. 61 (1970), 260, 343, (357 ff.).

191 Vgl. *Kohls*, KStZ 1985, 181 (188); BVerwG, NvWZ 1984, 168.

lung auch aber nicht ausschließlich unter diesem Aspekt relevant ist. Die Existenz eines eine Leistungspflicht statuierenden Verwaltungsakts und die Ungewißheit über die Erfüllung dieser Verpflichtung begründet bereits ein berechtigtes Interesse an der gerichtlichen Klärung des gegenwärtigen Bestehens der Verpflichtung. Dieses Interesse wird zwar durch eventuell drohende Vollstreckungsmaßnahmen vergrößert[192], hängt aber nicht allein hiervon ab. Dies hat zur Folge, daß eine Klage, die auf die Feststellung des Erlöschens der Forderung gerichtet ist, nicht ohne weiteres unter Hinweis fehlenden Rechtsschutzbedürfnisses abzulehnen ist. Hierbei ist vor allem auch der unterschiedliche Verfahrensgegenstand dieser Klagen zu berücksichtigen, der bereits für sich genommen ausreicht, die Subsidiarität der Feststellungsklage zu verneinen[193]. Neben der Erhebung der Feststellungsklage bieten auch die anderen angesprochenen verwaltungsgerichtlichen Verfahren im Einzelfall die Möglichkeit, den Einwand der Erfüllung vorzubringen, ohne den Ausgangsverwaltungsakt anzugreifen.

ee. Kein Rechtsschutz mittels der Vollstreckungsgegenklage gem. § 767 ZPO

Gegen die Anwendung verwaltungsgerichtlicher Klagearten wendet sich vor allem *Renck*, der grundsätzlich die Vollstreckungsgegenklage gem. § 173 VwGO i. V. m. § 767 ZPO für gegeben hält[194]. Er begründet dies damit, daß zwar vor Anwendung des § 767 ZPO über § 173 VwGO geprüft werden müsse, ob nicht die VwGO eine speziellere Rechtsschutzmöglichkeit eröffne, eine solche aber für den Fall eines Rechtsschutzes gegen Vollstreckungsakte nicht gegeben sei. Eine Feststellungsklage scheitere, weil die Vollstreckbarkeit eines Verwaltungs-

---

192 S. OVG Münster, NJW 1976, 2036 (2038).

193 Vgl. insoweit *Schenke*, Verwaltungsprozeßrecht, Rz. 426 ff.

194 BayVBl. 1975, 637 ff.; NJW 1964, 848 ff.; NJW 1966, 1247 ff.; gegen eine Feststellungsklage mit dem Ziel der Feststellung, daß die in dem Verwaltungsakt statuierte Verpflichtung erloschen sei, auch *Metzner*, BayVBl. 1975, 640 (641). In den Fällen, in denen die Aufrechnungslage nach Erlaß des Verwaltungsakts entsteht, d. h. die Aufrechnung nicht zur Rechtswidrigkeit des Verwaltungsakts führen kann, befürwortet auch *Herdegen*, VBlBW 1984 193 (194) die "ausnahmsweise" Geltendmachung des Aufrechnungseinwands durch eine Vollstreckungsgegenklage, während er ansonsten von einer Anfechtungsklage ausgeht. Ungeachtet der Bedenken gegenüber der Vollstreckungsgegenklage in diesem Zusammenhang verwundert die Gewichtung *Herdegens* von Ausnahme und Regelfall. Aus den obigen Ausführungen folgt, daß Rechtswidrigkeit des Leistungsbefehls aufgrund der Aufrechnungswirkung nur in ganz besonderen Konstellationen eintritt, die grundsätzlich auch *Herdegen* anerkennt. Damit würde die nach *Herdegen* zur Ausnahme erklärte Vollstreckungsgegenklage in Wahrheit den Regelfall darstellen.

akts nicht vom materiellrechtlichen Bestand des Verwaltungsakts abhängig sei. Die damit verbundenen Probleme seien in Zusammenhang mit den zivilrechtlichen Rechtskrafttheorien diskutiert, im übrigen müsse die Feststellungsklage aufgrund ihrer Subsidiarität hinter einer Gestaltungsklage zurücktreten[195].

Hiervon ist bereits sein Hauptargument nicht durchschlagend, da ungenau: Die Vollstreckung eines Verwaltungsakts ist zwar unabhängig von der Rechtmäßigkeit des zu vollstreckenden Verwaltungsakts, aber gerade nicht unabhängig vom Bestehen des zugrundeliegenden Anspruchs, der aber auch durch den Verwaltungsakt gerade erst begründet werden kann. Dies folgt aus den oben ausführlich erörterten vollstreckungsrechtlichen Spezialregelungen, wie z. B. § 11 LVwVG-BW, wonach die Vollstreckung einzustellen ist, wenn der Zweck der Vollstrekkung erreicht ist oder nicht erreicht werden kann. Die Frage des Bestehens des Anspruchs ist von derjenigen nach der Rechtmäßigkeit des zu vollstreckenden Verwaltungsakts zu trennen und nicht deckungsgleich. Da die Rechtmäßigkeit des zu vollstreckenden Verwaltungsakts nach den Vollstreckungsgesetzen gerade keine Voraussetzung der Vollstreckung darstellt, ist im Rahmen des Vollstreckungsverfahrens der Einwand der Rechtswidrigkeit ohne Belang bzw. allenfalls im Wege der Anfechtungsklage geltend zu machen, falls der Verwaltungsakt noch nicht bestandskräftig ist. Hiervon ist die Frage des Bestehens des materiellrechtlichen Anspruchs jedoch streng zu unterscheiden. Die Bestandskraft des Verwaltungsakts führt nicht zu einer Umgestaltung der Rechtslage, sondern zu einer Tatbestandswirkung derart, daß die Geltendmachung der Rechtswidrigkeit in Feststellungs- oder Anfechtungsklagen ausgeschlossen ist[196]. Konsequenterweise sind damit auch Einwendungen gegen den Verwaltungsakt ausgeschlossen, die sich darauf gründen, die Voraussetzungen des Verwaltungsakts haben bei seinem Erlaß nicht vorgelegen. Es verbleiben aber somit die Einwendungen, die sich nicht gegen den Verwaltungsakt und dessen Rechtmäßigkeit richten, sondern mit denen geltend gemacht wird, der Zweck der Vollstreckung sei erreicht bzw. nicht mehr zu realisieren. Diese sind auch durch die Vollstrekkungsbehörden zu beachten[197], da die Vollstreckung ohne diese Bedingung unzulässig wird.

---

195 S. *Renck*, BayVBl. 1975, 637 (639).

196 Vgl. dazu *Maurer*, Allgemeines Verwaltungsrecht, § 11 Rz. 5 ff.; *Schenke*, Verwaltungsprozeßrecht, Rz. 615.

197 Vgl. dazu bereits oben S. 76 f.; s. auch *Schenke/Baumeister*, NVwZ 1993, 1 (5 m. Fn. 24).

Das Hilfsargument *Rencks*, die Feststellungsklage sei gegenüber einer Gestaltungsklage subsidiär[198], wird bereits von ihm selbst zu Recht relativiert[199], weil § 43 VwGO die Subsidiarität lediglich gegenüber speziellen verwaltungsgerichtlichen Gestaltungs- und Leistungsklagen vorschreibt - anders kann die Vorschrift angesichts des systematischen Zusammenhangs mit § 42 VwGO nicht aufgefaßt werden.

Im übrigen sieht § 173 VwGO nur eine lückenfüllende Anwendung der Vorschriften der ZPO vor. Eine solche Lücke entsteht jedoch nicht bei Bejahung verwaltungsgerichtlicher Klagearten, wie etwa der Feststellungsklage. Nach dieser Vorschrift ist von einer Spezialität verwaltungsgerichtlicher Klagen auszugehen, bevor an zivilprozessuale Institute angeknüpft wird.

3. Zwischenergebnis

Danach ist als Zwischenergebnis festzuhalten, daß die nicht zu einer Rechtswidrigkeit des Verwaltungsakts führende Aufrechnung einen Einwand darstellt, der strukturell dem Vollstreckungsverfahren zugewiesen ist. Gleiches gilt, wenn man die Rechtswidrigkeit des Verwaltungsakts als Folge der Aufrechnung generell verneint[200], worauf noch einzugehen sein wird.

IX. Die Geltendmachung der zur Rechtswidrigkeit des Leistungsbescheids führenden Aufrechnung

Nunmehr soll der um vieles mehr Probleme aufwerfende Fall eingehender untersucht werden, in dem die Aufrechnung die Rechtswidrigkeit des Leistungsbescheids zur Folge hat. Insbesondere hier treffen die Wesensmerkmale der Aufrechnung mit Instituten des Verwaltungsrechts konfliktträchtig zusammen.

1. Keine Geltendmachung gegenüber der Vollstreckung wegen der Wirksamkeit des Verwaltungsakts

Führt die Rückwirkung der Aufrechnung zur Rechtswidrigkeit des Verwaltungsakts, liegt ein Fall vor, in dem die Behörde trotz Erfüllung Leistung verlangt[201]. Die Wirksamkeit des rechtswidrigen Verwaltungsakts steht einer Geltendma-

---

198 S. BayVBl. 1975, 637 (639).

199 S. BayVBl. 1976, 682 (683).

200 Wie etwa *Ebsen*, DÖV 1982, 389 (392).

201 S. nur BVerwG NVwZ 1984, 164 f.; BVerwGE 77, 19 (21).

chung der Erfüllung im Vollstreckungsverfahren jedoch entgegen[202]. Darum kann der Bürger auch durch die Anfechtung von Vollstreckungsakten den Aufrechnungseinwand hier nicht geltend machen, weil die Vollstreckungsakte rechtmäßig sind, solange das Leistungsgebot nicht aufgehoben wurde[203]. Eine Berücksichtigung im Vollstreckungverfahren wäre allenfalls nach landesrechtlichen Sondervorschriften möglich, wenn man etwa die Regelungen des § 16 LVwVG R-P und Art. 21 BayVwZVG als Vorschriften auffaßte, die die Rechtswidrigkeit des Verwaltungsakts zum Gegenstand haben[204].

2. Keine Geltendmachung durch Erhebung einer Feststellungsklage

Eine Feststellungsklage, die das Erlöschen des Anspruchs zum Gegenstand hat, kommt zur erfolgreichen Geltendmachung des Aufrechnungseinwands ebenfalls nicht in Betracht. Zwar handelt es sich um ein Rechtsverhältnis im Sinne des § 43 VwGO, eine solche Klage wäre aber jedenfalls aufgrund der Tatbestandswirkung des wirksamen Verwaltungsakts, der nach wie vor das Bestehen des Anspruchs behauptet, unbegründet[205].

3. Der Aufrechnungseinwand im Verfahren einer Anfechtungsklage gegen den Leistungsbescheid

Korrespondierend zu den oben geschilderten differenzierten Folgen der Aufrechnung stellt sich die Berücksichtigung des Aufrechnungseinwands im Verfahren gegen den Leistungsbescheid zumindest auf den ersten Blick vergleichsweise unproblematisch wie folgt dar.

---

202 S. nur *Ehlers*, JuS 1990, 777 (782); *Schenke*, Verwaltungsprozeßrecht, Rz. 429, 502 h. Ungenau ist es danach, wenn für die Geltendmachung der Erfüllung durch Aufrechnung nur auf das Vollstreckungsverfahren verwiesen wird, weil hier auf die Rechtswidrigkeit des Leistungsbefehls und die Rückwirkungsproblematik nicht eingegangen wird, wie dies etwa bei *Sadler*, VwVG, § 3 Rz. 18; § 5 Rz. 10 der Fall ist.

203 Unrichtig ist es daher, wenn *Kohls*, KStZ 1985, 181 (187) neben die Anfechtungsklage auch die Möglichkeit der Anfechtung von Vollstreckungsakten stellt, da die Vollstreckung nach Erfüllung unzulässig sei. Hierbei wird die Tatbestandswirkung des rechtswidrigen Leistungsgebots nicht beachtet.

204 Dazu und zu den Argumenten, die gegen eine solche Ansicht sprechen, s. oben S. 79; ausf. *Schenke/Baumeister*, NVwZ 1993, 1 (4 ff.).

205 Vgl. hierzu *Schenke*, Verwaltungsprozeßrecht, Rz. 429, der aus der Subsidiaritätsklausel des § 43 Abs. 2 S. 1 VwGO gegenüber der Feststellungsklage keine Bedenken herleitet.

a. Berücksichtigung hinsichtlich der Leistungsfestsetzung

Da die Rechtmäßigkeit der Leistungsfestsetzung, unabhängig vom Eintritt der Aufrechnungslage, durch die Aufrechnung nicht beeinflußt wird, ist die Anfechtung der Leistungsfestsetzung unter Berufung auf die Aufrechnung aussichtslos. Da insoweit die Voraussetzungen einer Aufhebung gem. § 113 Abs.1 VwGO nicht vorliegen, ist eine entsprechende Anfechtungsklage abzuweisen.

b. Berücksichtigung hinsichtlich des Leistungsgebots

Dies kann im Hinblick auf das Leistungsgebot so nicht gelten, da sich nach den obigen Darlegungen die Aufrechnung, zumindest in bestimmten Konstellationen, abhängig vom Zeitpunkt des Entstehens der Aufrechnungslage, auf die Rechtmäßigkeit der Zahlungsaufforderung auszuwirken vermag. Soweit das Eintreten der Aufrechnungswirkung vor dem Erlaß der Zahlungsaufforderung erfolgt und diese damit die Erbringung einer bereits erfüllten Leistung verlangt, hat dies materiellrechtlich zur Konsequenz, daß eine solche Zahlungsaufforderung rechtswidrig ist und einen Adressaten auch in eigenen Rechten verletzt[206]. Diese Zahlungsaufforderung ist als Gegenstand einer Anfechtungsklage aufzuheben[207].

aa. Die Möglichkeit der teilweisen Aufhebung des Verwaltungsakts

An dieser Lösung ergeben sich auch dann keine Bedenken, wenn Leistungsfestsetzung und Leistungsgebot gleichzeitig, d. h. in einem Bescheid ergehen. Selbst wenn man hier das Vorliegen nur eines Verwaltungsakts bejahte[208], was wegen der eigenständigen Regelungsaussage beider Teile angreifbar erscheint, wäre insoweit eine Aufhebung allein der Zahlungsaufforderung nicht ausgeschlossen, da § 113 Abs.1 VwGO auch die Teilaufhebung eines Verwaltungsakts ermög-

---

206 Nicht verständlich ist es daher, wenn *Herbsleb*, S. 99 f. zwar einerseits von der Rechtswidrigkeit des Verwaltungsakts ausgeht, andererseits eine Aufhebung des Verwaltungsakts jedoch ablehnt, weil dieser durch die Aufrechnung "verbraucht" sei und den Aufrechnungseinwand daher dem Vollstreckungsverfahren zuweist (S. 106 ff.). Zum einen wird die Rechtsfigur des verbrauchten Verwaltungsakts, die das Gesetz nicht kennt, nicht näher erläutert, zum anderen dürften hiergegen dieselben Erwägungen sprechen, wie gegen die Annahme der Erledigung (dazu oben S. 75; Krit. auch *Battis*, DVBl. 1971, 572 (574).

207 So auch *Ehlers*, JuS 1990, 777 (781); für vollständige Aufhebung offenbar *Schenke*, Verwaltungsprozeßrecht, Rz. 429; *Herdegen*, VBlBW 1984, 193 (194).

208 So *Ehlers*, JuS 1990, 777 (782).

licht[209]. Dieser Lösung kann, wegen der Möglichkeit der Teilaufhebung, auch nicht mit Erfolg der in ähnlicher Weise argumentierende Einwand entgegengehalten werden, die Zahlungsaufforderung stellte einen untrennbaren Teil des Leistungsbescheids dar[210], da beide Teile des Leistungsbescheids eine eigenständige Regelungsaussage beinhalten[211]. Ebensowenig ist es notwendig, aus der Rechtswidrigkeit des Leistungsgebots die Rechtswidrigkeit des Gesamtbescheids abzuleiten[212], weil hierbei verkannt wird, daß nach der Regelung des § 113 VwGO ausdrücklich auch die teilweise Aufhebung eines Verwaltungsakts in Betracht kommt[213].

bb. Keine Bedenken wegen nachträglicher Veränderung des maßgeblichen Zeitpunktes der Sach- oder Rechtslage

Die Handhabung dieser Lösung ist vergleichsweise unproblematisch, soweit der Bürger sich innerhalb eines Anfechtungsverfahrens auf die Aufrechnung beruft. Hierbei ergeben sich auch in den Fällen keine entscheidenden Bedenken, in denen der Bürger erst nach Abschluß des Verwaltungsverfahrens durch die Aufrechnung die Rechtswidrigkeit des Leistungsgebots "hervorruft". Dies ist Folge der Anwendung der Vorschrift des § 389 BGB und führt auch im verwaltungsgerichtlichen Verfahren nicht zu dogmatischen oder prozessualen Friktionen. Durch die Rückwirkung des § 389 BGB wird insbesondere die Frage des maßgeblichen Zeitpunktes der Sach- und Rechtslage nicht berührt[214]. Gleichwohl, ob man von dem Zeitpunkt der letzten mündlichen Verhandlung als maßgeblich ausgeht[215] oder von dem der letzten Behördenentscheidung[216] oder aber auf

---

209 Die Möglichkeit der Teilaufhebung erkennt insoweit auch *Ehlers*, JuS 1990, 777 (782) an; vgl. auch *Buhmann*, MDR 1984, 983 (984). Für Teilaufhebung des Leistungsgebots auch *Kohls*, KStZ 1985, 181 (187).

210 So *Neupert*, JuS 1978, 825 (830); ähnlich bereits *Arnold*, BayVBl. 1972, 151 (154).

211 Darauf hat schon *Buhmann*, MDR 1984, 983 (984) hingewiesen.

212 Wie dies *Herdegen*, VBlBW 1984, 193 (194) befürwortet.

213 Das folgt bereits aus dem Wortlaut der Vorschrift: "...soweit der Verwaltungsakt rechtswidrig ist..." vgl. insoweit nur *Kopp*, VwGO, § 113 Rz. 13 ff.

214 Zum Streit um die Frage des maßgeblichen Zeitpunktes der Sach- und Rechtslage vgl. ausf. *Schenke*, Verwaltungsprozeßrecht, Rz. 782 ff.; *ders.*, NVwZ 1986, 522; *Scherzberg*, BayVBl. 1992, 426; *Kleinlein*, VerwArch. Bd. 81 (1990), 149 jew. m. w. Nachw.

215 Vgl. *Schenke*, Verwaltungsprozeßrecht, Rz. 790 ff.

den Zeitpunkt abstellt, von dem an die Aufhebung des Verwaltungsakts beantragt wird[217], ergeben sich Unterschiede zwischen diesen Ansätzen vor allem im Hinblick auf die Frage, ob und inwieweit sich nach Abschluß des Verwaltungsverfahrens eintretende Änderungen der Sach- oder Rechtslage auf die Rechtmäßigkeit des Verwaltungsakts auszuwirken vermögen[218]. Für die Fälle der Aufrechnung ergibt sich aber insoweit kein Problem, da ein Einfluß auf die Rechtmäßigkeit nur in besonderen Konstellationen infolge der Rückwirkung eintreten kann und in diesen Fällen, nach entsprechender Rückwirkung der Aufrechnung, ein von Anfang an rechtswidriger Verwaltungsakt vorliegt[219] und somit kein Fall nachträglicher Änderung der Sach- oder Rechtslage. Auch die Meinung, die auf den Zeitpunkt der letzten Behördenentscheidung abstellt, würde die infolge der Rückwirkung vor dem Erlaß des Verwaltungsakts eintretende Aufrechnungswirkung berücksichtigen, da durch die gesetzliche Rückwirkung in diesen Fällen auf einen Zeitpunkt abzustellen ist, der vor der letzten behördlichen Entscheidung liegt. Nicht folgerichtig sind daher die Ausführungen von *Ehlers*, wonach die Gegenforderung bis zum Zeitpunkt der letzten mündlichen Verhandlung als maßgeblichem Zeitpunkt für die Beurteilung der Sach- und Rechtslage fällig und durchsetzbar gewesen sein muß, um die Aufrechnung im Rahmen einer Anfechtungsklage berücksichtigen zu können[220]. *Ehlers* ist zwar insoweit zuzustimmen, als der Eintritt von Fälligkeit und Durchsetzbarkeit der Gegenforderung nach dem Zeitpunkt der letzten behördlichen Entscheidung die Rechtmäßigkeit der Zahlungsaufforderung nicht mehr zu beeinflussen vermag, allerdings ist dies keine Frage der (prozessualen) Berücksichtigung, sondern der zeitlichen Abfolge von Erfüllungswirkung und Zahlungsaufforderung. Die Auswirkung auf die Rechtmäßigkeit des Verwaltungsakts macht auch *Ehlers* vom Eintritt der Erfüllungswirkung zeitlich vor der Zahlungsaufforderung abhängig. Dies ist jedoch im Fall der Entstehung der Aufrechnungslage bis zum Zeitpunkt der letzten Behördenentscheidung nicht notwendigerweise der Fall, sondern nur im Fall der Entstehung vor diesem Zeitpunkt sichergestellt. Die Frage des maßgeblichen Zeitpunktes der Sach- und Rechtslage ist daher entgegen *Ehlers* in Zusammenhang mit der Aufrechnungsproblematik nicht entscheidend.

---

216 So z. B. *Ule*, Verwaltungsprozeßrecht, § 57 II 2; *Kleinlein*, VerwArch. Bd. 81 (1990), 149 (163).

217 So *Schmitt Glaeser*, Verwaltungsprozeßrecht, Rz. 525 ff.; *Eyermann/Fröhler*, VwGO, § 113 Rz. 1 ff.

218 Ausführlich dargestellt bei *Schenke*, Verwaltungsprozeßrecht, Rz. 787 ff.

219 So auch *Schenke*, Verwaltungsprozeßrecht, Rz. 795, 802.

220 S. *Ehlers*, JuS 1990, 777 (782).

c. Die Grenzen der Anfechtungsklage

Der Erhebung der Anfechtungsklage kann aber die Bestandskraft des Verwaltungsakts entgegenstehen. In diesen Fällen liegt zwar eine Konstellation vor, in der infolge der Rückwirkung das Leistungsgebot rechtswidrig ist, die Anfechtungsfristen können jedoch bereits abgelaufen sein. Die hier zunächst festzustellende Unzulässigkeit der Anfechtungsklage bedeutet jedoch nicht, daß die Geltendmachung der Aufrechnung in diesen Fällen ausgeschlossen ist[221].

In den Fällen, in denen der Bürger die Aufrechnung erst nach dem Ablauf der Widerspruchsfrist erklärt oder in denen die Erklärung der Aufrechnung unmittelbar vor Ablauf der Frist erfolgt, kommt beispielsweise die Wiedereinsetzung in den vorigen Stand gem. § 60 VwGO in Betracht. Vor Eintritt der Aufrechnungswirkung war die Erhebung von Widerspruch oder Anfechtungsklage aus der Sicht des Bürgers nicht sinnvoll, da insoweit wegen der zu diesem Zeitpunkt noch fehlenden Rückwirkung ein rechtmäßiger Verwaltungsakt vorlag. Ein vorsorglicher Widerspruch im Hinblick auf die später möglicherweise erfolgende Aufrechnungserklärung ist dem Bürger nicht zumutbar, da damit eine Maßnahme verlangt würde, die die eigenständige Entscheidung und die Entscheidungsfreiheit hinsichtlich der Ausübung des Gestaltungsrechts der Aufrechnung einschränken würde.

Es ist auch wenig überzeugend, die hier auftretenden Schwierigkeiten dadurch lösen zu wollen, daß die Aufrechnungserklärung zugleich als Einlegung des Widerspruchs angesehen wird[222]. Zum einen vermag eine solche Lösung in den Fällen nicht weiterzuführen, in denen die Aufrechnungserklärung erst nach Ablauf der Widerspruchsfrist erfolgt. Zum anderen spricht aber auch in den Fällen, in denen der Bürger vor Ablauf der Widerspruchsfrist die Aufrechnung erklärt, wenig für eine solche Auslegung. Aus der Sicht des Bürgers geht es zunächst gar nicht um ein Vorgehen gegenüber dem Verwaltungsakt. Der Bürger, der die Aufrechnung erklärt und damit dem Leistungsgebot nachkommen will, bestreitet den Rechtsgrund für die Geltendmachung der staatlichen Forderung gerade nicht. Insoweit stellt die Aufrechnung die Erhebung des Erfüllungseinwands dar, welcher gerade nicht mittels Widerspruch oder Anfechtungsklage geltend zu machen ist. Von hierher ist es nicht erforderlich, in der Aufrechnungserklärung "in der Regel zugleich die Erhebung des Widerspruchs" zu sehen und damit den

---

221 So aber offenbar *Ehlers*, JuS 1990, 777 (782), der daher ausführt, der Bürger dürfe in keinem Fall den Verwaltungsakt bestandskräftig werden lassen.

222 Wie dies *Ehlers*, JuS 1990, 777 (782) vorschlägt.

Bürger in ein Widerspruchsverfahren zu drängen, das in der Regel mit Kosten verbunden ist und seiner Erklärung so nicht entnommen werden kann.

Es ist sogar eher zweifelhaft, ob ohne nähere Anhaltspunkte eine solche Möglichkeit überhaupt besteht: Die Erklärung der Aufrechnung macht an sich nicht deutlich, daß der Aufrechnende ablehnend zum Rechtsgrund der Forderung steht. Sie könnte vielmehr auch als Bestätigung der Forderung verstanden werden, deren Berechtigung nicht in Zweifel gezogen wird[223]. Dabei wird nicht die Möglichkeit von Konstellationen verkannt, in denen die Berechtigung der Forderung bestritten und dennoch auch die Aufrechnung erklärt wird. In diesen Fällen will der Aufrechnende die Forderung gewiß nicht bestätigen. Sein Verhalten ist vielmehr so auszulegen, daß die Aufrechnung nur hilfsweise, für den Fall des Bestehens der Forderung erklärt wird[224].

---

223 Die Möglichkeit, die Aufrechnung zu erklären, auch ohne daß der Rechtsgrund der Forderung angegriffen werden soll, wird lediglich von *Sahlmüller*, KStZ 1971, 73 (74) erörtert, der dann auch konstatiert, daß in diesen Fällen ein Anfechtungsverfahren nicht vorliege.

224 Die dogmatische Konstruktion der sog. Hilfsaufrechnung fußt letztlich auf einer prozessualen Ausgangslage, in der unter Rückgriff auf die Vorschriften der §§ 209 Abs.2 Nr.3, 215 BGB, 19 Abs. 3 GKG der Staffelung von Einwänden des Beklagten gefolgt wird (so *Gernhuber*, Erfüllung, § 12 VIII 6 S. 285 f.) oder die als Rechtsbedingung angesehen wird (so *Soergel/Zeiss*, BGB, § 388 Rz. 3), um sie mit der Vorschrift des § 388 BGB in Übereinstimmung zu bringen. Für die Fälle der prozessual unwirksamen Aufrechnungserklärung wird überwiegend auf den Rechtsgedanken des § 139 BGB zurückgegriffen, um einer solchen Erklärung auch die materiellen Wirkungen zu entziehen (vgl. *Soergel/Zeiss*, BGB, Vor § 387 Rz. ; zur Hilfs- oder Eventualaufrechnung und den damit insbesondere im Zivilrecht verbundenen Problemen vgl. *Musielak*, JuS 1994, 817 (818); *Buß*, JuS 1994, 147 ff.). Im hier erörterten Fall kommt die Hilfsaufrechnung nur bei einer prozessualen Konstellation in Betracht, daß heißt, wenn der Verwaltungsakt auch angefochten ist. Die Figur der Hilfsaufrechnung stößt an ihre Grenze, wenn einerseits die Aufrechnung erklärt wird und andererseits der Verwaltungsakt angefochten wird, da hier keine nur prozessuale Situation gegeben ist. Hier könnte also die Aufrechnung materiell Wirkung entfalten und auch die Anfechtung des Verwaltungsakts Erfolg haben. Gleichwohl benachteiligt eine solche Konstellation den aufrechnenden Bürger nicht über Gebühr, obwohl man dies auf den ersten Blick annehmen könnte. Hat die Anfechtung Erfolg und führt zur Aufhebung des (forderungsbegründenden) Verwaltungsakts, liegt eine ähnliche Situation vor wie im Zivilrecht bei Anfechtung der Forderung. Hier führt die Anfechtung zum (rückwirkenden) Wegfall der Aufrechnung (wegen des rückwirkenden Wegfalls der Aufrechnungslage), die Forderung war niemals getilgt. S. dazu ausf. unten 3. Teil in Zusammenhang mit der Aufrechnung der Verwaltung. Im Fall des feststellenden Verwaltungsakts wird die Anfechtung in der Regel keinen Erfolg haben, da dieser Verwaltungsakt materiell rechtmäßig ist. Ist er aber aus formellen Gründen rechtswidrig, dürfte bereits ein Anspruch auf Aufhebung gem. § 46 VwVfG ausscheiden. Wird

Gerade diese Fallgestaltung zeigt aber, daß der Erklärung der Aufrechnung, erfolgt sie ohne Einschränkung, nicht entnommen werden kann, der Aufrechnende wende sich gegen die Berechtigung der Forderung. Die Auffassung von *Ehlers* vernachlässigt, daß der Bürger allein durch die Erklärung der Aufrechnung den Verwaltungsakt zunächst nicht angreift. Aus der Sicht des Bürgers ist nach der Erklärung der Aufrechnung "die Sache gewissermaßen erledigt". Bedenken hieran sind aus seiner Sicht erst angezeigt, wenn die Verwaltung die Tilgung der Forderung bestreitet und aus dem Verwaltungsakt vorgeht. Aber auch in dieser Situation drängt sich ein Vorgehen gegenüber dem Verwaltungsakt noch nicht unmittelbar auf, da der Bürger die Berechtigung der ursprünglichen staatlichen Forderung noch immer nicht in Zweifel zieht. Es kommt daher allenfalls in Betracht, seine Berufung auf die Erfüllung gegenüber dem behördlichen Bestreiten der Aufrechnungswirkung als Anfechtung des Verwaltungsakts auszulegen. Hier geht der Bürger mit der Aufrechnungswirkung von einem Umstand aus, der die Rechtswidrigkeit des Verwaltungsakts zur Folge hat, insoweit könnte dieser Einwand unter Anwendung der Vorschrift des § 88 VwGO als Anfechtung auszulegen sein[225]. Zu beachten ist jedoch, daß in diesen Fällen der Verwaltungsakt oftmals bereits in Bestandskraft erwachsen sein dürfte.

Aus diesem Grund bestehen auch Bedenken, im Fall der Aufrechnung nach Bestandskraft die Geltendmachung der Aufrechnung in dem Rechtsinstitut des § 60 VwGO zu fundieren. Der Aufrechnungserklärung allein läßt sich nicht entnehmen, daß der Bürger sich auch gegen den Leistungsbescheid wendet. Eine solche Intention könnte erst einem Berufen auf die Erfüllung entnommen werden, wenn die Behörde zu erkennen gibt, daß sie nicht von einem Erlöschen der Forderung ausgeht. Hier erscheint es aber bei genauer Betrachtung zumindest fraglich, ob die Vorschrift des § 60 VwGO von ihrem Regelungsgehalt her auf derartige Fälle zugeschnitten ist: Die Vorschrift dient dem Ausgleich von Erfordernissen der Rechtssicherheit mit solchen der materiellen Gerechtigkeit[226], hat aber vor allem die Fälle zum Gegenstand, in denen der Bürger von Anfang an die Rechtmäßigkeit eines Verwaltungsakts bestreitet, die Anfechtungsfrist jedoch ohne Verschulden versäumt hat. Die Fälle der Aufrechnung, in denen der Bürger durch die Erklärung der Aufrechnung die Rechtswidrigkeit des Verwaltungsakts verursacht hat, sind strukturell anders gelagert. Hier folgt die Notwen-

---

er dennoch aufgehoben, ist die Aufrechnung wegen der gleichwohl bestehenden Aufrechnungslage wirksam. Beide Forderungen sind getilgt.

225 Für den Fall der Auslegung eines Antrags auf Rücknahme in einen Anfechtungsantrag s. *Schenke*, Verwaltungsprozeßrecht, Rz. 270; zur Auslegung nach Maßgabe des Klageziels und des Klagebegehrens vgl. auch *Kopp*, VwGO, § 88 Rz. 3 f.

226 Vgl. *Kopp*, VwGO, § 60, Rz. 1.

digkeit eines Vorgehens gegenüber dem Verwaltungsakt erst aus dem Verhalten der Behörde, die im Falle des rückwirkenden Eintritts der Aufrechnungswirkung aus Sicht des Bürgers aus einem rechtswidrigen, gleichwohl wirksamen Verwaltungsakt vorgehen würde. Diese Situation läßt sich nur schwer in die Regelung des § 60 VwGO, insbesondere im Hinblick auf die Voraussetzungen des § 60 Abs. 2 VwGO, der die Stellung des Antrags binnen zwei Wochen nach Wegfall des Hindernisses zur Einhaltung der Frist und Glaubhaftmachung der Tatsachen zur Begründung des Antrags postuliert, einfügen.

Soweit die Geltendmachung des Aufrechnungseinwands nach Ablauf der Widerspruchsfrist mittels Anfechtungsklage danach ausscheidet, ist die Möglichkeit der Erhebung einer Verpflichtungsklage zu untersuchen. Gäbe es eine solche Möglichkeit nicht, könnte eine Situation entstehen, in der zwar einerseits die Aufrechnung materiellrechtlich wirksam war und daher die Forderung des Bürgers erloschen ist, andererseits die Verwaltung die Aufrechnung ignoriert und den unanfechtbaren und damit vollstreckbaren Leistungsbescheid zwangsweise durchsetzt, was letztlich zu einer doppelten Inanspruchnahme des Bürgers führte[227].

4. Die auf Aufhebung des Leistungsbescheids gerichtete Verpflichtungsklage

In den Fällen, in denen die Aufrechnung erst nach Eintritt der Bestandskraft erklärt wird oder in denen die Anfechtungsfristen abgelaufen sind, ohne daß der Bürger die Notwendigkeit erkennen konnte, den Verwaltungsakt anzugreifen, kommt die Geltendmachung des Aufrechnungseinwands durch die Erhebung einer auf die Rücknahme des Leistungsbescheids gerichteten Verpflichtungsklage in Betracht[228]. Nach Maßgabe der zuvor erörterten Differenzierung ist wegen der nur insoweit vorliegenden Rechtswidrigkeit des Leistungsbescheids vor allem die (isolierte) Rücknahme des Leistungsgebots zu erörtern. Dieses Leistungsgebot stellt für den Adressaten einen belastenden Verwaltungsakt dar, der aufgrund der Rückwirkung des § 389 BGB als von Anfang rechtswidrig anzusehen ist, so daß sich die Rücknahme nach der Vorschrift des § 48 Abs.1 S.1

---

227 Diese Situation hat offenbar *Ehlers*, JuS 1990, 777 (782) vor Augen, wenn er ausführt, der Bürger dürfe ein Zahlungsgebot keinesfalls bestandskräftig werden lassen.

228 So auch *Schenke*, Verwaltungsprozeßrecht, Rz. 429.

VwVfG richtet[229]. Hiernach steht die Rücknahme des Verwaltungsakts, jedenfalls nach Eintritt der Bestandskraft, im Ermessen der Behörde[230].

a. Einschränkung des Aufhebungsermessens nach § 51 VwVfG

Teilweise wird eine Verpflichtung zur Rücknahme des Verwaltungsakts in den Fällen bejaht, in denen nach der Vorschrift des § 51 VwVfG die Voraussetzungen für das Wiederaufgreifen des Verfahrens gegeben sind[231]. Danach bestünde auch in den Fällen der Beeinflussung des Leistungsgebots durch die Aufrechnung eine Verpflichtung zur Rücknahme, wenn die Voraussetzungen des Wiederaufgreifens des Verfahrens vorlägen. Hier ist vor allem an die Regelung des § 51 Abs. 1 Nr. 1 VwVfG zu denken, die die Änderung der Sach- oder Rechtslage zugunsten des Betroffenen als Voraussetzung für das Wiederaufgreifen des Verfahrens normiert. Insoweit hat § 51 Abs. 1 Nr.1 VwVfG den Fall zum Gegenstand, in dem sich nach Erlaß des Verwaltungsakts, dessen ursprüngliche Rechtmäßigkeit nicht bestritten wird, die Sach- oder Rechtslage ändert, so daß der Verwaltungsakt nunmehr nicht mehr mit dem geltenden Recht vereinbar ist[232]. Eine solche Änderung der Sach- oder Rechtslage könnte durch die Aufrechnung eingetreten sein. Bedenken ergeben sich hier jedoch insofern, als nach § 51 VwVfG die Änderung nachträglich eingetreten sein muß. Zwar wird die Aufrechnung nach Erlaß des Verwaltungsakts erklärt, die Besonderheit liegt jedoch in der Rückwirkung der Aufrechnung. Diese Rückwirkung könnte dazu führen, daß in Ansehung der Aufrechnungswirkung keine nachträgliche Änderung der Sach- oder Rechtslage im Sinne dieser Vorschrift vorliegt, sondern die Rechtslage vom Zeitpunkt der Aufrechnungswirkung an als so gegeben behan-

---

229 Zur Rücknahme rechtswidriger belastender Verwaltungsakte vgl. *Maurer*, Allgemeines Verwaltungsrecht, § 11 Rz. 47 f.; *Schenke*, DÖV 1983, 320 (328 f.).

230 Dies ist mittlerweile ganz einhellige Auffassung, vgl. nur *Schenke*, DÖV 1983, 320 (329); *Maurer*, Allgemeines Verwaltungsrecht, § 11, Rz. 48; *Sachs*, in: Stelkens/Bonk/Sachs, VwVfG, § 48 Rz. 54; *Klappstein*, in: Knack/Busch, VwVfG, § 48 Rz. 5.6, 5.6.1.; *Wolff/Bachof/Stober*, Verwaltungsrecht I, § 51 Rz. 88; BVerwGE 11, 124; 15, 155; 28, 122 (125); a. A. eine ältere Auffassung in der Lehre vgl. vor allem *Forsthoff*, Verwaltungsrecht Bd. 1, S. 261, der insoweit von einer Verpflichtung zur Rücknahme ausgeht.

231 S. *Maurer*, Allgemeines Verwaltungsrecht, § 11, Rz. 48; *Klappstein*, in: Knack/Busch, VwVfG, § 48 Rz. 5.6.1.; für Ermessensschrumpfung auf Null in diesen Fällen wohl *Schenke*, DÖV 1983, 320 (329).

232 Vgl. *Maurer*, Allgemeines Verwaltungsrecht, § 11 Rz. 58; *Wolff/Bachof/Stober*, Verwaltungsrecht I, § 51 Rz. 115; *Sachs*, in: Stelkens/Bonk/Sachs, VwVfG, § 51 Rz. 67.

delt werden muß[233]. Dafür spricht letztlich auch, daß der Verwaltungsakt als Folge der Rückwirkung als von Anfang an rechtswidrig anzusehen ist. Eine abschließende Entscheidung, den Komplex des § 51 VwVfG betreffend, ist jedoch dann nicht notwendig, wenn auch unabhängig von dieser Vorschrift ein Anspruch auf Aufhebung zu bestehen vermag. Daher soll das Augenmerk zunächst auf diese Frage gerichtet werden, zumal die Regelung des § 51 VwVfG und damit die gesamte Problematik des Wiederaufgreifens des Verfahrens "selbst in den Grundfragen und Strukturen" nicht abschließend geklärt ist[234] und ein Eingehen auf die Fülle der sich hier stellenden Probleme den Rahmen dieser Untersuchung sprengen würde.

b. Einschränkung des Aufhebungsermessens aus anderen Gründen

Im Bereich der Anwendung des § 48 VwVfG ist anerkannt, daß eine Rücknahme nicht auf die Fälle des § 51 VwVfG beschränkt ist. Dies wird der Vorschrift des § 51 Abs. 5 VwVfG entnommen, wonach die Vorschriften der §§ 48 Abs. S.1, § 49 Abs. 1 VwVfG unberührt bleiben[235].

Darüberhinaus ist auch anerkannt, daß vom Grundsatz einer Ermessensentscheidung im Fall des § 48 VwVfG für den Widerruf bestandskräftiger rechtswidriger Verwaltungsakte Ausnahmen einer Ermessensreduzierung gegeben sein können,

---

233 Hier zeigt sich erneut das Dilemma der Rückwirkung des § 389 BGB, das in ähnlicher Weise bereits oben in Zusammenhang mit der Erörterung der Rechtswidrigkeit des Leistungsbescheids eine Rolle spielte. Zwar mag man mit der Erwägung des nicht zu leugnenden sachlich-logischen Geschehensablaufs, insbesondere im Hinblick auf die zeitliche Komponente bei der Abfolge von Erlaß des Leistungsbescheids und der Erklärung der Aufrechnung, in gewisser Weise doch eine Nähe zum Vorliegen einer nachträglichen Änderung der Sach- und Rechtslage bejahen, dies liefe aber auf die Mißachtung der Rückwirkungsregel des § 389 BGB hinaus, in deren letzter Konsequenz keine nachträgliche, sondern eine (wenn auch nur fiktiv) rückbewirkte und damit anfängliche Änderung der Sach- oder Rechtslage gegeben ist. Dieses Dilemma der Rückwirkung, die zeitlich-logischen Dimensionen an sich widerspricht, wird vor allem an der häufigen Verbindung der Rückwirkung mit dem Begriff der Fiktion deutlich. Der Begriff der "Rückwirkungsfiktion" (vgl. etwa BVerwG, DVBl. 1960, 36) läßt insoweit die sich stellenden logischen Schwierigkeiten bereits erahnen.

234 Vgl. insoweit nur *Baumeister*, VerwArch. 83 (1992), 374 (375); die Vorschrift des § 51 VwVfG ist bereits früher als eine "der unglücklichsten ... Regelungen im VwVfG" bezeichnet worden; so *Schenke*, DÖV 1983, 320 (330).

235 Vgl. nur *Maurer*, Allgemeines Verwaltungsrecht, § 11 Rz. 62; *Baumeister*, VerwArch. 83 (1992), 374 (376); *Sachs*, in: Stelkens/Bonk/Sachs, VwVfG, § 51 Rz. 104 m. w. Nachw.

die dann zum Bestehen eines Anspruchs auf Rücknahme führen[236]. Es ist daher zu fragen, ob in der Konstellation der Aufrechnung ein Fall der Ermessenschrumpfung zu sehen ist.

aa. Der grundrechtlich fundierte Aufhebungsanspruch

Folgt man der Auffassung, als Folge der Verletzung subjektiver Rechte durch rechtswidrige belastende Verwaltungsakte entstehe in Konsequenz der subjektiven Rechtsqualität der Grundrechte ein grundrechtlich fundierter Beseitigungsanspruch, der auf die Beseitigung rechtswidriger Beeinträchtigungen grundrechtlich geschützter Positionen gerichtet ist[237], läßt sich allein daraus noch keine Lösung für die Konstellation der Aufrechnung gewinnen.

Mit der Bejahung eines solchen Anspruchs ist über die Reichweite desselben noch nichts ausgesagt. Vielmehr hätte die uneingeschränkte Bejahung eines solchen Anspruchs das Unterlaufen der Rechtsbehelfsfristen zur Folge[238]. Von einem uneingeschränkten Anspruch auf Aufhebung des rechtswidrigen Verwaltungsakts als Folge des grundrechtlich fundierten Beseitigungsanspruchs ist daher nur in den Fällen auszugehen, in denen der Verwaltungsakt noch nicht bestandskräftig ist[239].

bb. Abwägung zwischen Bestandskraft und Aufhebung

Bei der Entscheidung über die Rücknahme eines Verwaltungsakts gem. § 48 VwVfG geht es um die Abwägung zwischen der Rechtssicherheit einerseits und der materiellen Gerechtigkeit andererseits[240]. Die Bestandskraft des Verwaltungsakts streitet auf Seiten der Rechtssicherheit, weil dadurch die Behörde grundsätzlich vor der Verpflichtung zu fortlaufender Überprüfung eines be-

---

236 Vgl. nur *Sachs*, in: Stelkens/Bonk/Sachs, VwVfG, § 48 Rz. 57 f.; *Kopp*, VwVfG, § 48 Rz. 37; *Maurer*, Allgemeines Verwaltungsrecht, § 11 Rz. 62; s. a. *Baumeister*, VerwArch. 83 (1992), 374 (378 ff.); dies erkennt im Grundsatz auch *Schenke*, DÖV 1983, 320 (329) an; a. A. wohl *Ule/Laubinger*, Verwaltungsverfahrensrecht, § 61 IV 4, wonach ein Anspruch auf Aufhebung nur in den Fällen des § 51 VwVfG gegeben sein soll; zur Kritik an dieser Auffassung *Baumeister*, VerwArch. 83 (1992), 374 (387 f.).

237 Vgl. hierzu näher *Schenke*, NVwZ 1993, 713 (722); *ders.*, DÖV 1986, 305 (310).

238 So etwa *Sachs*, in: Stelkens/Bonk/Sachs, VwVfG, § 48 Rz. 60.

239 So ausdr. auch *Schenke*, NVwZ 1993, 713 (722).

240 Vgl. *Schenke*, DÖV 1983, 320 (329); *Sachs*, in: Stelkens/Bonk/Sachs, VwVfG, § 48 Rz. 60; *Kopp*, VwVfG, § 48 Rz. 85.

stimmten Verwaltungsakts geschützt werden soll[241]. Die Anfechtungsfristen sollen einen möglichen Streit über den Verwaltungsakt beenden bzw. verhindern[242]. Daher ist im Regelfall in Zusammenhang mit der Vorschrift des § 48 VwVfG auch nur von einem formellen subjektiven Recht auf Ausübung des Ermessens über die Entscheidung der Rücknahme die Rede[243].

Es ist daher zu untersuchen, ob in der Konstellation der Aufrechnung besondere Umstände gegeben sind, die zu einer Schrumfung des Ermessens auf Null, mithin zu einer Wandlung des formell subjektiven Rechts auf Ausübung des Ermessens in ein materielles subjektives Recht auf Aufhebung des Leistungsgebots führen.

cc. Die Abwägungsgesichtspunkte im Fall der Aufrechnung

Eine derartige Besonderheit könnte in den Aufrechnungsfällen in Gestalt der Rückwirkung des § 389 BGB vorliegen. Hier erfährt die Rechtslage durch Gestaltungserklärung rückwirkend eine Änderung, die die anfängliche Rechtswidrigkeit des Leistungsgebots zur Folge hat.

Die Aufrechnungsproblematik wird nach den vorangegangenen Ausführungen anderen Konstellationen anfänglich rechtswidriger Bescheide gleichgestellt und daher so behandelt, als sei vor Erlaß des Leistungsbescheids die Forderung durch Erfüllung erloschen oder als sei rückwirkend die Rechtsgrundlage für einen Gebührenbescheid weggefallen - in diesen Fällen ist ebenfalls ein Vorgehen gegenüber dem Bescheid unumgänglich, um eine Vollstreckung abzuwehren. Gleichwohl bestehen zwischen diesen Konstellationen auch strukturelle Unterschiede, die im Hinblick auf die Ermessensbindung im Rahmen des § 48 VwVfG eine andere Behandlung angezeigt scheinen lassen:

In Rechtsprechung und Literatur sind die Fallgruppen des Entstehens eines Aufhebungsanspruchs durch Ermessensschrumpfung dadurch umschrieben, daß die Aufhebung sich aus dem Gleichheitssatz ergeben muß oder die Aufrechterhaltung des Verwaltungsakts wegen der Schwere der sich aus dem Verwaltungsakt

---

241 Vgl. *Baumeister*, VerwArch. 83 (1992), 374 (381).

242 Vgl. *Sachs*, in: Stelkens/Bonk/Sachs, VwVfG, § 48 Rz. 60; *Baumeister*, VerwArch. 83 (1992), 374 (381).

243 Vgl. nur *Kopp*, VwVfG, § 48 Rz. 36; *Obermayer*, VwVfG, § 48 Rz. 22; *Schenke*, Verwaltungsprozeßrecht, Rz. 495 a, 735 ff.; *ders.*, DÖV 1986, 305 (311).

ergebenden fortwirkenden Belastung "schlechthin unerträglich" wäre[244] bzw. wenn "Umstände ersichtlich sind, die die Berufung der Behörde auf die Unanfechtbarkeit des Erstbescheides als einen Verstoß gegen die guten Sitten oder Treu und Glauben erscheinen lassen"[245]. Von hierher sind also hohe Anforderungen aufgestellt, die jedoch im Fall der Aufrechnung vorliegen, wie im folgenden zu zeigen sein wird.

Im Gegensatz zu den genannten Vergleichsfällen bleibt der Bürger im Fall der Aufrechnung auf den Leistungsbescheid hin nicht untätig, sondern nimmt gerade eine Erfüllungshandlung vor, die im Fall des Bestehens der Aufrechnungslage vor dem Erlaß des Leistungsgebots zur Rechtswidrigkeit desselben führt. Festzustellen ist jedoch, daß der Bürger dem staatlichen Anspruch nachgekommen ist. Dadurch, daß diese Erfüllung durch die Rückwirkungsfiktion zur Rechtswidrigkeit des Leistungsgebots führt, erwächst ihm ein gravierender Nachteil, der in der Vollstreckbarkeit des rechtswidrigen aber rechtswirksamen Verwaltungsakts begründet ist. Geht die Behörde aus dem Verwaltungsakt vor, weil sie die Aufrechnungswirkung verneint, setzt die Möglichkeit einer Vollstreckung voraus, daß die Forderung rückwirkend erloschen ist. Der Verwaltungsakt wäre damit nicht trotz, sondern wegen der Rechtswidrigkeit vollstreckbar: Um dies zu verdeutlichen, sei auf die verschiedenen Konstellationen hingewiesen. Führt die Aufrechnung zu einem Erlöschen der Forderungen nach dem Erlaß des Leistungsbescheids, ist das Leistungsgebot wie oben ausführlich dargelegt, nicht rechtswidrig, sondern allenfalls erledigt. Bestreitet die Verwaltung die Aufrechnungswirkung, kann der Bürger sich der Vollstreckung unter Berufung auf die Erfüllung erwehren. In diesem Verfahren wird über den Eintritt der Aufrechnungswirkung entschieden. Soweit dem Bürger aber in den Fällen der Rechtswidrigkeit des Leistungsgebots infolge der Rückwirkung die Geltendmachung der Erfüllung verwehrt ist, setzt dies gerade voraus, daß die Erfüllungswirkung eingetreten ist, weil andernfalls die Rechtswidrigkeit nicht eingetreten wäre. Die Vollstreckung des Verwaltungsakts setzte daher denknotwendigerweise die Erfüllung der Forderung voraus. Das Abschneiden des Aufrechnungseinwands gegenüber der Vollstreckung erfolgte mithin nur unter der Voraussetzung der Rechtswidrigkeit des Leistungsgebots, die als Folge der Aufrechnung eintritt. Der Regelung des § 48 VwVfG liegt eine Abwägung zwischen der Rechtssicherheit und der materiellen Gerechtigkeit zugrunde, die Rechtssicherheit muß

---

244 Vgl. BVerwGE 28, 122 (127 f.).

245 Vgl. BVerwGE 44, 333 (336); zustimmend auch *Kopp*, VwVfG, § 48 Rz. 37; *Baumeister*, VerwArch. 83 (1992), 374 (379); *Maurer*, Allgemeines Verwaltungsrecht, § 11 Rz. 65; *Schenke*, DÖV 1983, 320 (329), der jedoch die zweite Fallgruppe für in praxi kaum bedeutsam hält.

jedoch zurücktreten, wenn sie allein auf der Rechtswidrigkeit eines Leistungsgebots basiert.

Eine andere Entscheidung würde auch den funktionalen bzw. instrumentalen Charakter des Verfahrensrechts verkennen[246], das dem Schutz materieller Interessen dient und ihn nicht gerade verhindern soll. Andernfalls würden die Vorschriften über Anfechtungsfristen dazu benutzt, ein Leistungsgebot durchzusetzen, gerade weil die dem Gebot zugrundeliegende Forderung bereits erloschen ist.

Aus diesen Erwägungen folgt, daß die Berufung auf die Unanfechtbarkeit des Verwaltungsakts als Voraussetzung für das Abschneiden des Erfüllungseinwands einen Verstoß gegen die guten Sitten im oben genannten Umfang darstellt bzw. schlechthin unerträglich erscheint. Entscheidend ist der Umstand, daß die Rechtswidrigkeit des Verwaltungsakts, die Ausgangspunkt der Vollstreckbarkeit ist, nur einzutreten vermag, wenn die Aufrechnung rückwirkend zum Erlöschen der Forderungen führt.

Damit liegt im Fall der zur anfänglichen Rechtswidrigkeit des Leistungsgebots führenden Aufrechnung eine Ausnahmekonstellation vor, in der der Bürger einen Anspruch auf Rücknahme des rechtswidrigen Verwaltungsakts gem. § 48 Abs. 1 VwVfG besitzt[247].

c. Möglichkeiten zur Abwehr von Vollstreckungsmaßnahmen

Als für den Bürger belastende Folge einer zur Rechtswidrigkeit des Leistungsgebots führenden Aufrechnung wurde bisher die Vollstreckbarkeit des rechtswidrigen aber rechtswirksamen Verwaltungsakts herausgestellt. In dem soeben näher ausgeführten Rechtsschutzinstrumentarium wird ein Vorgehen gegenüber dem Leistungsgebot entwickelt, weil auf andere Art und Weise nach den festgestellten Prämissen der Aufrechnungseinwand gegenüber dem Leistungsgebot nicht durchzusetzen ist.

---

246 Zur "dienenden Funktion" des Verfahrensrechts gegenüber den materiellen Regelungen vgl. auch *Schenke*, Verwaltungsprozeßrecht, Rz. 809; in parallelem Zusammenhang mit der zivilprozessualen Präklusion materieller Befugnisse vgl. *Staudinger/Kaduk*, BGB, § 389 Rz. 54 ff., 59.

247 Vgl. auch *Arndt*, S. 109, der allgemein im Fall der Vollstreckung eines rechtswidrigen Verwaltungsakts davon spricht, die der Anordnungsbehörde ansonsten zustehende Befugnis, den Verwaltungsakt aufzuheben, verdichte sich zu einer Verpflichtung, den fehlerhaften Verwaltungsakt zurückzunehmen oder aber zumindest nicht zu vollstrecken.

Es wird nicht verkannt, daß der Bürger hierdurch aber Gefahr läuft, bis zur Entscheidung über die Aufhebung des Leistungsgebots Vollstreckungsmaßnahmen ausgesetzt zu sein, da ein solches Verfahren keinen Suspensiveffekt gem. § 80 VwGO entfaltet. Nach Aufhebung des Leistungsgebots müßte der Bürger zwischenzeitlich durchgeführte Vollstreckungsmaßnahmen angreifen, wenn die Behörde sie nicht von sich aus aufhebt, was zumindest aus prozeßökonomischer Sicht wenig hilfreich wäre.

Es ist daher zu erwägen, ob nach der Verwaltungsgerichtsordnung für diesen Fall der Verpflichtungsklage eine Lösung zu finden ist, die auch prozeßökonomischen Erwägungen Rechnung trägt.

Im Fall der Anfechtungsklage eröffnet die Regelung des § 113 Abs. 1 S.2 VwGO dem Gericht die Möglichkeit, die Rückgängigmachung der Vollziehung auszusprechen, wenn der Verwaltungsakt bereits vollzogen ist. Diese Regelung stellt einen Sonderfall der Verbindung von Anfechtungs- und Leistungsklage dar, der in § 113 Abs. 4 VwGO generell geregelt ist[248]. Hier wird dem Kläger aus prozeßökonomischen Gründen schon im Anfechtungsprozeß die Möglichkeit der Durchsetzung eines Anspruchs auf Folgenbeseitigung eröffnet, der an sich erst nach Rechtskraft des Aufhebungsurteils geltend gemacht werden könnte[249]. Diese Möglichkeit setzt aber einen anderweitig begründeten Folgenbeseitigungsanspruch voraus und regelt nur seine prozessuale Durchsetzung[250].

Mit der Rücknahme des Leistungsgebots auf die Verpflichtung durch das Verwaltungsgericht hin, verlieren darauf gestützte Vollstreckungsakte ihre Rechtsgrundlage. Sie können nunmehr durch Anfechtungsklage oder eine auf Aufhebung gerichtete Verpflichtungsklage angegriffen werden, wenn die Behörde sie nicht selbständig zurücknimmt. Insoweit liegt eine der Situation der Anfechtungklage vergleichbare Ausgangslage vor, in der der Vollzugsfolgenbeseitigungsanspruch auch an sich erst nach Rechtskraft der Anfechtungsklage zu verfolgen ist, gleichwohl eine Verbindung dieser Ziele bereits im Anfechtungsverfahren durch das Gesetz zugelassen wird.

---

248 Vgl. *Redeker/v. Oertzen*, VwGO, § 113 Rdnr. 16; wobei unter Leistungsklage im Sinne des Abs. 4 sowohl Leistungs- als auch Verpflichtungsklagen fallen, s. *Kopp*, VwGO, § 113 Rz. 70.

249 S. nur *Kopp*, VwGO, § 113 Rz. 40; ausf. *Schenke*, Verwaltungsprozeßrecht, Rz. 248, 502 h, 825 f.

250 S. *Schenke*, Verwaltungsprozeßrecht, Rz. 825; so auch *Kopp*, VwGO, § 113 Rz. 40. Dies dürfte heute als allgemein anerkannt gelten. Zur dogmatischen Herleitung des Folgenbeseitigungsanspruchs vgl. *Schenke*, DVBl. 1990, 328 (330) m. w. Nachw.

Es liegt daher nahe, im Wege der analogen Anwendung des § 113 Abs. 1 S.2 VwGO auch im Fall der auf Aufhebung des Leistungsgebots gerichteten Verpflichtungsklage die prozessuale Verbindung mit einem Anspruch auf Aufhebung von Vollzugsakten zuzulassen, weil die ausschlaggebenden prozeßökonomischen Erwägungen auch hier gelten[251].

Damit vermag der Betroffene zugleich mit dem Verpflichtungsantrag auf Aufhebung des Leistungsgebots analog § 113 Abs. 1 S.2 VwGO einen Antrag auf Aufhebung der Vollstreckungsmaßnahmen zu stellen.

Darüberhinaus kommt gegenüber drohenden Vollstreckungsakten die Inanspruchnahme vorläufigen Rechtsschutzes gem. § 123 VwGO in Betracht. Auch wenn es sich bei den Vollstreckungsmaßnahmen um Verwaltungsakte handelt, ist § 123 VwGO einschlägig, da kein Fall der §§ 80, 80a VwGO gegeben ist (§ 123 Abs. 5 VwGO). Die Unanwendbarkeit der Vorschrift der §§ 80, 80a VwGO folgt daraus, daß gegenüber den Vollstreckungsakten die Rechtswidrigkeit des Leistungsgebots nicht vorgebracht zu werden vermag.

5. Kritische Erwägungen gegenüber dieser Lösung

Ausgehend von den zugrundegelegten Prämissen eröffnet die soeben entwickelte Lösung dem Bürger eine in sich schlüssige Möglichkeit zur Geltendmachung des Aufrechnungseinwands, so daß der teilweise erkannten Gefahr der doppelten Inanspruchnahme wirksam begegnet werden kann. Gleichwohl wird nicht verkannt, daß insbesondere die Überlegungen in Zusammenhang mit der Einschränkung des Rücknahmeermessens dazu führen, die dogmatischen Vorgaben nochmals genauer kritisch zu betrachten.

Hauptursache der Komplexität der Problematik ist, wie geschildert, die Regelung des § 389 BGB. Diese Rückwirkungsfiktion führt dazu, daß das Leistungsgebot als von Anfang an rechtswidrig betrachtet wird, weil es Leistung verlangt, obwohl die Forderung als erloschen gilt. Hier liegt quasi der Zentralpunkt bei der Übertragung des zivilrechtlichen Instituts der Aufrechnung in das öffentliche Recht, an dem die Aufrechnung mit den öffentlich-rechtlichen Besonderheiten in Einklang gebracht werden muß, die in der Titelfunktion des Verwaltungsakts, der Vollstreckbarkeit als Folge bereits der Wirksamkeit und seiner Tatbestandswirkung liegen.

---

251 Die analoge Anwendung des § 113 Abs. 1 S.2 VwGO in diesen Fällen befürworten *Schenke/Baumeister*, NVwZ 1993, 1 (7); ausf. *Schenke*, Verwaltungsprozeßrecht, Rz. 502 h, 856; nunmehr auch *Kopp*, VwGO, § 113 Rz. 71 a.

Die hier dargelegte Anwendung des § 389 BGB führt zu einer Parallelität der Aufrechnung mit den Fällen, in denen der Bürger vor Erlaß des Verwaltungsakts die Forderung erfüllt, obwohl in der Aufrechnung Besonderheiten gegeben sind, die letztlich in Gestalt der Ermessenserwägungen doch zu einer von den anderen Konstellationen abweichenden Behandlung führen. Hier manifestiert sich die Gefahr einer jeden gesetzlichen Fiktion, den Fall A, für den die Rechtsfolge des Falles B gelten soll, trotz der tatsächlich bestehenden Unterschiede exakt wie den Fall B zu behandeln[252]. Die von *Larenz* zur Lösung dieses Problems offerierte restriktive Auslegung der gesetzlichen Vorschrift, die die Fiktion enthält, erweist sich im hier vorliegenden Fall jedoch als wenig hilfreich. Die grundsätzlich als sinnvoll, interessengerecht und zweckmäßig anzuerkennende Vorschrift des § 389 BGB ist nicht einschränkend auszulegen, ohne die Rückwirkung als den Kern der Interessenabwägung herauszulösen.

Im Zivilrecht wird der logische Konflikt der Rückwirkungsfiktion mit tatsächlich vorgenommenen Handlungen, die der Aufrechnungserklärung vorausgehen,wegen der real nicht mehr zu beseitigenden Tatsachen dadurch abgeschwächt, daß belastende Rechtsgestaltungserklärungen im Fall der Rückwirkung des § 389 BGB unwirksam werden. Dies ist für die Kündigung von Mietverhältnissen in der Vorschrift des § 554 Abs. 2 S.2 BGB ausdrücklich geregelt. Eine Übertragung dieses Rechtsgedankens auf andere Rechtsgestaltungen wird befürwortet[253].

Eine Übertragung auf die öffentlich-rechtlichen Rechtsgestaltungen trifft jedoch auf die Schwierigkeit, daß im öffentlichen Recht im Gegensatz zum Zivilrecht, wo Unwirksamkeit in aller Regel Nichtigkeit bedeutet[254], in Gestalt von Rechtswidrigkeit und Nichtigkeit verschiedene Fehlerfolgen einer Rechtsgestaltung durch Verwaltungsakt existieren.

Vor dem Hintergund der in § 44 VwVfG ausdrücklich gesetzlich geregelten Nichtigkeit, wonach hohe Anforderungen bestehen und die Nichtigkeit im Vergleich zur Rechtswidrigkeit die weit seltenere Fehlerfolge darstellt[255], erscheint

---

252 Vgl. hierzu *Larenz*, Methodenlehre, S. 263, der in diesem Zusammenhang von der suggestiven Wirkung der Fiktion spricht, die zu einer Gleichsetzung der Fälle über das sachlich vertretbare Maß hinaus führen könne.

253 Vgl. *Gernhuber*, Erfüllung, § 12 VIII 4 (S. 282 f.).

254 S. nur *Palandt/Putzo*, BGB, § 554 Rz. 10; *Palandt/Heinrichs*, BGB, Üb 26 v. § 104.

255 So spricht beispielsweise *Sachs*, in: Stelkens/Bonk/Sachs, VwVfG, § 44 Rz. 1 von der Nichtigkeit als seltener gesteigerter Fehlerfolge; *Meyer*, NVwZ 1986, 513 (518)

es dogmatisch nicht möglich, in den Fällen der Aufrechnung von der Nichtigkeit des Leistungsgebots auszugehen, ohne den Regelungszusammenhang des § 44 VwVfG zu verlassen. Die Rechtsfolge der Nichtigkeit ist an besonders schwere Fehler geknüpft, die in der Regel auch leicht erkennbar sind und die den grundsätzlichen Anspruch auf Beachtung des Verwaltungsakts nicht mehr rechtfertigen[256]. Hier lassen sich die Konstellationen der rückwirkenden Aufrechnung nicht einordnen, weil das Leistungsgebot bis zur Aufrechnung fehlerfrei ist (wenn außer der Rückwirkung kein anderer Grund für die Rechtswidrigkeit besteht).

Wie bereits erwähnt, lassen sich die geschilderten Schwierigkeiten auch nicht dadurch ausräumen, daß sowohl von einer Rechtswidrigkeit des Leistungsgebots als auch von einer Erledigung desselben ausgegangen wird, um die an die Wirksamkeit geknüpften Folgen zu vermeiden[257]. Die Rückbeziehung der Erfüllungswirkung hat die Unrichtigkeit des Leistungsgebots zur Folge. Geht man aber davon aus, ist nicht ersichtlich, inwieweit der Regelungsgehalt des Gebots weggefallen sein soll, das nach wie vor Erfüllung gebietet[258].

Da auch eine Auslegung des Leistungsgebots als für den Fall der Aufrechnung auflösend bedingt, die allein das Verdikt der Rechtswidrigkeit verhindern könnte, ebenfalls wenig überzeugend ist, ist die oben dargelegte Lösung dogmatisch quasi vorgegeben.

Die letzten noch bestehenden Zweifel die aus der fehlenden völligen Kompatibilität der Aufrechnung mit dem öffentlichen Recht resultieren, verlieren jedenfalls dadurch an Gewicht, daß zur Geltendmachung der Aufrechnungswirkung eine praktikable Möglichkeit besteht, die unbillige Ergebnisse vermeidet. Die Prämissen dieses Lösungsweges müßten allerdings nachhaltig bezweifelt werden, wenn er, was wie gezeigt aber nicht der Fall ist, dazu führte, daß der Bürger doppelt in Anspruch genommen werden könnte.

Gegenüber trotz alledem noch bestehenden Einordnungsschwierigkeiten der Aufrechnungsproblematik mag insoweit Trost in den Zeilen *Henckels* zu finden

---

spricht in Zusammenhang mit der Nichtigkeit von nicht sehr hoher praktischer Relevanz.

256 Vgl. nur *Wolff/Bachof/Stober*, Verwaltungsrecht I, § 49 Rz. 5.

257 So aber *Sachs*, in: Stelkens/Bonk/Sachs, VwVfG, § 44 Rz. 17.

258 Zum Wegfall des Regelungsgehalts als Voraussetzung für die Erledigung des Verwaltungsakts s. bereits oben S. 75, so im übrigen auch *Sachs*, in: Stelkens/Bonk/Sachs, VwVfG, § 43 Rz. 146 f.

sein: "Der Laieninstinkt, im materiellen Recht oft wertvolles Stimulans für die Frage nach der Gerechtigkeit einer Rechtsfolge, ist dem Prozeßrecht gegenüber meist hilflos."[259]. Schließlich handelt es sich bei den im Fall der Aufrechnung Probleme aufwerfenden Rechtsprinzipien um solche des Verwaltungsverfahrensrechts, das insoweit dem Begriff des Prozeßrechts von *Henckel* gleichzusetzen sein dürfte.

6. Zwischenergebnis

Nach dem Vorgenannten erfolgt die Geltendmachung der zur Rechtswidrigkeit des Leistungsgebots führenden Aufrechnung im Wege einer gegen das Leistungsgebot gerichteten Anfechtungsklage bzw. einer auf Aufhebung des Leistungsgebots gerichteten Verpflichtungsklage. In beiden Fällen kommt in Anwendung der Vorschrift des § 113 Abs.1 S. 2 VwGO die Verbindung mit einem auf Aufhebung der Vollzugsfolgen gerichteten Antrag in Betracht. Im Fall der Verpflichtungsklage erfolgt die Gewährung vorläufigen Rechtsschutzes gegenüber Vollstreckungsmaßnahmen nach der Vorschrift des § 123 VwGO.

X. Die verwaltungsgerichtliche Geltendmachung der Aufrechnung nach Abschluß eines Anfechtungsverfahrens gegenüber dem Leistungsbescheid

Eine kurze Betrachtung sollen auch die Fälle erfahren, in denen die Aufrechnung nicht innerhalb eines anhängigen verwaltungsgerichtlichen Verfahrens erklärt wird. Hier sind ebenfalls unterschiedliche Varianten denkbar.

1. Die Rechtslage, wenn die Aufrechnung bereits in dem vorangegangenen Prozeß erklärt wurde

In dieser Fallkonstellation ist der Kläger gegen einen die Forderung der öffentlichen Hand zum Gegenstand habenden Verwaltungsakt mittels Anfechtungsklage vorgegangen, die jedoch erfolglos geblieben ist, wobei die Aufrechnung in diesem gerichtlichen Verfahren erklärt worden ist, jedoch keine Aufrechnungswirkung einzutreten vermochte, beispielsweise wegen fehlender Aufrechnungslage. Nunmehr erklärt der Bürger gegenüber der Forderung (erneut) die Aufrechnung. Diese Fallgestaltung ist wie folgt zu behandeln:

Soweit die Aufrechnung bereits zu einem früheren Zeitpunkt erklärt wurde und die Wirkung der Aufrechnung gem. § 389 BGB nicht eingetreten ist, etwa we-

---

259 S. *Henckel*, Vom Gerechtigkeitswert verfahrensrechtlicher Normen, S. 8.

gen des Nichtbestehens einer Aufrechnungslage, ist diese frühere Aufrechnungserklärung wirkungslos. In Betracht käme danach die Erwägung einer nunmehr eingetretenen Aufrechnungswirkung als Folge der erneuten Erklärung der Aufrechnung. In dieser besonderen Fallkonstellation, in der die Aufrechnung zunächst in dem zuvor durchgeführten Anfechtungsprozeß erklärt wurde, ist zu prüfen, ob die Rechtskraft dieser Entscheidung der erneuten Aufrechnung entgegensteht.

a. Die Bedeutung der Rechtskraft für die Aufrechnung

Falls das Fehlen der Voraussetzungen der Aufrechnung mit Rechtskraft feststünde, so wäre nunmehr die Geltendmachung der Aufrechnung ausgeschlossen. Der Sonderfall der Aufrechnung mit einer rechtswegfremden Forderung soll zunächst im Hinblick auf eine spätere Betrachtung[260] unbehandelt bleiben.

aa. Die Wirkung der Rechtskraft

Nach § 121 VwGO binden rechtskräftige Urteile die Beteiligten und ihre Rechtsnachfolger, soweit über den Streitgegenstand entschieden wurde. Damit gewinnt, im Einklang mit *Menger*[261], die Frage des Streitgegenstands Bedeutung. Im Fall der Anfechtung eines Leistungsbescheids bildet den Streitgegenstand nach teilweise vertretener Auffassung die Rechtsbehauptung des Klägers, der Verwaltungsakt sei rechtswidrig und greife in seine Rechtssphäre ein[262], bzw. nach anderer Ansicht sein Anspruch auf Aufhebung des angefochtenen Verwaltungsakts[263]. Überzeugend erscheint eine Kombination dieser Meinungen[264].

bb. Streitgegenstand und Aufrechnung

Aus dem Vorstehenden folgt, daß für den Fall der Aufrechnung die Aufrechnungswirkung und damit auch die Frage des Bestehens der Gegenforderung mit dem Streitgegenstand des Anfechtungsverfahrens verbunden ist, da die Aufrech-

---

260 S. u. 4. Teil (S. 227 ff.).

261 S. *Menger*, VerwArch. Bd. 52 (1961), 92 (107).

262 Mit unterschiedlicher Gewichtung des zweiten Elements vgl. *Eyermann/Fröhler*, VwGO, § 121 Rz. 10 c; BVerwGE 40, 104; NVwZ 1984, 168; *Redeker/v.Oertzen*, VwGO, § 121 Rz. 10.

263 So *Kopp*, VwGO, § 90 Rz. 8.

264 Dafür mit ausf. Begr. *Schenke*, Verwaltungsprozeßrecht, Rz. 608 ff., 610.

nung sich auf die Rechtmäßigkeit des Verwaltungsakts und die damit in Verbindung stehende Rechtsverletzung des Klägers auszuwirken vermag. Im Zusammenhang mit der Aufrechnung ist ferner die Vorschrift des § 322 Abs. 2 ZPO zu beachten, die über § 173 VwGO Anwendung findet[265]. Danach ist die Entscheidung, daß die Gegenforderung nicht besteht, bis zur Höhe des Betrages, für den die Aufrechnung geltend gemacht worden ist, zur Rechtskraft fähig. § 322 ZPO ist damit eine Ausnahme von dem generellen Grundsatz, daß Entscheidungen über Vorfragen oder Einwendungen des Beklagten nicht in Rechtskraft erwachsen[266]. Die Vorschrift soll eine gleichmäßige Aufteilung des Prozeßrisikos für Kläger und Beklagten sicherstellen[267]. Ohne eine rechtskräftige Entscheidung über die Aufrechnungsforderung könnte diese in einem zweiten Verfahren frei eingeklagt werden[268]. Die Rechtskraftwirkung ergibt sich in diesem Fall ausnahmsweise aus den Entscheidungsgründen[269].

Die Anwendung dieser Vorschrift im Fall einer verwaltungsgerichtlichen Anfechtungsklage mag zunächst verwundern, da sie zwar nicht ausdrücklich, aber jedenfalls von ihrem Regelungszusammenhang her, als auf Leistungsklagen zugeschnitten erscheint. Bei näherer Betrachtung begegnen einer Anwendung im Fall der Anfechtungsklage jedoch keine Bedenken. Hierdurch wird dem Umstand Rechnung getragen, daß im Bereich des öffentlichen Rechts die Behörde durch Erlaß eines Verwaltungsakts die Möglichkeit besitzt, Forderungen quasi selbst zu titulieren. Damit wird dem Bürger die Anfechtungslast aufgebürdet, wenn er zur Abwehr des Anspruchs gegenüber diesem Verwaltungsakt vorgehen muß. Dies ändert aber nichts daran, daß er trotz der verfahrensrechtlichen Position des Klägers und Angreifers sich materiell in der Position des Verteidigers

---

265 So auch *Kopp*, VwGO, § 40 Rz. 45; *Eyermann/Fröhler*, VwGO, § 121 Rz. 46; wohl auch *Redeker/v.Oertzen*, VwGO, § 40 Rz. 19; *Hartmann*, in: Baumbach/Lauterbach/Albers/Hartmann, § 322 Anm. 5.

266 Vgl. *MK/Gottwald*, ZPO, § 322 Rz. 177; *Zöller/Vollkommer*, ZPO, § 322 Rz. 15.

267 So *Zöller/Vollkommer*, ZPO, § 322 Rz. 15.

268 Vgl. nur *MK/Gottwald*, ZPO, § 322 Rz. 177.

269 S. *MK/Gottwald*, ZPO, § 322 Rz. 179; *Zöller/Vollkommer*, ZPO, § 322 Rz. 16; Zur fehlenden Bindungswirkung der Entscheidungsgründe nicht nur hinsichtlich sogenannter obiter dicta vgl. *Schenke*, Verwaltungsprozeßrecht, Rz. 623, der aber gleichwohl die Entscheidungsgründe als notwendiges Interpretationsmittel zur Bestimmung der Reichweite gerichtlicher Entscheidungen heranzieht (Rz. 624); Vgl. auch *Kopp*, VwGO, § 121 RZ. 5; *Eyermann/Fröhler*, VwGO, § 121 Rz. 24; *Redeker/v.Oertzen*, VwGO, § 121 Rz. 8.

befindet[270]. Damit ist er in einer vergleichbaren Lage wie ein Beklagter einer (zivilrechtlichen) Leistungsklage.

Unter Beachtung der Grundsätze des § 322 ZPO könnte der Schuldner jedenfalls dann eine Forderung in einem neuen Verfahren nicht mehr mit Erfolg geltend machen, wenn das Nichtbestehen der Gegenforderung in dem Anfechtungsverfahren rechtskräftig festgestellt wurde[271].

Etwas anderes gilt jedoch dann, wenn die Entscheidung in dem Anfechtungsverfahren die Aufrechnung aus einem anderen Grunde zurückweist, beispielsweise weil die geltend gemachte und zur Aufrechnung herangezogene Gegenforderung noch nicht fällig ist. In diesem Fall ist das Nichtbestehen dieser Forderung gerade nicht rechtskräftig festgestellt, sondern eine Entscheidung ergangen, die andere Voraussetzungen der Aufrechnung zum Gegenstand hatte[272].

b. Ausschluß der erneuten Aufrechnung wegen entgegenstehender Rechtskraft?

Die zuletzt erörterte Fallgestaltung, in der eine Aufrechnungslage erst nach Abschluß des Anfechtungsverfahrens entsteht, dürfte unter den Fällen der insoweit "erfolglosen" Geltendmachung der Aufrechnung im Anfechtungsverfahren auch den praktisch am häufigsten vorkommenden darstellen.

Damit steht in dieser Konstellation die rechtskräftige Entscheidung im Anfechtungsverfahren einer Aufrechnung nicht entgegen, da insoweit keine rechtskräftige Entscheidung über den nunmehrigen, d. h. späteren Bestand der Aufrechnungsforderung gem. § 322 Abs. 2 ZPO getroffen wurde.

Da somit die (erneute) Aufrechnung nicht gehindert ist, sind diese Fälle ebenso zu behandeln, wie die sogleich unter b. aufgeführten, wenn die Aufrechnung in dem Klageverfahren noch nicht erklärt wurde. Eine andere Sachlage ergibt sich nur, wenn der Schuldner die Aufrechnung bereits im Anfechtungsverfahren erklärte und das Gericht den Bestand der Aufrechnungsforderung rechtskräftig verneinte - dann kann der Schuldner aus diesem nunmehr rechtskräftig entschiedenen Sachverhalt gerichtlich keine Rechtsfolgen mehr herleiten - eine erneute Aufrechnung ist ausgeschlossen.

---

270 Dies hat bereits *Battis*, DVBl. 1971, 572 (574) festgestellt.

271 S. *Zöller/Vollkommer*, ZPO, § 322 Rz. 17; *MK/Gottwald*, ZPO, § 322 Rz. 178 ff.

272 *Zöller/Vollkommer*, ZPO, § 322 Rz. 18; *MK/Gottwald*, ZPO, § 322 Rz. 183.

2. Die Rechtslage, wenn in dem vorangegangenen Prozeß die Aufrechnung nicht erklärt wurde

Im folgenden ist die Wirkung der Aufrechnung und ihre Geltendmachung in den Fällen zu untersuchen, in denen dieser Einwand zuvor innerhalb des Anfechtungsprozesses noch nicht geltend gemacht wurde bzw. in denen die Rechtskraft dieser Entscheidung der Aufrechnung nicht entgegensteht.

In Bezug auf die materiellrechtlichen Auswirkungen der Aufrechnung bestehen insoweit keine Besonderheiten. Auch die Geltendmachung des Aufrechnungseinwands folgt den bereits angestellten Erwägungen: Ein solcher Einwand ist entweder im Rahmen des Vollstreckungsverfahrens oder durch eine auf Aufhebung des Leistungsgebots gerichtete Verpflichtungsklage geltend zu machen, die auch nach Abschluß eines Anfechtungsprozesses möglich ist[273]. Die Rechtskraft dieses Prozesses steht dem nicht entgegen, da die Frage der Aufrechnung dort nicht Verfahrensgegenstand gewesen ist[274].

---

273 So *Kopp*, VwVfG, § 48, Rz. 31; die von *Kopp* als a. A. angeführte Entscheidung BVerfG, NVwZ 1989, 141 steht dem insoweit nicht entgegen, als dort in dem Ausgangsverfahren über das Bestehen eines Asylanspruchs befunden worden war und eine Entscheidung der Behörde über einen solchen Anspruch an die Rechtskraft dieses Urteils gebunden ist. Der hier erörterte Fall ist insoweit anders gelagert. Vgl. auch *Sachs*, in: Stelkens/Bonk/Sachs, VwVfG, § 48 Rz. 41 ff.

274 Dies folgt aus dem Umfang der Rechtskraftwirkung, s. o. S. 114.

3. Teil: Die Aufrechnung durch die Verwaltung

I. Rechtscharakter behördlicher Aufrechnungserklärungen

Die Frage des Rechtscharakters behördlicher Aufrechnungserklärungen ist seit langem umstritten. So wird die Aufrechnungserklärung teilweise als Verwaltungsakt qualifiziert[1], während andere hierin eine öffentlich-rechtliche Willenserklärung sehen[2] - die letztgenannte Ansicht scheint sich in jüngerer Zeit durchzusetzen.

Diese Frage ist nicht nur theoretischer Natur, sondern hat durchaus praktische Bedeutung. Sie wird insbesondere im Zusammenhang mit dem etwaigen Rechtsschutz relevant, da die Qualifikation des Verwaltungshandelns unmittelbare Konsequenzen, beispielsweise für die Frage der Klageart oder sonstige Zulässigkeitsvoraussetzungen, wie etwa das Erfordernis eines Vorverfahrens, im Rahmen eines verwaltungsgerichtlichen Verfahrens zeitigt.

---

1 Vgl. *Buhmann*, MDR 1984, 983 (986); *Schmidt*, JuS 1984, 28 (32 f.); *Obermayer*, NJW 1958, 1107 (1107 f); s. auch die frühere Rspr. des BVerwG, NJW 1958, 1107; BVerwGE 8, 262; 11, 283; 13, 249; OVG Rhl.-Pf., VerwRspr. 22, 409; VGH B.-W., VBlBW. 1971, 75; für den Bereich des Steuerrechts wohl auch *Forsthoff*, Lehrbuch des Verwaltungsrechts Bd. 1, S. 284 m. Fn. 1; Die sozialrechtliche Kommentarliteratur bejaht ebenfalls den Verwaltungsaktscharakter der behördlichen Aufrechnungserklärung: vgl. *Hauck/Haines*, SGB I, Allgemeiner Teil, § 51 Rz. 5 unter Hinweis auf § 31 SGB X; *Grüner*, SGB, § 51, IV; *Peters*, Sozialgesetzbuch-Verwaltungsverfahren, § 51, 4.; einschr. *Heinze*, in: Bochumer Kommentar zum SGB, § 51 Rz. 13, s. auch Fn. 58.

2 S. BVerwGE 66, 218 (220); BVerwG, DVBl. 1986, 146; BFH, NVwZ 1987, 1118 (1119 f.); *Ehlers*, JuS 1990, 777 (781) u. *ders.*, NVwZ 1983, 446; *Glose*, DÖV 1990, 146 (147); *Herdegen*, VBlBW 1984, 193; *Appel*, BayVBl. 1983, 201 ff.; *Pietzner*, Verw.Arch. 73 (1982), 453 (453 ff.); *Ebsen*, DÖV 1982, 389 (389 ff.); *Weidemann*, DVBl. 1981, 113; *Kröger/Jakobs*, JA 1981, 266 (266 f.); *Lüke/Huppert*, JuS 1971, 165 (171); *Neupert*, JuS 1978, 825 (826); *Krause*, S. 231 f.; *Vallendar*, DÖD 1973, 52 (53); wohl auch *Obermayer*, VwVfG, § 1 Rz. 36; *Stelkens/Bonk/Sachs*, VwVfG, § 35 Rz. 46, § 44 Rz.19; *Henneke*, in: *Knack/Busch*, VwVfG, § 35 Rz. 4.4 der jedoch aus der Rechtswidrigkeit einer Verwaltungsakt-Aufrechnung auf die Rechtsnatur schließt; *Kopp*, VwVfG, § 35 Rz. 35; *Eyermann/Fröhler*, VwGO, § 40 Rz. 25; *Schenke*, Verwaltungsprozeßrecht, Rz. 194; *Wolff/Bachof/Stober*, Verwaltungsrecht I, § 55 Rz. 47; *Maurer*, Allgemeines Verwaltungsrecht, § 9 Rz. 10 (S. 170); *Pietzner/Ronellenfitsch*, § 54 Rz. 19 Fn. 68; *Schweickhardt*, Allgemeines Verwaltungsrechts, Rz. 308; *Achterberg*, Allgemeines Verwaltungsrecht, § 21 Rz. 63, allerdings nur für Erklärungen im Rahmen der privatrechtlichen Tätigkeit; für den Bereich des Steuerrechts, *Hermann*, S. 74 ff. (147) m. w. Nachw. auf S. 111, Fn. 470.

Unabhängig von dieser, vor dem Hintergrund des in der Verwaltungsgerichtsordnung in Ausfüllung des verfassungsrechtlichen Postulats des Art. 19 Abs.4 GG, effektiven Rechtsschutz zu eröffnen, umfassend (und nicht nur gegen Verwaltungsakte) gewährten subjektiven Rechtsschutzes[3], eher formale Züge tragenden Unterscheidung, hat die Einordnung der Aufrechnungserklärung als Verwaltungsakt oder öffentlich-rechtliche Willenserklärung auch materiellrechtlich Bedeutung. Dies wird insbesondere im Hinblick auf die mit einer Qualifizierung als Verwaltungsakt verbundenen Fehlerfolgen, bzw. sonstigen Rechtswirkungen wie Bestandskraft oder Tatbestandswirkung deutlich. Der Qualifizierung der Aufrechnungserklärung kommt auch unter dem Blickwinkel des § 80 Abs. 1 VwGO besondere praktische Relevanz zu, da nach dieser Vorschrift der grundsätzliche Eintritt der aufschiebenden Wirkung an die Rechtsfigur des Verwaltungsakts gekoppelt ist.

Hiervon zu differenzieren sind die Probleme, die in der Fallgestaltung eintreten, wenn die Behörde, trotz Qualifikation der behördlichen Aufrechnungserklärung als öffentlich-rechtliche Willenserklärung, in der Form des Verwaltungsakts handelt[4]. In diesem Fall ist fraglich, ob sich der Rechtsschutz in Anknüpfung an das formale Vorliegen eines Verwaltungsakts[5] gegen den Verwaltungsakt richtet, oder ob auf die materiellrechtliche Qualifizierung abzustellen ist[6]. Davon ist die Frage zu unterscheiden, ob die Behörde zulässigerweise die Form des Verwaltungsakts gewählt hat[7].

---

3 Vgl. *Schenke*, BK (Zweitbearb.), Art. 19 Abs. 4 Rz. 156 ff, 160 ff.

4 Dies verkennt *Glose*, DÖV 1990, 146 (147), der die Rechtsschutzmöglichkeiten des betroffenen Bürgers von der Qualifizierung der Aufrechnungserklärung als Verwaltungsakt abhängig macht und übersieht, daß sich das Problem auch unabhängig davon stellen kann.

5 So die wohl überwiegende Meinung, vgl. nur *Kopp*, VwVfG, § 35, Rz. 19 m. w. Nachw.

6 Dafür *Schenke*, NVwZ 1990, 1009 (1009 ff.) m. w. Nachw.

7 So auch *Ebsen*, DÖV 1982, 389 (394); *Ehlers*, JuS 1990, 777 (779); eine Differenzierung zwischen der Qualifikation der Aufrechnungserklärung als solcher und der Frage der zulässigen Formenwahl im Fall des Form-Verwaltungsakts trifft auch das OVG Lüneburg, OVGE 36, 484. Dabei läßt es für den konkreten Fall die Frage der Zulässigkeit einer Aufrechnung durch Verwaltungsakt offen, bejaht aber die Möglichkeit einer schlicht hoheitlichen, einfachen Aufrechnungserklärung, die zum Eintritt der Erlöschenswirkung führt und bezieht sich insoweit auf die Entscheidung des BVerwG, DÖV 1972, 573, die ebenfalls offen läßt, ob die Aufrechnungserklärung als Verwaltungsakt eingeordnet werden kann. Das BVerwG führt aus, entscheidend sei die Rechtsnatur der Aufrechnung als "schuldrechtsgeschäftliche Erklärung mit Erlö-

1. Maßgeblichkeit des Inhalts oder der Form der Aufrechnungserklärung für deren rechtliche Einordnung

Selbst wenn die Verwaltung unzulässigerweise die Form des Verwaltungsakts wählt, könnte dies im Hinblick auf die Möglichkeit der Wirksamkeit des Verwaltungsakts selbst bei Rechtswidrigkeit[8] und im Hinblick auf die Bindungswirkung[9] zur Folge haben, daß der Adressat diesen Verwaltungsakt nicht unbeachtet lassen darf. Es ist noch näher zu untersuchen, ob sich hierdurch Auswirkungen auch im Fall der Aufrechnung ergeben oder insbesondere die Tatbestandswirkung oder die Bestandskraft als Manifestierung der Wirksamkeit ohne Bedeutung sind bzw. ob im Fall der Aufrechnung insoweit andere Besonderheiten bestehen[10].

Soweit die Verwaltungsaktsqualität der Aufrechnungserklärung verneint wird, findet dies im wesentlichen ohne Auseinandersetzung mit den Definitionsmerkmalen des Verwaltungsakts statt[11].

So geht *Herbsleb* davon aus, daß die Wirkungen der Aufrechnung wegen der Besonderheiten des Zivilrechts mit dem Charakter des Verwaltungsakts im Hinblick auf dessen Fehlerunabhängigkeit unvereinbar seien[12].

---

schenswirkung", die an die Voraussetzungen der §§ 387 ff. BGB geknüpft sei. Für die Ausübung und Wirkung der Aufrechnung sei es ohne Belang, ob sie im öffentlichrechtlichen Verhältnis generell Verwaltungsaktscharakter habe, oder ob sie im konkreten Fall durch Verwaltungsakt oder auf andere Weise vorgenommen werde (BVerwG, DÖV 1972, 573).

8 Vgl. nur *Schenke*, Verwaltungsprozeßrecht, Rz. 615.

9 S. hierzu *Sachs*, in: Stelkens/Bonk/Sachs, VwVfG, § 43 Rz. 1 ff. m. w. Nachw., der zum einen darauf hinweist, daß der Begriff der Bestandskraft des Verwaltungsakts zwar in der Überschrift des 2. Abschnitts des 3. Teils des VwVfG zu finden ist, jedoch in den gesetzlichen Vorschriften nicht aufgegriffen wird und zum anderen im Zusammenhang mit diesem Begriff der Bestandskraft eine uneinheitliche Verwendung in Literatur und Rechtsprechung konstatiert; s. hierzu auch *Seibert*, S. 132 ff., 188; *Wolff/Bachof/Stober*, Verwaltungsrecht I, § 50 Rz. 6.

10 Vgl. dazu auch *Ebsen*, DÖV 1982, 389 (395 f.); *Ehlers*, JuS 1990, 777 (780 ff.).

11 Vgl. *Krause*, S. 231, der von einer Ausgrenzung aus dem Begriffsfeld des Verwaltungsakts ohne wesentliche Begr. spricht; Verneinung des Verwaltungsaktscharakters der Aufrechnungserklärung ohne jegliche Begr. beispielsweise auch bei *Veitenthal*, BayVBl. 1990, 615 (619).

12 S. *Herbsleb*, S. 46.

Ähnlich auch *Ehlers*, der insoweit darauf abstellt, daß die Aufrechnung bürgerlich-rechtlich geregelt sei und die Aufrechnungserklärung im Bürgerlichen Recht gerade keinen Verwaltungsakt darstelle[13].

Widersprüche treten jedenfalls auf, wenn man davon ausgeht, daß ein Verwaltungsakt dann vorliegt, wenn es der Behörde gerade auf die dem Verwaltungsakt eigentümlichen Rechtswirkungen ankomme und sie deshalb in der Form des Verwaltungsakts handele[14]. Diese Argumentation läßt die Frage außer acht, ob die entsprechenden Rechtswirkungen allein durch die Handlungsform als solche oder dadurch ausgelöst werden, daß es sich materiell um einen Verwaltungsakt handelt. Liegt im materiellen Sinne kein Verwaltungsakt vor, kann allein wegen der Form nicht die dem Verwaltungsakt eigene rechtsgestaltende Wirkung eintreten.

Die Besonderheiten des Verwaltungsakts erklären sich nicht allein aus seiner Form. Diese ist vielmehr nur Medium, um die inhaltliche Regelung sicherzustellen und zu gewährleisten. Die Bestandskraft, die Tatbestandswirkung und die besonderen Fehlerfolgen sind kein Selbstzweck der Verwaltungsaktsform, sondern dienen der Durchsetzung der verwaltungsaktsspezifischen Regelung, die nicht zwingend auf eine Veränderung des status quo gerichtet sein muß, sondern sich auch in einer Feststellung, in Form des sog. feststellenden Verwaltungsakts, erschöpfen kann, die dann jedoch verbindlich ist[15]. Diese Verbindlichkeit begründet im Fall des feststellenden Verwaltungsakts die eigenständige Regelungswirkung.

Gegen die insoweit der Form den Ausschlag zusprechenden Ansicht spricht im Fall der Abgrenzung des Verwaltungsakts von Willenserklärungen oder rein tatsächlichem Handeln der Behörde auch, daß sie nur unzureichend berücksichtigt, daß eine bestimmte Form für den Erlaß eines Verwaltungsakts nach dem VwVfG nicht vorgeschrieben ist. Die Vorschriften, die den Verwaltungsakt zum Gegenstand haben (vgl. §§ 35, 36, 37, 38), knüpfen an den Inhalt an bzw. stellen Anforderungen an diesen (und nur ausnahmsweise an die Form). Danach vermag eine Bejahung der Verwaltungsaktsqualität schon allein wegen der Form nicht zu überzeugen, da das Gesetz der Form insoweit eine nur untergeordnete, quasi rein dienende Funktion beimißt und nicht eine bestimmte Form für den

---

13 Vgl. *Ehlers*, JuS 1990, 777 (778).

14 So aber *Ehlers*, NVwZ 1983, 446 (450); eine besondere Betonung des "subjektiven Elements" findet sich auch bei *Weidemann*, DVBl. 1981, 114 (115).

15 Zum feststellenden Verwaltungsakt vgl. *Stelkens/Bonk/Sachs*, VwVfG, § 35 Rz. 128 ff. m. w. Nachw.

Verwaltungsakt als konstitutiv regelt. Im übrigen ist auch zu beachten, daß die Anknüpfung an die Form des Verwaltungsakts vor allem in den Fällen der Abgrenzung zwischen Rechtsnorm und Verwaltungsakt favorisiert wird[16].

Davon ist die Frage zu unterscheiden, ob eine behördliche Anordnung neben der Aufrechnungserklärung als Verwaltungsakt zu qualifizieren ist und ob dies Einfluß auf die insoweit betroffene Aufrechnungserklärung bzw. deren Einordnung als Verwaltungsakt hat. Hierbei ist zu berücksichtigen, daß oftmals mehrere Anweisungen oder Erklärungen in einem Bescheid zusammengefaßt werden. Die Betrachtung dieser Konstellation ist jedoch von der Frage des Rechtscharakters der Aufrechnungserklärung als solcher zu unterscheiden. Die Tatsache, daß die Behörde mehrere Regelungen in einem Bescheid treffen kann, d. h. daß mehrere Verwaltungsakte zusammengefaßt werden, läßt umgekehrt nicht zwingend den Schluß zu, alle in einem Bescheid enthaltenen Äußerungen stellten Verwaltungsakte dar.

Danach ist es notwendig, die Verwaltungsaktsqualität der behördlichen Aufrechnungserklärung anhand der Definitionsmerkmale des § 35 VwVfG zu bestimmen, da der Rechtscharakter einer auf eine Rechtsfolge gerichteten Erklärung eine Frage objektiv-rechtlicher Qualifikation und nicht allein vom Willen der erklärenden Behörde abhängig ist[17].

2. Die Aufrechnungserklärung als Verwaltungsakt im Sinne des § 35 VwVfG

Nach den allgemeinen Definitionsmerkmalen des § 35 VwVfG müßte die behördliche Aufrechnungserklärung als Maßnahme einer Behörde auf dem Gebiet des öffentlichen Rechts zur Regelung eines Einzelfalls ergehen, um sie als Verwaltungsakt zu qualifizieren.

a. Die Entwicklung der Rechtsprechung

aa. Die Rechtsprechung des Bundesverwaltungsgerichts

In einer vielbeachteten Entscheidung hat das *BVerwG* die behördliche Aufrechnungserklärung als öffentlich-rechtliche Willenserklärung qualifiziert und dies mit der Gleichordnung begründet, in der sich Bürger und Verwaltung bei der

---

16 Vgl. *Stelkens/Bonk/Sachs*, VwVfG, § 35 Rz. 29.

17 So auch *Ebsen*, DÖV 1982, 389 (395).

Aufrechnung gegenüberstehen[18]. Das *BVerwG* führt aus, die Aufrechnung sei Ausübung eines schuldrechtlichen Gestaltungsrechts und erfolge in der Regel gem. §§ 387, 388 BGB durch eine einseitige empfangsbedürftige Willenserklärung eines Schuldners, der zugleich Gläubiger seines Gläubigers sei. Danach sei die Aufrechnungserklärung eine Handlung, die der Erfüllung der eigenen Verbindlichkeit diene und gleichzeitig die Befriedigung der eigenen Forderung bewirke. Sie werde nicht aus einer hoheitlichen Position heraus abgegeben, ohne Rücksicht darauf, ob die Aufrechnung seitens des Bürgers oder seitens der Behörde erfolge und ob mit einer privatrechtlichen gegen eine öffentlich-rechtliche, mit einer öffentlich-rechtlichen gegen eine privatrechtliche oder mit einer öffentlich-rechtlichen gegen eine öffentlich-rechtliche Forderung aufgerechnet werde. Das Gericht sieht insoweit eine Ähnlichkeit zu einer Willenserklärung, mit der auf einer gleichgeordneten rechtlichen Ebene ein öffentlich-rechtlicher Vertrag geschlossen wird.

Schmidt hat in einer Stellungnahme zu dieser Entscheidung dem *BVerwG* vorgeworfen, sich "ohne Not" von weiten Teilen der übrigen Rechtsprechung und nicht zuletzt seiner eigenen früheren Rechtsprechung zu entfernen[19]. *Weidemann*[20] und *Schmidt*[21] sehen die angeführten Entscheidungen[22] des *BVerwG* als Beleg für die Auffassung an, die die behördliche Aufrechnungserklärung als Verwaltungsakt versteht.

Bei näherer Betrachtung läßt sich jedoch feststellen, daß in allen diesen Entscheidungen der Begriff "Aufrechnung" nicht verwendet wird[23]. In allen Entscheidungen geht es um die Einbehaltung zuviel gezahlter Bezüge, die mittels Bescheid geltend gemacht und durch Anfechtungsklage angegriffen wurde.

Die Entscheidungen stützen sich auf § 87 Abs. 2 BBG als Grundlage für die Rückforderung der Bezüge[24], bzw. befassen sich mit Fragen des Bereicherungs-

---

18 S. BVerwGE 66, S. 218 (220); dem folgend auch die Obergerichte s. *VGH Mannheim*, VBlBW 1991, 386 f.

19 Vgl. *Schmidt*, JuS 1984, 28 (32).

20 Vgl. *Weidemann*, DVBl. 1981, 113, Fn. 9.

21 Vgl. *Schmidt*, JuS 1984, S. 28 (32 m. Fn. 41).

22 S. BVerwGE 8 261; 11, 283; 13, 248.

23 Insoweit spricht *Schmidt*, s. o. Fn. 21, sogar von einem "Vermeiden" des Begriffs. Vgl. auch *Hermann*, S. 90 m. Fn 323.

24 S. BVerwGE 8, 261.

rechts[25] und § 87 Abs. 2 BBG i. V. m. § 98 Abs. 2 LBG NW[26], ohne daß auf eine Aufrechnung oder deren Einordnung ausdrücklich eingegangen wird[27]. Die Einordnung des Rückforderungsbescheides als Verwaltungsakt dürfte nicht anzugreifen sein - insoweit ist der Rechtsschutz über eine Anfechtungsklage zu erreichen, unabhängig davon ob man für den Rechtsschutz eine Anknüpfung an die Form oder an den Inhalt des Verwaltungshandelns befürwortet - für die Einordnung der Aufrechnungserklärung geben die Entscheidungen jedoch nichts her.

Zwar ist die Einbehaltung materiellrechtlich nur als Folge einer Aufrechnung möglich[28], damit ist aber noch keine Aussage zur Frage des Rechtscharakters der Aufrechnungserklärung als solcher getroffen. Es ließe sich anführen, daß insoweit "Einbehaltung" als "Aufrechnung" zu lesen sei, dennoch lassen sich die genannten Entscheidungen nicht als eindeutige Belege für die Auffassung anführen, die die Aufrechnungserklärung durch die Behörde als Verwaltungsakt ansieht.

Auch in einer frühen Entscheidung betreffend die Aufrechnung der Einfuhrstelle für Zucker mit Forderungen aus der Subventionierung von Zuckereinfuhren hat sich das *BVerwG* mit Fragen der Eröffnung des Verwaltungsrechtswegs und mit der Aufrechnung im öffentlichen Recht befaßt[29]. Dabei führt es aus, alle Maßnahmen der Einfuhrstelle, die der Herbeiführung des vom Gesetz erstrebten Erfolges dienen, insbesondere die Entscheidung über die Andienung und die Preisfestsetzung, seien dem öffentlichen Recht zugehörige Verwaltungsakte[30]. Es sei nicht einzusehen, wieso die Einfuhrstelle, die bis dahin kraft der ihr übertragenen Hoheitsbefugnisse auf öffentlich-rechtlichem Gebiet tätig war, sich für die Durchsetzung ihrer Ansprüche in eine gleichgeordnete Stelle verwandeln oder eine Doppelstellung einnehmen sollte, in der sie der Rechtsprechung durch die ordentlichen Gerichte unterworfen wäre. Danach soll der gesamte Vorgang einheitlich dem öffentlichen Recht zugeordnet sein.

---

25 Vgl. BVerwGE 11, 286.

26 Vgl. BVerwGE 13, 248.

27 Dies stellt nunmehr auch das BVerwG selbst fest, wenn es ausführt, diese Entscheidungen beträfen nicht Aufrechnungserklärungen für sich allein, ZBR 1986, 87 (88); s. auch *Hermann*, S. 90 m. Fn. 323.

28 In diesem Sinne auch *Schmidt*, JuS 1984, 28 (32 m. Fn. 40); s. dazu auch die Entscheidung des OVG Münster, ZBR 1966, S. 307 - u. S. 128 f.

29 S. BVerwG, Urt. v. 7.3.1958 Az. VII C 8/57, NJW 1958, (1107) 1108.

Insoweit könnte eine Einordnung der Aufrechnungserklärung als Verwaltungsakt gegeben sein. Ausdrücklich ist von der Aufrechnungserklärung in diesem Zusammenhang jedoch nicht die Rede. Wenn die Entscheidung gleichwohl als Beleg für eine Qualifizierung der Aufrechnungserklärung als Verwaltungsakt angeführt wird[31], könnte dies auf der Aussage in den Urteilsgründen beruhen, alle Maßnahmen der Einfuhrstelle seien Verwaltungsakte. In dieser Allgemeinheit wäre davon auch die Aufrechnungserklärung umfaßt. Es ist aber fraglich, ob die betreffende Passage der Entscheidung in diesem Sinne aufzufassen ist. Es geht um spezielle Maßnahmen in Zusammenhang mit dem Zuckergesetz. Der Schwerpunkt der Argumentation liegt im Bereich des Vorliegens eines einheitlich hoheitlichen Rechtsverhältnisses und nicht in der Qualifikation bestimmter Maßnahmen als Verwaltungakte. Soweit Maßnahmen ausdrücklich als Verwaltungsakte bezeichnet werden, ist von der Aufrechnung in diesem Zusammenhang nicht die Rede. Auch der genaue Wortlaut sowie der Kontext dieser Passage sprechen nicht für eine Einordnung der Aufrechnungserklärung als Verwaltungsakt. Es werden nämlich nicht ohne Differenzierung alle Maßnahmen der Einfuhrstelle als Verwaltungsakte bezeichnet, sondern nur solche, die der Herbeiführung des vom Gesetz erstrebten Erfolges dienen. Insoweit spricht gegen eine Einbeziehung der Aufrechnung, daß diese nicht unmittelbar eine Maßnahme nach dem Zuckergesetz darstellt, sondern nur mittelbar eine solche Maßnahmen durchsetzen soll, indem eine Forderung der Einfuhrstelle mittels Aufrechnung erfüllt wird. Rein formal liegt demnach keine Maßnahme nach dem Zuckergesetz, sondern eine Rechtsfigur des Zivilrechts vor, die auch im Verwaltungsrecht Anwendung findet. Diese Argumentation wird auch durch die Ausführungen des *BVerwG* untermauert, da das Gericht die Maßnahmen, die Verwaltungsakte darstellen, selbst näher umschreibt. Danach handelt es sich bei den Maßnahmen insbesondere um die Entscheidung über die Andienung und die Preisfestsetzung. Diese im einzelnen quasi regelbeispielhaft benannten Maßnahmen stellen aber solche aus dem unmittelbaren Anwendungs- und Regelungsbereich des Zuckergesetzes dar, insoweit verbietet sich schon von Wortlaut und Sinnzusammenhang dieser Aussage her eine Ausdehnung auf die nur mittelbaren Bezug zum Zuckergesetz aufweisende Aufrechnung.

Die fehlende Aussagekraft der Entscheidung für die Aufrechnungsproblematik kommt letztlich auch in der Anmerkung *Obermayer's* zu dieser Entscheidung zum Ausdruck, der konstatiert, daß es einer "näheren Überlegung wert gewesen wäre", durch welche Akte die Aufrechnung öffentlich-rechtlicher Ansprüche

---

30 Vgl. BVerwG, NJW 1958, (1107) 1109.

31 Vgl. *Hermann*, S. 90 f.

bewirkt wird[32]. *Obermayer* selbst führt aus, die Aufrechnung sei hier durch Verwaltungsakt erfolgt, da eine Einordnung als Willenserklärung nur auf der Ebene der Gleichordnung in Betracht komme, die aber nicht gegeben sei. Die Aufrechnung im Hoheitsverhältnis enthalte eine verbindliche Feststellung und sei deshalb Verwaltungsakt[33]. Allerdings läßt *Obermayer* offen, welche verbindliche Feststellung in der Aufrechnung durch die Behörde getroffen werde. Demnach läßt sich aus der Entscheidung des *BVerwG* weder eine Aussage zum Verwaltungsaktscharakter der Aufrechnungserklärung entnehmen, noch enthält die Anmerkung von *Obermayer*, der insoweit von einem Verwaltungsakt ausgeht, eine nähere Begründung.

Soweit der Entscheidung des *Bundesverwaltungsgerichts* BVerwGE 66, 218 vorgeworfen wird, das Gericht habe ohne Not Ansätze seiner früheren Rechtsprechung mißachtet[34], haben die obigen Ausführungen gezeigt, daß dies nicht, zumindest nicht explizit, der Fall ist. Auch soweit erklärt wird[35], das *Bundesverwaltungsgericht* habe sich in Widerspruch zu einer gefestigten Rechtsprechung benachbarter Obergerichte der Finanzgerichtsbarkeit und der Sozialgerichtsbarkeit gesetzt, ist zu differenzieren:

bb. Die Rechtsprechung des Bundesfinanzhofs

Der *BFH* hat in seiner früheren Rechtsprechung[36] die Auffassung vertreten, die Aufrechnung durch die Finanzbehörden innerhalb eines bestimmten Steuerschuldverhältnisses stelle einen Verwaltungsakt dar - als Begründung diente die öffentlich-rechtliche Natur des Steuerschuldverhältnisses und der daraus resultierenden Maßnahmen der Behörde als solcher öffentlich-rechtlicher und hoheitlicher Natur.

---

32 S. *Obermayer*, NJW 1958, 1107 f.

33 Vgl. *Obermayer*, NJW 1958, (1107) 1108.

34 S. *Schmidt*, JuS 1984, 28 (32).

35 So ausdrücklich *Schmidt*, s. o. Fn. 19.

36 Vgl. BFHE 88, 311; diese Rechtsprechung hat der Bundesfinanzhof später wiederholt bestätigt: StBL II 1968, 384 = BFHE 91, 518; BFHE 137, 146; 138, 308 u. NVwZ 1984, 199; dem folgend auch die Finanzgerichte, z. B. FG Hamburg, EFG 1983, S. 486 vgl. auch die Nachw. bei *Hermann*, S. 89 f., Fn. 313 ff.

In einer späteren Entscheidung[37] hat der *BFH* diese Rechtsprechung im Anschluß an *BVerwGE* 66, 218 ausdrücklich aufgegeben und die Aufrechnungserklärung im Steuerschuldverhältnis als rechtsgeschäftliche Willenserklärung angesehen. Zur Begründung wird ausgeführt, die Aufrechnungserklärung sei für sämtliche Aufrechnungsfälle gleich zu behandeln und auch das bürgerliche Recht gehe von der rechtlichen Gleichordnung im Fall der Aufrechnung aus. Die Finanzbehörden bedürften zur Durchsetzung ihrer Ansprüche aus dem Steuerschuldverhältnis im Wege der Aufrechnung darüberhinaus nicht der Rechtsfigur des Verwaltungsakts. Bei der Annahme eines Verwaltungsakts könnten die Rechtsfolgen der Aufrechnung nicht über die in § 389 BGB geregelten Gestaltungswirkungen hinausgehen. Selbst die Bestandskraft der Erklärung führte nicht zum verbindlichen Feststellen der Aufrechnungswirkung, da diese von den materiellen Voraussetzungen des § 387 BGB abhängig sei. Insofern entfalle der einem Verwaltungsakt gem. § 118 AO 1977 eigentümliche Regelungscharakter.

cc. Die Rechtsprechung der Oberverwaltungsgerichte

Das *OVG Münster*[38] hat in einer Entscheidung betreffend die in Form eines Bescheides erklärte Aufrechnung wegen Rückforderung überzahlter Dienstbezüge zunächst festgestellt, daß der Aufrechnungsbescheid als Verwaltungsakt zulässig war. Weiterhin wird ausgeführt, daß die Aufrechnung im Zivilrecht durch die Abgabe einer Erklärung ausgeübt wird, als deren Folge das Erlöschen der einander gegenüberstehenden Forderungen eintritt und daß diese privatrechtlichen Rechtswirkungen im entschiedenen Fall zweifelhaft seien, da den privatrechtlichen Erfordernissen im Hinblick auf Klarheit und Bestimmtheit der Aufrechnungserklärung u. U. nicht genügt sei.

Im konkreten Fall hat das *OVG Münster* diese Frage offen gelassen und die in dem Bescheid ebenfalls ausgesprochene Einbehaltung einzelner Raten vom Gehalt als eine eigenständige Regelung innerhalb des dienstrechtlichen Rechtsverhältnisses und mithin als eigenen Verwaltungsakt, neben der Erklärung der Aufrechnung, angesehen.

---

37 NVwZ 1987, 1119 = BFHE 149, 482; zu den Problemen, die sich im Hinblick auf den Verwaltungsaktscharakter für den Bereich des Steuerrechts aufgrund eines möglicherweise nach Aufhebung eines (rechtswidrigen) "Aufrechnungsverwaltungsakts" ergehenden Abrechnungsbescheids ergeben können, s. *Martens*, StuW 1989, 69 (71 ff.).

38 S. ZBR 1966, 307.

Somit enthält die Entscheidung des *OVG* zwar die Aussage, der Aufrechnungsbescheid sei ein Verwaltungsakt, sie setzt sich jedoch nicht weiter mit der Frage auseinander, ob auch bereits die Aufrechnungserklärung als solche einen Verwaltungsakt darstellt.

Bei seiner Entscheidung berücksichtigt das *OVG* nicht ausreichend, daß das Recht zur Einbehaltung bestimmter Teile der Bezüge nur als Folge einer Aufrechnung in Betracht kommt[39]. Ohne die Rechtswirkungen der Aufrechnung wäre die Erklärung, bestimmte Teile der Bezüge einzubehalten, rechtswidrig[40]. Die Aufrechnung ist jedoch zwingend an das Vorliegen einer Aufrechnungserklärung geknüpft (§ 388 BGB), so daß eine Aufrechnungswirkung ohne ebensolche Erklärung nicht eintreten kann. Diese Fragen müssen an dieser Stelle jedoch nicht vertieft werden. Für die hier angesprochene Problematik ist jedenfalls festzustellen, daß der Entscheidung des *OVG Münster* nicht zu entnehmen ist, die Aufrechnungserklärung stelle einen Verwaltungsakt dar.

In einer späteren Entscheidung hat das *OVG Münster* ausgeführt, daß jedenfalls dann ein Verwaltungsakts-Bescheid anzunehmen sei, wenn sich die Aufrechnung des Dienstherrn als Teil einer Gesamtregelung in Gestalt eines mit einer Rechtsmittelbelehrung versehenen förmlichen Verwaltungsakts darstellt, mit dem die Berechnung über das Ruhen der Übergangsgebührnisse und über die Rückforderung von Überzahlungen im Rahmen des Beamtenverhältnisses geregelt wird[41]. Ähnlich wie in der zuvor erörterten Entscheidung trägt die Argumentation eine Einordnung der Aufrechnungserklärung als Verwaltungsakt jedoch nicht.

Soweit das *OVG* neben der Aufrechnung noch andere Regelungen als Gegenstand des Bescheides ausmacht, vermag dies eine Einordnung als Verwaltungsakt insoweit zu rechtfertigen. Der Verwaltungsaktscharakter der Aufrechnungserklärung als solcher ergibt sich daraus jedoch noch nicht. Dies wird in der Entscheidung in dieser Form ausdrücklich auch gar nicht behauptet. Soweit das *OVG* auf die Feststellung der Aufrechnungswirkung als Regelungsinhalt abstellt, ist ebenso wie bei der zuvor erörterten Entscheidung festzustellen, daß die Aufrechnungswirkung nur als Folge einer Aufrechnung eintreten kann, die aber eine

---

39 So auch *Weidemann*, DVBl. 1981, 113 (114).

40 Dies erkennt auch das BVerwG, DÖV 1972, 573 (574).

41 Vgl. OVGE 30, 46 (49). Zum Verwaltungsaktcharakter der Anrechnung und der Zahlungsaufforderung vgl. auch die Entscheidung des OVG Münster, NVwZ-RR 1994, 414 ff. m. w. Nachw., in der der Verwaltungsaktcharakter einer im Erhebungsverfahren ergehenden Anrechnung ausdrücklich offen gelassen wird.

Aufrechnungserklärung voraussetzt. Über diese Aufrechnungserklärung hinaus ist, bei Vorliegen der weiteren Voraussetzungen der Aufrechnung, für den Eintritt der Aufrechnungswirkung keine besondere Feststellung mehr erforderlich[42]. Im Ergebnis liegt zwar eine ausdrückliche Aussage des Inhalts vor, die Aufrechnungserklärung stelle einen Verwaltungsakt dar, diese Aussage steht aber in Zusammenhang mit dem Vorliegen eines Bescheides, der eine Gesamtregelung zum Gegenstand hat.

Insoweit sind die einzelnen Aussagen des förmlichen Bescheides zu trennen[43]. Hierbei stellt beispielsweise die Frage der Einbehaltung der Dienstbezüge eine Regelung im Sinne des § 35 VwVfG dar, womit aber noch nicht zwingend eine Qualifikation der Aufrechnungserklärung als Regelung verbunden ist[44]. Wenn die Behörde im Rahmen eines Verwaltungsakts auf die Aufrechnungswirkung abstellt, kann darin auch eine konkludente Aufrechnungserklärung zu sehen sein, so daß bei Vorliegen der übrigen Voraussetzungen die Aufrechnungswirkung nicht an der fehlenden ausdrücklichen Aufrechnungserklärung scheitern muß. In der "Feststellung" der Aufrechnungswirkung ist möglicherweise die Aufrechnungserklärung enthalten, so daß die daran anknüpfende Einbehaltung der Bezüge rechtmäßig sein kann. Eine Charakterisierung der Aufrechnungserklärung als Verwaltungsakt läßt sich aus der Nähe zu einem förmlichen Bescheid allein jedoch nicht herleiten.

Der *HessVGH* hat dagegen in einem vergleichbaren Fall, der ebenfalls die Überzahlung und Einbehaltung von Dienstbezügen zum Gegenstand hatte, festgestellt, daß die Aufrechnung keinen Verwaltungsakt darstelle. Es bedürfe keiner die Rückzahlungspflicht konkretisierenden Regelung durch Verwaltungsakt, da die Aufrechnung - anders als ein Leistungsbescheid - keinen Leistungsbefehl

---

42 So auch *Hermann*, S. 93.

43 Dies wird vom OVG nicht ausdrücklich deutlich gemacht; in der Sache unterscheidet das OVG dennoch zwischen den einzelnen Regelungsinhalten, wenn es nämlich ausführt, daß die rechtlichen Wirkungen der Aufrechnung sich nach den §§ 387 ff. BGB richteten (OVGE 30, 46 (49)).

44 Diese Trennung einzelner Teile des Bescheides ist auch in anderem Zusammenhang nicht ungewöhnlich, wenn beispielsweise im Rahmen einer Anfechtungsklage gegen einen belastenden Verwaltungsakt mit Zwangsmittelandrohung die Rechtmäßigkeit dieser selbständig überprüft werden kann oder die Zwangsmittelandrohung sogar selbständig angefochten werden kann. Insoweit wird in der Androhung ein eigenständiger Verwaltungsakt gesehen. (Vgl. dazu *Schenke*, Polizeirecht, Rz. 190 ff.) In diesen Fällen liegen ebenfalls mehrere Aussagen der Behörde vor, die lediglich in einem förmlichen Bescheid zusammengefaßt wurden, ohne daß die Zusammenfassung als solche ursächlich für die rechtliche Einordnung der Maßnahmen ist.

enthalte. Insoweit sei die Aufrechnung der bürgerlich-rechtlichen Aufrechnung vergleichbar[45].

In einer neueren Entscheidung, unmittelbar die Geltendmachung eines Zurückbehaltungsrechts betreffend, hat das *OVG Nordrhein-Westfalen* nunmehr festgestellt, das Zurückbehaltungsrecht werde ähnlich einer Aufrechnung nicht aus einer hoheitlichen Position abgegeben, sondern ergehe auf einer gleichgeordneten Ebene als öffentlich-rechtliche Willenserklärung[46].

Das *OVG Rheinland-Pfalz* hingegen hat die Aufrechnungserklärung durch den Dienstherrn im Beamtenverhältnis ausdrücklich als Verwaltungsakt bezeichnet[47]. Die Regelungsfunktion liege nicht in der Tilgung der sich gegenüberstehenden Forderungen und auch nicht in der einer Erklärung der Aufrechnung zugleich liegenden Feststellung, daß der Behörde die Forderung, mit der sie aufrechne, zustehe, sondern in der in der Aufrechnungserklärung zu sehenden Entscheidung des Dienstherrn darüber, nunmehr gegen den Beamten vorzugehen und von dem Institut der Aufrechnung in bestimmter Höhe Gebrauch zu machen. Darin liege eine unmittelbare Regelung dienstrechtlicher Beziehungen.

Dagegen hat *Vallendar*[48] eingewandt, daß allein aus der Tatsache, daß bei einer das Dienstverhältnis betreffenden Entscheidung der Dienstherr Ermessen ausgeübt hat, noch nicht auf die Rechtsnatur der daraufhin getroffenen Entscheidung geschlossen werden könne, da auch einem Realakt eine Ermessensentscheidung zugrunde liegen könne.

Die Argumentation der Entscheidung des *OVG Rheinland-Pfalz* wird durch ein Urteil des *Bundesverwaltungsgerichts*[49] zu einer parallelen Problematik teil-

---

45 S. ESVGH 27, 159.

46 S. OVG Nordrhein-Westfalen, DÖV 1983, 1023 (1024).

47 Vgl. VerwRspr. 22, Nr. 100, 409 ff.

48 Vgl. DÖD 1973, 53; unter Verweis auf BVerwGE 35, 225, (226 f).

49 S. E 31, 301, 307 (Erteilung einer Auskunft über Informanten des Verfassungsschutzes) = DVBl. 1969, S. 700 ff. m Anm. *Bettermann*; s. auch BayVGH, NJW 1984, S. 2234 ,2235 = BayVBl. 1984, S. 272, 273 (Entscheidung über Vernichtung der Kriminalakte). Hier wird zum Teil in der Ablehnung des Anspruchs ein Verwaltungsakt gesehen, vgl. *Bettermann*, DVBl. 1969, S. 704, der in der Entscheidung über den Erteilungsantrag (der Auskunft) liegen soll. Dies dürfte jedoch zu weitgehend sein, da bei jeder behördlichen Handlung oder Maßnahme eine Entscheidung über das "ob" vorausgeht (vgl auch Fn. 51 f.). Fraglich ist bei diesen Entscheidungen das Vorliegen einer Regelung im Sinne des § 35 VwVfG als auf Herbeiführen einer Rechtsfolge gerichtet. Darüberhinaus führt das Bejahen eines Verwaltungsakts in diesen Fällen im Gegensatz zum früheren Rechtszustand, wo erst mit Bejahung der Verwaltungsaktsei-

weise bestätigt. Diese Entscheidung ist in der Literatur kritisiert worden[50] und auch gegen die Entscheidung des *OVG Rheinland-Pfalz* sind gleichartige Argumente vorzubringen:

So hat *Weidemann*[51] sich gegen die mit dieser Auffassung einhergehende Verwischung des Unterschieds zwischen tatsächlichen, geschäftsähnlichen und rechtsgeschäftlichen Handlungen ausgesprochen: Es entspreche der "ontologischen Struktur jeder Handlung, daß ihrer Vornahme die Zwecksetzung und Entscheidung über das 'Ob' und 'Wie' vorausgehe"[52].

Folgt man der Argumentation des *OVG Rheinland-Pfalz*, wonach die zu einer Handlung gehörende Entscheidung das Wesensmerkmal der Regelung i. S. d. § 35 VwVfG erfüllt, hat dies zur Folge, daß jede behördliche Maßnahme mit dieser Begründung als Verwaltungsakt einzustufen wäre[53] und die Vorschrift des § 35 VwVfG jeden einschränkenden Charakter verlöre.

Demnach läßt sich auch aus dieser, die Verwaltungsaktseigenschaft der Aufrechnungserklärung bejahenden Entscheidung, keine dogmatisch befriedigende Aussage im Hinblick auf den Rechtscharakter der behördlichen Aufrechnungserklärung entnehmen.

Der *BayVGH* hingegen stellte in einer Entscheidung betreffend die Aufrechnung einer Behörde mit einer privatrechtlichen Schadensersatzforderung fest, daß in der Aufrechnungserklärung und deren Vollzug kein Verwaltungsakt liege[54]. Diese Entscheidung ist jedoch innerhalb der hier untersuchten Problematik nicht sehr aussagekräftig, weil sie einerseits die Aufrechnung mit einer privatrechtlichen Forderung betrifft und schon aus diesem Grund die Verwaltungsaktseigen-

---

genschaft ein Rechtsschutz des Bürgers möglich wurde, u. U. zu einer Benachteiligung, da ein Verwaltungsakt bestandskräftig werden und nur innerhalb bestimmter Fristen angegriffen werden kann. Vor dem Hintergrund der Möglichkeit einer allgemeinen Leistungsklage besteht nunmehr für eine solcherart motivierte Ausdehnung des Verwaltungsaktsbegriffs kein Bedürfnis mehr - vgl. dazu auch *Schenke*, Fälle, S. 116; zur Unabhängigkeit eines Rechtsschutzes von der Rechtsnatur des Verwaltungshandelns s. auch BVerwGE 77, 268 (274 f.).

50 S. *Schenke*, Polizeirecht, Rz. 47, (S. 198).

51 S. DVBl. 1981, 113 (114).

52 Ähnlich auch *Glose*, DÖV 1990, 146 (148) u. *Hermann*, S. 94.

53 So auch *Weidemann*, DVBl. 1981, 113 (114); dies hat auch bereits der *HessVGH* in der oben angesprochenen Entscheidung, ESVGH 27, 159, ebenfalls in der hier vertretenen Weise gesehen.

54 Vgl. ZBR 1969, 225 (227).

schaft der Aufrechnungserklärung mangels fehlendem öffentlich-rechtlichem Bezug ausscheidet und andererseits die Charakterisierung einer diesbezüglichen Aufrechnungserklärung als privatrechtliche Willenserklärung nicht umstritten ist[55].

dd. Die Rechtsprechung der Sozialgerichte

Das *Bundessozialgericht* hat in mehreren Entscheidungen in Zusammenhang mit der behördlichen Aufrechnung das Vorliegen eines Verwaltungsakts bejaht[56], z. T. unter Hinweis auf die Regelung des § 31 SBG X, die inhaltsgleich mit § 35 VwVfG den Verwaltungsakt definiert. Diese Entscheidungen setzen sich mit der Frage der Verwaltungsaktsqualität der Aufrechnungserklärung jedoch nicht näher auseinander. Als Begründung wird hier lediglich angeführt, die Aufrechnung habe sich im öffentlichen Recht durch Verwaltungsakt zu vollziehen, da sie in die Rechtsposition des Betroffenen eingreife[57]. Gegen diese Begründung ist einzuwenden, daß sie Fragen der Rechtsnatur und der Rechtmäßigkeit einer Maßnahme vermengt. Die in dieser Argumentation auftauchende Lehre vom Vorbehalt des Gesetzes besagt jedoch lediglich, daß Eingriffe in Rechtspositionen des Betroffenen einer gesetzlichen Grundlage bedürfen. Es gibt aber keinen allgemeinen Grundsatz, daß Eingriffe dieser Art immer durch Verwaltungsakt erfolgen müssen, dies bezeugt schon die Existenz des Realakts, der ebenfalls in Rechtspositionen des Bürgers eingreifen kann. Für die Rechtmäßigkeit einer solchen Maßnahme ist eine gesetzliche Grundlage erforderlich - es liegt aber keineswegs automatisch ein Verwaltungsakt vor. Mit den Definitionsmerkmalen des Verwaltungsakts setzt sich das *BSG* jedoch nicht weiter auseinander[58].

---

55 Vgl. *Hermann*, S. 92.

56 So das BSG in st. Rspr. vgl. SoZR 3- 1200 § 52 SGB 1 Nr. 1; BSGE 64, 17; ohne ausdr. Qualifizierung als Verwaltungsakt BSGE 53, 208; 32, 56.

57 Vgl. BSGE 64, 17 (22).

58 Auch die Stellungnahmen in der sozialrechtlichen Kommentarliteratur qualifizieren die Aufrechnungserklärung als Verwaltungsakt, ohne jedoch auf die Definitionsmerkmale näher einzugehen: *Hauck*, SGB I, Allgemeiner Teil, § 51 Rz. 5 unter Hinweis auf § 31 SGB X; *Grüner*, SGB, § 51, IV; *Peters*, Sozialgesetzbuch-Allgemeiner Teil, § 51, 4. ; einschr. *Heinze*, in: Bochumer Kommentar zum SGB, § 51 Rz. 13: konstitutiver Verwaltungsakt, wenn der Leistungsträger mit seiner Erklärung gegen eine öffentlich-rechtliche Geldforderung aufrechnet, ansonsten einseitige empfangsbedürftige Willenserklärung.

b. Den Verwaltungsaktscharakter bejahende Stellungnahmen der Literatur

In diesem Zusammenhang ist von großer Bedeutung, den Untersuchungsgegenstand nochmals genau herauszustellen. Es geht um die Frage der Verwaltungsaktsqualität der behördlichen Aufrechnungserklärung. Dies ist von einer irgendwie gearteten anderen behördlichen Regelung, die als Verwaltungsakt ergehen kann, abzugrenzen. Diese Abgrenzung ist insbesondere dann notwendig, wenn diese anderen Regelungen mit der Aufrechnungserklärung verbunden werden. In diesen Fällen ist es bereits ansatzmäßig verfehlt, für die Einordnung der Aufrechnungserklärung als Verwaltungsakt auf die Regelungswirkung der mit der Aufrechnung verbundenen Maßnahme abzustellen[59].

Wie bereits angesprochen, reicht das Vorhandensein einer einseitig hoheitlichen Maßnahme nicht aus, um die Definition des Verwaltungsakts zu erfüllen, da hierfür das Hinzutreten einer Regelung notwendig ist[60].

Diese Vernachlässigung einzelner Definitionsmerkmale des Verwaltungsakts sucht *Buhmann* zu vermeiden, indem er die problematischen Merkmale genauer untersucht. Die Regelung der Aufrechnungserklärung sieht er dabei in der verbindlichen Entscheidung darüber, wann, wie und welche Forderung getilgt werde[61]. Insoweit drängt sich eine Parallele zur bereits erwähnten Rechtsprechung des *OVG Rheinland-Pfalz* und des *BVerwG* (vgl. o. S. 131 ff.) und den

---

59 Insoweit *spricht Ebsen*, DÖV 1982, 389 (394 ff.), davon, die Kontroverse um die Rechtsnatur der behördlichen Aufrechnungserklärung lasse sich "größtenteils als Scheinproblem auflösen".

60 Zumindest für den Bereich des Steuerrechts geht *Forsthoff*, Lehrbuch des Verwaltungsrechts Bd. 1, S. 284 m. Fn. 1 unter Bezugnahme auf steuerrechtliche Literatur aber davon aus, die Aufrechnungserklärung der Behörde sei nicht als rechtsgeschäftlicher, sondern als einseitig hoheitlicher Akt zu bewerten. Hierzu vergleichbar auch die Ausgrenzung der Aufrechnungserklärung aus dem Begriffsfeld des Verwaltungsakts bei privatrechtlicher Tätigkeit der Behörde und Handeln in Formen des Privatrechts bei *Achterberg*, Allgemeines Verwaltungsrecht, § 20 Rz. 63. Ähnlich: *Maurer*, Allgemeines Verwaltungsrecht, § 17 Rz. 1, S. 392 u. *Milatz*, Inf. 1984, S.101, der von einer Aufrechnung der Steuerbehörde durch Verwaltungsakt ausgeht, wenn zwei öffentlich-rechtliche Forderungen einander gegenüberstehen und auf die öffentlich-rechtliche und hoheitliche Natur des Steuerschuldverhältnisses abstellt. Alle diese Auffassungen messen dem Merkmal der hoheitlichen Tätigkeit für die Frage des Verwaltungsaktscharakters insoweit eine zu große Bedeutung bei, weil es sich um eine zwar notwendige aber nicht hinreichende Bedingung handelt.

61 S. MDR 1984, 983 (985); dahin tendierend bereits *Obermayer*, NJW 1958, 1107 (1109) (vgl. o. S. 127).

dort genannten Gegenargumenten auf. Die Argumentation *Buhmanns* wird auch nicht durch seinen Hinweis darauf schlüssig, im Fall des Gegenübertretens mehrerer Forderungen werde verbindlich festgelegt, welche Forderung getilgt werden soll. *Buhmann* selbst verweist in diesem Zusammenhang auf die Vorschrift des § 396 Abs. 1 BGB, die die Bestimmung der jeweiligen Forderung regelt. Daraus folgt aber auch das entsprechende Recht des Bürgers im umgekehrten Fall. Diese Regelung ist aus dem systematischen Zusammenhang der Aufrechnung heraus zu verstehen und eröffnet keinen Anwendungsbereich für gleichgelagerte verbindliche Feststellungen hoheitlicher Natur[62]. Die Frage, inwieweit in einem Leistungsbescheid ein Verwaltungsakt zu sehen ist[63], vermag jedoch für die Einordnung der Aufrechnungserklärung nichts beizutragen.

Soweit *Buhmann*[64] in den Fällen einer durch Verwaltungsakt begründeten Forderung aus dem durch die hoheitliche Forderung begründeten Verhältnis der Beteiligten ableiten will, daß in diesem Fall auch die Aufrechnung als Verwaltungsakt zu qualifizieren sei, vermag dies nicht zu überzeugen. Er führt aus, ein durch hoheitlichen Akt begründetes Rechtsverhältnis sei bis zu seinem Ende als hoheitlich anzusehen - die Aufrechnung stelle als Erfüllungssurrogat eine Form der Beendigung des Rechtsverhältnisses dar und führe als hoheitlicher Akt zum Erlöschen der Forderung.

Dagegen läßt sich anführen, daß durch diese Auffassung nicht ausreichend berücksichtigt wird, daß die Aufrechnung als Erfüllungssurrogat nicht zur Beendigung des durch die Forderung begründeten Rechtsverhältnisses führt, sondern lediglich, ebenso wie bei der Erfüllung, der Leistungsanspruch erlischt, der Verwaltungsakt jedoch als Rechtsgrund für die erhaltene Leistung von Bedeutung ist[65] - jedenfalls soweit die Voraussetzungen der Aufrechnung vorliegen. Von einer Beendigung des durch Verwaltungsakt begründeten Leistungsverhältnisses im Sinne einer actus contrarius Argumentation kann daher wohl nicht gesprochen werden.

Gegen die Bejahung einer Verwaltungsaktseigenschaft der Aufrechnungserklärung allein mit dem Hinweis, das Rechtsverhältnis sei durch Verwaltungsakt begründet worden, spricht auch folgender Gesichtspunkt. Erfüllung und Erfüllungssurrogat sind in den Vorschriften des BGB geregelt. Dies führt dazu, daß

---

62 Wie hier auch *Hermann*, S. 104 m. Fn. 412.

63 Vgl. *Buhmann*, MDR 1984, 983 (985).

64 S. MDR 1984, 983 (986).

65 So schon *Menger*, VerwArch. 52 (1961) 92 (107).

auch innerhalb eines Subordinationsverhältnisses des öffentlichen Rechts sich die Aufrechnung auf der Ebene der Gleichordnung und mithin nicht durch Verwaltungsakt vollzieht, solange nicht eine gesetzliche Regelung auf einen Verwaltungsakt hindeutet, bzw. nach allgemeiner Definition ein Verwaltungsakt vorliegt. Allein die Tatsache, daß eine behördliche Maßnahme einen Verwaltungsakt darstellt, führt nicht ohne weiteres zur Verwaltungsaktseigenschaft anderer behördlicher Maßnahmen, auch wenn ein enger Zusammenhang zwischen ihnen besteht. Etwas anderes würde dann gelten, wenn es sich nur um eine einzige Maßnahme handelte, die die Merkmale des Verwaltungsakts aufweist - davon geht jedoch auch *Buhmann* nicht aus. Die Tatsache eines hoheitlich begründeten Rechtsverhältnisses schließt, für sich allein genommen, ebenfalls noch nicht aus, daß einzelne Maßnahmen auf der Ebene der Gleichordnung ergehen. Dafür spricht schließlich auch die Existenz des öffentlich-rechtlichen Vertrages, die verdeutlicht, daß sich Handeln mit hoheitlichem Bezug und Maßnahmen auf der Ebene der Gleichordnung nicht ausschließen. Somit ist die Bejahung der Verwaltungsaktseigenschaft der Aufrechnungserklärung mit der von *Buhmann* vorgebrachten Argumentation nicht überzeugend.

Weidemann lehnt zunächst die Verwaltungsaktseigenschaft der Aufrechnungserklärung ab, da die Gestaltungswirkung einer Aufrechnung nicht als Ausprägung einer Regelung im Sinne des § 35 VwVfG aufgefaßt werden könne. Diese Regelungswirkung trete kraft Gesetzes und nicht infolge der Gestaltungswirkung der Rechtsform Verwaltungsakt ein[66]. Etwas anderes gelte aber dann, wenn die Behörde eine einseitig verbindliche Entscheidung erlassen wollte, um dadurch die Rechtsfolge "Verbindlichkeit" herbeizuführen. Hier sei die Form des feststellenden Verwaltungsakts gegeben, wenn der Wille der Behörde, trotz eventuellen Nichtbestehens der Gegenforderung eine verbindliche Feststellung über das Erlöschen der Hauptforderung zu treffen, aus der gewählten Regelungsform Verwaltungsakt zum Ausdruck komme[67]. Diese Argumentation erscheint angreifbar. Es wird nicht ausreichend zwischen den Merkmalen des Verwaltungsakts und dessen äußerer Form unterschieden, sondern auf den Willen der Behörde abgestellt, die Rechtsfolgen des Verwaltungsakts, nämlich die Verbindlichkeit, herbeizuführen. Hier liegt die Gefahr eines Zirkelschlusses: Weil die Behörde die Folgen des Verwaltungsakts herbeiführen will, soll eine Maßnahme der Verwaltung Verwaltungsakt sein. An sich gilt: Die dem Verwaltungsakt eigentümlichen Rechtsfolgen treten ein, wenn es sich materiell um einen Verwaltungsakt handelt. Die Rechtsfolgen sind an die Rechtsnatur geknüpft, die von

---

66 Vgl. *Weidemann*, DVBl. 1981, 113 (115).

67 S. *Weidemann*, DVBl. 1981, 113 (116).

der äußeren Form zu unterscheiden ist. Allein der Wille, diese Rechtsfolgen herbeizuführen, kann insoweit für eine Qualifizierung der entsprechenden Maßnahme nicht ausschlaggebend sein[68]. Bezogen auf die Problematik der Aufrechnung bedeutet dies, die Aufrechnungswirkung tritt kraft Gesetzes ein und nicht als Regelungswirkung der Rechtsform Verwaltungsakt. Für eine verbindliche Feststellung der Aufrechnungswirkung unabhängig von dem Eintritt der Aufrechnungswirkung kraft Gesetzes ist im Rahmen der Aufrechnung kein Raum, da dies insoweit sämtliche besonderen Tatbestandsvoraussetzungen der Aufrechnung überflüssig machen würde[69].

Schmidt bejaht die Rechtsnatur der Aufrechnungserklärung als Verwaltungsakt unter dem Hinweis auf ihre Funktion als Vollstreckungssurrogat. Die Vollstrekkung vollziehe sich, im Gegensatz zur Erfüllung, stets im hoheitlichen Rechtsverhältnis zwischen Vollstreckungsbehörde und Vollstreckungsschuldner. Ein durch hoheitliche Maßnahme begründetes Verwaltungsrechtsverhältnis könne von der Behörde aber nur hoheitlich beendet werden. Folglich soll die Aufrechnungserklärung immer dann Verwaltungsakt sein, wenn die Behörde mit einer in einem Leistungsbescheid konkretisierten Gegenforderung aufrechnet[70]. Dagegen sei sie kein Verwaltungsakt, wenn die Behörde mit einer auf der Ebene der Gleichordnung begründeten Forderung aufrechne[71]. Diese Differenzierung nach der zugrundeliegenden Gegenforderung und der diese begründenden Maßnahme ist nicht überzeugend. Es wird nicht deutlich, wieso sich der Rechtscharakter der Aufrechnungserklärung ändern soll, je nachdem ob die Gegenforderung durch Verwaltungsakt begründet wurde oder nicht. Insoweit lassen sich dieselben Einwände wie schon oben gegen *Buhmann* vorbringen[72]. Auch soweit *Schmidt* ausdrücklich auf die Funktion der Aufrechnung als Vollziehungssurrogat hinweist, vermag dies nicht den Verwaltungsaktscharakter der Aufrechnungserklä-

---

68 Vgl. hierzu ausf. *Schenke*, NVwZ 1990, 1009 (1013 ff.), wonach Rechtsform und Rechtmäßigkeit des Verwaltungsakts stets zu trennen sind. Entgegen *Maurer*, Allgemeines Verwaltungsrecht, § 10, 2 c (S. 222), ist allein die äußere Form des behördlichen Handelns auch für die Art des Rechtsschutzes nicht von Bedeutung, da sich der Rechtsschutz nach der Rechtsnatur der behördlichen Maßnahme bestimmt, vgl. hierzu *Schenke*, NVwZ 1990, 1009 (1016 ff.); *ders.*, Verwaltungsprozeßrecht, Rz. 233.

69 Die Meinung *Weidemanns* weist gewisse Parallelen zur Ansicht von *Obermayer*, NJW 1958, 1107 (1108 f.), vgl. o. S. 127, auf.

70 S. *Schmidt*, JuS 1984, 28 (33).

71 Insoweit sind Parallelen zur Argumentation von *Buhmann*, MDR 1984, 983 (983 ff.), vorhanden (s. o. S. 134 ff.).

72 S. o. S. 134 ff.

rung zu begründen. *Schmidt* geht hier, ohne dies näher zu begründen, von einer hoheitlichen Vollziehung aus, die sich als Verwaltungsakt darstelle. Zwar ist ihm insoweit zuzustimmen, als Maßnahmen in der Verwaltungsvollstreckung sich als Verwaltungsakte darstellen können[73], jedoch läßt dies noch keine weiteren Schlüsse für die Aufrechnungserklärung zu. Hier ist schon die Prämisse fraglich, ob es sich um eine Maßnahme der Verwaltungsvollstreckung handelt. Zwar hat die Aufrechnung nicht nur Funktionen als Erfüllungssurrogat, sondern wegen der ihr innewohnenden Möglichkeit der Selbstexekution auch zur Sicherung der eigenen Forderung[74], dies macht sie aber noch nicht zu einer Maßnahme der Verwaltungsvollstreckung[75]. Insoweit bleibt auch hier die bürgerlich-rechtliche Natur des Rechtsinstituts bestimmend. Bereits im Zivilrecht ist der Vollstreckungscharakter der Aufrechnung angelegt und es ist nicht ersichtlich, wieso sich dieser, über die Bedeutung des Zivilrechts hinaus, in eine hoheitliche Verwaltungsvollstreckung transformieren soll, nur weil die Forderung durch Verwaltungsakt begründet wurde. Selbstverständlich kann die Behörde in einem solchen Fall Maßnahmen der Verwaltungsvollstreckung einleiten (unter den weiteren Vollstreckungsvoraussetzungen), wählt sie jedoch die zivilrechtlich strukturierte Form der Aufrechnung, so stellt dies gerade keine hoheitliche Verwaltungsvollstreckung dar, denn diese "Vollstreckung" vollzieht sich genau in der Art, wie sie sich auch im Fall der Aufrechnung durch den Bürger vollzieht, ohne daß eine Differenzierung einträte - auch aus diesem Grund ist in der behördlichen Aufrechnung keine Maßnahme der Verwaltungsvollstreckung zu sehen[76]. Selbst wenn man anderer Auffassung wäre, führte die Qualifikation der Aufrechnung als Verwaltungsvollstreckungsmaßnahme nicht automatisch zum Vorliegen eines Verwaltungsakts, weil nicht alle Maßnahmen der Verwal-

---

73 Vgl. *Stelkens/Bonk/Sachs*, VwVfG, § 35 Rz. 50, dazu auch *Schenke/Baumeister*, NVwZ 1993, 1 (8).

74 Vgl. *Burmester*, S. 15 ff. m. w. Nachw.; s. a. oben S. 11 f.

75 So auch BVerwGE 66, 218 (222).

76 Davon zu trennen ist die Frage der Verwaltungsaktseigenschaft der Aufrechnungserklärung, die damit noch nicht beantwortet ist. *Ehlers*, Jus 1990, 777 (778), verneint mit dem Hinweis darauf, auch der Bürger könne die Aufrechnung erklären, die Verwaltungsaktseigenschaft der Aufrechnungserklärung, was so jedoch nicht zwingend ist, weil der Verwaltungsakt gerade auch durch die "Person" des Handelnden definiert wird (s. u. S. 141). Nur wenn eine Behörde handelt, kann ein Verwaltungsakt vorliegen (von den Ausnahmen in Form des Beliehenen abgesehen), damit ist aber ein Umkehrschluß in der Form, ein Verwaltungsakt könne nicht vorliegen, weil auch der Bürger aufrechnen könne, nicht zwingend. Etwas anderes gilt für die Frage der Verwaltungsvollstreckung. Eine Maßnahme, die in gleicher Weise von Behörde und Bürger getroffen werden kann, kann nicht eine solche der Verwaltungsvollstreckung sein, da der Bürger diese Vollstreckungsmöglichkeit nicht hat.

tungsvollstreckung Verwaltungsakte darstellen[77], was insoweit von *Schmidt* nicht berücksichtigt wird.

3. Die Aufrechnungserklärung als öffentlich-rechtliche Willenserklärung

Die Aufrechnungserklärung wird überwiegend als öffentlich-rechtliche Willenserklärung eingeordnet[78]. Teilweise wird die Ablehnung des Verwaltungsakts damit begründet, die Aufrechnung stelle die Ausübung eines schuldrechtlichen Gestaltungsrechts dar und erfolge durch einseitige, empfangsbedürftige Willenserklärung und nicht aus einer hoheitlichen Position heraus, sondern auf der Ebene der Gleichordnung[79]. Zum Teil wird auf die fehlende Regelungswirkung der Aufrechnungserklärung abgestellt[80], bzw. angeführt, die Aufrechnungserklärung bedürfe als Verwaltungsakt einer Ermächtigungsgrundlage, deren Fehlen zur Rechtswidrigkeit des Verwaltungsakts führte, was gegen die Qualifizierung als Verwaltungsakt spreche[81]. Die jeweiligen Begründungen sollen im folgenden näher untersucht werden:

---

77 Vgl. *Stelkens/Bonk/Sachs*, VwVfG, § 35 Rz. 50.

78 Vgl. BVerwGE 66, 218 (220); BVerwG, DVBl. 1986, 146; BFH, NVwZ 1987, 1118 (1119 f.); BB 1990, 1404, 1405; VGH Mannheim, VBlBW 1991, 386 f.; *Ehlers*, JuS 1990, 777 (781) u. *ders.*, NVwZ 1983, 446; *Glose*, DÖV 1990, 146 (147); *Herdegen*, VBlBW 1984, 193; *Appel*, BayVBl. 1983, 201 ff.; *Pietzner*, VerwArch. 73 (1982), 453 (453 ff.); *Ebsen*, DÖV 1982, 389 (389 ff.); *Weidemann*, DVBl. 1981, 113; *Kröger/Jakobs*, JA 1981, 266 (266 f.); *Lüke/Huppert*, JuS 1971, 165 (171); *Neupert*, JuS 1978, 825 (826); *Krause*, S. 231 f.; *Vallendar*, DÖD 1973, 52 (53); wohl auch *Obermayer*, VwVfG, § 1 Rz. 36; *Stelkens/Bonk/Sachs*, VwVfG, § 35 Rz. 46, § 44 Rz.19; *Henneke*, in: *Knack/Busch*, VwVfG, § 35 Rz. 4.4, der jedoch aus der Rechtswidrigkeit einer Verwaltungsakt-Aufrechnung auf die Rechtsnatur schließt; *Kopp*, VwVfG, § 35 Rz. 35; *Eyermann/Fröhler*, VwGO, § 40 Rz. 25; *Schenke*, Verwaltungsprozeßrecht, Rz. 194; *Wolff/Bachof/Stober*, Verwaltungsrecht I, § 55 Rz. 47; *Maurer*, Allgemeines Verwaltungsrecht, § 9 Rz. 10 (S. 170); *Pietzner/Ronellenfitsch*, § 54 Rz. 19 Fn. 68; *Schweickhardt*, Allgemeines Verwaltungsrechts, Rz. 308; *Achterberg*, Allgemeines Verwaltungsrecht, § 21 Rz. 63, allerdings nur für Erklärungen im Rahmen der privatrechtlichen Tätigkeit.

79 So BVerwGE 66, 218 (220).

80 So *Ehlers*, JuS 1990, 777; *Ebsen*, DÖV 1982, 389 (394 ff.) m. w. Nachw.

81 Vgl. *Ehlers*, JuS 1990, 777 (778); *ders.*, NVwZ 1983, 446 (448), ähnlich *Knack/Henneke*, VwVfG, § 35 Rz. 4.4.

a. Ausschluß des Verwaltungsakts wegen fehlender Befugnis der Behörde zum Erlaß?

Häufig findet sich die Aussage, gegen eine Aufrechnung durch Verwaltungsakt spreche, daß die Behörde zum Erlaß eines solchen Verwaltungsakts nicht befugt sei[82] oder daß für einen solchen Verwaltungsakt die gesetzliche Grundlage fehle[83].

Mit einer solchen Argumentation werden jedoch zwei verschiedene Gesichtspunkte vermengt. Die Frage der Rechtsnatur einer Maßnahme ist von der nach ihrer Rechtmäßigkeit zu unterscheiden. Auch der rechtswidrige Verwaltungsakt verliert durch die Rechtswidrigkeit nicht die Verwaltungsaktseigenschaft. Die Überlegung, die Behörde wolle eine rechtmäßige Maßnahme treffen, vermag nur in den Fällen weiterzuhelfen, in denen die Rechtsnatur einer behördlichen Maßnahme unklar ist, jedoch verschiedene Einstufungen in Betracht kommen. Diese Einschränkung bedeutet aber nichts anderes, als daß die Maßnahme ihrem objektiven Charakter nach nicht eindeutig zuzuordnen ist. In solchen Fällen kann in Art einer Zweifelsregelung davon ausgegangen werden, die Behörde habe die zulässige Handlungsform wählen wollen. Diese Zweifelsregelung entbindet demnach nicht davon, den objektiven Charakter einer behördlichen Maßnahme zu bestimmen[84]. Rechtsnatur und Rechtmäßigkeit einer Maßnahme sind danach zu trennen - gegenseitige Rückschlüsse sind nur in Ausnahmefällen möglich[85]. Ein solcher Ausnahmefall kann für die Aufrechnungserklärung erst dann diskutiert werden, wenn der objektive Charakter der Aufrechnungserklärung auch eine Einordnung als Verwaltungsakt zuläßt. Darüberhinaus ist zu beachten, daß eine Aufrechnungserklärung als Verwaltungsakt einer Rechtsgrundlage bedürfte. Ein Umstand, dem wegen der Unterscheidung von Rechtsnatur und Rechtmäßigkeit zwar keine allein ausschlaggebende Bedeutung zukommt, der aber bei

---

82 Vgl. *Ehlers*, JuS 1990, 777 (778); *ders.* NVwZ 1983, 446 (448).

83 So *Knack/Henneke*, VwVfG, § 35 Rz. 4.4.

84 Auch *Ehlers*, JuS 1990, 777 (779) spricht insoweit von der Aufrechnungserklärung als verwaltungsrechtlicher Willenserklärung nach der objektiven Rechtsordnung.

85 Zur Differenzierung zwischen Rechtsnatur und Rechtmäßigkeit einer Maßnahme siehe auch *Schenke*, Verwaltungsprozeßrecht, Rz. 113, 232; *ders.*, NVwZ 1990, 1009 (1009 ff.); *Stelkens/Bonk/Sachs*, VwVfG, § 35 Rz. 12; in Zusammenhang mit der Aufrechnungserklärung *Ebsen*, DÖV 1982, 389 (394).

der Betrachtung der Rechtsnatur der Aufrechnungserklärung nicht völlig vernachlässigt werden sollte[86].

b. Ausschluß des Verwaltungsakts, weil auch der Bürger die Aufrechnung erklären kann?

Soweit *Ehlers* die Verwaltungsaktsqualität mit dem Hinweis darauf verneint, daß auch der Bürger die Aufrechnung erklären könne, es sich dabei aber nicht um einen Verwaltungsakt handele und auch die Aufrechnungserklärung der Behörde keine anderen Wirkungen habe als die des Bürgers[87], vermag dies nicht zu überzeugen. Die Natur des Handlungssubjektes ist für den Rechtscharakter einer Maßnahme von Bedeutung - insoweit knüpft § 35 VwVfG bei der Definition des Verwaltungsakts gerade an der Behördeneigenschaft und damit an der Natur des Handlungssubjektes an.

Allein die hinter einem solchen Gedanken stehende Überlegung, daß eine Maßnahme, abhängig von der Natur des Handlungssubjektes, unterschiedlichen Rechtscharakter aufweise, steht einer Qualifizierung der behördlichen Aufrechnungserklärung als Verwaltungsakt noch nicht entgegen und vermag die Frage der Rechtsnatur der behördlichen Aufrechnungserklärung nicht zu beantworten. Er führt ebensowenig weiter, wie die Aussage, Aufrechnungserklärungen stellten (auch) im Bürgerlichen Recht gerade keine auf Verbindlichkeit im Sinne von Fehlerunabhängigkeit abzielende Verwaltungsakte dar[88].

Zwar ist die Aussage, das Bürgerliche Recht sehe nicht den Erlaß von Verwaltungsakten vor, nicht zu bestreiten, sie klärt jedoch den Rechtscharakter der Aufrechnungserklärung der Verwaltung nicht. Auch insoweit mögen für diese Argumentation Überlegungen ursächlich sein, die Fragen der Ermächtigungsgrundlage und damit der Rechtmäßigkeit des behördlichen Handelns mit solchen der Rechtsnatur vermischen.

c. Ausschluß des Verwaltungsakts wegen fehlendem Subordinationsverhältnis?

Von Bedeutung sind die angesprochenen Erwägungen jedoch in Zusammenhang mit der Frage des Vorliegens eines Subordinationsverhältnisses. Aus der Tatsa-

---

86 Vgl. dazu auch *Ehlers*, JuS 1990, 777 (779); *Weidemann*, DVBl. 1981, 113 (117).

87 S. JuS 1990, 777 (778).

88 So aber *Ehlers*, JuS 1990, 777 (777 f.).

che, daß auch der Bürger die Aufrechnung erklären kann, könnte abzuleiten sein, daß es an einem Subordinationsverhältnis fehlt und im Fall der Aufrechnung sich Bürger und Verwaltung daher notwendigerweise gleichberechtigt gegenüberstehen[89].

Bereits aus diesem Grund könnte eine Qualifikation der Aufrechnungserklärung als Verwaltungsakt auszuschließen sein, weil der Verwaltungsakt auf der Ebene der Gleichordnung nicht das geeignete Handlungsinstrument ist, um Rechtsfolgen herbeizuführen - insoweit fehlte es an einer Voraussetzung für den Erlaß eines Verwaltungsakts.

Ein Über- Unterordnungsverhältnis, mit der Folge, daß insoweit auch die Möglichkeit eines Handelns durch Verwaltungsakt eröffnet wäre, könnte sich jedoch daraus ergeben, daß die Aufrechnung der Durchsetzung einer öffentlich-rechtlichen Forderung dient, die auch in anderer Art und Weise hoheitlich durchgesetzt werden könnte. Durch die Nähe zu dem durch die Forderung bestimmten Subordinationsverhältnis könnte auch die Aufrechnung innerhalb dieser Über- Unterordnung stattfinden.

Es ist jedoch zwischen der durchzusetzenden Forderung einerseits und der Aufrechnungserklärung andererseits zu differenzieren. Während die erstere ohne weiteres dem hoheitlichen Bereich zugeordnet werden kann und ein Subordinationsverhältnis begründet, ist dies bei der Aufrechnungserklärung als solcher nicht der Fall: Zwar dient die Aufrechnung (auch) der Durchsetzung der hoheitlichen Forderung, von entscheidender Bedeutung ist aber die privatrechtliche Prägung dieses Instituts. Das durch die Forderung begründete hoheitliche Verhältnis erlaubt für sich genommen noch keine Rückschlüsse auf die Rechtsnatur der Aufrechnungserklärung.

Besonderheit ist insoweit, daß die Aufrechnung, anders als die hoheitliche Vollstreckung, gerade keine rein einseitige, zwangsweise Durchsetzung der eigenen Forderung erlaubt, sondern dies nur unter Preisgabe des eigenen Anspruchs[90] gestattet. Soweit das Forderungsverhältnis hoheitliche Beziehungen zwischen den Beteiligten begründet, hat dies für die Aufrechnungserklärung nicht die Konsequenz, daß allein aus diesem Grund der hoheitliche Charakter der Aufrechnungserklärung zu bejahen wäre. Im Anwendungsbereich der Aufrechnung ist vielmehr darauf abzustellen, daß insoweit von einer Rechtsgestaltungsmög-

---

89 Vgl. *Ehlers*, NVwZ 1983, 446 (448); *Glose*, DÖV 1990, 146 (148); auf diesen Gesichtspunkt stellt auch BVerwGE 66, 218 (220) ab.

90 Vgl. *Ehlers*, JuS 1990, 777 (778).

lichkeit zivilrechtlicher Prägung Gebrauch gemacht wird. Damit ist zwar zugleich die Möglichkeit verbunden, einseitig rechtsgestaltende Erklärungen abzugeben, dies reicht jedoch noch nicht aus, hieraus das Vorliegen eines Verwaltungsakts abzuleiten. Eine solche einseitige Rechtsgestaltungsmöglichkeit ist zwar notwendiger, nicht aber hinreichender Bestandteil der Definition des Verwaltungsakts. Diese Gestaltung durch Aufrechnung vollzieht sich aber auch unter Beteiligung eines Hoheitsträgers exakt auf die gleiche Weise wie unter Privaten - demnach fehlt es an dem für den Verwaltungsakt spezifischen Über-Unterordnungsverhältnis.

Allerdings setzt sich diese Argumentation dem Vorwurf eines Zirkelschlusses aus, indem sie den Verwaltungsaktscharakter der Aufrechnungserklärung ablehnt, weil diese auf der Ebene der Gleichordnung ergehe und dort der Verwaltungsakt nicht das geeignete Regelungsinstrumentarium darstelle. Tatsächlich zeigt aber insbesondere die Vorschrift des § 54 VwVfG, daß die Möglichkeit einer gleichgeordneten Regelung und der Erlaß eines Verwaltungsakts sich nicht zwingend ausschließen. Nach dieser Vorschrift ist der Abschluß eines öffentlichrechtlichen Vertrages auch anstelle des Erlasses eines Verwaltungsakts möglich. Hinsichtlich der Aufrechnungsproblematik bedeutet dies vor dem Hintergrund eines in Ansehung der Forderung hoheitlich geprägten Subordinationsverhältnisses, daß allein mit dem Hinweis auf eine gleichgeordnete Regelung die Möglichkeit eines Handelns durch Verwaltungsakt nicht ausgeschlossen ist.

Vielmehr ist maßgeblich auf das Merkmal der Regelung im Sinne des § 35 VwVfG abzustellen.

d. Ausschluß des Verwaltungsakts wegen fehlender Regelungswirkung

aa. Die Regelung im Sinne d. § 35 VwVfG

Der Begriff der Regelung in diesem Zusammenhang bedeutet eine einseitige, verbindliche Gestaltung eines Lebenssachverhalts[91], bzw. eine rechtsverbindliche Anordnung, die auf Setzung einer Rechtsfolge gerichtet ist[92]. Bei der Auf-

91 So *Stelkens*, in : Stelkens/Bonk/Sachs, VwVfG, § 35 Rz. 64.

92 Vgl. *Knack/Henneke*, VwVfG, § 35 Rz. 4.3; *Maurer*, Allgemeines Verwaltungsrecht, § 9 Rz. 6 (s. 168); *Erichsen*, in: Erichsen/Martens, Allgemeines Verwaltungsrecht, § 11 II 4, Rz. 22; *Achterberg*, Allgemeines Verwaltungsrecht, § 21 Rz. 46 (S. 417) jew. m. weiteren Nachw.

rechnungserklärung fehlte es an dieser Regelungswirkung[93], wenn nicht hoheitliche Regelung, sondern das Gebrauchmachen von einer Rechtsfigur des Privatrechts im Vordergrund stünde und insoweit für die Charakterisierung des Verwaltungshandelns maßgeblich wäre.

bb. Regelungswirkung in der Erlöschenswirkung?

Auf der Suche nach einer durch die Aufrechnungserklärung herbeigeführten Regelungswirkung liegt der Gedanke an die durch die Aufrechnung herbeizuführende Erlöschenswirkung nahe. Wenn die einander zur Aufrechnung geeignet gegenüberstehenden Forderungen erlöschen, das bedeutet erfüllt werden, ist eine Gestaltungswirkung eingetreten, die nach der allgemeinen Definition das Merkmal der Regelung des § 35 VwVfG zu erfüllen scheint - jedenfalls ist eine Rechtsfolge durch die Aufrechnungswirkung herbeigeführt. Auch das Erfordernis einer unmittelbar herbeigeführten Rechtsfolge scheint erfüllt, da zwischen der Erklärung und der Aufrechungswirkung bei Vorliegen der Voraussetzungen der Aufrechnung keine weiteren Zwischenschritte liegen. Doch bereits die Einschränkung durch das Vorliegen der Voraussetzungen muß erste Zweifel wekken. Merkmal des Verwaltungsakts ist die Herbeiführung von Rechtsfolgen ohne weitere Zwischenschritte - dies steht im Fall der Aufrechnungserklärung unter dem Vorbehalt des Vorliegens der Aufrechnungsvoraussetzungen. Des weiteren ist für den Verwaltungsakt charakteristisch, daß er die Rechtswirklichkeit gestaltet. Hier ergeben sich im Fall der Aufrechnung ebenfalls Zweifel, denn die Rechtsgestaltung tritt als gesetzlich angeordnete Folge, die an das Vorliegen bestimmter Tatbestandsvoraussetzungen geknüpft ist, ein und nicht aufgrund einer dem Verwaltungsakt innewohnenden Regelungswirkung.

Die Regelungswirkung ist demnach Folge der speziellen Vorschriften des BGB und an das Vorliegen der Voraussetzungen dieser Normen geknüpft und nicht Folge der spezifisch hoheitlichen Regelungswirkung eines Aufrechnungsverwaltungsaktes[94]. Ein solcher Aufrechnungsverwaltungsakt führte die Erlö-

---

93 Wenngleich vereinzelt eine Abgrenzung auch anhand des Merkmals "auf dem Gebiet des Öffentlichen Rechts" erfolgt - vgl. *Achterberg*, Allgemeines Verwaltungsrecht, § 21 Rz. 63 (S. 425), was allerdings nicht überzeugt, da dadurch der Anwendungsbereich der Aufrechnung zu stark eingeschränkt sein dürfte - vgl. dazu auch u. Fn. 116.

94 So auch *Weidemann*, DVBl. 1981, 113 (115); bereits *Herbsleb*, S. 46, ordnet die hier erörterte Feststellung, insoweit ähnlich *Schmidt*, s. o. S. 137, der Verwaltungsvollstreckung zu, stellt jedoch fest, daß die verbindliche Feststellung des Erlöschens der Forderung "ihrem Wesen nach nicht mehr als die Aufrechnungserklärung anzusehen (sei), wie sie angepaßt an die Systematik des BGB auch für das Verwaltungsrecht zu fordern ist". *Hermann*, S. 126 f. differenziert, im Ergebnis wie hier, zwischen "einer

schenswirkung als Regelungsinhalt unter Zugrundelegung üblicher Maßstäbe hinsichtlich der Fehlerfolgen und der Bestandskraft, unabhängig vom Vorliegen der materiellrechtlichen Voraussetzung der Aufrechnung im BGB herbei[95].

Ein Aufrechnungsverwaltungsakt dieser Art hätte jedoch mit dem Rechtsinstitut der Aufrechnung nach den BGB nichts gemein, wobei es keine Rolle spielt, daß die Vorschriften des BGB für die Aufrechnung im öffentlichen Recht nur sinngemäß angewendet werden. Einigkeit besteht insoweit, daß die Voraussetzungen der Aufrechnung im Zivilrecht auch für die öffentlich-rechtliche Aufrechnung gegeben sein müssen. Selbst von den Befürwortern des Verwaltungsaktscharakters der Aufrechnungserklärung wird eine Aufrechnung, die von den Voraussetzungen nach dem BGB völlig losgelöst ist, nicht vertreten[96].

Die Aufrechnungserklärung kann somit nicht von der zivilrechtlichen Prägung des Instituts Aufrechnung losgelöst werden, ohne zugleich dieses Institut wesenmäßig zu verändern, was aber durch eine Aufrechnung mittels Verwaltungsakt der Fall wäre.

Hier greifen die Verwaltungsaktsmerkmale der hoheitlichen Regelung ineinander, was sich auch auf den Bereich der öffentlich-rechtlichen Sonderverhältnisse auswirkt. Von hierher sind Argumentationslinien verständlich, die davon ausgehen, daß beispielsweise auch in einem beamtenrechtlichen Dienstverhältnis dem Dienstherrn das Recht, die Tilgungswirkung durch Erklärung herbeizuführen, nicht aufgrund eines öffentlich-rechtlichen Sonderverhältnisses[97] zusteht, sondern als Ausfluß privatrechtlich geregelter Befugnisse, so daß, abgesehen von der fehlenden Regelungswirkung der Aufrechnungserklärung, ein Verwaltungs-

---

rechtlichen Regelung an sich" (einer Regelung im weiteren Sinne) und der "hoheitlich-spezifischen, einseitig-verbindlichen VA-Regelung", die sich im Tatbestand der Rechtsfolgensetzung überschneiden können. Die Einordnung als Verwaltungsakts-Regelung habe unter einengenden Kriterien zu geschehen, nicht jede Regelung sei auch als Verwaltungsakts-Regelung zu qualifizieren.

95 Darauf weist zutreffend auch *Ehlers*, JuS 1990, 777 (779); *ders.*, NVwZ 1983, 446 (449) hin; ähnlich: *Vallendar*, DÖD 1973, 52 (53); s. auch *Herbsleb*, S. 46 (o. Fn. 94).

96 S. *Schmidt*, JuS 1984, 28 (30,33); *Weidemann*, DVBl. 1981, 113 (115); *Obermayer*, NJW 1958, 1107 (1108); auch die gerichtlichen Entscheidungen, die eine Einordnung als Verwaltungsakt bejahen, knüpfen die Aufrechnungswirkung an die Vorschriften des BGB: Vgl. nur OVG Rhld.-Pf., Verw.Rspr. 22, 409 (410); OVG Münster, ZBR 1966, 307 (308).

97 Zum Begriff vgl. *Maurer*, Allgemeines Verwaltungsrecht, § 6 Rz. 17 ff, § 8 Rz. 26 ff. m. w. Nachw.

akt schon mangels einer Tätigkeit[98], die spezifisch hoheitlichen Bezug aufweist, zu verneinen ist[99]. Insoweit läßt allein die Existenz einer Aufrechnungserklärung noch keinen Rückschluß auf eine sich von dem Institut der zivilrechtlichen Aufrechnung unterscheidenden hoheitlichen Rechtsgestaltung zu[100].

cc. Regelungswirkung durch verbindliche Feststellung der Erlöschenswirkung

Verschiedentlich wird in den behördlichen Bescheid, der auch die Aufrechnung zum Gegenstand hat, eine verbindliche Feststellung im Hinblick auf die Aufrechnung interpretiert[101]. Dagegen ist eingewandt worden, eine behördliche Feststellung, die an die gesetzlich geregelten Folgen anknüpft und nicht darüber hinausgeht, gehe ins Leere, ihr fehle zumindest die unmittelbare Regelungswirkung[102].

Insoweit ist ein enger Zusammenhang zwischen der verbindlichen hoheitlichen Feststellung und der Herbeiführung der Regelungswirkung, wie sie zuvor erörtert wurde, festzustellen. Wenn aber bereits die Aufrechnungswirkung als Regelung ausscheidet, ist darüber hinaus auch kein Raum mehr für eine verbindliche Feststellung des Erlöschens - jedenfalls nicht, ohne den Zusammenhang mit der Aufrechnung völlig aufzulösen, da eine solche Feststellung, so man sie bejahte, sämtliche Aufrechnungsvoraussetzungen obsolet machte[103].

Das gilt jedenfalls für die Interpretation der Aufrechnungserklärung. Inwieweit in einzelnen Bereichen die Behörde nach erklärter Aufrechnung in der Lage ist, wie etwa im Steuerrecht durch einen Abrechnungsbescheid, festzustellen, daß wirksam aufgerechnet worden ist, ist eine von der Rechtsnatur der Aufrechnungserklärung zu unterscheidende Frage, deren Beantwortung nicht zuletzt von der spezialgesetzlichen Regelung abhängt, die auch eine solche verbindliche

---

98 Wobei hier der Begriff der Tätigkeit sich allein auf die Aufrechnungserklärung bezieht - für das zugrundeliegende hoheitliche Verhältnis gilt dies nicht, es vermag aber im Hinblick auf die Aufrechnung keine eigenständigen Besonderheiten auszulösen.

99 S. *Weidemann*, DVBl. 1981, 113 (115).

100 Vgl. *Appel*, BayVBl. 1983, S. 201 (204).

101 Vgl. beispielsweise die bereits angesprochenen Stellungnahmen von *Obermayer*, NJW 1958, 1107 (1109) (vgl. o. S. 127) u. *Buhmann*, MDR 1984, 983 (985).

102 S. *Appel*, BayVBl. 1983, 201 (204).

103 Vgl. bereits oben Fn. 94 f.

Feststellung vorsehen kann[104]. Hier ist aber zwischen dem Gestaltungseintritt als solchem und der Verbindlichkeit der Feststellung zu differenzieren[105]. Die verwaltungsaktsspezifische Regelungswirkung wird nicht in ersterem, sondern in der Verbindlichkeit der Feststellung gesehen - was auch für die Rechtsfigur des deklaratorisch-feststellenden Verwaltungsakts anerkannt ist, selbst wenn dieser lediglich eine bereits kraft Gesetzes eingetretene Rechtsfolge sozusagen wiederholend bekräftigt[106]. Hier wird jedoch nicht die Aufrechnungserklärung, als auf Herbeiführung der Gestaltungswirkung gerichtete Erklärung, sondern die behördliche Feststellung über die erfolgte Aufrechnung als Verwaltungsakt qualifiziert. Dieser Verwaltungsakt vermag die Rechtswirklichkeit nicht zu gestalten, er führt im Fall seiner Bestandskraft lediglich dazu, daß dem Bürger eine Geltendmachung der materiellen Rechtslage verwehrt ist[107]. Danach führte auch die Möglichkeit einer derartigen Feststellung durch Verwaltungsakt[108] nicht dazu, die Aufrechnungserklärung als Verwaltungsakt zu qualifizieren.

dd. Regelungswirkung durch Festsetzung der Forderung oder andere mit der Aufrechnung in Zusammenhang stehende Maßnahmen

Soweit die Forderung festgesetzt wird, könnte eine verbindliche Regelung durch Verwaltungsakt vorliegen. Hier wird nämlich die Höhe der Schuld des Bürgers berechnet und zugleich damit auch klargestellt, daß die Behörde insoweit von

---

104 Vgl. dazu *Hermann*, S. 130 ff. mit weiteren Nachw. insbes. aus dem Steuerrecht.

105 S. *Martens*, StuW 1989, 69 (71 f.), dem folgend *Hermann*, S. 131.

106 Zum feststellenden Verwaltungsakt vgl. insoweit BVerwGE 8, 261; 14, 151; 34, 353; 58, 37; VGH Mannheim, NVwZ 1983, 100; *Henneke*, in: *Knack/Busch*, VwVfG, § 35 Rz. 5.4.2.; *Stelkens/Bonk/Sachs*, VwVfG, § 35 Rz. 128 ff. jew. m. w. Nachw.

107 Soweit *Martens*, StuW 1989, 69 (72) ausführt, ein solcher Verwaltungsakt binde den Bürger nicht einseitig, da der Bürger von seinen Rechtsbehelfen Gebrauch machen könne, vermag dies nicht zu überzeugen. Zum einen trifft dies auch bei sogenannten gestaltenden Verwaltungsakten zu und zum anderen ist die Tatsache einer Bindung im Fall der Bestandskraft nicht zu leugnen. Die Einseitigkeit ist insoweit darin zu verzeichnen, daß dem Bürger die Anfechtungslast aufgebürdet wird, da der Verwaltungsakt im Fall seiner Untätigkeit bestandskräftig wird, insoweit allein aufgrund der Maßnahme der Behörde, deren einseitige Aktivität ausreicht.

108 In Zusammenhang mit der Feststellung des Erlöschens der Forderung könnten einem derartigen Verwaltungsakt insbesondere unter dem Gesichtspunkt des Vorbehalts des Gesetzes Bedenken entgegenstehen (vgl. dazu allg. *Stelkens/Bonk/Sachs*, VwVfG, § 35 Rz. 128). Dies wirkte sich jedoch nur auf die Rechtmäßigkeit des Verwaltungsakts aus - wegen der trotz Rechtswidrigkeit möglichen Bestandskraft entfalteten derartige Bedenken aber nur im Fall der Anfechtung der Feststellung durch den Bürger Relevanz, so daß sich an der Anfechtungslast des Bürgers nichts ändert.

einer Schuld des Bürgers ausgeht. In Bezug auf die Forderung ist danach eine Regelungswirkung durch Verwaltungsakt denkbar und auch häufig naheliegend. Jedoch zeigen bereits diese Ausführungen, daß sich dadurch eine Aussage im Hinblick auf die Aufrechnungserklärung noch nicht ergibt. Selbst wenn also im Hinblick auf die zugrundeliegende Forderung eine Regelung möglich erscheint, sind die Auswirkungen daraus auf die Aufrechnungserklärung als solche noch nicht festgelegt, sondern erst zu untersuchen.

Um die Aufrechnungserklärung als Verwaltungsakt zu qualifizieren, müßte ihr eine Regelungswirkung zukommen. Bereits aus dieser Formulierung, die die Definition des § 35 VwVfG aufnimmt, wird ersichtlich, daß es nicht ausreicht, auf eine von der Aufrechnungserklärung unabhängige Regelungswirkung abzustellen. Nach der gesetzlichen Definition wird ein Verwaltungsakt (auch) durch die Regelungswirkung bestimmt - ein Verwaltungsakt qua Verbindung mit einem anderen Verwaltungsakt ist nach dieser gesetzlichen Definition nicht bekannt. Auf eine solche Konstruktion liefe aber das Abstellen auf eine andere als die mit der Aufrechnungserklärung bezweckte Regelung hinaus. Dies wird durch Parallelen im Polizeirecht bestätigt. Wenn beispielsweise Vollstreckungsmaßnahmen als Verwaltungakte eingestuft werden, geschieht dies mit dem Hinweis auf eine ihnen selbst zukommende Regelungswirkung und nicht deshalb, weil sie in enger Verbindung zu der Grundverfügung stehen, deren Vollziehung sie zum Gegenstand haben[109].

Auf einer ungenügenden Differenzierung zwischen der Aufrechnungserklärung als solcher und einem damit möglicherweise in Zusammenhang stehenden Verwaltungsakt basieren auch Argumentationslinien, die die Regelungswirkung der Aufrechnungserklärung aus dem Zusammenhang mit einer durch Verwaltungsakt konstituierten Forderung[110] oder einer sonstigen zum Teil nicht näher bestimmten verbindlichen Feststellung[111] herleiten.

Dies gilt nicht nur im Hinblick auf die verbindliche Festsetzung der Forderung, sondern für alle Regelungen, die durch die Behörde getroffen werden können, wie beispielsweise eine gleichzeitig ergehende Zahlungsaufforderung oder die Androhung der zwangsweisen Durchsetzung der (Rest-) Forderung. Aus diesem

---

109 Vgl. *Schenke*, Polizeirecht, Rz. 190 a ff.; *Stelkens/Bonk/Sachs*, VwVfG, § 35 Rz. 50, 74; *Henneke*, in: Knack/Busch, VwVfG, § 35 Rz. 5.3.3, 5.3.4; *Kopp*, VwVfG, § 35 Rz. 39.

110 S. *Buhmann*, MDR 1984, 983 (985 f.); *Schmidt*, JuS 1984, 28 (33).

111 S. *Obermayer*, NJW 1958, 1107 (1108); *Buhmann*, MDR 1984, 983 (985).

Grund kommt eine Qualifizierung der behördlichen Aufrechnungserklärung als Verwaltungsakt mit dem Hinweis auf eine irgendwie geartete sonstige Regelung der Behörde nicht in Betracht, auch wenn beide Maßnahmen in engem Zusammenhang stehen, beispielsweise weil die Behörde einen einheitlichen "Bescheid" erläßt, in dem sie die Aufrechnung erklärt und bezüglich einer vorhandenen Restforderung die zwangsweise Durchsetzung androht. Die Aufrechnungserklärung als solche bleibt dabei immer Willenserklärung[112].

Dabei wird nicht verkannt, daß auch für mit einem Verwaltungsakt in Zusammenhang stehende Willenserklärungen die Wirksamkeit, die Rechtmäßigkeit oder der Bestand des Verwaltungsakts von Bedeutung zu sein vermag. Diese gewisse Abhängigkeit vom Schicksal eines Verwaltungsakts erlaubt es nicht, eine Maßnahme, die selbst die Definitionsmerkmale des Verwaltungsakts nicht erfüllt, als Verwaltungsakt zu qualifizieren. Hierzu ergibt sich auch keine Notwendigkeit, weil unter Rechtsschutzaspekten die Einstufung einer Maßnahme im Hinblick auf einen Rechtsschutz des Bürgers nach der VwGO keinen konstitutiven Charakter besitzt. Rein praktische Erwägungen, die eine solche Einstufung wegen der Nähe zu einem Verwaltungsakt notwendig machten, sind ebenfalls nicht ersichtlich.

ee. Unvereinbarkeit einer Verwaltungsaktsnatur der Aufrechnungserklärung mit der Rückwirkung des § 389 BGB

Gegen die Einstufung der Aufrechnungserklärung als Verwaltungsakt dürfte auch sprechen, daß die Aufrechnungswirkung gem. § 389 BGB in dem Zeitpunkt eintritt, in dem sich die Forderungen zur Aufrechnung geeignet gegenüberstanden, also im Zeitpunkt des erstmaligen Bestehens einer Aufrechnungslage. Hier sind ohne weiteres Konstellationen denkbar, in denen die Aufrechnungslage bereits vor Erklärung der Aufrechnung bestand. Die Aufrechnungswirkung träte aber gem. § 389 BGB, insoweit ist, wie bereits ausgeführt, dessen Anwendbarkeit auch im Rahmen der Aufrechnung im öffentlichen Recht nicht in Frage zu stellen, in diesen Fällen quasi mit Rückwirkung ein.

Qualifizierte man die Aufrechnungserklärung als Verwaltungsakt, bedeutete dies, daß dieser Verwaltungsakt in Gestalt der Aufrechnungswirkung Wirkungen für einen Zeitpunkt hervorriefe, der vor dem Erlaß bzw. der Bekanntgabe läge. Dies steht jedoch in Widerspruch mit allgemeinen verwaltungsrechtlichen Grundsätzen. Ein Verwaltungsakt wird nach der ausdrücklichen gesetzlichen Regelung des § 43 VwVfG (erst) mit dem Zeitpunkt der Bekanntgabe wirk-

---

112 So auch *Ebsen*, DÖV 1982, 389 (396).

sam[113]. Eine Rückwirkung ist damit grundsätzlich nicht vorgesehen. Sie erforderte jedenfalls eine gesetzliche Grundlage[114]. Zwar handelt es sich hierbei um Erwägungen, die in letzter Konsequenz vor allem Fragen der Rechtmäßigkeit des Verwaltungsakts betreffen, sie sind jedoch insoweit von Bedeutung, als deutlich gemacht werden soll, daß mit der Rechtsfigur des Verwaltungsakts nur ausnahmsweise eine solche Rückwirkung zu verbinden ist, was es mit sich bringt, bei Vorliegen einer entsprechenden Rückwirkung, die Bejahung eines Verwaltungsakts zumindest nicht zu leichtherzig vorzunehmen. Diese Bedenken werden auch dadurch ausgeräumt, daß man in der Vorschrift § 389 BGB eine gesetzliche Grundlage für die durch Verwaltungsakt ausgesprochene Rückwirkung erblickte. Als solche kommt aber § 389 BGB schon aus dem Grunde nicht in Betracht, weil es sich nicht um eine Ermächtigungsnorm für die Verwaltung, sondern um eine zivilrechtliche Regelung handelt. Auch hier wird wiederum deutlich, daß ein Abstellen auf die Erlöschenswirkung als Regelungsgegenstand den Verwaltungsaktscharakter der Aufrechnungserklärung nicht zu begründen vermag. Es fehlt insoweit nach der hier vertretenen Ansicht am Vorliegen einer eigenständigen hoheitlichen Regelung. Wäre man anderer Auffassung, stünde eine Rückwirkung der Verwaltungsaktsaufrechnung aber jedenfalls in Widerspruch zu Wortlaut und Systematik des § 43 VwVfG, was eine zusätzliche Begründungslast im Hinblick auf die Verwaltungsaktsaufrechnung mit sich brächte.

Damit läßt sich abschließend konstatieren, daß eine Aufrechnungserklärung als Verwaltungsakt zwar denkbar wäre, dies jedoch ein anderes Institut als die Aufrechnung nach den Vorschriften der §§ 387 ff. BGB darstellte. Die Aufrechnungserklärung im Sinne dieser Vorschriften stellt aber unter keinen Umständen einen Verwaltungsakt dar, sondern ist als (öffentlich-rechtliche) Willenserklärung zu qualifizieren.

4. Folgen der Einordnung der Aufrechnung als öffentlich-rechtliche Willenserklärung

Wie bereits ausgeführt, wird die Aufrechnungserklärung in Literatur und Rechtsprechung mittlerweile ganz überwiegend als öffentlich-rechtliche Wil-

---

113 Zur hier nicht relevant werdenden Unterscheidung zwischen äußerer und innerer Wirksamkeit vgl. z. B. *Maurer*, Allgemeines Verwaltungsrecht, § 9 Rz. 66 (S. 210).

114 Vgl. *Stelkens/Bonk/Sachs*, VwVfG, § 43 Rz. 131.

lenserklärung angesehen[115]. Dies geschieht in Abgrenzung vom Begriff des Verwaltungsakts, wobei dabei, wie oben dargelegt, eine Charakterisierung als Verwaltungsakt im Hinblick auf dessen Definitionsmerkmale in materiellrechtlicher Hinsicht nicht aufrechtzuerhalten ist. Ungeachtet der Einhelligkeit, mit der der Rechtscharakter der Aufrechnungserklärung als öffentlich-rechtliche Willenserklärung bejaht wird, finden sich unterschiedliche Ansätze zur Einordnung dieser Willenserklärung in die im Verwaltungsrecht bestehenden Handlungsformen, wobei zum Teil Aussagen, die die Aufrechnungserklärung eindeutig einer bestimmten Handlungsform zuweisen, fehlen.

Hier kommt bei Zugrundelegung der traditionellen Unterscheidung der Handlungsformen, soweit man den Bereich der öffentlich-rechtlichen Willenserklärung bzw. rechtsgeschäftliches Handeln nicht als eigenständige Handlungsform[116] ansieht, eine Einordnung als Realakt in Betracht, wobei der Begriff des

---

115 Vgl. auch VGH Mannheim, VBlBW 1991, 386 f.; BFH, NVwZ 1987, 1118; BB 1990, 1404, 1405; *Pietzner*, VerwArch. (1982), 456 ff.; *Ehlers*, JuS 1990, 777 f.; *ders.*, NVwZ 1983, 446 (447) ff.; *Schenke*, Verwaltungsprozeßrecht, Rz. 194; *Sachs*, in: Stelkens/Bonk/Sachs, VwVfG, § 44 Rz. 19; *Maurer*, Allgemeines Verwaltungsrecht, § 9 Rz. 10 (S. 170); i. E. auch *Knack/Henneke*, VwVfG, § 35 Rz. 4.4., der den Verwaltungsaktscharakter trotz Bejahens des Vorliegens einer unmittelbaren Rechtswirkung nach außen mit der Begründung verneint, daß die dann erforderliche gesetzliche Ermächtigung fehlt, wobei dies nicht überzeugt, im Ergebnis jedoch zutrifft, da es an der Regelung fehlt (s. o.), hier liegt wiederum die Vermischung der Frage der Rechtsnatur einer Maßnahme mit der ihrer Rechtmäßigkeit zugrunde, auf die bereits hingewiesen wurde und die zur Abgrenzung, ob überhaupt ein Verwaltungsakt vorliegt, wenig hilfreich ist.

116 Vgl. *Obermayer*, Grundzüge, Kap. 15 S. 131 ff; hierzu tendiert der Sache nach offenbar auch *Forsthoff*, Verwaltungsrecht Bd. 1, § 14 S. 273 ff., 284, der rechtsgeschäftliches Handeln der Verwaltung als Topos der Handlungsformen ansieht und hier auch den öffentlich-rechtlichen Vertrag einordnet, der ansonsten vielfach als eigenständige Handlungsform dargestellt wird - vgl. beispielsweise *Maurer*, Verwaltungsrecht, § 14, S. 316 ff., der seinerseits die Aufrechnungserklärung in Zusammenhang mit verwaltungsprivatrechtlichem Handeln der Verwaltung erwähnt (§ 17 Rz. 1, S. 392), was aber in Hinblick auf die Tatsache, daß die Aufrechnung auch bei hoheitlicher Tätigkeit der Verwaltung möglich ist (so auch Maurer, § 9 Rz. 10, S. 163), nicht völlig zu überzeugen vermag, jedenfalls soweit hier eine abschließende Zuordnung gemeint sein sollte - insoweit sind die Ausführungen *Maurers* jedoch nicht ganz eindeutig. Ähnlich auch *Achterberg*, Allgemeines Verwaltungsrecht, § 21 Rz. 63, S. 424, der die Aufrechnung als Nicht-Verwaltungsakt in Zusammenhang mit Handlung oder Erklärung der Behörde im Rahmen privatrechtlicher Tätigkeit qualifiziert, wobei hier, wie bereits angesprochen, der Anwendungsbereich der Aufrechnung zu eingeschränkt verstanden wird. Eine eigenständige Kategorie nimmt auch *Erichsen*, in: Erichsen/Martens, Allgemeines Verwaltungsrecht, § 30 Rz. 2, in der Form "Andere verwaltungsrechtliche Sonderverbindungen" an.

Realakts im Bereich des öffentlichen Rechts nicht mit dem des Zivilrechts dekkungsgleich ist, der den Realakt gerade von dem Rechtsgeschäft, insbesondere der Willenserklärung abgrenzt[117].

Der Begriff des Realakts im Bereich des öffentlichen Rechts dient vielmehr im Gegensatz zur Funktion im Zivilrecht in erster Linie zur Abgrenzung gegenüber dem Verwaltungsakt, wobei entscheidendes Kriterium das Fehlen einer Regelung darstellt[118].

Soweit die Handlungsform des Realakts aber als nicht auf das Herbeiführen von Rechtsfolgen gerichtet, sondern nur als Bewirkung eines tatsächlichen Erfolges umschrieben wird[119], wäre eine Einordnung der Aufrechnungserklärung in den Begriff des Realakts damit unvereinbar. Letztlich ist die Frage, welcher Kategorie der Handlungsformen der Verwaltung die Aufrechnungserklärung zuzuordnen ist, nicht abstrakt zu beantworten, sondern immer von dem zugrundegelegten Ordnungssystem abhängig, wobei hier, wie bereits deutlich geworden sein dürfte, von den einzelnen Autoren sich sehr stark voneinander unterscheidende Systeme verwandt werden. Welche dieser Gliederungen die sinnvollste oder beste ist, kann letztlich für die hier behandelte Problematik offen bleiben, weil sich insoweit beispielsweise aus einer Qualifikation der Aufrechnungserklärung als Realakt oder als einer rechtsgeschäftlichen Erklärung im Sinne einer eigenständigen Handlungsform keine weiteren, über den reinen Definitionsakt hinausgehenden Konsequenzen ergeben, da aus diesen unterschiedlichen Einstufungen keine unterschiedlichen Rechtsfolgen herrühren.

Entscheidend ist nur die Verneinung der Verwaltungsaktseigenschaft im Hinblick auf die damit verbundenen besonderen Rechtsfolgen. Insoweit sind als Stichworte Bestandskraft, Tatbestandswirkung und Fehlerfolgen zu nennen[120].

---

117 Vgl. *Medicus*, Allgemeiner Teil, Rz. 196.

118 Vgl. *Koch*, Allgemeines Verwaltungsrecht, S. 55; *Brandel*, in: Schweickhardt, Allgemeines Verwaltungsrecht, Rz. 308 grenzt die Aufrechnungserklärung ebenfalls anhand des Kriteriums der Regelung vom Verwaltungsakt ab, unterscheidet bei den Handlungsformen zwischen Realakten als tatsächlichen Handlungen und rechtsgeschäftlichen Handlungen der Verwaltung.

119 So *Achterberg*, Allgemeines Verwaltungsrecht, § 21 Rz. 292, S. 500.

120 Wobei nicht verkannt wird, daß diese Begriffe in Rechtsprechung und Rechtswissenschaft im Einzelnen nicht einheitlich gebraucht werden und daß ihnen unterschiedlicher Inhalt und unterschiedliche Bedeutung beigemessen wird. Dies ist an dieser Stelle nicht von entscheidender Bedeutung und würde den Rahmen der Untersuchung sprengen. Vgl. dazu passim *Seibert*, Die Bindungswirkung von Verwaltungsakten,

Folge der Einordnung der behördlichen Aufrechnungserklärung als Willenserklärung ist außerdem, daß mangels Verwaltungsaktsqualität im Hinblick auf die Aufrechnungserklärung gem. § 80 VwGO keine aufschiebende Wirkung einzutreten vermag.

II. Die Aufrechnung der Behörde mit einer Forderung, die durch Verwaltungsakt geltend gemacht wurde

1. Einführung in die Problematik

Die besondere Schwierigkeit bei der Erörterung der Rechtsprobleme in Zusammenhang mit der Aufrechnung im öffentlichen Recht liegt zum einen in der Fülle der sich eröffnenden unterschiedlichen Sachverhaltsgestaltungen und zum anderen in der Anwendung und Übertragung von Rechtsinstituten aus unterschiedlichen Rechtsgebieten, was im Fall des Zusammentreffens zu Widersprüchen zu führen vermag. Im Hinblick auf die sich darstellenden verschiedenen Fallgestaltungen ist zu beachten, daß bei der Aufrechnung der Behörde mit einer durch Verwaltungsakt geltend gemachten Forderung Einwendungen und Rechtsbehelfe des Bürgers sowohl gegen den Verwaltungsakt als auch gegen die Aufrechnung denkbar sind. Der Verwaltungsakt vermag zudem forderungsbegründend oder lediglich forderungsfeststellend zu sein; Rechtsbehelfe des Bürgers vermögen insofern unterschiedliche Qualität aufzuweisen, als ihnen aufschiebende Wirkung zuzukommen vermag, bzw. dies nicht der Fall ist, wobei darüberhinaus die rechtliche Wirkung dieses Suspensiveffektes umstritten ist. Alle diese Konstellationen sind im folgenden unter dem Aspekt der Aufrechnung zu beleuchten.

2. Das Erfordernis einer Differenzierung zwischen forderungsbegründenden und - feststellenden Verwaltungsakten

Die Differenzierung zwischen forderungsbegründenden und lediglich forderungsfeststellenden Verwaltungsakten ist in neueren Stellungnahmen zur Aufrechnungsproblematik durchaus häufig zu finden[121]. Sie erfolgt in den meisten Fällen jedoch in Zusammenhang mit der Aufrechnung durch den Bürger, wäh-

---

1989; *Maurer*, Allgemeines Verwaltungsrecht, § 11 Rz 1 ff; *Schenke*, DÖV 1983, 320 ff; s. auch in diesem Zusammenhang neuestens *Klappstein*, Rechtseinheit und Rechtsvielfalt im Verwaltungsrecht, 1994.

121 So *Ehlers*, JuS 1990, 777 (780); *Schenke*, Verwaltungsprozeßrecht, Rz. 428; *Herdegen*, VBlBW 1984, 193 (194 f.); *Sachs*, in: Stelkens/Bonk/Sachs, VwVfG, § 44 Rz. 17.

rend diese Differenzierung in der Konstellation der Aufrechnung durch die Verwaltung bislang weitgehend unbeachtet geblieben[122] ist.

Gleichwohl erscheint eine derartige Unterscheidung angebracht, da beide Fallgruppen in vielerlei Hinsicht bedeutsame Unterschiede aufweisen, was die Untersuchung initiiert, inwieweit sich diese Verschiedenheit auch in Zusammenhang mit der Aufrechnungsproblematik auszuwirken vermag. Entsprechende Auswirkungen sind zumindest auf den ersten Blick nicht ausgeschlossen, da im Fall des feststellenden Verwaltungsakts im Gegensatz zur Situation im Fall des forderungsbegründenden Verwaltungsakts ein signifikanter Unterschied augenfällig ist: Im Fall des forderungsbegründenden Verwaltungsakts kann die Aufrechnungslage, der im Zusammenhang der Aufrechnungsproblematik besondere Bedeutung zukommt, logisch erst nach Erlaß des Verwaltungsakts entstehen, während dies beim feststellenden Verwaltungsakt nicht der Fall ist. Hier ist das Entstehen der Aufrechnungslage zeitlich bereits vor Erlaß des Verwaltungsakts möglich. Die in § 389 BGB zum Ausdruck kommende Bedeutung des Entstehens der Aufrechnungslage für den Eintritt der Aufrechnungswirkung wurde schon erörtert, so daß von hierher die Betrachtung der möglichen Folgen dieses Unterschiedes deutlich wird[123]. Außerdem ist im Fall des feststellenden Verwaltungsakts die Aufrechnungslage unabhängig vom Bestand des Verwaltungsakts, was Bedeutung im Zusammenhang mit Rechtsbehelfen des Bürgers gegenüber diesem Verwaltungsakt erlangen könnte. Im folgenden soll daher auch für die Aufrechnung der Verwaltung zwischen der Aufrechnung mit einer durch forderungsbegründenden Verwaltungsakt geltend gemachten Forderung und einer durch feststellenden Verwaltungsakt geltend gemachten Forderung unterschieden und zunächst die Fallgestaltung der Aufrechnung der Behörde mit einer durch Verwaltungsakt begründeten Forderung untersucht werden.

III. Die Aufrechnung mit einer durch Verwaltungsakt begründeten Forderung

Aus den vorstehenden Erwägungen ergeben sich bereits die für den vorliegenden Untersuchungsgegenstand maßgeblichen Anhaltspunkte. Soweit die Verwaltung die Aufrechnung mit einer Forderung erklärt, die Gegenstand eines Verwaltungsakts ist und durch diesen begründet wird, sind mehrere Gestaltungen denkbar. Es kommt ein Vorgehen des Bürgers gegen den (forderungsbegründenden)

---

122 In diesem Zusammenhang ist sie lediglich bei *Ebsen*, DÖV 1982, 389 (396) und *Ehlers*, JuS 1990, 777 (780) angesprochen.

123 S. o. S. 19 ff., 69 ff.

Verwaltungsakt oder gegen die Erklärung der Aufrechnung und damit gegen die Aufrechnung als solche in Betracht. Hierbei ist in den Fällen des forderungsbegründenden Verwaltungsakts ein Vorgehen gegen diesen für den Bürger von besonderer Bedeutung. Dies resultiert in erster Linie aus den dem Verwaltungsakt eigentümlichen Fehlerfolgen, insbesondere in dem Fall in dem der Verwaltungsakt nicht nichtig, sondern lediglich rechtswidrig ist. Ein solcher Verwaltungsakt vermag trotz der Rechtswidrigkeit bestandskräftig zu werden, mit der Folge, daß der Bürger diesen Verwaltungsakt nicht mehr erfolgreich angreifen kann[124]. Der forderungsbegründende Verwaltungsakt ist hier für den Bürger besonders belastend, da durch diese Bestandskraft der Bürger das materiellrechtliche Nichtbestehen einer Leistungspflicht nicht mehr geltend machen kann, sondern dem Verwaltungsakt Folge leisten muß, in dessen Nachhut gewissermaßen als Konsequenz der Bestandskraft auch nunmehr die Möglichkeit der zwangsweisen Durchsetzung droht.

1. Rechtsbehelfe des Bürgers gegenüber dem Verwaltungsakt und deren Bedeutung für die Aufrechnung

Geht der Bürger im Fall der Aufrechnung der Verwaltung mit einer durch Verwaltungsakt begründeten Forderung gegen diesen Verwaltungsakt vor, so ist diese Fallgestaltung in mehrfacher Hinsicht für die Aufrechnungsproblematik von Bedeutung. Hervorzuheben sind insoweit allgemeine Probleme des Fragenkreises der aufschiebenden Wirkung, die durch ihr Zusammentreffen mit dem Rechtsinstitut der Aufrechnung zusätzliche Schwierigkeiten aufwerfen. Bedeutung für die Aufrechnungsproblematik erlangen diese Rechtsbehelfe zum einen durch die Möglichkeit einer Auswirkung auf die materiellrechtlichen Voraussetzungen der Aufrechnung und zum anderen durch die Möglichkeit einer Auswirkung auf die Zulässigkeit der Handlungsform als solcher. Exemplarisch sei dies an einer Entscheidung des Bundesverwaltungsgerichts aufgezeigt.

In seiner Entscheidung in *BVerwGE* 66, 218 ff. hat das *Bundesverwaltungsgericht* zu den Folgen eines durch den Bürger erklärten Widerspruchs oder einer erhobenen Anfechtungsklage gegen den der aufzurechnenden Forderung zugrundeliegenden Leistungsbescheid wie folgt Stellung genommen:

Zwar hindere der Suspensiveffekt die Verwaltung an der Vollziehung des Verwaltungsakts, dies habe aber nicht zur Folge, daß die Verwaltung nicht die Aufrechnung erklären dürfe.

---

124 Vgl. zur insoweit parallelen Problematik bei der Aufrechnung durch den Bürger, *Schenke*, Verwaltungsprozeßrecht, Rz. 429; *Ehlers*, JuS 1990, 777 (779 f.).

Die Entscheidung des *Bundesverwaltungsgerichts* ist demnach in zweierlei Hinsicht bedeutsam: Zum einen hat das *Bundesverwaltungsgericht* den Suspensiveffekt im Sinne einer Vollzugshemmung, insoweit liegt eine Bestätigung der bisherigen Rechtsprechung[125] vor, aufgefaßt und zum anderen die Aufrechnung als eine Rechtshandlung gewertet, die keine Vollziehung des Verwaltungsakts darstellt. Zur Begründung wird insoweit ausgeführt, die Vollziehung eines Verwaltungsakts sei "eine selbständige und grundsätzlich hoheitliche Maßnahme zur Durchsetzung einer getroffenen Anordnung im Wege des Zugriffs - auch in Form der Gestaltungswirkung - auf Rechtsgüter des Adressaten dieses Verwaltungsakts".

Im Gegensatz dazu sei die Aufrechnung ein "im Ausgangspunkt von der Privatrechtsordnung gewährleistetes Mittel" der Rechtsverteidigung gegenüber einem vom Gegner erhobenen Anspruch und diene zugleich der Befriedigung des eigenen Anspruchs. Die aufschiebende Wirkung sei dem Rechtsinstitut der Vollziehung, damit dem öffentlichen Recht und seinem hoheitlichen Bereich zuzuordnen und hindere nicht die nicht dem hoheitlichen Bereich zuzurechnende Erklärung der Aufrechnung.

Diese Entscheidung greift zwar nur einen Teil der Probleme in Verbindung mit der Aufrechnung durch die Behörde im Fall der mittels Verwaltungsakts geltend gemachten Forderung auf, macht aber bereits die Zielrichtung der hier in Betracht kommenden Schwierigkeiten deutlich. Wegen der für diese Fallkonstellationen sich insoweit abzeichnenden besonderen Bedeutung erscheint es notwendig, in diesem Zusammenhang zunächst die Grundproblematik des Suspensiveffektes kurz zu beleuchten:

a. Vollziehbarkeits- oder Wirksamkeitshemmung als Folge des Suspensiveffektes

Im Anwendungsbereich des § 80 Abs. 1 VwGO ist umstritten, ob der Suspensiveffekt zu einer Hemmung der Wirksamkeit führt oder sich auf die Vollziehbarkeit des angefochtenen Verwaltungsakts auswirkt[126]. Nach der Wirksamkeits-

---

125 S. BVerwGE 13, 1 (5 ff.); 24, 92 (98 f.); s auch d. Nachw. bei *Pietzner/Ronellenfitsch*, § 53 I, Rz. 2 m. Fn. 5.

126 Vgl. *Kopp*, VwGO, § 80 Rz. 15; *Redeker/v. Oertzen*, VwGO, § 80 Rdnr. 4; *Eyermann/Fröhler*, VwGO, § 80 Rz. 4, 7; *Schenke*, Verwaltungsprozeßrecht, Rz. 950 ff.; *Würtenberger*, Verwaltungsgerichtsbarkeit, Rz. 410; *Hufen*, Verwaltungsprozeßrecht, § 32 Rz. 2 ff.; *Schoch*, Vorläufiger Rechtsschutz, S. 1160 ff.; *Finkelnburg/Jank*, Rz 407; *Huba*, JuS 1990, 382 (384) jew. m. weit. Nachw.

theorie ist die Wirksamkeit des angefochtenen Verwaltungsakts bis zu dessen Bestandskraft gehemmt. Mit Eintritt der Bestandskraft entfaltet der Verwaltungsakt von diesem Zeitpunkt an - ex nunc - Wirksamkeit.

Diese Ansicht ist aber schon mit dem Wortlaut des § 43 VwVfG, wonach die Wirksamkeit eines Verwaltungsakts mit dessen Bekanntgabe eintritt, nicht vereinbar. Darüberhinaus führte sie dazu, daß im Wege des vorläufigen Rechtsschutzverfahrens Wirkungen erzielt werden könnten, die materiellrechtlich nicht gerechtfertigt sind, was wiederum mit den Grundstrukturen und dem vorläufigen Charakter des einstweiligen Rechtsschutzes nicht in Einklang steht[127].

Diese Folge vermeidet die eingeschränkte Wirksamkeitstheorie, die die Wirksamkeit des Verwaltungsakts nach Eintritt der Bestandskraft vom Zeitpunkt des Erlasses des Verwaltungsakts annimmt. Insoweit könnte man von einer durch den Eintritt der Rechtskraft auflösend bedingten Wirksamkeitshemmung sprechen.

Demgegenüber läßt die Vollziehbarkeitstheorie die Wirksamkeit des Verwaltungsakts unangetastet und knüpft zur Definition des Suspensiveffektes an den Begriff der Vollziehung des Verwaltungsakts an: Die aufschiebende Wirkung besteht danach darin, daß die Regelung des Verwaltungsakts nicht vollzogen werden darf. Unterschiedlich ist hier der Begriff der Vollziehung interpretiert.

Der Gesetzgeber scheint nach dem Wortlaut des § 80 VwGO von diesem letztgenannten Ansatzpunkt auszugehen[128], da in dieser Vorschrift von Anordnung der sofortigen Vollziehung, Interesse an der sofortigen Vollziehung und insoweit von der sofortigen Vollziehung als Gegenbegriff zur aufschiebenden Wirkung die Rede ist[129]. Der Wortlaut der Vorschrift des § 80 VwGO trägt die Vollzugstheorie jedoch nur für den Fall, in dem man von einem sehr weiten Vollzugsbegriff ausgeht - was praktisch eine Gleichsetzung von Vollziehung und Wirksamkeit bedeutet.

Denn im Fall feststellender Verwaltungsakte, die ausdrücklich in § 80 VwGO erwähnt sind, besteht zwischen Vollziehung und Wirksamkeit kein Unterschied, da für diese Fälle eine Vollziehung sowohl im klassischen Sinne als Durchsetzung mittels staatlicher Autorität, als auch im weiteren Sinne als jede Verwirkli-

---

127 Vgl. nur *Schenke*, Verwaltungsprozeßrecht, Rz. 953.

128 Vgl. *Finkelnburg/Jank*, Rz 487.

129 Vgl. *Hufen*, Verwaltungsprozeßrecht, § 32 Rz. 3.

chung des Inhalts der Regelung, schlechthin nicht denkbar ist. Insoweit meint Vollziehung nichts anderes als Wirksamkeit, so daß ein Hinweis auf den Wortlaut des § 80 VwGO allein die Vollzugstheorie nicht zu tragen vermag.

Soweit die Wirksamkeitstheorie mit der Begründung abgelehnt wird, auch die weite Vollzugstheorie vermöge effektiven Rechtsschutz zu gewähren[130], gilt dies ebenfalls nur bei einem Vollzugsbegriff, der mit Wirksamkeit praktisch gleichzusetzen ist. Gerade für die Problematik der Aufrechnung ist zu untersuchen, ob hier Unterschiede zwischen den Vertretern unterschiedlicher Vollzugsbegriffe und jenen der Wirksamkeitstheorie bestehen, mit der Folge, daß der Hinweis auf einen effektiven Rechtsschutz auch durch die Vollzugstheorie allein hier nicht stichhaltig ist:

Zwar ergeben sich zwischen den Vertretern der eingeschränkten Wirksamkeitstheorie und jenen der Vollzugstheorie, die einen weiten Vollzugsbegriff zugrunde legen, kaum praktisch relevante Unterschiede[131] - jedoch ist gerade für den Bereich der Aufrechnung festzustellen, daß diese beispielsweise nach der Rechtsprechung des *Bundesverwaltungsgerichts* nicht dem Vollzugsbegriff unterfallen soll, so daß insoweit der zuvor dargestellte Meinungsstreit relevant werden könnte. Der früher vertretene enge Vollzugsbegriff setzt Vollziehung mit der Anwendung von Zwangsmitteln gleich[132], während heute überwiegend unter Vollziehung allgemeiner die Verwirklichung des Inhalts des Verwaltungsakts verstanden wird[133].

Hierbei scheint jedoch die oben angeführte Argumentation des *Bundesverwaltungsgerichts* im Hinblick auf die Aufrechnungsproblematik inkonsequent zu sein:

---

130 Vgl. *Weber*, S. 8.

131 So *Schenke*, Verwaltungsprozeßrecht, Rz. 952; *Pietzner/Ronellenfitsch*, § 53 I, Rz. 4 ff.; *Quaritsch*, VerwArch. 1961, 210 (227) spricht weitergehend von einer Identifizierung von weitem Vollzugsbegriff und Wirksamkeit. In diesem Zusammenhang hat bereits *Bachof*, JZ 1966, 473 (475 f.), die Kontroverse zwischen Wirksamkeits- und Vollziehbarkeitstheorie als Streit um Worte, als Lebenszeichen der Begriffsjurisprudenz qualifiziert, was jedoch nur unter Hinweis auf Übereinstimmung in den Ergebnissen aufrecht zu erhalten wäre, sich jedoch im Fall des Vorliegens praktisch bedeutsamer Unterschiede als ungerechtfertigter Vorwurf erweisen müßte.

132 S. VGH Kassel, DVBl. 1951, 125, 126; OVG Münster, DVBl. 1951, 225, 226.

133 Vgl. nur *Haueisen*, NJW 1956, 1457 (1458 f.); *Finkelnburg/Jank*, Rz. 488; *Schenke*, Verwaltungsprozeßrecht, Rz. 953; *Hufen*, Verwaltungsprozeßrecht, § 32 Rz. 3 f.; *Schoch*, Vorläufiger Rechtsschutz, S. 1163 f., jew. m. w. Nachw.

Soweit heute unter Vollziehung beispielsweise auch das tatsächliche Gebrauchmachen des Bauherrn von der Bauerlaubnis, also eine tatsächliche Handlung eines Privaten, verstanden wird - insoweit ist durch die gesetzliche Regelung des § 80a VwGO eine andere Deutung der Vorschriften der §§ 80, 80a VwGO auch vom Ausgangspunkt der Vollzugstheorie wohl nicht möglich, ohne sich zu dem Wortlaut in Widerspruch zu setzen - erscheint es damit nicht vereinbar, im Fall der Aufrechnung wegen "des fehlenden hoheitlichen Charakters der Aufrechnung" hier eine Vollziehung abzulehnen. Jedenfalls soweit auch im Fall der Aufrechnung der Inhalt des Verwaltungsakts erfüllt, also sein Regelungsgehalt verwirklicht wird, wirft die Ablehnung der Vollziehung daher unter diesem Gesichtspunkt Fragen auf, auf die noch einzugehen sein wird.

b. Wirkungsbezug des Suspensiveffektes bei der Aufrechnung

Die Rechtsprechung hat zur Frage der Vereinbarkeit von Suspensiveffekt und Aufrechnung nicht umfassend Stellung genommen - generell ist in den Fällen eines Rechtsbehelfes des Bürgers in Zusammenhang mit einer behördlichen Aufrechnung im Hinblick auf den Eintritt des Suspensiveffektes nicht immer exakt zwischen aufrechnungsbegründender Forderung und der Aufrechnungserklärung selbst unterschieden.

aa. Der Eintritt des Suspensiveffektes im Hinblick auf die Aufrechnungserklärung

Bei der Diskussion der Bedeutung des Suspensiveffektes für die Aufrechnung ist eine solche Differenzierung zwischen der Aufrechnungserklärung einerseits und einem möglicherweise im Hinblick auf die zugrundeliegende Forderung ergangenen Verwaltungsakt andererseits aber notwendig: Wie bereits untersucht, stellt die behördliche Aufrechnungserklärung keinen Verwaltungsakt dar, mit der Folge, daß auch eine aufschiebende Wirkung insoweit nicht in Betracht kommt[134], da gem. § 80 VwGO die aufschiebende Wirkung nur bei einem Widerspruch oder einer Anfechtungsklage gegen einen Verwaltungsakt ausgelöst wird.

Die Möglichkeit des Eintritts eines Suspensiveffektes im Hinblick auf die Aufrechnungserklärung würde, unabhängig davon, auch im Hinblick auf die Vorschrift des § 388 BGB Bedenken hervorrufen. Nach dieser Vorschrift ist die Aufrechnungserklärung nur unbedingt möglich - hiermit könnte ein evtl. öffentlich-rechtlich begründeter Suspensiveffekt möglicherweise unvereinbar sein.

---

134 S. o. S. 153.

Gleichwohl, ob man den Suspensiveffekt als Vollzugs- oder als Wirksamkeitshemmung versteht, ließe sich nämlich insoweit eine Vergleichbarkeit mit den Wirkungen einer Rechtsbedingung feststellen. Ähnlich wie bei anderen Gestaltungsrechten ist aber im Hinblick auf die Rechtssicherheit auch im Fall der Aufrechnung nur eine unbedingte Erklärung zulässig und überhaupt in der Lage, die beabsichtigte Rechtsgestaltung herbeizuführen[135].

Zwar bestünde gegenüber der Regelung des § 388 BGB die Besonderheit, daß der Suspensiveffekt erst durch eine Maßnahme des Verwaltungsaktsadressaten, des Erklärungsempfängers, ausgelöst würde, nämlich durch Einlegung von Widerspruch oder Erhebung der Anfechtungsklage. Der Verwaltungsaktsadressat setzte damit erst die Bedingung im Sinne des § 388 BGB - diese Konstellation ist im Zivilrecht jedoch unbekannt, so daß insoweit eine Situation vorläge, die von der Regelung des § 388 BGB unmittelbar nicht erfaßt wäre.

Diese Argumentation erschiene jedoch zu formalistisch: Bei jedem Verwaltungsakt ist nach der gesetzlichen Regelung des § 80 Abs. 1, S. 2 VwGO der Suspensiveffekt im Grundsatz möglich - insoweit trägt gleichsam jeder Verwaltungsakt die Möglichkeit des Suspensiveffekts von Anfang an in sich - tritt der Suspensiveffekt ein, so ist dies nicht formal allein aufgrund der Handlung des Adressaten der Fall, sondern Ausdruck einer von Anfang an bestehenden Möglichkeit, die dem Verwaltungsakt bereits innewohnte.

Die Aufrechnung duldet als einseitiges Rechtsgeschäft in der Regel keinen Schwebezustand[136]. In diesem Fall wäre es, im Hinblick auf die Wirkung des Suspensiveffektes, wegen der der Regelung des § 388 BGB zugrundeliegenden Interessenlage ohne Belang, daß der Schwebezustand erst aufgrund einer Handlung des Erklärungsempfängers eintritt.

Ebensowenig läge eine eventuell zuzulassende Potestativbedingung[137] vor, bei der der Eintritt vom Willen des Erklärungsempfängers abhängt, da hier die Handlung des Erklärungsempfängers nicht zum Eintritt der Bedingung, sondern zum Eintritt des Schwebezustands führt und nicht diesen, wie ansonsten im Fall der Potestativbedingung, beendet.

---

135 S. o. S. 17 f.

136 So *Appel*, BayVBl. 1983, S. 201 (202); vgl. auch *MK/v. Feldmann*, BGB, § 388 Rz 3; *Gernhuber*, Erfüllung, § 12 VIII 2 S. 273 f.; *Soergel/Zeiss*, BGB, § 388 Rz. 1.

137 Vgl. nur *MK/v. Feldmann*, BGB, § 388 Rz 3.

Zulässig ist eine Prozeßaufrechnung[138], die jedoch materiellrechtlich keine Besonderheiten aufweist, sondern nur ein prozeßbedingtes Verteidigungsmittel darstellt - im Vergleich mit dem hier untersuchten Fall mit vertauschter Rollenführung. Insoweit führen Erwägungen im Zusammenhang mit der Prozeßaufrechnung nicht weiter, da der Aufrechnungsadressat den Schwebezustand auslöste, während die Prozeßaufrechnung und damit die Bedingung innerhalb des Prozesses durch den Aufrechnungserklärenden erfolgt.

bb. Der Eintritt des Suspensiveffektes im Hinblick auf einen mit der Aufrechnungserklärung in Zusammenhang stehenden Verwaltungsakt

Hiervon zu unterscheiden und für die Aufrechnungsproblematik von erheblicher Bedeutung ist die aufschiebende Wirkung, die in Bezug auf einen in Zusammenhang mit der Aufrechnung stehenden Forderungs- oder Leistungsbescheid eintritt.

Bei der Erörterung dieser Konstellation der Anfechtung des der Hauptforderung zugrundeliegenden Verwaltungsakts sind zwei verschiedene Ansatzpunkte für einen Wirkungsbezug des Suspensiveffektes zu unterscheiden. Zum einen sind Auswirkungen des Suspensiveffektes auf die materiellrechtlichen Voraussetzungen der Aufrechnung und zum anderen auf die Möglichkeit der Aufrechnung als Form der Vollziehung des Verwaltungsakts denkbar.

2. Die Bedeutung der aufschiebenden Wirkung im Hinblick auf die Voraussetzungen der Aufrechnung

Sofern die Behörde Leistungen durch Verwaltungsakt festsetzt oder durch Verwaltungsakt zur Leistung auffordert, entfaltet ein Widerspruch hiergegen nach allgemeinen Grundsätzen aufschiebende Wirkung - wenn nicht gem. § 80 Abs. 2 Nr. 1 VwGO im Einzelfall die aufschiebende Wirkung entfällt, was jeweils gesondert zu prüfen ist[139].

Teilweise wird die Ansicht vertreten, die Anfechtung des Leistungsbescheides hindere nicht die Aufrechnung mit dieser Forderung durch die Behörde[140]. Zur Begründung wird ausgeführt, der Suspensiveffekt erfasse nicht die Erklärung der Aufrechnung als öffentlich-rechtliche Willenserklärung mangels Vorliegen eines

---

138 S. *MK/v. Feldmann*, BGB, § 387 Rz 14; *Soergel/Zeiss*, BGB, § 388 Rz. 3.

139 Vgl.: *Kopp*, VwGO, § 80 Rz 37 f.; *Schoch*, Vorläufiger Rechtsschutz, S. 1201 ff.; *Heckmann*, S. 83 ff. jew. m. w. Nachw.

140 So BVerwGE 66, 218 (222 f.); Vgl. auch *Glose*, DÖV 1990, 146 (149).

Verwaltungsakts[141]. Dies stimmt zwar im Ausgangspunkt mit der hier vertretenen Ansicht, die zuvor erörtert wurde, überein, es wird jedoch nicht ausreichend berücksichtigt, daß die aufschiebende Wirkung im Hinblick auf den Leistungsbescheid möglicherweise auch Konsequenzen für die Aufrechnung haben kann[142]. So wird zwar die Aufrechnungserklärung durch die aufschiebende Wirkung nicht suspendiert, die aufschiebende Wirkung im Hinblick auf den Verwaltungsakt könnte sich aber auf die materiellen Voraussetzungen der Aufrechnung auswirken.

Auch das *Bundesverwaltungsgericht* hat ausgeführt, die Einlegung eines Rechtsbehelfs, der aufschiebende Wirkung entfalte, hindere die Aufrechnung nicht. Es wird dabei festgestellt, die aufschiebende Wirkung beseitige mangels Gestaltungswirkung nicht die Fälligkeit der Gegenforderung[143]. Ferner wird diese Auffassung hauptsächlich auf die bereits erwähnte Argumentation gestützt, die Aufrechnung stelle keine Vollziehung des Leistungbescheides dar. Vom *Bundesverwaltungsgericht* unberücksichtigt und unerwähnt bleiben jedoch weitergehende Überlegungen, die die materielle Aufrechnungslage über die Fälligkeit der Forderung hinaus betreffen. Die Möglichkeit der Beeinflussung der Aufrechnungslage durch den Suspensiveffekt wird aber nur recht oberflächlich behandelt[144].

---

141 Vgl. *Glose*, DÖV 1990, 146 (149).

142 Vgl. *Ehlers*, JuS 1990, 777 (779); *Schmidt*, JuS 1984, 28 (31); so auch *Hermann*, S. 168 m. Fn. 801; *Ebsen*, DÖV 1982, 389 (396) erkennt an, daß die aufschiebende Wirkung die Aufrechnungslage zu beeinflussen vermag, folgert aber hieraus, das führe mittelbar auch zu einer schwebenden Unwirksamkeit der Aufrechnungserklärung. Er verkennt dabei jedoch, daß die Rechtsnatur als gestaltende Erklärung der Annahme eines solchen Schwebezustandes entgegensteht, was sich auch aus § 388 Abs. 2 BGB ergibt; mit ähnlicher Kritik hiergegen bereits *Appel*, BayVBl. 1983, 201 (202), der ebenfalls die Möglichkeit der Auswirkung der aufschiebenden Wirkung auf den Gegenanspruch bejaht; i. E. auch *Veitenthal*, BayVBl. 1990, 615 (619), wiewohl seine Ausführungen nicht recht überzeugen, da er sich zunächst der Auffassung des Bundesverwaltungsgerichts s. u. Fn. 144 anschließt.

143 Vgl. BVerwG, DÖV 1972, S. 573 (574); BVerwGE 66, 218 (221); in einem vergleichbaren Fall auch BFHE 151, 304.

144 Dies machte bereits *Ehlers*, JuS 1990, 777 (779) dem Bundesverwaltungsgericht zum Vorwurf. In der Entscheidung BVerwGE 66, 218 (221) werden Gegenseitigkeit und Gleichartigkeit der Forderung in kurzen Ausführungen bejaht, während die Existenz der Forderung oder deren Durchsetzbarkeit nicht problematisiert werden; ähnlich auch bereits BVerwG, DÖV 1972, 573 (574), wobei unklar ist, ob das Gericht diese Möglichkeit überhaupt bedacht hat. Es wird ausgeführt, die aufschiebende Wirkung sei mit dem Bestreiten des Anspruchs im Zivilrecht vergleichbar und bis zur rechts-

a. Die Auswirkungen des Suspensiveffektes auf die Voraussetzungen der Aufrechnung unter Zugrundelegung der Vollziehbarkeitstheorie

Wie bereits erörtert, knüpft die Theorie der Vollziehbarkeitshemmung nicht am Merkmal der Wirksamkeit des Verwaltungsakts an, sondern stellt auf dessen Vollziehung ab. Dem Begriff der Vollziehung unterfällt ohne Zweifel die Durchsetzung des Verwaltungsakts mit Mitteln des Verwaltungszwanges[145]. Darüberhinaus tritt die aufschiebende Wirkung aber auch bei Verwaltungsakten ein, die einer zwangsweisen Vollziehung nicht zugänglich sind. Die aufschiebende Wirkung im Sinne des § 80 VwGO muß daher weitergehend die Vermeidung der Verwirklichung des Inhalts des Verwaltungsakts meinen. Dabei ist es unerheblich, wer diese inhaltliche Verwirklichung anstrebt, der Adressat, die erlassende oder eine andere Behörde. Ohne Bedeutung ist auch, ob dies freiwillig oder zwangsweise geschieht oder ob die Durchsetzung einer besonderen Maßnahme bedarf oder die Wirkung von selbst eintritt. Dies wird auch von Vertretern des ursprünglich "engen" Vollziehungsbegriffes eingeräumt[146]. Der Vollziehbarkeitstheorie wird denn auch im Hinblick auf rechtsgestaltende Verwaltungsakte vorgeworfen, sie berücksichtige nicht ausreichend den gesetzlichen Terminus der aufschiebenden Wirkung, wenn sie im Fall des suspendierten Verwaltungsakts praktisch das Verbot des Herleitens von Folgewirkungen aus dem Verwaltungsakt postuliere[147]. Die aufschiebende Wirkung beziehe sich jedoch eher auf die Regelung des Verwaltungsakts und nicht bloß auf Folgemaß-

---

kräftigen Bestätigung der Rechtmäßigkeit der Aufrechnung bleibe die Aufrechnungserklärung schwebend unwirksam. Es wird nicht erkannt, daß sich der Schwebezustand nicht auf die Erklärung, sondern auf die Aufrechnungslage beziehen muß. Die Bedeutung der aufschiebenden Wirkung erschöpft sich danach darin, "daß sie eine Aufrechnung, die trotz Bestreitens der Forderung, mit der aufgerechnet wird, erklärt worden ist, unter den Vorbehalt der nachträglichen rückwirkenden Unwirksamkeit der Aufrechnung im Fall des Erfolges des Rechtsmittels stellt".

145 Vgl. *Finkelnburg/Jank*, Vorläufiger Rechtsschutz, § 44 Rz. 488.

146 So hat die Rspr. beispielsweise das Gebrauchmachen des Bauherrn von der Baugenehmigung als Vollziehung aufgefaßt, OVG Koblenz, AS 14, 266 (270 f.); weitergehend soll Vollziehung alle Maßnahmen meinen, die auf Verwirklichung des Inhalts des Verwaltungsakts gerichtet sind, so VGH B-W, VBlBW 1983, 144 (144 f.); OVG Lüneburg, OVGE 37, 351 (355); s. auch *Schenke*, DVBl. 1986, 9 (14); ausf. *Schoch*, Vorläufiger Rechtsschutz, der selbst die Wirksamkeitstheorie vertritt und ausführt, daß der Vollziehungsbegriff eine Ausweitung erfahren hat, die die ursprünglich vollstreckungsrechtliche Herkunft nicht mehr erkennen läßt, S. 1172 ff. m. umfangr. Nachw.

147 Vgl. BVerwGE 13, S. 1 (9); OVG Koblenz, DÖV 1965, S. 674 (675); BayVGH, NVwZ 1985 S. 663, w. Nachw. bei *Schoch*, Vorläufiger Rechtsschutz, S. 1177 m. Fn. 122.

nahmen, an deren Durchführung die Behörde gehindert sein soll[148]. Ohne auf diese Argumentation näher einzugehen, da dies auf eine Entscheidung zwischen Vollzugs- und Wirksamkeitstheorie hinausliefe, was jedoch im Hinblick auf eine umfassende Erörterung der Aufrechnungsproblematik zumindest zunächst unterbleiben soll, sind die Auswirkungen für die Aufrechnung zu untersuchen.

aa. Die Auswirkung des Suspensiveffektes auf die Wirksamkeit der Forderung

Zur Herbeiführung der Rechtsgestaltung durch die Aufrechnung gem. § 389 BGB ist das Vorliegen bestimmter Tatbestandsvoraussetzungen notwendig. Neben der Aufrechnungserklärung sind die materiellen Anforderungen von Interesse. Wie schon ausgeführt[149], ist im Hinblick auf die Gegenforderung, mit der aufgerechnet wird, eine wirksame Forderung notwendig. Das bedeutet, die dem Schuldner gebührende Leistung im Sinne des § 387 BGB muß vollgültig und in jeder Beziehung begründet sein[150]. Nach einer anderen Ansicht muß die Forderung vollwirksam und fällig sein[151] - eine Forderung, deren Erfüllung erzwungen werden kann und der keine Einreden entgegenstehen[152]. Der Suspensiveffekt könnte sich im Hinblick auf die Wirksamkeit der Gegenforderung auswirken.

Unter Zugrundelegung eines engen Vollzugsbegriffes wären keine Folgen einer aufschiebenden Wirkung für die Wirksamkeit der durch den Verwaltungsakt begründeten Forderung zu konstatieren, da die Wirksamkeit des Verwaltungsakts gerade nicht suspendiert sein soll. Ist aber der Verwaltungsakt wirksam, so ist auch die durch ihn begründete Forderung wirksam[153]. Danach ist die Wirksamkeit der Forderung keine reine Folgewirkung, sondern Gegenstand der Regelung des Verwaltungsakts. Davon geht auch das *Bundesverwaltungsgericht* aus, wenn es ausführt, die Anfechtung des Verwaltungsakts hindere nicht die Aufrechnung

---

148 *Schoch*, Vorläufiger Rechtsschutz, S. 1177.

149 S. o. S. 13 ff.

150 S. nur *MK/v. Feldmann*, BGB, § 387 Rdnr. 18.

151 Vgl. *Palandt/Heinrichs*, BGB, § 387 Rdnr. 11; *Soergel/Zeiss*, BGB, § 387 Rdnr. 8.

152 Vgl dazu die Ausführungen oben S. 13 ff.

153 Wobei in Ansehung der Forderung im Zusammenhang mit den Vorschriften der §§ 387 ff. BGB von einem zivilrechtlichen, im Hinblick auf den Verwaltungsakt von einem verwaltungsrechtlichen Begriff der Wirksamkeit auszugehen ist.

mit dieser Forderung, da diese keine hoheitliche Vollziehung darstelle[154]. Für diese Auffassung ist es charakteristisch, daß die Regelungsaussage des angefochtenen Verwaltungsakts trotz der Anfechtung praktisch erhalten bleibt[155], selbst die weitere Vollzugstheorie kommt nur zu einem Verbot des Anknüpfens von Folgemaßnahmen, was gleichsam (lediglich) die Fiktion der Unwirksamkeit darstellt[156]. Im Hinblick auf die Aufrechnung mit der durch den Verwaltungsakt begründeten Forderung könnte dies die Aufrechnung als solche unmöglich machen, dazu s. unten unter b. Unmittelbare Wirkungen auf die Existenz der Forderung zeitigt die Anfechtung des Verwaltungsakts danach jedoch nicht.

bb. Die Auswirkung des Suspensiveffektes auf die Fälligkeit der Forderung

Als problematisch könnte sich hingegen die Frage der Fälligkeit der durch den Verwaltungsakt begründeten Gegenforderung erweisen. Die Forderung, mit der aufgerechnet wird, muß, wie bereits ausgeführt, nicht nur wirksam, sondern auch fällig sein[157]. Im Zivilrecht ist umstritten, ob im Fall der einredebehafteten Forderung die Fälligkeit bis zum Wegfall der Einrede fehlt[158] oder ob das Bestehen einer Einrede die Fälligkeit unberührt läßt und sich nur im Hinblick auf die Wirksamkeit der Forderung auswirkt[159], da die Einrede die Durchsetzung des Anspruchs dauernd oder zeitweilig hindert oder abschwächt und der Schuldner zur Verzögerung der Leistung berechtigt ist und nicht zu leisten braucht[160].

Diese Frage stellte sich im öffentlichen Recht in vergleichbarer Weise, wenn man die Anfechtung als Einrede im zivilrechtlichen Sinne begreifen müßte. Für den Fall der Aufrechnung wäre es in dem Fall letztlich ohne Belang, ob die Fäl-

---

154 Vgl. BVerwGE 66, 218 (222).

155 So bleibt z. B. nach *Finkelnburg/Jank*, Vorläufiger Rechtsschutz, Rz. 494, die rechtliche Gestaltungswirkung des Verwaltungsakts von der aufschiebenden Wirkung unberührt, so bleibe im Fall der widerrufenen Gaststättenerlaubnis die Erlaubnis erloschen, im Fall der Entlassung des Beamten bleibe dieser entlassen, m. w. Beisp.

156 Vgl. *Finkelnburg/Jank*, Vorläufiger Rechtsschutz, Rz. 494, wonach bei den o. g. Beispielen die Behörde gehindert sein soll, die Gaststätte zu schließen oder dem Beamten die Bezüge zu sperren; s. auch *Schoch*, Vorläufiger Rechtsschutz, S. 1177.

157 Vgl. *Palandt/Heinrichs*, BGB, § 387 Rdnr. 11; *MK/v.Feldmann*, BGB, § 387 Rdnr. 19; *Larenz*, Schuldrecht Bd. 1, § 18 VI 3 (S. 258); *Gernhuber*, Erfüllung, § 12 IV 1 (S. 226 f.).

158 So BGHZ 55,198; *MK/Walchshöfer*, BGB, 291 Fn. 16 u. § 284 Fn. 26 (Nachw.)

159 Vgl. *MK/Walchshöfer*, BGB, § 291 Rz. 8.

160 So *Larenz*, Schuldrecht Bd. 1, § 18 VI 3, S. 258.

ligkeit durch eine Anfechtung aufgehoben würde, oder ob die Wirksamkeit der Forderung hierdurch betroffen wäre. Denn in beiden Fällen fehlte es entweder an einer Aufrechnungslage im Sinne des § 387 BGB oder einer Aufrechnung stünde § 390 BGB entgegen.

Das *Bundesverwaltungsgericht* hat in diesem Zusammenhang ausgeführt, die Anfechtung wirke sich nicht auf die Fälligkeit der Forderung aus, da dem Rechtsbehelf keine Gestaltungswirkung zukomme[161]. Insoweit zeichnet sich dieselbe Situation wie im Hinblick auf die Wirksamkeit der Forderung ab. Infolgedessen ist ein anderes Ergebnis unter Heranziehung der Grundsätze des Zivilrechts im Fall des Bestehens einer Einrede nicht zu erzielen, da die aufschiebende Wirkung nach dem Verständnis der Vollziehbarkeitstheorie einen anderen Bezugspunkt betrifft als die Einreden des Zivilrechts, die sich materiell auszuwirken vermögen. Friktionen ergeben sich jedoch dann, wenn man als Folge des Suspensiveffektes beispielsweise die Nicht-Durchsetzbarkeit von Säumniszuschlägen ansieht[162]. Hier ist eine gewisse Parallelität mit Argumenten der weiten Vollzugstheorie zu konstatieren, weil letztlich die Folgen aus dem Verwaltungsakt, bzw. aus dessen Regelungswirkung, nicht hergeleitet werden. Von ihrem Ansatzpunkt her müßte die Vollzugstheorie an sich die Rechtsgestaltung der Fälligkeit unangetastet lassen, was dann im Einzelfall eine konstruiert anmutende Argumentation im Hinblick auf eventuelle Folgewirkungen nach sich zieht[163]. Auch hier bietet dies eher eine Angriffsmöglichkeit gegen die Theorie der Vollzugshemmung an sich, als in der konkreten Anwendung derselben fruchtbar zu sein. Danach spricht bei konsequenter Befolgung ihres Ausgangspunktes bei der Beurteilung der Fälligkeit der Forderung nach der Vollziehbarkeitstheorie tatsächlich viel für die Auffassung des *Bundesverwaltungsgerichts*.

---

161 S. BVerwGE 66, 218 (221).

162 Vgl. *Schoch*, Vorläufiger Rechtsschutz, S. 1216; zur Rechtslage im Steuerrecht im Fall der Aussetzung der Vollziehung vgl. *Hermann*, S. 171 ff. (173), die für das Steuerrecht insoweit nicht das Entfallen der Fälligkeit, sondern nur das der Folgen der Fälligkeit annimmt, a. A. insoweit FG Hamburg, EFG 1979, 67 (68): Annahme des rückwirkenden Entfalls der Fälligkeit; unklar BFHE 149, 6.

163 S. z. B. *Hermann*, S. 174.

cc. Die Auswirkung des Suspensiveffektes auf die Durchsetzbarkeit der Forderung

Die vom Schuldner zur Aufrechnung gestellte Forderung muß nicht nur voll wirksam und fällig, sondern auch durchsetzbar sein[164]. Dies wird damit begründet, Forderungen, die nicht mit Hilfe des Staates durchgesetzt werden könnten, seien auch zur Aufrechnung ungeeignet, da die Aufrechnung Tilgungsmodus sei und nicht zur Erweiterung des Rechtszwanges diene[165]. Im Hinblick auf das Merkmal der Durchsetzbarkeit ist festzustellen, daß dieses oftmals nicht näher erläutert und in engem Zusammenhang mit dem Erfordernis der Einredefreiheit gem. § 390 BGB erörtert wird, wobei eine genaue Abgrenzung nicht immer erfolgt[166]. Ausgehend von diesem zivilrechtlich orientierten Begriff der Durchsetzbarkeit, ergeben sich für den Fall der Geltendmachung einer Forderung durch eine Behörde mittels Verwaltungsakts Besonderheiten. Das zivilrechtliche Modell der Forderungsdurchsetzung durch Klage und (anschließende) Zwangsvollstreckung ist im Fall der durch Verwaltungsakt begründeten Forderung insoweit modifiziert, als die Verwaltung in der Lage ist, durch Anwendung von Verwaltungszwang selbst für eine Vollstreckung der Forderung zu sorgen. Hier handelt es sich um eine besondere Form staatlicher zwangsweiser Forderungsdurchsetzung, mit der das Merkmal der Durchsetzbarkeit der Gegenforderung als Voraussetzung der Aufrechnung in Einklang gebracht werden muß.

Dazu sind zwei Möglichkeiten denkbar. Zum einen könnte das Merkmal der Durchsetzbarkeit insoweit zivilrechtlich zu verstehen sein und öffentlich-rechtliche Besonderheiten keinen Eingang finden. Das heißt konkret, die nach der Theorie der Vollziehbarkeitshemmung eintretende Unmöglichkeit (i. S. von Hemmung) der zwangsweisen Durchsetzung der Forderung durch die Behörde im Wege des Verwaltungszwanges wirkte sich auf die Aufrechnungslage in Bezug auf die Durchsetzbarkeit nicht aus, sondern wäre allenfalls von Bedeutung, wenn es sich bei der Aufrechnung um eine Vollziehung des Verwaltungsakts handelte.

---

164 So *Soergel/Zeiss*, BGB, § 387 Rz. 8; BGHZ 2, 302; s. auch *Larenz*, Schuldrecht Bd. 1, § 18 VI 3 (S. 258); *Gernhuber*, Erfüllung, § 12 IV 1 (S. 226 f.).

165 S. *Gernhuber*, Erfüllung, § 12 IV 1 (S. 226 f.).

166 Vgl. *Larenz*, Schuldrecht Bd. 1, § 18 VI 3 (S. 258); *Soergel/Zeiss*, BGB, § 387 Rz. 8; auch *Ehlers*, JuS 1990, 777 (779) differenziert nicht exakt zwischen Durchsetzbarkeit und Einredefreiheit und läßt im Ergebnis die Aufrechnung, unabhängig von der jeweils vertretenen Theorie zur Wirkung des Suspensiveffektes, wegen jedenfalls fehlender Aufrechnungslage scheitern.

Zum anderen könnte Durchsetzbarkeit generell die zwangsweise staatliche Durchsetzung meinen, was für die Aufrechnung mit einer öffentlich-rechtlichen Forderung bei Anfechtung des die Forderung begründenden Verwaltungsakts bedeutete, daß die Forderung auch mit Mitteln des Verwaltungszwanges durchsetzbar sein müßte, um im Sinne der Aufrechnungsvoraussetzungen durchsetzbar zu sein[167].

Das *Bundesverwaltungsgericht* äußert sich zu dieser Frage nicht ausdrücklich, stellt die Aufrechnungsmöglichkeit und damit zumindest konkludent die Aufrechnungsvoraussetzungen jedoch nicht in Frage und geht daher offensichtlich von einer Durchsetzbarkeit der Forderung aus. Die daran anschließende Frage der Vollziehung des Verwaltungsakts durch die Aufrechnung wird verneint, so daß die Anfechtung des die Forderung begründenden Verwaltungsakts sich auf die Aufrechnung seitens der Behörde letztlich nicht auswirkt[168]. Diese Auffassung der durch die Anfechtung nicht beeinträchtigten Durchsetzbarkeit erscheint angreifbar. Fraglich ist insbesondere, ob die Anwendung des Rechtsinstituts der Aufrechnung im öffentlichen Recht nicht eine andere Auslegung dieser Aufrechnungsvoraussetzung verlangt. Denn die zivilrechtliche Durchsetzbarkeit kann für eine öffentlich-rechtliche Forderung schon deshalb nicht maßgeblich sein, weil oftmals der Rechtsweg zu den Zivilgerichten in diesen Fällen nicht eröffnet sein wird. Somit liegt es nahe, für eine öffentlich-rechtliche Forderung im Fall der Aufrechnung mit dieser auch eine öffentlich-rechtliche Durchsetzbarkeit zu verlangen. Diese könnte jedoch mit Eintritt des Suspensiveffektes nicht mehr gegeben sein, da der Verwaltungsakt nicht mehr vollzogen werden darf.

Die vom *Bundesverwaltungsgericht* offenbar vertretene Ansicht, die Anfechtung wirke sich auf die Durchsetzbarkeit nicht aus, d. h. die Differenzierung zwischen Durchsetzbarkeit und Vollziehbarkeit, wird auch damit begründet, die Durchsetzbarkeit knüpfe, wie auch die Fälligkeit, an den materiellen Bestand des Verwaltungsakts an, der durch die Aussetzung der Vollziehung nicht berührt werde, da diese nur die formellen Konsequenzen erfasse, die vorläufig suspendiert

---

167 Dieser Meinung folgt etwa *Ehlers*, JuS 1990, 777 (779 m. Fn. 28), der die Durchsetzbarkeit als isolierte, d. h. unabhängig von der Aufrechnung mögliche, Erzwingbarkeit auffaßt, die über die Einredefreiheit des § 390 BGB hinausgehe. Diese Erzwingbarkeit sei bei einem Verwaltungsakt infolge der aufschiebenden Wirkung eines Rechtsbehelfs nicht mehr gegeben, mit der Folge, daß es bereits an der Aufrechnungslage fehle. Eine Aufrechnungslage verneint auch *Schmidt*, JuS 1984, 28 (31), der, von der Wirksamkeitstheorie ausgehend, sowohl die Durchsetzbarkeit (die insoweit öffentlich-rechtlich aufgefaßt wird) als auch die Fälligkeit der Gegenforderung verneint.

168 Vgl. BVerwGE 66, 218 (221 ff.)

seien[169]. Begründet wird dies damit, daß Durchsetzbarkeit im Sinne der Aufrechnungsvoraussetzungen Klagbarkeit bedeute, was deutlich mache, daß im Zivilrecht zur Zwangsvollstreckung der Erwerb eines Vollstreckungstitels erforderlich ist. Diese Klagbarkeit sei damit aber auch im Zivilrecht nicht mit Vollstreckbarkeit gleichzusetzen. Die Durchsetzbarkeit einer Forderung in öffentlich-rechtlichem Zusammenhang könnte nur eine "potentiell rechtlich erzwingbare Realisierung" auf der Grundlage des Verwaltungsakts bedeuten[170].

Diese Argumentation basiert stark auf der Differenzierung von Durchsetzbarkeit und Vollstreckbarkeit und reduziert die Durchsetzbarkeit auf eine bloße Klagbarkeit. Eine Einschränkung der Durchsetzbarkeit erscheint im Hinblick auf die ohnehin schwierige Abgrenzung von Durchsetzbarkeit und Einredefreiheit unabdingbar. Für eine solche Einschränkung könnte bereits sprechen, daß bei einer sehr weit verstandenen Durchsetzbarkeit die Vorschrift des § 390 BGB keine Anwendungsmöglichkeit mehr behielte, also quasi ausgetrocknet würde, wenn bereits die Durchsetzbarkeit im Sinne von Einredefreiheit zu verstehen sein müßte. Diese Bedenken sind allerdings nicht gerechtfertigt. Denn auch eine weit verstandene Durchsetzbarkeit vermöchte nicht, die Vorschrift des § 390 BGB obsolet zu machen: Die Regelung des § 390 BGB, wonach die Aufrechnung mit einer einredebehafteten Forderung ausgeschlossen ist, geht über das Erfordernis der bloßen Durchsetzbarkeit als Aufrechnungsvoraussetzung hinaus. Im Hinblick auf § 390 BGB reicht schon das Bestehen der Einrede aus, um die Aufrechnung auszuschließen - ohne daß sich der Aufrechnungsgegner auch auf die Einrede beruft[171]. Eine Forderung, der eine Einrede lediglich entgegensteht, ist aber im Gegensatz zur Aufrechenbarkeit nach § 390 BGB grundsätzlich durchsetzbar. Die Durchsetzbarkeit wird erst mit dem Geltendmachen der Einrede durch den Schuldner beeinträchtigt.

Eine Reduzierung der Durchsetzbarkeit auf eine bloße Klagbarkeit vermag dagegen in den Fällen der öffentlich-rechtlichen Forderung keine praktikablen Er-

---

169 So *Hermann*, S. 176.

170 Vgl. *Hermann*, S. 176 m. Fn. 842, für die Durchsetzbarkeit im Rahmen einer Aufrechnungserklärung könne nicht in überschießender Tendenz zur zivilrechtlichen Klagbarkeit bereits die Vollziehbarkeit der Forderung verlangt werden.

171 Vgl. *Gernhuber*, Erfüllung, § 12 IV 2 (S. 229), der zugleich auch darauf hinweist, daß das Abstellen allein auf das Bestehen der Einrede, unabhängig davon, ob sich der Schuldner auch darauf beruft, nicht unbestritten ist, daß aber die Gegenansicht (Vgl. insoweit die Nachw. bei *Gernhuber*, S. 229 m. Fn. 59) mit dem Text der Norm nur schwer zu vereinbaren und kaum in das Gesamtgefüge des Rechts der Aufrechnung einzugliedern sei.

gebnisse herbeizuführen. Das zeigt die Argumentation dieser Ansicht, die die Durchsetzbarkeit in den Fällen der durch Verwaltungsakt begründeten Forderung als "potentiell rechtliche Erzwingbarkeit" auf der Grundlage des Verwaltungsakts einordnet und dies damit begründet, ansonsten würde für die öffentlich-rechtliche Forderung im Vergleich zur zivilrechtlichen Forderung Vollstreckbarkeit und nicht bloß Klagbarkeit verlangt[172]. Es ist zwar richtig, daß für die zivilrechtliche Durchsetzbarkeit im Sinne der §§ 387 ff. BGB auch spezifische zivilrechtliche Vollstreckungsfragen außer Betracht bleiben, so daß zunächst eine entsprechende Vorgehensweise auch im Falle öffentlich-rechtlicher Forderungen naheläge. Eine solche Eingrenzung müßte jedoch auch den Besonderheiten des öffentlichen Rechts ausreichend Rechnung tragen. Eine "potentielle rechtliche Erzwingbarkeit" im Sinne dieser Auffassung ist wenig konturiert. Was sich hinter diesem Begriff verbirgt, bleibt unklar. Im Fall des suspendierten Verwaltungsakts, der eine Forderung begründet, ist jedenfalls die rechtliche Erzwingbarkeit außerhalb des Vollstreckungsverfahrens zumindest eingeschränkt, da der Behörde in diesem Fall ein Übergehen auf ein gerichtliches Klageverfahren verwehrt ist[173]. Dies wird in der Argumentation *Hermanns* jedoch nicht ausreichend deutlich. Somit erscheint es, jedenfalls außerhalb des Vollstreckungsverfahrens, verfehlt, im Hinblick auf die Forderung noch von einer potentiellen rechtlichen Erzwingbarkeit zu sprechen.

Diese Erwägungen sprechen auf den ersten Blick dafür, die Durchsetzbarkeit im Rahmen der Aufrechnung mit einer öffentlich-rechtlichen Forderung doch im Sinne der Vollziehbarkeit und somit abweichend vom Zivilrecht zu verstehen, weil für eine zivilrechtliche Durchsetzbarkeit in diesen Fällen kein Raum besteht. Gleichwohl legen gerade die Besonderheiten des öffentlichen Rechts, nämlich die Titelfunktion des Verwaltungsakts und die damit der Verwaltung an die Hand gegebene Möglichkeit einer Zwangsvollstreckung bzw. Vollziehung ohne gerichtliches Verfahren[174], es nahe, die Durchsetzbarkeit der Forderung im Sinne der Aufrechnungsvorschriften als durch den Suspensiveffekt unbeeinträchtigt anzusehen.

---

172 So *Hermann*, S. 176 m. Fn. 842.

173 Wobei letztlich offenbleiben kann, ob dies aus Gründen des allgemeinen Rechtsschutzbedürfnisses oder im Hinblick auf das Anfechtungsverfahren aus Subsidiaritätsgesichtspunkten oder hinsichtlich einer möglichen Anfechtungsklage durch eine eventuelle Vorwirkung des Einwands der Rechtshängigkeit des Streitgegenstandes der Fall ist.

174 Vgl. dazu nur *Maurer*, Allgemeines Verwaltungsrecht, § 9 Rz. 39 ff.; *Schenke*, Verwaltungsprozeßrecht, Rz. 502 h.

Eine solche Betrachtungsweise führt nicht zwingend zur Unbeachtlichkeit der Anfechtung des Verwaltungsakts, denn selbst bei Bejahung der Durchsetzbarkeit der Forderung bestünde immer noch die Möglichkeit, die Aufrechnung durch die Behörde aus öffentlich-rechtlichen Gesichtspunkten abzulehnen, wenn man sie als Vollziehung des Verwaltungsakts auffaßte, welche gerade durch den Suspensiveffekt aufgeschoben werden soll. Diese "öffentlich-rechtliche Lösung" der Berücksichtigung des Suspensiveffektes vernachlässigte auch nicht die materiellen Anforderungen an die Aufrechnungslage nach den Vorschriften der §§ 387 ff. BGB: Dies ließe sich mit dem Argument einwenden, das Merkmal der Durchsetzbarkeit solle vor dem Hintergrund der Zwangsfunktion der Aufrechnung, die durch die darin liegende Befriedigungsmöglichkeit gegeben ist und die sehr anschaulich durch *Bötticher* als "Selbstexekution" beschrieben wurde[175], gewährleisten, daß durch die Aufrechnung nicht mehr erreicht werden kann, als durch die Inanspruchnahme staatlicher Organe. Eine derartig umfassende Funktion kommt dem Merkmal der Durchsetzbarkeit jedoch selbst bei der Aufrechnung zivilrechtlicher Forderungen nicht zu. Auch hier werden spezielle Voraussetzungen der Zwangsvollstreckung nicht berücksichtigt. Eine Aufrechnung soll lediglich in den Fällen ausgeschlossen sein, in denen der Gläubiger nicht in der Lage ist, die Forderung mittels staatlicher Hilfe durch Titel und Zwangsvollstreckung durchzusetzen[176]. Ein Vergleich der Interessenlage des Schuldners einer zivilrechtlichen Forderung, die erst nach Erwerb eines Titels vollstreckbar ist, mit der Situation eines Schuldners der Verwaltung, die Forderungen in vollstreckungsfähiger Weise selbst titulieren kann, spricht im Fall der Vollziehbarkeitshemmung nicht für ein Fehlen der Durchsetzbarkeit im Sinne der §§ 387 ff. BGB.

---

175 Vgl. *Bötticher*, in: Festschrift für Schima, S. 95 ff.

176 Für ein solches Verständnis des Merkmals der Durchsetzbarkeit sprechen die in Zusammenhang damit genannten Fallgruppen, wonach die Aufrechnung mit künftigen Forderungen, aufschiebend bedingten Forderungen oder bloßen Erwerbsgründen ausgeschlossen sein soll; vgl. *Gernhuber*, Erfüllung, § 12 IV 1 (S. 227); *Palandt/Heinrichs*, BGB, § 387 Rz. 11 spricht zwar von einer Forderung, die erzwungen werden kann, nennt aber dann die gleichen oder ähnliche Fälle als Beispiele nicht aufrechenbarer Forderungen, so daß Durchsetzbarkeit auch hier nicht mit Vollstreckbarkeit gleichgesetzt wird, denn die Beispiele beziehen sich allesamt auf die Klagbarkeit der Forderung oder auf die Möglichkeit, in Ansehung dieser Forderung einen Titel zu erlangen. Die Unabhängigkeit der Aufrechnungsmöglichkeit von der Vollstreckbarkeit zeigt sich gerade auch darin, daß die Aufrechnung beispielsweise bei Konkurs des Schuldners die Möglichkeit bietet, eine Befriedigung der eigenen Forderung zu erlangen, vgl. auch § 53 KO.

Diese Vorschriften intendieren einen Schutz des Schuldners durch das Merkmal der Durchsetzbarkeit danach insoweit, als die staatliche Vollstreckungsmöglichkeit lediglich abstrakt eröffnet sein muß[177], jedenfalls nicht von vornherein ausgeschlossen ist. Dies aber ist bei der öffentlich-rechtlichen Forderung nach ihrer Konkretisierung in einem Verwaltungsakt wegen dessen Titelfunktion gerade der Fall. Von Bedeutung ist insoweit, daß die Vorschriften der §§ 387 ff. BGB Anforderungen im Hinblick auf die Forderung aufstellen, die Forderung muß wirksam, fällig und durchsetzbar sein, während die Vollstreckbarkeit eines eventuellen Titels als Aufrechnungsvoraussetzung nicht genannt ist[178]. Die Frage der Vollstreckbarkeit des Titels, um die es sich auch bei der Frage der Vollziehbarkeit des Verwaltungsakts handelt, steht insofern in einem nur mittelbaren Zusammenhang mit der Forderung[179]. Daran vermag auch die besondere Konstellation des die Forderung begründenden Verwaltungsakts nichts zu ändern - die Frage der Vollziehung des Verwaltungsakts ist in erster Linie eine solche der Durchsetzung des Titels und nicht der Forderung. Die rein formell durch den Suspensiveffekt eintretende Aufschiebung der Vollziehbarkeit beseitigt nicht die generelle Vollstreckungsmöglichkeit der Behörde im Hinblick auf die Forderung als solche und mithin nicht die materiellen Voraussetzungen der Aufrechnungslage. Danach ist die Durchsetzbarkeit im Sinne der Aufrechnungsregelungen sowohl im Zivilrecht als auch im öffentlichen Recht als abstrakte Möglichkeit der Titulierung der Forderung anzusehen, die bei einem Vorgehen durch Verwaltungsakt insoweit immer gegeben ist[180].

---

177 Insoweit liegt der einzige Unterschied in diesen Fällen der Aufrechnung durch die Verwaltung darin, daß der Staat nicht Vollstreckungshelfer (des Gläubigers), sondern quasi im doppelten Sinne Selbstvollstrecker ist, zum einen im Hinblick auf die Aufrechnung und zum anderen im Hinblick auf die zwangsweise Durchsetzung des Verwaltungsakts - die Selbstvollstreckung durch Aufrechnung soll durch das Erfordernis der Durchsetzbarkeit aber nur in den Fällen verhindert werden, in denen auch eine staatliche Vollstreckung nicht gegeben ist.

178 Die Ausrichtung der die Aufrechnung betreffenden Vorschriften auf die Forderung als solche zeigt sich beispielsweise auch in der Regelung des § 390 BGB, die die Aufrechnung mit einredebehafteten Forderungen ausschließt, da diese Vorschrift nach einhelliger Auffassung nur materiellrechtliche Einreden und nicht solche prozessualer Art betrifft, vgl. dazu näher u. S. 173 ff. m. Fn. 189 f.

179 Diese Differenzierung zwischen Anforderungen an den Titel und solchen an die Forderung trifft beispielsweise *Ehlers*, JuS 1990, 777 (779), nicht, indem er die Durchsetzbarkeit als durch die Vollziehbarkeitshemmung beeinträchtigt ansieht und infolgedessen das Vorliegen der Aufrechnungsvoraussetzung verneint.

180 In diesem Sinne, also unter konkretem Bezug auf die an sich gegebene Erzwingbarkeit des Verwaltungsakts in der Verwaltungsvollstreckungsmöglichkeit, könnte, in Anleh-

dd. Die Auswirkung des Suspensiveffektes im Hinblick auf die Regelung des § 390 BGB

Nach § 390 BGB kann eine Forderung, der eine Einrede entgegensteht, nicht aufgerechnet werden. § 390 S. 2 BGB macht davon für die Einrede der Fälligkeit eine Ausnahme. Diese Vorschrift stellt eine Anforderung an die Gegenforderung auf, die das Merkmal der Durchsetzbarkeit konkretisiert und erweitert[181]. Unter Einreden im Sinne von § 390 BGB sind materiellrechtliche Einreden und nicht solche prozessualer Art zu verstehen[182]. Das folgt aus dem Wortlaut der Vorschrift, wonach nur Einreden die Aufrechnung hindern, die der Forderung entgegenstehen[183]. Unter Einrede im Sinne dieser Vorschrift sind zerstörende und aufschiebende Einreden zu verstehen[184].

Die Wirkung des Suspensiveffektes nach der Vollziehbarkeitstheorie ist auf den ersten Blick mit der Wirkung einer dilatorischen Einrede des Zivilrechts vergleichbar. In beiden Fällen ist die Durchsetzung zunächst gehemmt und es steht nicht fest, ob die Forderung auf Dauer gesehen durchsetzbar ist oder ob die Durchsetzung auf Dauer gehemmt ist. In diesen Fällen einer bestehenden Unsicherheit hinsichtlich der Durchsetzung könnte demnach gemäß § 390 BGB die Aufrechnung ausgeschlossen sein.

Die Problematik, die sich für die Wirkung des Suspensiveffektes auf den forderungsbegründenden Verwaltungsakt hinsichtlich der Vorschrift des § 390 BGB stellt, ist jener vergleichbar, die sich mit der Durchsetzbarkeit der Forderung als Aufrechnungsvoraussetzung beschäftigt. Wie bereits dargelegt, ist die Vorschrift des § 390 BGB Konkretisierung und Erweiterung des Durchsetzbarkeitserfordernisses. Soweit es sich lediglich um eine Konkretisierung handelt, gelten die für die Durchsetzbarkeit angestellten Erwägungen ohne weiteres. Lediglich im

---

nung an die Terminologie *Hermanns*, s. o. S. 170 f., insoweit auch von einer potentiellen rechtlichen Erzwingbarkeit gesprochen werden.

181 S. auch oben S. 14. *MK/v. Feldmann*, BGB, § 390 Rz. 1 hebt die Konkretisierung hervor, während *Gernhuber*, Erfüllung, § 12 IV 2 (S. 229 f.) das erweiternde Moment betont.

182 *Erman/Westermann*, BGB, § 390 Rz. 1; *Soergel/Zeiss*, BGB, § 390 Rz. 1; *Palandt/Heinrichs*, BGB, § 390 Rz. 1; *MK/v. Feldmann*, BGB, § 390 Rz. 1; *Gernhuber*, Erfüllung, § 12 IV 2 (S. 229 f); *Larenz*, Schuldrecht Allgemeiner Teil, § 18 VI 3 (S. 258).

183 Vgl. *Gernhuber*, Erfüllung, § 12 IV 2 (S. 230).

184 Vgl. nur *Soergel/Zeiss*, BGB, § 390 Rz. 1, *MK/v. Feldmann*, BGB, § 390 Rz. 1, jew. m. w. Nachw.

Hinblick auf die durch § 390 BGB bewirkte Erweiterung der Aufrechnungsvoraussetzungen ist zu untersuchen, ob der Suspensiveffekt in diesem Sinne der Aufrechnung entgegensteht.

Entscheidend ist auch in diesem Zusammenhang die Differenzierung zwischen der Forderung einerseits und dem Verwaltungsakt und seiner Vollziehung andererseits. Die Vorschrift des § 390 BGB behandelt materielle Einreden, die sich gegen die Forderung richten. Besonderheit für die Aufrechnung ist lediglich, daß, in Abweichung zum sonst geltenden Prinzip, schon das Bestehen der Einrede maßgeblich ist und nicht erst die Geltendmachung durch den Schuldner.

Danach wirkt sich der Suspensiveffekt im Sinne der Vollziehbarkeitshemmung nicht auf die Forderung als solche, sondern nur als Vollstreckungshindernis im Hinblick auf den Verwaltungsakt aus. Auch die Tatsache, daß die Forderung durch den Verwaltungsakt begründet wird und somit eng mit ihm verknüpft ist, rechtfertigt keine andere Betrachtungsweise. Die Wirkung des Suspensiveffektes nach der Vollziehbarkeitstheorie ist gerade durch die Trennung von rechtlicher Gestaltungswirkung des Verwaltungsakts und aufschiebender Wirkung charakterisiert[185].

Somit führt die Anfechtung des Verwaltungsakts nach der Vollziehbarkeitstheorie auch insoweit nicht zu einer Beseitigung der Aufrechnungsmöglichkeit, womit die Voraussetzungen im Hinblick auf die Aufrechnungslage zu bejahen sind[186].

b. Die Auswirkungen des Suspensiveffektes auf die Voraussetzungen der Aufrechnung unter Zugrundelegung der Wirksamkeitstheorie

aa. Auswirkungen auf die Wirksamkeit der Forderung

Der Suspensiveffekt könnte sich danach bereits auf die Voraussetzungen der Aufrechnung, das Bestehen der Aufrechnungslage auswirken. Insoweit könnte es mit der Anfechtung bereits am Erfordernis einer wirksamen Gegenforderung

---

185 Vgl. dazu *Finkelnburg/Jank*, Vorläufiger Rechtsschutz, Rz. 494.

186 Die fehlende Vergleichbarkeit von Suspensiveffekt und einem bürgerlichrechtlichen Leistungsverweigerungsrecht im Sinne des § 390 BGB hat auch das BVerwG, DÖV 1972, 573 (574), festgestellt und die Anfechtung des Verwaltungsakts mit einem (unbeachtlichen) Bestreiten der Forderung gleichgestellt. Hierbei kommt das BVerwG allerdings zu dem problematischen Schluß, die Aufrechnungserklärung werde durch die Anfechtung schwebend unwirksam; vgl. dazu auch S. 17 f., 188 f. und Fn. 144.

fehlen. Die aufschiebende Wirkung nach Maßgabe der Wirksamkeitstheorie hat zur Folge, daß die Wirksamkeit des Verwaltungsakts vorläufig gehemmt ist[187]. Begründet nun der Verwaltungsakt erst die Gegenforderung, so kann dies logischerweise nur dann der Fall sein, wenn er wirksam ist. Der (auch nur zeitweilig) unwirksame Verwaltungsakt vermag die Gegenforderung nicht zu begründen. Findet eine solche Begründung der Forderung nicht statt, fehlt es bereits im Sinne des § 387 BGB an einer dem Schuldner gebührenden Leistung[188]. Steht dem Schuldner eine wirksame Gegenforderung aber nicht zu, dann ist die Aufrechnung wirkungslos[189]. Eine Aufrechnungslage ist insoweit schon nicht gegeben. Gleichwohl ist festzustellen, daß zwar in Verbindung mit der Wirksamkeitstheorie das Bestehen der Aufrechnungslage oftmals verneint wird, was aber häufig mit dem Fehlen der Durchsetzbarkeit oder der Fälligkeit der Forderung begründet wird[190]. Dies ist nur damit zu erklären, daß in dieser Hinsicht nicht zwischen die Forderung begründenden oder sie lediglich feststellenden Verwaltungsakten unterschieden wird. Im hier erörterten Fall des forderungsbegründenden Verwaltungsakts führt die Anfechtung dazu, daß es bereits an einer wirksamen Gegenforderung fehlt. Gleichwohl soll, der Vollständigkeit halber, wenigstens kurz auf andere, durch die aufschiebende Wirkung möglicherweise ebenfalls betroffene Merkmale der Aufrechnungslage eingegangen werden.

bb. Auswirkungen des Suspensiveffektes auf die Fälligkeit

Entfaltet der Verwaltungsakt infolge der Anfechtung (sei es auch nur zeitweilig) keine Wirkung, so wird die durch ihn begründete Forderung auch nicht fällig. Dies folgt aus den an anderer Stelle bereits erwähnten spezialgesetzlichen Regelungen der Fälligkeit, die dem Verwaltungsakt insoweit Bedeutung beimessen. Die Unabhängigkeit der Fälligkeit von dem angefochtenen Verwaltungsakt ist lediglich in den an dieser Stelle noch nicht behandelten Konstellationen denkbar, in denen der Verwaltungsakt die Forderung nicht begründet, sondern diese schon unabhängig davon besteht, beispielsweise aufgrund genauer gesetzlicher

---

187 Vgl. nur *Schenke*, Verwaltungsprozeßrecht, Rz. 949 ff.; *Schoch*, Vorläufiger Rechtsschutz, S. 1165 ff.

188 S. *Gernhuber*, Erfüllung, § 12 IV 1 (S. 226 f.); *Soergel/Zeiss*, BGB, § 387 Rdnr. 8; *MK/v.Feldmann*, BGB, § 387 Rz. 18.

189 Vgl. *MK/v.Feldmann*, BGB, § 387 Rz. 18; *Soergel/Zeiss*, BGB, § 387 Rdnr. 8.

190 Vgl. *Schmidt*, JuS 1984, 28 (31); *Ehlers*, JuS 1990, 777 (779); Verneinung der Fälligkeit auch bei *Veitenthal*, BayVBl. 1990, 615 (619); unklar *Appel*, BayVBl. 1983, 201 (209), der Wirkungen des Suspensiveffektes auf die Aufrechnungslage anspricht, dies jedoch nicht genauer ausführt.

Regelungen. Bereits hier sei jedoch darauf hingewiesen, daß in diesen Fällen oftmals aber erst durch den Verwaltungsakt die Forderung in ihrer Höhe konkretisiert wird, mit der Folge, daß der Verwaltungsakt dadurch wiederum Bedeutung für die Fälligkeit erlangt. Denn die Fälligkeit setzt die Konkretisierung der Forderung voraus. Ohne näher auf die angesprochenen Differenzierungen einzugehen, wird zum Teil als Folge der aufschiebenden Wirkung die Fälligkeit der Gegenforderung und damit das Vorliegen der Aufrechnungsvoraussetzungen verneint[191].

cc. Die Auswirkung des Suspensiveffektes auf die Durchsetzbarkeit der Forderung

Ebenso wie im Hinblick auf die Wirkungen des Suspensiveffektes die Fälligkeit der Gegenforderung verneint wird, obwohl bereits die Wirksamkeit nicht gegeben ist, wird teilweise auch das Vorliegen der Aufrechnungslage mit der Begründung verneint, die Gegenforderung sei infolge der aufschiebenden Wirkung nicht durchsetzbar im Sinne der §§ 387 ff. BGB[192]. Hierbei erörtert *Ehlers* die Durchsetzbarkeit in Zusammenhang mit der Regelung des § 390 BGB. Von den oben bereits angesprochenen Schwierigkeiten in Verbindung mit dem Erfordernis der Durchsetzbarkeit der Gegenforderung abgesehen, zeigt dieses Kriterium deutlich, daß Bezugspunkt der aufschiebenden Wirkung insoweit bereits die Wirksamkeit der Gegenforderung ist, da nur der unwirksamen Forderung fehlende Durchsetzbarkeit entgegenzuhalten wäre. Die Auffassung von *Ehlers*, die auch für die Vollziehbarkeitstheorie das Vorliegen des Merkmals der Durchsetzbarkeit verneint, läßt jedenfalls die oben dargestellte Möglichkeit des zivilrechtlichen Verständnisses des Begriffs der Durchsetzbarkeit unberücksichtigt und geht offenbar von einem weiter verstandenen Begriff der Durchsetzbarkeit aus, was jedoch keinesfalls zwingend ist.

dd. Die Auswirkung des Suspensiveffektes im Hinblick auf die Regelung des § 390 BGB

Im Hinblick auf die Voraussetzungen, die § 390 BGB an die Aufrechnungslage stellt, könnte die aufschiebende Wirkung nach der Wirksamkeitstheorie auch im Sinne dieser Vorschrift von Bedeutung sein. Soweit durch die Regelung des § 390 BGB Einreden materiellrechtlicher Art gegen die Forderung selbst von Re-

---

191 So *Veitenthal*, BayVBl. 1990, 615 (619); *Schmidt*, JuS 1984, 28 (31).

192 Auf die fehlende Durchsetzbarkeit stellen beispielsweise *Ehlers*, JuS 1990, 777 (779) und *Schmidt*, JuS 1984, 28 (30 f.) ab.

levanz sind, ist die Situation, die während der Dauer des Suspensiveffektes eintritt, mit derjenigen vergleichbar, die im Zivilrecht infolge einer dilatorischen Einrede entsteht. Aber auch hier ist festzustellen, daß durch die aufschiebende Wirkung im Sinne der Wirksamkeitstheorie bereits die "Vorstufe" der Wirksamkeit des Verwaltungsakts und damit der Forderung betroffen ist. Im Unterschied zu dem in § 390 BGB geregelten Fall des Bestehens einer materiellrechtlichen Einrede des Zivilrechts, für den die aufrechnungsspezifische Besonderheit darin besteht, daß in Ansehung der Aufrechnung bereits das Bestehen der Einrede ausreicht, die Wirksamkeit der Forderung also noch nicht beeinträchtigt zu sein braucht, um die Aufrechnung auszuschließen, ist im hier erörterten Fall eine Anwendung dieser Regelung gar nicht (mehr) notwendig, da infolge der Anfechtung bereits die Wirksamkeit der Forderung (wenigstens zeitweise) entfallen ist. Eine hiervon zu unterscheidende, in diesem Zusammenhang nicht näher zu vertiefende Frage ist, ob für die Vertreter der Wirksamkeitstheorie ein Anwendungsfall der Vorschrift des § 390 BGB in Betracht zu ziehen wäre, wenn der Verwaltungsakt noch nicht angefochten ist, die Anfechtungsmöglichkeit aber besteht. Sähe man hierin einen Anwendungsfall der Vorschrift des § 390 BGB, wäre in diesen Fällen allein wegen der Anfechtbarkeit des Verwaltungsakts eine Aufrechnung ausgeschlossen[193].

3. Die Relevanz des Suspensiveffektes im Hinblick auf die Aufrechnung als Vollziehung des Verwaltungsakts

Bislang wurde die Auswirkung des Suspensiveffektes auf die zivilrechtlich bestimmten materiellen Voraussetzungen der Aufrechnung, insbesondere die Aufrechnungslage, untersucht. Wie dargelegt, sind danach bei einem Verständnis der aufschiebenden Wirkung als Beinflussung der Wirksamkeit des Verwaltungsakts Auswirkungen auf die Aufrechnungslage festzustellen. Daneben könnte der Eintritt der aufschiebenden Wirkung die Aufrechnung mit der durch einen Verwaltungsakt geltend gemachten Forderung aber auch unter einem anderen Gesichtspunkt beeinträchtigen. Insbesondere für die Vertreter der Vollziehbarkeitstheorie, bei deren Anwendung der Suspensiveffekt der Anfechtung die Aufrechnungslage nicht beseitigt, stellt sich insoweit die weitergehende Frage, ob die Aufrechnung trotz Vorliegens der zivilrechtlichen Voraussetzungen nicht wegen spezifischer öffentlich-rechtlicher Vorschriften ausgeschlossen ist. Von Bedeutung ist in diesem Zusammenhang die infolge des Suspensiveffektes untersagte Vollziehung des Verwaltungsakts. Insoweit müßte auch für die Vertreter der Vollziehbarkeitstheorie die aufschiebende Wirkung eines Rechts-

---

193 Zu dieser Konstellation s. unten S. 189 f.

behelfs der Aufrechnung entgegenstehen, wenn die Aufrechnung als Maßnahme der Vollziehung des angefochtenen Verwaltungsakts zu qualifizieren wäre.

a. Der Begriff der Vollziehung

Der Begriff der Vollziehung ist eng mit demjenigen der aufschiebenden Wirkung verknüpft[194]. Soweit als Folge der aufschiebenden Wirkung die Hemmung der Vollziehbarkeit angesehen wird, macht dies die Bestimmung des Begriffs der Vollziehung erforderlich. Hierbei wird der Vollziehungsbegriff nicht in einem engen, rein vollstreckungsrechtlichen Sinne verstanden, was nicht zuletzt aus Sinn und Wortlaut der Vorschrift des § 80 VwGO resultiert[195]. Ein über den vollstreckungsrechtlichen Gehalt hinausgehendes Verständnis des Begriffs der Vollziehung ist notwendig, da ansonsten die in § 80 VwGO a. F. geregelte aufschiebende Wirkung in Bezug auf rechtsgestaltende Verwaltungsakte, die keiner Vollstreckung im engen Sinne zugänglich sind, nicht zu erklären ist. Auch für feststellende Verwaltungsakte wurde die aufschiebende Wirkung als Vollziehungshemmung angenommen, obwohl feststellende Verwaltungsakte, entgegen der heutigen Rechtslage, in § 80 Abs. 1 S.2 VwGO nicht ausdrücklich geregelt waren und auch sie, wie gestaltende Verwaltungsakte, begrifflich nicht vollstreckbar sind[196]. Mittlerweile ist der Eintritt der aufschiebenden Wirkung auch für feststellende Verwaltungsakte ausdrücklich in § 80 Abs. 1 S.2 VwGO geregelt. Noch bedeutsamer für die Problematik des Vollziehungsbegriffes ist jedoch, daß gem. §§ 80 Abs. 1, 80 a VwGO die aufschiebende Wirkung auch im Hinblick auf Verwaltungsakte mit Drittwirkung eine Regelung erfahren hat. Damit hat der Gesetzgeber klargestellt, daß auch Maßnahmen wie das Gebrauchmachen von der Baugenehmigung von der aufschiebenden Wirkung erfaßt sind. Dies zwingt zu einer weiteren Ausdehnung des Vollziehungsbegriffs[197]. Danach kann die Abkehr vom vollstreckungsrechtlichen Vollziehungsbegriff mittlerweile für die Anhänger der Vollziehbarkeitstheorie als ein-

---

194 Zum Begriff der Vollziehung eingehend *Erichsen/Klenke*, DÖV 1976, 833 ff.

195 Dies ist einhellig anerkannt, vgl. nur *Schenke*, Verwaltungsprozeßrecht, Rz. 953; *ders.*, DVBl. 1986, S. 9 (14); *Schmitt Glaeser*, Verwaltungsprozeßrecht, Rz. 250; *Schoch*, Vorläufiger Rechtsschutz, S. 1172; *Eyermann/Fröhler*, VwGO, § 80 Rz. 2 ff.; *Redeker/v. Oertzen*, VwGO, § 80 Rdnr. 4; *Finkelnburg/Jank*, Vorläufiger Rechtsschutz, Rz. 488, jew. m. weit. Nachw.

196 Vgl nur *Eyermann/Fröhler*, VwGO, § 80 Rz. 4.

197 Vgl. *Schenke*, Verwaltungsprozeßrecht, Rz. 953; *Schmitt Glaeser*, Verwaltungsprozeßrecht, Rz. 250; *Pietzner/Ronellenfitsch*, § 53 I, Rz. 12; *Klein*, BayVBl. 1992, 196 (199); so früher bereits OVG Koblenz, AS 14, 266 (270); vgl., insoweit noch zur früheren Rechtslage, auch *Schoch*, Vorläufiger Rechtsschutz, S. 1172.

hellig[198] bezeichnet werden, da nur durch ein über diesen engen Vollzugsbegriff hinausgehendes Verständnis der Vollziehung dogmatische Widersprüche zu vermeiden sind, die sich ansonsten im Hinblick beispielsweise auf feststellende Verwaltungsakte oder das Gebrauchmachen eines Dritten von einer Erlaubnis ergeben würden[199]. Unter aufschiebender Wirkung im Sine des § 80 VwGO ist danach zu verstehen, daß jedermann untersagt ist, aus dem Verwaltungsakt unmittelbare oder mittelbare, tatsächliche oder rechtliche Folgerungen gleich welcher Art herzuleiten[200]. Damit läßt sich der Begriff der Vollziehung umschreiben, als alle Maßnahmen, die auf Verwirklichung des Inhalts des Verwaltungsakts, sei es durch behördliches oder privates Handeln, gerichtet sind und dabei den Eintritt der in der Regelung enthaltenen Rechtsfolgenanordnung voraussetzen[201]. Die Ableitung von tatsächlichen oder rechtlichen Folgerungen aus dem Verwaltungsakt ist durch die aufschiebende Wirkung untersagt[202]. Das *Bundesverwaltungsgericht* stellte als Folge der aufschiebenden Wirkung fest, daß jedenfalls den staatlichen Behörden untersagt sei, in Bezug auf Folgemaßnahmen von der Wirksamkeit des angefochtenen Verwaltungsakts auszugehen[203]. Läßt man außer acht, daß dies auf eine Gleichsetzung von Vollziehung und Wirksamkeit hinausläuft[204] und damit die Vollziehbarkeitshemmung als solche in Frage stellt, so scheint aber auf zumindest den ersten Blick viel dafür zu sprechen, auch die Aufrechnung als Folgemaßnahme, die auf der Wirksamkeit des Verwaltungsakts basiert, anzusehen, die damit durch die aufschiebende Wirkung der Anfechtung gehindert ist.

---

198 Vgl. insoweit nur *Hufen*, Verwaltungsprozeßrecht, § 32 Rz. 3; *Finkelnburg/Jank*, Vorläufiger Rechtsschutz, Rz. 487, 488; *Bosch/Schmidt*, S. 264; *Redeker/v.Oertzen*, VwGO, § 80 Rz. 4.

199 S. *Schoch*, Vorläufiger Rechtsschutz, S. 1172; *Hufen*, Verwaltungsprozeßrecht, § 32 Rz. 3, spricht in diesem Zusammenhang von "scheinbaren" dogmatischen Widersprüchen.

200 Vgl. *Finkelnburg/Jank*, Vorläufiger Rechtsschutz, Rz. 488 m. umfangr. Nachw. insbes. aus der Rspr.; so auch *Bosch/Schmidt*, S. 264.

201 So bei *Schoch*, Vorläufiger Rechtsschutz, S. 1172.

202 Vgl. *Finkelnburg/Jank*, Vorläufiger Rechtsschutz, Rz. 488.

203 S. BVerwGE 13, 1 (6), daran anknüpfend BVerwGE 66, 218 (222).

204 Vgl. *Schenke*, Verwaltungsprozeßrecht, Rz. 953; *Schoch*, Vorläufiger Rechtsschutz, S. 1178; *Eyermann/Fröhler*, VwGO, § 80 Rz. 4.

b. Die Aufrechnung als Vollziehung

Einem weiten Vollziehungsbegriff folgend, der jede Verwirklichung des Inhalts des Verwaltungsakts, durch die Behörde oder einen Privaten, freiwillig oder zwangsweise, unabhängig von der Notwendigkeit einer Ausführungsmaßnahme, als Vollziehung umfaßt[205], müßte auch die Aufrechnung mit einer durch angefochtenen Leistungsbescheid festgesetzten Forderung der Behörde untersagt sein[206]. Dies wäre die Konsequenz aus der Forderung, daß aus dem Verwaltungsakt keine Folgen hergeleitet werden dürfen, die den Bestand oder die Rechtmäßigkeit des Verwaltungsakts voraussetzen[207].

In diesem Sinne setzt die Aufrechnung in diesen Fällen den Bestand des Verwaltungsakts voraus, da dieser die Aufrechnungslage erst bedingt. Von hierher wird die Aufrechnung durch die aufschiebende Wirkung gehindert, da auch sie eine Maßnahme der Vollziehung des Verwaltungsakts darstellt[208].

aa. Die Auffassung des Bundesverwaltungsgerichts

Wie bereits erwähnt, hat das *Bundesverwaltungsgericht*, nachdem es die zivilrechtlich erforderlichen Voraussetzungen der Aufrechnungslage zumindest konkludent für gegeben erachtet, aus einer Anfechtung des forderungsbegründenden Verwaltungsakts nicht die Konsequenz gezogen, hiermit werde auch die Aufrechnung gehindert[209]. Insoweit führt das *Bundesverwaltungsgericht* aus, die Aufrechnung mit einer Gegenforderung stelle keine Vollziehung eines die betreffende Forderung konkretisierenden Leistungsbescheides dar[210]. Eine Hand-

---

205 Vgl. *Finkelnburg/Jank*, Vorläufiger Rechtsschutz, Rz. 488.

206 So *Finkelnburg/Jank*, Vorläufiger Rechtsschutz, Rz. 488.

207 So die Formel in BVerwGE 13 1 (6).

208 Vom Boden der Vollziehbarkeitstheorie ausgehend so ausdr. *Finkelnburg/Jank*, Vorläufiger Rechtsschutz, Rz. 488; i. E. auch *Ehlers*, JuS 1990, 777 (780); *Schenke*, Verwaltungsprozeßrecht, Rz. 955; *Veitenthal*, BayVBl. 1990, 615 (619); *Herdegen*, VBlBW. 1984, 193 (194 m. Fn. 21); *Schmidt*, JuS 1984, 28 (30); wohl auch *Appel*, BayVBl. 1983, 201 (208); OVG Münster; ZBR 1966, 304 (307 f.); zur Lage im Steuerrecht i. E. wie hier *Hermann*, S. 181 ff., m. umfangr. Nachw. aus der finanzrechtl. Lit. u. Rspr.

209 Vgl. BVerwGE 66, 218 (222); so auch BFHE 151, 304 in einem vergleichbaren Fall, in dem die Vollziehung der Gegenforderung ausgesetzt war.

210 S. BVerwGE 66, 218 (221) unter Anschluß an BVerwG, Urteil v. 13.10.1971, DÖV 1972, 572 (574). Dort führte das Gericht ohne nähere Begründung aus: Die Aufrech-

lung, die wie die Aufrechnungserklärung der Erfüllung der eigenen Verbindlichkeit diene und dabei gleichzeitig die Befriedigung der eigenen Forderung bewirke, sei keine Maßnahme, mit der der Verwaltungsakt vollzogen werde, durch den die zur Aufrechnung gestellte Forderung konkretisiert und fällig gemacht worden sei. Die Vollziehung eines Verwaltungsakts durch die Behörde sei eine selbständige und grundsätzlich hoheitliche Maßnahme zur Durchsetzung einer getroffenen Anordnung im Wege des Zugriffs auf Rechtsgüter des Adressaten dieses Verwaltungsakts. Die Aufrechnung sei demgegenüber ein im Ausgangspunkt von der Privatrechtsordnung gewährleistetes Mittel der Rechtsverteidigung gegenüber einem vom Gegner erhobenen Anspruch. Vollziehung einerseits und Aufrechnung andererseits seien zwei Rechtsinstitute mit verschiedener Zielrichtung und Wirkung. Die aufschiebende Wirkung eines Rechtsbehelfs im Sinne des § 80 VwGO sei dem Rechtsinstitut der Vollziehung und damit dem öffentlichen Recht zugeordnet und hindere deshalb nicht die nicht dem hoheitlichen Bereich zuzuordnende Aufrechnung. Es hat weiterhin ausgeführt, die aufschiebende Wirkung habe zur Konsequenz, daß die Behörde aus dem Verwaltungsakt keine Folgerungen herleiten dürfe, die rechtlich als Vollziehung des Verwaltungsakts zu qualifizieren seien. Bei der Aufrechnung handele es sich jedoch nicht um eine solche Maßnahme, womit die aufschiebende Wirkung, die ein Rechtsbehelf im Hinblick auf einen Leistungsbescheid möglicherweise entfaltet, für die Frage der Aufrechnung durch die Behörde ohne Bedeutung sei.

bb. Kritik

Diese Auffassung erscheint jedoch, auch vor dem Hintergrund der Vollziehbarkeitstheorie problematisch, was insoweit dem *Bundesverwaltungsgericht* von einigen Stimmen auch zum Vorwurf gemacht wird[211]. Überdies wirft sie die Frage auf, ob das *Bundesverwaltungsgericht*, gerade im Hinblick auf früher ergangene Entscheidungen zur Wirkung des Suspensiveffektes, in Bezug auf seine eigene Rechtsprechung konsequent[212] geblieben ist.

---

nung weist "keine rechtssystematischen Beziehungen zu Maßnahmen des Vollstreckungsrechts auf."

211 Vgl. *Ehlers*, JuS 1990, 777 (779), der die Aufrechnung auch als Vollziehung im Sinne der Vollziehbarkeitstheorie begreift, mit der Folge, daß diese insoweit wegen des Suspensiveffektes untersagt ist; so auch *Veitenthal*, BayVBl. 1990, 615 (619); ähnlich *Hermann*, S. 182 m. Fn. 877.

212 S. z. B. BVerwGE 13, 1 (8 f.), wo das Bundesverwaltungsgericht als Konsequenz der aufschiebenden Wirkung annimmt, aus dem Verwaltungsakt dürften keine Folgen gezogen werden, die seinen Bestand oder seine Rechtmäßigkeit voraussetzen.

Soweit heute überwiegend als Folge der aufschiebenden Wirkung angesehen wird, daß nicht nur die Vollziehung im engen Sinne der Verwaltungsvollstrekkung gehindert ist, sondern weitergehend auch untersagt ist, tatsächliche oder rechtliche Folgerungen jeder Art aus dem Verwaltungsakt herzuleiten[213], spricht dies auch, wie bereits ausgeführt, gegen die Zulässigkeit der Aufrechnung. Daraus resultierende Einwände hat wohl auch das *Bundesverwaltungsgericht* gesehen, was zu der etwas verschwommenen Argumentation geführt haben dürfte.

Die dargestellte Argumentation des *Bundesverwaltungsgerichts* ist in sich widersprüchlich. Sie basiert zum einen auf der Differenzierung zwischen hoheitlicher Vollziehung einerseits und "im Ausgangspunkt privatrechtlicher Aufrechnung" andererseits. Am privatrechtlichen Ursprung der Aufrechnung dürfte insoweit nicht zu zweifeln sein. Verkannt wird jedoch, daß die Anwendung dieses Rechtsinstituts auch im öffentlichen Recht, die auch das *Bundesverwaltungsgericht* ohne weiteres anerkennt, bedingt, daß damit zumindest ein öffentlichrechtlicher Bezug hinzutritt, wenn nicht sogar der privatrechtliche Ursprung insoweit in den Hintergrund tritt. Die Bejahung dieses Rechtsinstituts auch im Rechtsverhältnis zwischen Bürger und Verwaltung führt zum Verlassen des reinen Privatrechts. Die Ablehnung der Vollziehung des Verwaltungsakts unter Hinweis auf die zivilrechtliche Herkunft des Rechtsinstituts der Aufrechnung ist damit nicht haltbar, da die Reduktion der Aufrechnung auf ihre privatrechtlichen Bezüge im Fall der Aufrechnung öffentlich-rechtlicher Forderungen nicht überzeugt. Mit dieser Begründung des *Bundesverwaltungsgerichts* ist die Qualifizierung der behördlichen Aufrechnung als Maßnahme, die nicht eine Vollziehung eines Leistungbescheides darstellt, nicht haltbar.

Zum anderen überzeugen aber auch die daran anknüpfenden Ausführungen zum Vollziehungsbegriff nicht: Zwar legt das *Bundesverwaltungsgericht* zunächst dar, daß der Begriff der Vollziehung nicht in einem engen, ausschließlich vollstreckungsrechtlichen Sinne zu verstehen[214] ist, seine anschließende Argumentation ist jedoch nicht schlüssig. Es führt aus, die Behörde dürfe als Folge der aufschiebenden Wirkung aus dem Verwaltungsakt keinerlei Maßnahmen herleiten, die "rechtlich als Vollziehung zu qualifizieren sind", wobei es sich um eine solche Maßnahme bei der Aufrechnung nicht handele. Zum Vorwurf muß dem *Bundesverwaltungsgericht* gemacht werden, daß nach seinen Ausführungen ungewiß bleibt, was eigentlich unter dem Begriff der Vollziehung zu verstehen ist.

---

213 Vgl. dazu m. umf. Nachw. aus der neueren Rechtsprechung *Schoch*, Vorläufiger Rechtsschutz, S. 1163, 1171 f.

214 Vgl. BVerwGE 66, 218 (221 ff.).

Der Begriff der Vollziehung wird nicht definiert, sondern durch die unklare Formel einer "Maßnahme, die rechtlich als Vollziehung zu qualifizieren ist", ersetzt. Die Ablehnung der Aufrechnung als Vollziehung gründet sich danach einzig auf die letztlich nicht haltbare Einordnung als ausschließliches Rechtsinstitut des Privatrechts.

Deutlicher waren insoweit die Ausführungen, die an anderer Stelle zu finden sind. Dort führte das *Bundesverwaltungsgericht* aus, daß bei Eintritt der aufschiebenden Wirkung aus dem Verwaltungsakt keine Folgen hergeleitet werden dürfen, die seinen Bestand oder seine Rechtmäßigkeit voraussetzen[215]. Ein derart umfassendes Verbot, aus dem angefochtenen Verwaltungsakt Folgen herzuleiten, führte konsequenterweise auch, entgegen der neueren Argumentation, zu einem Ausschluß der Aufrechnung durch die Behörde. Insoweit setzte sich die Entscheidung zu früheren Ausführungen in Widerspruch, ohne dies deutlich zu machen und ohne dies befriedigend zu begründen.

c. Der Ausschluß der Aufrechnung als Folge der aufschiebenden Wirkung

Demnach ist auch die Aufrechnung durch die Behörde bei Eintritt der aufschiebenden Wirkung gegenüber einem Verwaltungsakt gehindert. Eine andere Entscheidung wäre mit den dargestellten Auswirkungen der aufschiebenden Wirkung nicht zu vereinbaren. Jedenfalls muß dies im Hinblick auf die hier behandelte Konstellation des forderungsbegründenden Verwaltungsakts gelten. Konstituiert der Verwaltungsakt erst die öffentlich-rechtliche Forderung, so schließt eine insoweit eintretende aufschiebende Wirkung, die zur Konsequenz hat, daß aus dem Verwaltungsakt keinerlei Folgen herzuleiten sind, auch das Erfüllungssurrogat der Aufrechnung aus. Die Verwaltung ist gehindert, gegenüber dem Bürger in belastender Weise von der Existenz der Forderung auszugehen, was aber durch die Aufrechnung gerade geschieht. Der anderslautenden Entscheidung des *Bundesverwaltungsgerichts* ist demnach in diesem Punkt nicht zu folgen, an dem sich deutlich die Brüche in der Argumentation offenbaren. Das *Bundesverwaltungsgericht* geht in Bezug auf die Aufrechnung zum einen von der Existenz dieses Rechtsinstituts auch im öffentlichen Recht aus und erklärt in diesem Zusammenhang, die Aufrechnung ergehe als öffentlich-rechtliche Willenserklärung auf einer gleichgeordneten rechtlichen Ebene, während im Hinblick auf die Vollziehung von einer hoheitlichen Maßnahme zur Durchsetzung einer getroffenen Anordnung die Rede ist, was zum einen mit früheren Entscheidungen nur schwer in Einklang zu bringen ist, von anderen Vertretern der

---

215 Vgl. die bereits erwähnte Entscheidung BVerwGE 13, 1 (8 f.).

Vollziehbarkeitstheorie nicht in diesem Sinne verstanden wird und auch in der Entscheidung selbst widersprüchlich behandelt wird, wenn nämlich das Verbot der Vollziehung als Verbot, Maßnahmen zu treffen, die rechtlich als Vollziehung zu qualifizieren sind, umschrieben wird[216].

4. Einfluß des Zeitpunkts der Aufrechnungserklärung auf die Möglichkeit der Aufrechnung

Als Resultat der Untersuchung läßt sich bislang festhalten, daß die Anfechtung des forderungsbegründenden Verwaltungsakts der nachfolgenden Aufrechnung durch die Behörde mit dieser Forderung entgegensteht. Nicht erörtert wurden bislang Konstellationen, in denen die Aufrechnungserklärung zeitlich vor der Anfechtung des Verwaltungsakts erfolgt. Diese werden in der Praxis sogar häufiger als die erstgenannten Fälle auftreten, wenn nämlich der forderungsbegründende Verwaltungsakt mit der Aufrechnungserklärung verbunden wird. Probleme könnten sich in diesen Fällen ergeben, wenn die Wirkung der Aufrechnung zum Zeitpunkt der Anfechtung bereits eingetreten ist; fraglich ist dann, ob die Anfechtung noch Wirkungen zeitigt bzw., ob sie die Aufrechnung gewissermaßen noch "überholt" oder das bereits eingetretene Ergebnis nicht mehr zu verändern vermag[217]. Die letztere Möglichkeit könnte Bedenken insoweit hervorrufen, daß dadurch die Aufrechnung möglich wäre, obwohl allein der Zeitpunkt der Aufrechnungserklärung ein anderer wäre, als in den zuvor erörterten Fällen. Zudem wäre danach die Behörde in der Lage, durch rechtzeitige Aufrechnung eine Anfechtung des Bürgers gewissermaßen zu entschärfen. Auch für diese Konstellation soll zwischen Wirksamkeits- und Vollziehbarkeitstheorie differenziert werden.

a. Die Rechtslage nach der Wirksamkeitstheorie

Die nunmehr aufgeworfene Problematik steht in engem Zusammenhang mit der Frage der zeitlichen Geltungsdauer der aufschiebenden Wirkung. Der Eintritt

---

216 Die sich aus dieser Umschreibung im Hinblick auf die Verwendung des Begriffes der hoheitlichen Maßnahme ergebenden Widersprüche kritisiert auch *Schoch*, Vorläufiger Rechtsschutz, S. 1173, der davon spricht, daß dadurch bestehende Konfusionen nicht ausgeräumt würden.

217 In diesem Zusammenhang spricht *Ebsen*, DÖV 1982, 389 (396), davon, die Anfechtung mache die Aufrechnungserklärung schwebend unwirksam; ähnlich auch BVerwG, DÖV 1972, 573 (574).

des Suspensiveffektes rückwirkend auf den Zeitpunkt des Erlasses des Verwaltungsakts wird heute einhellig angenommen[218].

Für die Beurteilung der hier maßgeblichen Konstellation unter Zugrundelegung der Wirksamkeitstheorie kommen Bedenken an der Möglichkeit einer wirksamen Aufrechnung durch die Behörde unter zwei Gesichtspunkten in Betracht.

aa. Auswirkungen der aufschiebenden Wirkung auf die bereits erklärte Aufrechnung

Erfolgt der Eintritt des Suspensiveffektes mit Rückwirkung auf den Zeitpunkt des Erlasses des Verwaltungsakts, so führt die Hemmung der Wirksamkeit des forderungsbegründenden Verwaltungsakts die oben bereits beschriebenen Folgen für die Gegenforderung herbei und wirkt sich somit auf die Aufrechnungslage aus, deren Bestehen ebenfalls rückwirkend entfiele. Von Bedeutung ist in diesem Zusammenhang das Aufeinandertreffen zweier verschiedener Rückwirkungen[219].

Zum einen wirkt die Erklärung der Aufrechnung auf den Zeitpunkt des Entstehens der Aufrechnungslage zurück, zum anderen wirkt sich die Anfechtung rückwirkend auf die Wirksamkeit des forderungsbegründenden Verwaltungsakts aus. Hierbei ist jedoch zu konstatieren, daß bei forderungsbegründenden Verwaltungsakten die Rückwirkung der Aufrechnung nicht auf einen Zeitpunkt vor dem Erlaß des Verwaltungsakts erfolgen kann, da die Aufrechnungslage, die das Bestehen beider Forderungen voraussetzt, frühestens mit der Begründung der Forderung durch den Verwaltungsakt entsteht[220], die Aufrechnungswirkung setzt, anknüpfend an der Aufrechnungslage, also logisch das Bestehen der Forderung durch den Verwaltungsakt voraus. Die Wirkung des Suspensiveffektes auf den Verwaltungsakt geht jedoch über diesen Zeitpunkt hinaus und übertrifft

---

218 Vgl. BVerwGE 78, 192 (209 f.); *Schenke*, Verwaltungsprozeßrecht, Rz. 962; *Hufen*, Verwaltungsprozeßrecht, § 32 Rz. 8; *Kopp*, VwGO, § 80 Rz. 32 f.; *Finkelnburg/Jank*, Vorläufiger Rechtsschutz, Rz. 524 f.; *Eyermann/Fröhler*, VwGO, § 80 Rz. 6; *Schoch*, Vorläufiger Rechtsschutz, S. 1186 m. w. Nachw.

219 Die Problematik der Anfechtung nach Aufrechnung ist bislang in der Literatur in Zusammenhang mit der Aufrechnung im öffentlichen Recht allenfalls ansatzweise erörtert worden; vgl. *Veitenthal*, BayVBl. 1990, 615 (619); *Ebsen*, DÖV 1982, 389 (396).

220 Von dieser Begrenzung der Rückwirkung der Aufrechnung im Falle forderungsbegründender Verwaltungsakte gehen auch *Schenke*, Verwaltungsprozeßrecht, Rz. 430; *Ehlers*, JuS 1990, 777 (781); *Ebsen*, DÖV 1982, 389 (391), aus, wobei deren Ausführungen sich auf die Aufrechnung durch den Bürger beziehen, was in der Sache jedoch insoweit keine Unterschiede hervorruft.

die Reichweite der Rückwirkung der Aufrechnung, indem auf das logisch vorrangige Bestehen der Forderung eingewirkt wird. Die Rückwirkung der Rechtsgestaltung durch die Aufrechnung findet also ihre Grenze zu einem früheren Zeitpunkt, bzw. wird durch die Rechtsgestaltung infolge des Suspensiveffektes gleichsam überholt. Zu erörtern ist aber, ob eine solche rückwirkende Beeinflussung der Aufrechnungsvoraussetzungen durch die aufschiebende Wirkung eines nach der Aufrechnungserklärung eingelegten Rechtsbehelfs mit den Prinzipien der Aufrechnung zu vereinbaren ist.

Eine Unvereinbarkeit mit diesen Prinzipien käme im Hinblick darauf in Betracht, daß für Rechtsgestaltungen der Gedanke der Rechtssicherheit von großer Bedeutung ist. Die damit in Zusammenhang stehende Unvereinbarkeit der Rechtsgestaltung mit Schwebezuständen wurde schon erörtert. Insoweit könnte aber die im Moment der Aufrechnungserklärung ausstehende Möglichkeit einer Anfechtung und die damit verbundene Ungewißheit über das Bestehen(bleiben) der Aufrechnungslage einen solchen Schwebezustand darstellen.

a. Die rückwirkende Beeinflussung der Wirksamkeit im Zivilrecht

Zur Entkräftung diesbezüglicher Einwände vermag jedoch möglicherweise eine Betrachtung der parallelen Problematik für den Bereich des Zivilrechts beizutragen.

Auch im Zivilrecht gibt es die Möglichkeit, mit Rückwirkung auf die Wirksamkeit einer Forderung Einfluß zu nehmen oder eine Forderung rückwirkend zu beseitigen, beispielsweise durch Anfechtung - insoweit stellen sich also möglicherweise im Hinblick auf eine zwischenzeitlich erfolgte Aufrechnung vergleichbare Probleme. Es ist aber hier einhellige Meinung, daß die Anfechtbarkeit der Aktivforderung der Aufrechnung nicht entgegensteht[221] - die Wirkung der Aufrechnung ist auch nicht bis zur Anfechtungserklärung in der Schwebe[222] - die Aufrechnung wird jedoch rückwirkend unwirksam, wenn die Anfechtung erklärt wird[223]. Die Erklärung der Anfechtung hat das Entfallen der Aktivforde-

---

221 S. *MK/v. Feldmann*, BGB, § 387 Rdnr.18; *Gernhuber*, Erfüllung, § 12 IV 1 (S. 227 m. w. Nachw.); *Palandt/Heinrichs*, BGB, § 387 Rdnr. 11; *Soergel/Zeiss*, BGB, § 387 Rdnr. 8; *Staudinger/Kaduk*, BGB, § 390 Rdnr. 16; *Lüke/Huppert*, JuS 1971, 167; *Weber*, in: RGRK, § 387 Rdnr. 41.; für Ausschluß der Aufrechnung in Analogie zu § 390 BGB: *Oertmann*, Recht 1901, 448; *Planck-Siber*, BGB, § 387 Rdnr. 1a.

222 Vgl. *MK/v. Feldmann*, BGB, § 387 Rdnr. 3.

223 Vgl. *Palandt/Heinrichs*, BGB, § 387 Rdnr. 11; *Gernhuber*, Erfüllung § 12 IV 1b (S. 227); *MK/v. Feldmann*, BGB, § 387 Rdnr. 18.

rung mit Rückwirkung zur Folge, mit der weiteren Auswirkung auf die Aufrechnung, daß die Passivforderung nie getilgt war[224].

ß. Die Übertragung dieser Grundsätze auf das öffentliche Recht

Übertrüge man diese Grundsätze auf die Aufrechnung mit einer durch Verwaltungsakt begründeten öffentlich-rechtlichen Forderung mit anschließender Anfechtung des Verwaltungsakts, führte dies zu folgenden Konsequenzen:

Die Anfechtung des Verwaltungsakts mit Suspensivwirkung wirkte auf den Zeitpunkt des Erlasses des Verwaltungsakts zurück und führte, ähnlich wie die zivilrechtliche Anfechtung, zum rückwirkenden Wegfall der Hauptforderung. Dies jedenfalls dann, wenn der Anfechtung eine gerichtliche Aufhebung des forderungsbegründenden Verwaltungsakts auf eine Anfechtungsklage hin nachfolgte. In diesem Fall hätte die gerichtliche Aufhebung die gleiche Wirkung wie eine rückwirkende Beseitigung der Forderung im Zivilrecht durch eine Anfechtung. Gründe für eine abweichende Behandlung dieser Konstellation des rückwirkenden Wegfalls der Hauptforderung im öffentlichen Recht sind nicht ersichtlich. Auch hier wäre demnach in einem solchen Fall die Passivforderung durch die Aufrechnung nicht getilgt.

Eine andere Situation könnte jedoch dann vorliegen, solange die gerichtliche Aufhebung des Verwaltungsakts noch nicht stattgefunden hat, weil hier die Anfechtung des Verwaltungsakts gewissermaßen noch nicht endgültig ist. Ein Widerspruch kann zurückgenommen, eine Klage abgewiesen werden, oder es kann eine Widerspruchsentscheidung ergehen, die nicht angegriffen wird, alles Möglichkeiten, in denen die aufschiebende Wirkung im Hinblick auf den ursprünglich angefochtenen Verwaltungsakt endet, ohne daß seine Wirksamkeit auf Dauer beeinträchtigt worden wäre. In diesen Fällen des Wegfalls des Suspensiveffektes wird der Verwaltungsakt als von Anfang an wirksam behandelt, mit der aufrechnungsspezifischen Folge, daß das Bestehen der Aufrechnungslage aus der ex post Betrachtung zu bejahen ist.

Im Hinblick darauf könnte eine Vergleichbarkeit der öffentlich-rechtlichen Anfechtung mit der zivilrechtlichen Anfechtung in den Fällen, in denen der Sus-

---

224 S. *MK/v. Feldmann*, BGB, § 387 Rdnr.18; *Gernhuber*, Erfüllung, § 12 IV 1 (S. 227 m. w. Nachw.); *Soergel/Zeiss*, BGB, § 387 Rdnr. 8; *Staudinger/Kaduk*, BGB, § 390 Rdnr. 16; *Lüke/Huppert*, JuS 1971, 167; *Weber*, in: RGRK, § 387 Rdnr. 41.; für Ausschluß der Aufrechnung in Analogie zu § 390 BGB: *Oertmann*, Recht 1901, 448; *Planck-Siber*, BGB, § 387 Rdnr. 1a.

pensiveffekt wieder wegfällt, zu verneinen sein, weil insoweit unterschiedliche Wirkungen gegeben sind. Die Situation im Fall der öffentlich-rechtlichen Anfechtung ist im Hinblick auf die Dauerhaftigkeit der Anfechtungswirkung noch offen, was im Zivilrecht im Fall der Anfechtung nicht gegeben ist.

Selbst bei Erhebung des Widerspruchs ist die dauerhafte Beeinträchtigung der Wirksamkeit des Verwaltungsakts nicht sicher. Tritt der Suspensiveffekt ein, so vermag dies durchaus nur vorübergehend zu sein, was insoweit die Bejahung eines Schwebezustands indizierte. Die vorübergehende Dauer der Suspensivwirkung, die unmittelbar nur die Forderungsbegründung und die Aufrechnungslage betrifft, könnte mithin bei einem Wegfall der aufschiebenden Wirkung mittelbar die Aufrechnungserklärung schwebend unwirksam machen[225].

Ein solcher Schwebezustand im Hinblick auf die Aufrechnungserklärung stünde aber in Widerspruch mit dem Charakter der Aufrechnung als einseitige Rechtsgestaltung, was auch durch die Vorschrift des § 388 S.2 BGB, wonach eine bedingte Aufrechnungserklärung unzulässig ist, zum Ausdruck gekommen ist[226]. Insoweit verbietet sich von hierher die Annahme einer schwebend unwirksamen Aufrechnungserklärung bis zur endgültigen Klärung der Dauer der Wirkung des Rechtsbehelfs. Um den Rechtsbehelf nicht wirkungslos zu machen, ist damit festzustellen, daß ungeachtet dessen, ob der Verwaltungsakt nachfolgend gerichtlich aufgehoben wird oder ob die aufschiebende Wirkung wieder entfällt, der Suspensiveffekt zur Unwirksamkeit des Verwaltungsakts führt und damit einer auf diesen Verwaltungsakt bezogenen Aufrechnung ebenfalls die Wirkung nimmt, d. h. die Passivforderung war nie getilgt[227].

bb. Auswirkungen der aufschiebenden Wirkung auf die Möglichkeit der Aufrechnung

α. Die aufschiebende Wirkung als Einrede im Sinne des § 390 BGB?

Eine darüber hinausgehende Frage stellt sich aber im Hinblick auf die mögliche Einlegung eines Rechtsbehelfs dahingehend, ob hier nicht die Anwendung des §

---

225 So in der Tat *Ebsen*, DÖV 1982, 389 (396).

226 S. dazu bereits o. S. 17 f.; *Mk/v. Feldmann*, BGB, § 388 Rz 3; *Erman/Westermann*, BGB, § 388 Rz. 2.

227 Das folgt daraus, daß der Begriff der Unwirksamkeit einer Gestaltungserklärung in diesem Zusammenhang nach den Maßstäben des Zivilrechts für Willenserklärungen zu beurteilen ist, nach denen Unwirksamkeit regelmäßig Nichtigkeit bedeutet, s. *Palandt/Heinrichs*, BGB, Üb. 26 v. § 104.

390 BGB bereits im Vorfeld die Erklärung der Aufrechnung durch die Behörde ausschließt. Soweit bereits durch das Bestehen einer Einrede gem. § 390 BGB die Aufrechnung gehindert wird, ist im Hinblick auf die aufschiebende Wirkung nach der Wirksamkeitstheorie fraglich, ob der Eintritt des Suspensiveffektes einer Einrede im Sinne des § 390 BGB gleichkommt.

Die Schwierigkeiten der Lokalisierung der Wirkung des Suspensiveffektes auf die Voraussetzungen der Aufrechnung, insbesondere auf die Aufrechnungslage, resultieren in erster Linie aus dem Zusammentreffen öffentlich-rechtlicher und privatrechtlicher Rechtsinstitute und Begriffe. Während die Anfechtung im Zivilrecht als Einwendung im rechtstechnischen Sinne nicht von der Vorschrift des § 390 BGB erfaßt wird, wirkt sie sich allenfalls auf das Bestehen der Gegenforderung und somit auf die Aufrechnungslage aus. Solange die Anfechtung nicht erklärt ist, ist an der Durchsetzbarkeit der Forderung im Sinne des § 387 BGB auch nicht zu zweifeln. Die Durchsetzbarkeit entfällt erst mit dem Erheben der Einwendung, was aber weitergehend sogar die Forderung als solche entfallen läßt, warum auf das Merkmal der Durchsetzbarkeit insoweit nicht mehr abzustellen ist.

Damit läßt das Zivilrecht die Aufrechnung bei bloßem Bestehen einer Einwendung zu, während das Bestehen einer Einrede gem. § 390 BGB die Aufrechnung hindert[228]. Die Anfechtung des öffentlichen Rechts und parallel dazu die Erhebung der Anfechtungsklage weisen in Gestalt der aufschiebenden Wirkung Merkmale einer Einwendung und einer Einrede auf. Im Hinblick auf die Rechtsfolgen der aufschiebenden Wirkung nach der Wirksamkeitstheorie, die sich auf das Bestehen der Gegenforderung auswirken, indem die Wirksamkeit des forderungsbegründenden Verwaltungsakts entfällt, spricht einiges für eine Vergleichbarkeit mit der zivilrechtlichen Anfechtung und damit der Einwendung. Die dargestellten Unsicherheiten im Hinblick auf die zeitliche Dauer der aufschiebenden Wirkung bzw. im Hinblick auf deren Bestand finden im Bereich des Zivilrechts dagegen in der verzögerlichen Einrede eine Parallele[229].

Die Anwendung der Vorschrift des § 390 BGB auf die öffentlich-rechtliche Anfechtung führte wegen der im Grundsatz eintretenden aufschiebenden Wirkung eines Rechtsbehelfs (§ 80 Abs. 1 VwGO) zu praktisch erheblichen Auswirkun-

---

228 Vgl. nur *Erman/Westermann*, BGB, § 390 Rdnr. 1.

229 Insoweit liegt der Gedanke einer Anwendung des § 390 BGB nahe, zumal dies auch im Zivilrecht in Zusammenhang mit der Einwendung der zivilrechtlichen Anfechtung nicht gänzlich abwegig erscheint (vgl. Fn. 221), auch wenn die ganz herrschende Meinung dies mittlerweile anders beurteilt.

gen im Hinblick auf die Aufrechnungsmöglichkeit mit in einem Verwaltungsakt begründeten Forderungen. Sofern ein Verwaltungsakt mit aufschiebender Wirkung anfechtbar ist, wäre insoweit eine Aufrechnung ausgeschlossen. Es wäre wohl nicht zu weitgehend, damit praktisch den Ausschluß der Aufrechnungsmöglichkeit seitens der Behörde zu konstatieren.

Ungeachtet dieser Bedenken aus einer zu weitgehenden Einschränkung der Aufrechnung, die sich vom Grundsatz der möglichen Anwendung dieses Instituts auch im öffentlichen Recht wieder entfernte, wird die Rechtslage auch nicht dadurch zufriedenstellend beeinflußt, daß im Hinblick auf Geldleistungsforderungen nach der Vorschrift des § 80 Abs.2 Nr.1 VwGO die Möglichkeit des Entfalls der aufschiebenden Wirkung im Hinblick auf den zugehörigen Verwaltungsakt besteht bzw. die aufschiebende Wirkung wegen der Anordnung des Sofortvollzuges durch die Behörde möglicherweise nicht einzutreten vermag. Soweit man die aufschiebende Wirkung als Einrede auffaßte, ist wegen der komplexen Struktur des Suspensiveffektes im Zeitpunkt der Aufrechnungserklärung nicht mit Gewißheit und abschließend festzustellen, ob die "Einrede" im konkreten Fall besteht, nicht besteht oder möglicherweise noch entsteht.

Zwar kennt auch das Zivilrecht die Möglichkeit, daß Einreden erst im Laufe der Rechtsbeziehung entstehen, aber zum Zeitpunkt der Aufrechnungserklärung ist eindeutig feststellbar, ob der Forderung eine Einrede entgegensteht. Jedenfalls kennt das Zivilrecht keine Einrede, die rückwirkend die Wirksamkeit der Forderung entfallen läßt. Diese Rückwirkung ist es jedoch, die hinsichtlich des Suspensiveffektes und seiner Wirkungen auf die Aufrechnungsvoraussetzung die größten Probleme aufwirft. Hierbei wäre allein die Tatsache, daß im öffentlichen Recht die aufschiebende Wirkung auch noch nachträglich im Laufe des Verfahrens eintreten kann, wohl noch nicht geeignet, die Anwendbarkeit des § 390 BGB zu verneinen. Der Systematik der Vorschriften über die Aufrechnung fremd ist aber die im öffentlichen Recht zu konstatierende "Unbeständigkeit" im Hinblick auf die Suspensivwirkung. Diese kann im Laufe eines Verfahrens eintreten, wegfallen, wieder eintreten, unabhängig davon, ob das Verfahren mit der Aufhebung oder der Bestandskraft des Verwaltungsakts endet, wobei in jedem Fall infolge der Rückwirkung auf einen Zeitpunkt Einfluß genommen wird, der zeitlich vor der Aufrechnungserklärung liegen kann. Zu diesem Zeitpunkt soll aber wegen der mit der Aufrechnung bewirkten Rechtsgestaltung keine unbeständige und unklare Rechtslage bestehen bzw. diese führte zu einem Ausschluß der Aufrechnung[230].

---

230 Vgl. insoweit bereits oben S. 188 f.

Somit sprechen gewichtige praktische wie auch systematische Gesichtspunkte dagegen, die Aufrechnung durch die Behörde mit der in einem Verwaltungsakt begründeten Forderung wegen einer möglichen Anfechtung des Verwaltungsakts durch den Bürger als gem. § 390 BGB ausgeschlossen zu betrachten. Dies ergibt sich auch aus der Überlegung, daß § 390 BGB Einreden gegen die Forderung zum Gegenstand hat, während sich die aufschiebende Wirkung nicht unmittelbar gegen die Forderung, sondern gegen den Verwaltungsakt richtet und die Forderung nur mittelbar beeinflußt. Dieser mittelbare Einfluß liegt jedoch seinem Wesen nach im Bereich der Wirksamkeit der Forderung und somit systematisch näher bei den Voraussetzungen der Aufrechnungslage nach § 387 BGB.

β. Vereinbarkeit des "Einwendungsmodells" mit den Strukturen des Suspensiveffektes

Im Fall der Lokalisation der aufschiebenden Wirkung in diesem Bereich der Aufrechnungsvoraussetzungen werfen die Besonderheiten des öffentlichen Rechts auch keine unüberwindbaren Schwierigkeiten in praktischer oder rechtlicher Hinsicht auf. Solche ergeben sich zwar infolge des u. U. nur vorübergehenden Einflusses des Suspensiveffektes auf die Wirksamkeit der Forderung, lassen sich jedoch auch dogmatisch zufriedenstellend lösen:

Der aufschiebenden Wirkung wohnt, wie bereits angeführt, in zeitlicher Hinsicht ein unstetes Moment inne, welches vergleichbar bei Einwendungen des Zivilrechts, jedenfalls aber bei der zivilrechtlichen Anfechtung in dieser Art nicht gegeben ist. Von hierher ist es auch erklärbar, daß vereinzelt im Hinblick auf die Wirkung des Suspensiveffektes auf eine in Verbindung mit dem Verwaltungsakt erklärte Aufrechnung für den Fall des Wegfalls der aufschiebenden Wirkung von einem Wiederaufleben der Aufrechnungserklärung, also gewissermaßen von einer schwebenden Unwirksamkeit der Aufrechnungserklärung, ausgegangen wird. Ein Grund hierfür ist in dem Bestreben zu sehen, beim Wegfall der aufschiebenden Wirkung jedenfalls andere Gestaltungen zu erhalten, die möglicherweise zwischenzeitlich beeinflußt wurden, wenn nunmehr aber feststeht, daß dieser Einfluß nur vorübergehend war oder sogar infolge von Rückwirkungen oder rechtlichen Fiktionen, vom jetzigen Kenntnisstand her betrachtet, niemals eingetreten ist[231].

---

231 Diese Schlußfolgerung ergibt sich aus der Tatsache, daß der Wegfall des Suspensiveffektes, ebenso wie dessen Eintritt, ex tunc erfolgt. Vgl. *Pietzner/Ronellenfitsch*, § 46 Rz. 26; *Finkelnburg/Jank*, Rz. 530; *Schenke*, Verwaltungsprozeßrecht, Rz. 962 ff.; *Schoch*, Vorläufiger Rechtsschutz, S. 1186 ff., 1192 ff. m. w. Nachw.; zur

Hierbei bietet sich eine Lösung an, die einerseits die Besonderheiten des öffentlichen Rechts ausreichend berücksichtigt und sich andererseits in die Systematik der Aufrechnungsregelungen einfügt. Wesensimmanentes Merkmal der Aufrechnung ist die Unvereinbarkeit dieser Rechtsgestaltung mit Schwebezuständen[232]. Von hierher führte jede Lösung, die mit der Existenz eines Schwebezustands einherginge, zu einem Bruch mit Grundfesten des Rechtsinstituts der Aufrechnung. Bejaht man aber demzufolge im Fall der Anfechtung des Verwaltungsakts die Unwirksamkeit der damit in Zusammenhang stehenden Aufrechnung, ohne für den Wegfall der aufschiebenden Wirkung vom Wiederaufleben der Aufrechnungserklärung auszugehen, so wäre die Konsequenz daraus, daß in diesem Fall die Aufrechnung wieder möglich wäre, jedoch erneut erklärt werden müßte. Dieses Erfordernis einer erneuten Aufrechnungserklärung stellt aber weder die Verwaltung vor unverhältnismäßige Schwierigkeiten, noch setzt es sich zu grundsätzlichen Erfordernissen des öffentlichen Rechts in Widerspruch.

b. Die Rechtslage nach der Vollziehbarkeitstheorie

aa. Auswirkungen der aufschiebenden Wirkung auf die bereits erklärte Aufrechnung

Im Gegensatz zur Situation bei der Anwendung der Wirksamkeitstheorie führt die aufschiebende Wirkung nach der Vollziehbarkeitstheorie nicht zu einer Beeinflussung der Wirksamkeit des Verwaltungsakts und vermag sich daher auf die Wirksamkeit der dadurch begründeten Forderung ebenfalls nicht auszuwirken. Dadurch sind materiellrechtliche Wechselwirkungen zwischen Suspensiveffekt und Aufrechnung, die im Fall der Wirksamkeitsbeeinflussung auftreten, ausgeschlossen. Die aufschiebende Wirkung nimmt Einfluß nur im Bereich der Vollziehung des Verwaltungsakts, verbleibt also im öffentlich-rechtlichen Wirkungsfeld. Hier sind demnach auftretende Schwierigkeiten im Zusammentreffen von aufschiebender Wirkung und Aufrechnung zu lösen.

Auch insoweit ist zu untersuchen, ob bestimmte zeitliche Abfolgen besondere Probleme aufweisen, bzw. ob je nach Zeitpunkt des Eintretens der aufschiebenden Wirkung und der Erklärung der Aufrechnung unterschiedliche Ergebnisse möglich sind. Soweit die bereits bestehende aufschiebende Wirkung eine Erklärung der Aufrechnung als Vollziehung des Verwaltungsakts (bzw. des darin enthaltenen Leistungsgebots) hindert, ist nunmehr das Augenmerk auf die Fälle zu

---

Gegenansicht: *Erichsen/Klenke*, DÖV 1976, 833 (837 ff.) u. *Plagemann*, Vorläufiger Rechtsschutz, Rz. 143.

232 Vgl. nur *MK/v. Feldmann*, BGB, § 388, Rz. 3.

richten, in denen die Aufrechnung zunächst erklärt wird, eine aufschiebende Wirkung infolge der Einlegung eines Rechtsbehelfs jedoch erst zeitlich danach eintritt.

Im hier zu untersuchenden Fall der bloßen Vollziehbarkeitshemmung könnten jedoch die Wirkungen der Aufrechnung schon eingetreten sein, falls die Aufrechnungserklärung vor der Einlegung von Widerspruch oder Erhebung der Anfechtungsklage erfolgte. Dies gälte jedenfalls dann, wenn die Hemmung der Vollziehbarkeit nicht auf den Zeitpunkt der Aufrechnungserklärung zurückwirkte[233].

Auch die aufschiebende Wirkung im Verständnis als rückwirkende Vollziehbarkeitshemmung tritt erst mit Einlegung des Rechtsbehelfs ein - bis zu diesem Zeitpunkt kann der Verwaltungsakt vollzogen werden[234]. Im Zusammentreffen mit einer Aufrechnung hätte dies zur Konsequenz, daß die Wirkung des § 389 BGB bereits eingetreten wäre (das Vorliegen der sonstigen Voraussetzungen der §§ 387 ff. BGB unterstellt) - die Forderung wäre erloschen - die im nachhinein eintretende aufschiebende Wirkung vermöchte die Aufrechnung also möglicherweise nicht mehr zu erreichen.

Soweit teilweise für diesen Fall ausgeführt wird, zwischenzeitlich durchgeführte Vollstreckungsmaßnahmen würden mit Eintritt der aufschiebenden Wirkung rechtswidrig[235], wirkt sich dies nicht unmittelbar auf die bereits eingetretene Rechtsgestaltung durch die Aufrechnung aus, das gleiche gilt im Fall der Unzulässigkeit der zwischenzeitlich erfolgten Vollziehung[236].

In Betracht käme aber ein Anspruch auf Rückgängigmachung der Vollziehung, der hier materiell auf Wiederbegründung der erloschenen Forderung gerichtet

---

233 Wobei die überwiegende Anzahl der Befürworter der Vollziehbarkeitstheorie auch insoweit von einer Rückwirkung ausgeht, vgl. BVerwGE 78, 192 (209 f.); *Hufen*, Verwaltungsprozeßrecht, § 32 Rz. 8; *Kopp*, VwGO, § 80 Rz. 32 f., 66; *Finkelnburg/Jank*, Vorläufiger Rechtsschutz, Rz. 524 f.; *Eyermann/Fröhler*, VwGO, § 80 Rz. 6; a. A. wohl *Veitenthal*, BayVBl. 1990, 615 (619); unklar *Redeker/v. Oertzen*, VwGO, § 80 Rdnr. 7, wobei hier der Sache nach wohl auch von einer Rückwirkung ausgegangen wird, jedenfalls soll eine Verpflichtung zur Rückgängigmachung von Vollzugsfolgen bestehen.

234 Vgl. *Redeker/v. Oertzen*, VwGO, § 80 Rdnr. 7.

235 Vgl. *Finkelnburg/Jank*, Vorläufiger Rechtsschutz, Rz. 525.

236 S. *Redeker/v. Oertzen*, VwGO, § 80 Rdnr. 7, die insoweit Unzulässigkeit der Vollziehung annehmen.

sein müßte. Das Bestehen eines solchen Anspruchs erscheint auch nicht etwa deswegen problematisch, weil die Vollziehung durch Aufrechnung nach dieser Ansicht bis zur Einlegung des Widerspruchs oder bis zur Erhebung der Klage möglich war - auch diese Auffassung zur Wirkung des Suspensiveffektes erkennt an, daß die Vollziehung nachträglich unzulässig geworden und auf Antrag rückgängig zu machen ist[237].

Demnach hat auch bei Anwendung der Vollziehbarkeitstheorie eine vor Eintritt der aufschiebenden Wirkung erklärte Aufrechnung im Fall des nachträglichen Eintritts des Suspensiveffektes keinen Bestand.

bb. Auswirkungen der aufschiebenden Wirkung auf die Möglichkeit der Aufrechnung

Die vom Ausgangspunkt der Wirksamkeitstheorie her zu erörternde Alternative, die aufschiebende Wirkung bereits in den Fällen als Aufrechnungshindernis anzusehen, in denen sie zwar noch nicht besteht, ihr Eintritt jedoch möglich ist, ist für die Vollziehbarkeitstheorie bereits vom Ansatz her ausgeschlossen.

Hier besteht, anders als im Fall der Wirksamkeitstheorie, in deren Folge materiell die Voraussetzungen der Aufrechnung zu beeinflussen sind, keine materiellrechtliche Wirkung auf den Verwaltungsakt und damit auch nicht auf die zivilrechtlich bestimmten Aufrechnungsvoraussetzungen. Für den hier allenfalls in Betracht zu ziehenden öffentlich-rechtlichen Bereich ist einhellig anerkannt, daß die Möglichkeit des Eintritts der aufschiebenden Wirkung einer Vollziehung des Verwaltungsakts nicht entgegensteht[238], die Verwaltung in diesen Fällen aber gewissermaßen auf eigenes Risiko handelt[239], welches sich in der Verpflichtung zur Rückgängigmachung eines solchen Vollzuges manifestieren kann[240].

5. Möglichkeiten eines Vorgehens gegen die Aufrechnung, unabhängig von dem zugrundeliegenden Verwaltungsakt

Soweit vorstehend die Konsequenzen einer Einlegung von Rechtsbehelfen gegen den die Forderung begründenden Verwaltungsakt abgehandelt wurden, soll

---

237 Vgl. *Redeker/v. Oertzen*, VwGO, § 80 Rdnr. 7; ähnlich *Eyermann/Fröhler*, VwGO, § 80 Rz. 8; *Finkelnburg/Jank*, Vorläufiger Rechtsschutz, Rz. 525.

238 Vgl. *Redeker/v. Oertzen*, VwGO, § 80 Rdnr. 7; *Eyermann/Fröhler*, VwGO, § 80 Rz. 5.

239 S. *Schoch*, Vorläufiger Rechtsschutz, S. 1188.

240 Vgl. *Finkelnburg/Jank*, Vorläufiger Rechtsschutz, Rz. 525.

nunmehr erörtert werden, ob und gegebenenfalls inwieweit der Bürger die Möglichkeit besitzt, unabhängig von einer Anfechtung des Verwaltungsakts gegen die Aufrechnung vorzugehen.

a. Keine umfassende Rechtsschutzlokalisation im Widerspruchs- oder Anfechtungsverfahren gegen den Verwaltungsakt

Ein solches Vorgehen kommt insbesondere in den Fällen in Betracht, in denen die Rechtmäßigkeit des Verwaltungsakts überhaupt nicht angezweifelt werden soll oder in denen die Geltendmachung einer entsprechenden Rechtswidrigkeit wenig Aussicht auf Erfolg genießt. Schon im Hinblick auf das mit auf die Geltendmachung der Rechtswidrigkeit gerichteten Rechtsbehelfen verbundene Kostenrisiko wird deutlich, daß ein Vorgehen gegen den Verwaltungsakt nicht in allen Fällen das geeignete Mittel darstellt, entsprechende Einwände gegen die Aufrechnung effektiv zu verfolgen. Dies erklärt sich daraus, daß zwar die Rechtswidrigkeit und eine sich darauf gründende Aufhebung des Verwaltungsakts Auswirkungen auch auf die Aufrechnung hervorruft, wenn dadurch die durch den Verwaltungsakt begründete Gegenforderung und damit die Aufrechnungslage entfällt, daß aber mit dem Einwand der Rechtswidrigkeit des Verwaltungsakts das Spektrum denkbarer Einwendungen gegen die Aufrechnung nicht erschöpfend abgedeckt ist. Da auf Widerspruch und Anfechtungsklage hin lediglich die Rechtmäßigkeit des Verwaltungsakts, bzw. die Rechtsverletzung des Klägers durch die Rechtswidrigkeit[241] Gegenstand einer entsprechenden Prüfung ist, ist ein solcher Rechtsbehelf für die Geltendmachung von Einwendungen ungeeignet, die sich nicht auf die Rechtswidrigkeit des Verwaltungsakts gründen.

b. Einwendungen gegen die Aufrechnung bei "Respektieren" des Verwaltungsakts

Sobald gegenüber der Aufrechnung durch die Behörde Einwendungen erhoben werden, die sich nicht auf die Rechtswidrigkeit des forderungsbegründenden Verwaltungsakts gründen, scheiden, wie bereits dargelegt, Rechtsbehelfe aus, die diese Rechtswidrigkeit als Prüfungsgegenstand aufweisen. Dadurch kommt ein Vorgehen gegen den Verwaltungsakt nicht in Betracht, dieser bzw. dessen Rechtmäßigkeit wird durch den Adressaten nicht in Zweifel gezogen. Der Verwaltungsakt wird nicht angegriffen, also gewissermaßen respektiert. Gleichwohl bedeutet dies nicht, daß auch die in Zusammenhang mit einem solchen Verwaltungsakt erklärte Aufrechnung akzeptiert wird. Gegenüber der Aufrechnung

---

241 S. näher *Schenke*, Verwaltungsprozeßrecht, Rz. 730 ff.

kommen Einwände in Betracht, die unabhängig von dem damit in Verbindung stehenden Verwaltungsakt sind. Diese dürften sich vor allem im Hinblick auf die Aufrechnungslage bzw. die Aufrechnungserklärung ergeben und letztendlich auf die Geltendmachung der eigenen Forderung gerichtet sein, die als Folge einer fehlenden Aufrechnungslage oder -erklärung wegen der nicht eingetretenen Aufrechnungswirkung nicht erloschen ist.

aa. Die "isolierte" Geltendmachung entsprechender Einwendungen

Auch im Fall des unangetasteten Bestands des (forderungsbegründenden) Verwaltungsakts ist das Eintreten der Aufrechnungswirkung des § 389 BGB nicht unbedingt gewährleistet. Dies folgt letztlich aus der Qualifizierung der Aufrechnungserklärung als öffentlich-rechtliche Willenserklärung, da dadurch der Eintritt der Aufrechnungswirkung an das Vorliegen der Aufrechnungsvoraussetzungen geknüpft ist und nicht, was bei einer Aufrechnung durch Verwaltungsakt in Betracht zu ziehen wäre, die Tilgungswirkung als Regelungsgegenstand unabhängig vom Bestehen der Voraussetzungen herbeigeführt wird.

Soweit das Fehlen der Aufrechnungswirkung wegen Fehlens der Aufrechnungsvoraussetzungen geltend gemacht werden soll, kommt insoweit jede der in den §§ 387 ff. BGB näher geregelten Anforderungen an die Aufrechnungslage in Betracht[242]. Einwendungen können sich insoweit auf die fehlende Gleichartigkeit, die fehlende Gegenseitigkeit, die fehlende Fälligkeit der Hauptforderung usw. stützen.

In diesem Zusammenhang werden Einwände gegen den Bestand der Forderung oder gegen deren weitere Durchsetzung durch die Verwaltung nicht vertieft behandelt. Zwar betreffen Einwände gegen den Bestand der Hauptforderung auch das Vorliegen der Aufrechnungslage, sie sind jedoch, da der Bestand der Forderung in den hier behandelten Konstellationen mit dem Bestand des Verwaltungs-

---

242 Allerdings kann in der hier zugrundegelegten Konstellation eine Einwendung, mit der die Wirksamkeit der Hauptforderung bestritten wird und dies aus der Rechtswidrigkeit des Verwaltungsakts hergeleitet wird, ohne dessen Anfechtung aufgrund der Tatbestandswirkung des Verwaltungsakts keinen Erfolg haben. Vgl. zu der insoweit parallelen Situation im Fall der Aufrechnung durch den Bürger, *Schenke*, Verwaltungsprozeßrecht, Rz. 429.

akts verknüpft ist, ohne ein gleichzeitiges Vorgehen auch gegen den Verwaltungsakt nicht aussichtsreich[243].

Einwände gegen eine weitere Durchsetzung der Hauptforderung durch die Verwaltung erscheinen ebenfalls wenig praxisrelevant, da die Verwaltung als der die Aufrechnung Erklärende von der Erfüllung ausgeht und insofern keine weiteren Maßnahmen zur Durchsetzung mehr ergreifen wird.

bb. Die Möglichkeit der isolierten Geltendmachung fehlender Aufrechnungsvoraussetzungen durch die verwaltungsgerichtliche Feststellungsklage

Im Hinblick auf die prozessuale Geltendmachung der fehlenden Aufrechnungsvoraussetzungen kommen im Verhältnis Staat - Bürger die allgemeinen verwaltungsgerichtlichen Klagearten in Betracht. Die Eröffnung des Verwaltungsrechtsweges dürfte wegen des engen Zusammenhangs mit dem forderungsbegründenden Verwaltungsakt und der daraus resultierenden öffentlich-rechtlichen Natur der Streitigkeit unproblematisch sein. Anfechtungs- und Verpflichtungsklage scheiden jedoch aus, da weder der Erlaß noch die Aufhebung eines Verwaltungsakts Gegenstand des Verfahrens sind. Naheliegend wäre vielmehr eine allgemeine Feststellungsklage, mit der das Fehlen der Aufrechnungsvoraussetzungen geltend zu machen sein könnte. Gegenstand der allgemeinen verwaltungsgerichtlichen Feststellungsklage ist gem. § 43 VwGO das Bestehen oder Nichtbestehen eines Rechtsverhältnisses. Der Begriff des Rechtsverhältnisses ist sehr weit zu interpretieren, hierunter sind die Beziehungen zwischen Personen zu verstehen, die ein subjektiv öffentliches Recht zum Gegenstand haben[244]. Im Gegensatz dazu steht die Klärung einer abstrakten Rechtsfrage, die kein Rechtsverhältnis begründet[245]. In Ansehung der Aufrechnung kommt jedenfalls als Rechtsverhältnis das Bestehen der Hauptforderung oder das Bestehen der Gegenforderung in Betracht. Einwände, die sich auf das Fehlen der Aufrechnungsvoraussetzungen gründen, negieren den Eintritt der Aufrechnungswirkung und behaupten so zumindest mittelbar das fortwährende Bestehen der beiden Aufrechnungsforderungen.

---

243 Dies ist Folge der Tatbestandswirkung des Verwaltungsakts, anders nur bei Nichtigkeit des Verwaltungsakts.

244 Vgl. statt vieler *Schenke*, Verwaltungsprozeßrecht, Rz. 378 ff.

245 S. *Schenke*, Verwaltungsprozeßrecht, Rz. 382.

a. Die Feststellung des Bestehens der Gegenforderung

Soweit das Fehlen der Aufrechnungsvoraussetzungen nicht im Hinblick auf die abstrakte Feststellung des Nicht-Bestehens der Aufrechnungslage, sondern im Hinblick auf den damit zusammenhängenden Nicht-Eintritt der Aufrechnungswirkung, der die Gegenforderung nicht zum Erlöschen bringt, also in Ansehung der Gegenforderung geltend gemacht wird, könnte die Erhebung einer allgemeinen Feststellungsklage unzulässig sein. Mit einem solchen Einwand würde letztlich das (fortwährende) Bestehen der Gegenforderung zum Gegenstand einer Feststellungsklage gemacht, wofür die fehlende Tilgung durch die aus der Sicht des Erklärungsempfängers fehlgeschlagene Aufrechnung von Bedeutung ist.

Zwar wäre auch im Bestehen der Gegenforderung ein Rechtsverhältnis im Sinnes des § 43 VwGO zu sehen, die Erhebung einer hierauf gerichteten Feststellungsklage dürfte jedoch gem. § 43 Abs. 2 VwGO unzulässig sein. Nach dieser Vorschrift, der sogenannten Subsidiaritätsklausel, kann eine Feststellung nicht begehrt werden, soweit der Kläger seine Rechte durch Gestaltungs- oder Leistungsklagen verfolgen kann oder hätte verfolgen können. Die Feststellungsklage erhält durch diese Vorschrift einen gegenüber den genannten Klagearten subsidiären Charakter[246]. Für die untersuchte Konstellation kommt die Einlegung einer Leistungsklage anstelle der Erhebung einer Feststellungsklage in Betracht. Soweit der Kläger als Aufrechnungsgegner die Unwirksamkeit der Aufrechnung wegen der damit verbundenen Auswirkung auf die Gegenforderung, die ihm gegenüber dem die Aufrechnung erklärenden Staat zusteht, geltend macht, richtet sich sein Begehren auf die Durchsetzung seines eigenen Anspruchs. Diesen vermag er jedoch, ohne die vorherige Feststellung der Unwirksamkeit der Aufrechnung, mittels einer auf unmittelbare Leistung gerichteten Klage, einer Leistungsklage, geltend zu machen. Nach § 43 Abs. 2 VwGO ist die Feststellungsklage gegenüber der Leistungsklage subsidiär. Eine Feststellungsklage mit dem Ziel, feststellen zu lassen, daß die Gegenforderung noch besteht, ist demnach unzulässig.

Dieses Ergebnis kann auch nicht durch eine Anwendung der für den zivilprozessualen Bereich entwickelten Grundsätze bezüglich der Subsidiarität der Feststellungsklage gegenüber der Leistungsklage umgangen werden. Für den Zivilprozeß, für den der Grundsatz der Subsidiarität der Feststellungsklage gegenüber der Leistungsklage ebenfalls bekannt ist (vgl. die Regelung in § 256 ZPO), wird

---

246 Vgl. nur *Redeker/v.Oertzen*, VwGO, § 43 Rz. 24; *BVerwGE* 16, 92; *Eyermann/Fröhler*, VwGO, § 43 Rz. 14; *Schenke*, Verwaltungsprozeßrecht, Rz. 416 ff.

für den Fall eine Ausnahme von diesem Grundsatz zugelassen, in dem die Klage sich gegen den Staat richtet. Gegenüber dem Staat soll die Erhebung einer Feststellungsklage anstelle einer Leistungsklage nicht aus Gründen der Subsidiarität scheitern. Dies resultiert aus der Überlegung, daß der Staat im Fall eines stattgebenden Feststellungsurteils, welches zwar nicht wie ein Leistungsurteil vollstreckbar ist, wegen des Rechtsstaatsprinzips auch ohne die Vollstreckungsdrohung seiner festgestellten Leistungspflicht nachkommen wird[247]. Auf das verwaltungsgerichtliche Verfahren sind diese Grundsätze des Zivilprozesses, entgegen dem *Bundesverwaltungsgericht*[248], jedoch nicht übertragbar. Diese Auffassung ist mit dem Wortlaut der Vorschrift des § 43 Abs. 2 VwGO nicht vereinbar, da danach der Ausschluß der Feststellungsklage gegenüber einer Leistungs- oder Gestaltungsklage ohne Einschränkung normiert ist[249]. Eine teleologische Reduktion in den Fällen, in denen Beklagter der Staat ist, wie sie das Bundesverwaltungsgericht der Sache nach vornimmt, ist methodisch unzulässig, da sowohl bei der verwaltungsgerichtlichen Leistungs- wie auch bei der Feststellungsklage der Beklagte typischerweise eine juristische Person des öffentlichen Rechts ist und der Gesetzgeber dennoch die Subsidiarität der Feststellungsklage geregelt hat[250].

Prozessual ist damit eine auf die abstrakte Feststellung des Bestehens der Gegenforderung trotz erfolgter Aufrechnung gerichtete Klage unzulässig.

β. Die Feststellung des Bestehens der Hauptforderung

Denkbar wäre allerdings, daß der Adressat der Aufrechnungserklärung die Aufrechnung für unwirksam hält und als Folge daraus nicht die Durchsetzung der seiner Ansicht nach noch bestehenden Gegenforderung verfolgt, sondern darauf abstellt, die Hauptforderung sei noch nicht erfüllt. Wiewohl eine solche Konstellation in der Praxis selten vorkommen dürfte, ist sie theoretisch zumindest nicht ausgeschlossen. Die Feststellung, durch die erfolglose Aufrechnung sei die Hauptforderung nicht erfüllt, stellt jedenfalls ein Rechtsverhältnis im Sinne des § 43 VwGO dar. Die Subsidiaritätsklausel des § 43 Abs. 2 VwGO steht einer ent-

---

247 S. *Baumbach/Lauterbach*, ZPO, § 256 Rz. 82; *Redeker/v.Oertzen*, VwGO § 43 Rz. 26.

248 Nach BVerwGE 36, 179 soll die Feststellungsklage gegenüber einer Leistungsklage nicht als subsidiär ausgeschlossen sein; so auch *Eyermann/Fröhler*, VwGO, § 43 Rz. 22.

249 Vgl. *Schenke*, Verwaltungsprozeßrecht, Rz. 420; *ders.*, AöR 95, 255; *Kopp*, VwGO, § 43 Rz. 28; *Redeker/v.Oertzen*, VwGO, § 43 Rz. 26.

250 S. *Schenke*, Verwaltungsprozeßrecht, Rz. 420.

sprechenden Klage in diesem Fall nicht entgegen. Die Erhebung einer Leistungsklage durch den Bürger scheidet ebenfalls aus, da es nicht um die Leistung der Verwaltung an den Bürger, sondern um diejenige des Bürgers an die Verwaltung geht. Die Subsidiarität einer Feststellungsklage steht der Feststellung, daß die Hauptforderung durch die Aufrechnung nicht erloschen ist, nicht entgegen.

Eine entsprechende Klage wäre auch nicht aus anderen Gründen unzulässig. Zwar ist auch für die Erhebung einer Feststellungsklage ein rechtliches Interesse notwendig[251], und die Erhebung der hier erörterten Klage wäre aus wirtschaftlicher Sicht eigentlich unvernünftig, gleichwohl vermag dieser wirtschaftliche Nachteil nicht das rechtliche Interesse grundsätzlich auszuschließen[252]. Es geht nicht um die Beantwortung einer abstrakten Rechtsfrage und auch nicht um einen generellen Gesetzesvollziehungsanspruch, der gegenüber der Verwaltung geltend gemacht wird, sondern um eine konkrete Forderung zwischen dem Bürger und der Verwaltung. Der Standpunkt, der Bürger sei nicht in seinen Rechten verletzt, wenn die Verwaltung davon ausgeht, die Forderung des Staates gegenüber dem Bürger sei erfüllt, ist nur bei rein wirtschaftlicher Betrachtungsweise zutreffend. Rechtliche Interessen und solche wirtschaftlicher Art können, müssen aber nicht notwendigerweise parallel gerichtet sein. § 43 VwGO spricht ausdrücklich von rechtlichen und nicht von wirtschaftlichen Interessen. Hier geht es um das Bestehen einer Pflicht zur Leistung, von der die Verwaltung gerade nicht mehr ausgeht. Aus der Sicht des Bürgers stellt sich die Frage, ob er auch in diesem Fall noch das "Recht" zur Leistung besitzt, welches ihm die Verwaltung gerade abspricht. Zwar kann aus dem Bestehen von Pflichten nicht auf entsprechende subjektive Rechte geschlossen werden[253], solche Rechte sind dadurch aber auch nicht grundsätzlich ausgeschlossen.

Weiterführend könnten in diesem Zusammenhang Überlegungen sein, die die Disponibilität des staatlichen Anspruchs betreffen. Da der Staat wegen der Bindung an Recht und Gesetz auf seinen Anspruch nicht ohne weiteres verzichten kann, müßte der Bürger in der Lage sein, auch zu seinen Ungunsten, das Beste-

---

251 Wobei für die hier untersuchte Problematik ohne Belang ist, ob dieses Interesse prozessual im Rahmen der analogen Anwendung des § 42 Abs. 2 VwGO oder als Ausprägung des Begriffs des rechtlichen Interesses an der begehrten Feststellung verortet wird, vgl. dazu *Schenke*, Verwaltungsprozeßrecht, Rz. 409 f., 433.

252 Zum Begriff des rechtlichen Interesses vgl. nur *Kopp*, VwGO, § 43 Rz. 23 ff.; *Redeker/v. Oertzen*, VwGO, § 43 Rdnr. 20 ff.; *Eyermann/Fröhler*, VwGO, § 43 Rz. 9 ff.; *Hufen*, Verwaltungsprozeßrecht, § 18 Rz. 21 ff.

253 Vgl. dazu *Schenke*, Verwaltungsprozeßrecht, Rz. 495.

hen einer Leistungspflicht feststellen zu lassen. Hierbei handelt es sich nicht um die Durchsetzung eines allgemeinen Gesetzesvollziehungsanspruchs, die dem Bürger grundsätzlich nicht eröffnet ist[254], sondern um die Klärung eines konkreten, durch die Forderung begründeten Rechtsverhältnisses.

Auch das allgemeine Rechtsschutzbedürfnis dürfte nicht zu verneinen sein: Das Erfordernis, mit dem gerichtlichen Rechsschutzverfahren ein rechtsschutzwürdiges Interesse zu verfolgen, ist eine allgemeine Sachentscheidungsvoraussetzung aller Verfahrensarten[255]. In Zusammenhang mit der Feststellungsklage sind Fälle denkbar, in denen trotz Streitigkeit über den Bestand eines Rechtsverhältnisses oder die Nichtigkeit eines Verwaltungsakts kein Anlaß für eine gerichtliche Klärung mittels der Feststellungsklage besteht. Dies ist beispielsweise dann der Fall, wenn die Verwaltung eine einfachere Möglichkeit als die Erhebung einer Feststellungsklage besitzt, die Klärung dieser Fragen herbeizuführen, etwa durch den Erlaß eines Verwaltungsakts[256]. Berühmt sich der Bürger eines Anspruchs gegenüber dem Staat, besteht für die Erhebung einer negativen Feststellungsklage in aller Regel kein Bedürfnis, vielmehr kann ist die Erhebung einer Leistungsklage durch den Bürger abzuwarten[257]. Diese Fälle, in denen im Hinblick auf andere Möglichkeiten der Durchsetzung bzw. Klärung das Rechtsschutzbedürfnis entfällt, sind von der hier erörterten Konstellation verschieden. Eine andere Verfahrensmöglichkeit ist nicht ersichtlich. Eine Verneinung des Rechtsschutzbedürfnisses würde darauf hinauslaufen, das wirtschaftlich unvernünftige Vorgehen des Bürgers aus diesem Grund zu vereiteln, was mit den rechtlichen Interessen zwar in aller Regel, aber nicht notwendigerweise deckungsgleich ist.

Daraus folgt, daß Fallkonstellationen denkbar sind, in denen eine durch den Bürger initiierte, auf die Feststellung des Bestehens der staatlichen Forderung gerichtete Klage, die sich auf die Unwirksamkeit einer behördlichen Aufrechnung stützt, zulässig ist und eine Möglichkeit darstellt, mit der der Bürger die Unwirksamkeit der Aufrechnung geltend zu machen vermag.

Aus den angestellten Erwägungen ergibt sich aber bereits, daß diese Gestaltung für die Praxis nur eine geringe Bedeutung erlangen dürfte. Vorrangig dürfte

---

254 S. *Schenke*, Verwaltungsprozeßrecht, Rz. 490; *Kopp*, VwGO, § 42 Rz. 42 ff.

255 Vgl. zum Rechtsschutzbedürfnis *Schenke*, in: BK (Zweitb.), Art. 19 Abs.4 Rz. 132 ff.; *Schenke*, Verwaltungsprozeßrecht, Rz. 560 ff.

256 Vgl. hierzu und zu den Ausnahmen *Schenke*, Verwaltungsprozeßrecht, Rz. 573 f.

257 S. *Schenke*, Verwaltungsprozeßrecht, Rz. 575.

insofern die Ausgangslage sein, in der es dem Bürger auf die Durchsetzung seiner eigenen Forderung, im Hinblick auf die Aufrechnung der Gegenforderung, ankommt. In diesen Fällen scheidet eine Feststellungsklage wegen deren Subsidiarität gegenüber einer Leistungsklage aus.

cc. Die Geltendmachung entsprechender Einwendungen durch die Verfolgung des eigenen Anspruchs

Die vorstehenden Ausführungen weisen bereits auf die nunmehr anzustellenden Erwägungen hin. Der Bürger, der die Aufrechnungswirkung bestreitet, vermag eine Klärung der diesbezüglich auftretenden Fragen im Rahmen eines Verfahrens, welches der Durchsetzung seiner Forderung dient, zu erreichen.

Die Tilgung der Gegenforderung durch die Aufrechnung wäre in diesem Verfahren zu erörtern, weil das Bestehen des Anspruchs von einer Verneinung der entsprechenden Tilgungswirkung abhängig ist. Die Aufrechnungswirkung der durch die Verwaltung in Ansehung der Gegenforderung erklärten Aufrechnung stellte dabei sogar wohl nicht nur eine Vorfrage im Hinblick auf den verfolgten Anspruch dar.

α. Die prozessuale Verfolgung dieses Anspruchs durch die verwaltungsgerichtliche Leistungsklage

Aus den zuvor angestellten Erwägungen ergibt sich auch der durch den Bürger zur Verfolgung seines Rechtsschutzzieles einzuschlagende Weg. Der Anspruch des Bürgers ist mittels einer allgemeinen Leistungsklage geltend zu machen. Es ergeben sich keinerlei Anhaltspunkte, die die Zulässigkeit einer solchen allgemeinen Leistungsklage fraglich erscheinen lassen. Zu beachten ist allenfalls, daß im Fall des zivilrechtlichen Charakters der Gegenforderung der Verwaltungsrechtsweg nicht eröffnet sein könnte, was sich aber für die Frage der Erörterung der eventuell eingetretenen Aufrechnungswirkung nicht weiter auswirkt. Diese erfolgte dann im Verfahren der zivilprozessualen Leistungsklage[258].

β. Die prozessuale Verfolgung dieses Anspruchs durch die verwaltungsgerichtliche Feststellungsklage

Die Möglichkeit der Erhebung einer entsprechenden Feststellungsklage mit dem Ziel der Feststellung des Bestehens der Gegenforderung wurde oben bereits er-

---

258 Zum hier nicht relevanten Problem der Aufrechnung mit einer rechtswegfremden Forderung vgl. unten 4. Teil, S. 227 ff.

örtert und im Ergebnis, wegen der Regelung des § 43 Abs.2 VwGO abgelehnt. Insoweit ist auf die obigen Ausführungen zu verweisen.

IV. Die Aufrechnung mit einer durch Verwaltungsakt festgestellten Forderung

Die Aufrechnung der Verwaltung mit einer durch Verwaltungsakt nicht begründeten, sondern lediglich festgestellten Forderung wirft im Vergleich zu den bislang abgehandelten Konstellationen teilweise neue Probleme auf[259]. Auch in dieser Fallgestaltung ist aber zu klären, welche Auswirkung die Anfechtung des Verwaltungsakts für die Aufrechnung hat, und ob der Suspensiveffekt hier im Hinblick auf die durch die Verwaltung erklärte Aufrechnung dieselben Wirkungen hervorruft wie im Fall des forderungsbegründenden Verwaltungsakts. Darüberhinaus ist zu erörtern, inwieweit die Verwaltung in der Lage ist, trotz Erlaß eines Verwaltungsakts für die Aufrechnung auf die materielle Gesetzeslage zurückzugreifen und welche Auswirkung die Erklärung einer solchen Aufrechnung für den Verwaltungsakt hat.

1. Vergleich mit der Aufrechnung in den Fällen des forderungsbegründenden Verwaltungsakts

Die Konstellation des lediglich feststellenden Verwaltungsakts weist definitionsgemäß im Hinblick auf den Bestand der Forderung und damit einen Bestandteil der Aufrechnungslage Unterschiede zu der des forderungsbegründenden Verwaltungsakts auf. Daraus folgend ist die Existenz der Aufrechnungslage unabhängig von der Wirksamkeit des Verwaltungsakts denkbar. Gleichwohl bedeutet dies nicht, daß in jedem Fall der Existenz eines feststellenden Verwaltungsakts zwingend auch die Aufrechnungslage unabhängig von seinem Erlaß gegeben ist. Zwar existiert die Forderung bereits aufgrund der Gesetzeslage, dies ist jedoch, wie bereits ausgeführt, nur eine notwendige, nicht aber hinreichende Bedingung für das Vorliegen der Aufrechnungslage. Insbesondere für die Aufrechnung durch die Verwaltung vermag der im Hinblick auf die Forderung feststellende Verwaltungsakt im Hinblick auf die Aufrechnungslage oftmals konstituierende Wirkung zu entfalten: Dies mag ein einfaches Beispiel verdeutlichen. Besteht die Forderung bereits kraft Gesetzes, kommt insoweit die Konstellation des feststellenden Verwaltungsakts in Betracht. Will die Verwaltung mit dieser Forderung aufrechnen, reicht allein das Bestehen der Forderung nicht

---

259 Hierbei ist zu beachten, daß ein im Hinblick auf die Forderung nicht konstitutiver, also insoweit feststellender Verwaltungsakt gleichwohl ein Leistungsgebot enthalten kann und somit über eine rein deklaratorische Feststellung hinauszugehen vermag.

aus, diese muß vielmehr auch fällig sein. Die Bedeutung des Verwaltungsakts für die Fälligkeit der Forderung wurde im 1. Teil der Untersuchung bereits herausgestellt. Soweit danach die Fälligkeit erst mit dem Erlaß des Verwaltungsakts eintritt, besteht auch erst zu diesem Zeitpunkt eine Aufrechnungslage für die Verwaltung. Insoweit wirkt der Verwaltungsakt in Bezug auf die Aufrechnungslage konstitutiv[260].

Die Konstellation des feststellenden Verwaltungsakts ist in den Fällen der Aufrechnung aber vor allem dann von besonderem Interesse, wenn die gesamte Aufrechnungslage von der Wirksamkeit des Verwaltungsakts unabhängig[261] ist. Soweit der Verwaltungsakt nicht nur die Forderung feststellt, sondern die Aufrechnungslage begründet, handelt es sich in dieser Hinsicht, wie ausgeführt, nicht mehr um einen rein feststellenden, sondern um einen konstitutiven Verwaltungsakt, für den in Ansehung der Rechtsfolgen der aufschiebenden Wirkung die oben genannten Erwägungen gelten[262]. Für die folgende Untersuchung ist danach, soweit ausdrücklich nichts anderes vermerkt ist, von dem besonderen Fall des feststellenden Verwaltungsakts auszugehen, in dem nicht nur die Forderung, sondern darüberhinaus die gesamte Aufrechnungslage bereits kraft Gesetzes und damit unabhängig von der Wirksamkeit des Verwaltungsakts besteht.

2. Unterschiede im Hinblick auf die Aufrechnungslage

Gerade unter Berücksichtigung der bereits mehrfach angesprochenen Bedeutung der Aufrechnungslage für die Aufrechnung, weist die Fallgestaltung, in der der Verwaltungsakt die Forderung nicht begründet, sondern lediglich feststellt, Besonderheiten auf. In dieser Konstellation kann die Aufrechnungslage, wie bereits

---

260 Das Gleiche gilt für den materiell rechtswidrigen Verwaltungsakt: Besteht die Forderung nicht kraft Gesetzes, wirkt ein rechtswidriger Verwaltungsakt, der vom Bestehen der Forderung ausgeht und nicht aufgehoben wird, konstitutiv.

261 Dies wird in den einschlägigen Stellungnahmen zur Aufrechnung oft nicht deutlich, auch wenn zwischen forderungsbegründenden und -feststellenden Verwaltungsakten unterschieden wird. Insoweit wird offenbar das Bestehen der Forderung mit dem Bestand der Aufrechnungslage gleichgesetzt. Bedeutsam wird dies, wenn die Aufrechnungsmöglichkeit unter Rückgriff auf die Gesetzeslage erörtert wird. Von daher ist die hier angesprochene Spezifizierung auf Verwaltungsakte, die nicht nur die Forderung feststellen, sondern bei denen die Aufrechnungslage kraft Gesetzes besteht, dann nicht erforderlich, wenn man, wie *Ehlers*, JuS 1990, 777 (779) diesen Rückgriff ablehnt. Wie hier dagegen *Ebsen*, DÖV 1982, 389 (396).

262 S. *Ebsen*, DÖV 1982, 389 (396), der forderungsbegründende und -feststellende Verwaltungsakte, die zwar nicht die Forderung selbst, wohl aber deren Fälligkeit begründen, ebenfalls gleichsetzt.

oben in Zusammenhang mit der Aufrechnung des Bürgers ausgeführt, schon zeitlich vor dem Erlaß des feststellenden Verwaltungsakts entstehen, was im Fall des forderungsbegründenden Verwaltungsakts aus logischen Gründen nicht möglich ist. Die Forderung, mit der aufgerechnet wird, kann im Fall des (lediglich) feststellenden Verwaltungsakts bereits auf Grund der (reinen) Gesetzeslage entstanden sein, ohne daß es dazu noch eines konstitutiven Verwaltungsakts bedurfte. Diese gegenüber der zuvor behandelten besondere Konstellation ist daher im Hinblick auf die Wirkung von Rechtsbehelfen gegenüber dem Verwaltungsakt für die Aufrechnung genauer zu untersuchen.

3. Unterschiede im Hinblick auf aufrechnungsrelevante Wirkungen von Rechtsbehelfen gegenüber dem Verwaltungsakt

Soweit die Verwaltung die Aufrechnung mit der durch Verwaltungsakt festgestellten Forderung erklärt, ist wegen der angesprochenen Eigenheit dieser Konstellation in Bezug auf die Aufrechnungslage die Hauptproblematik leicht auszumachen. Sie liegt in der Frage der Wirkung von Rechtsbehelfen gegen den Verwaltungsakt. Das Augenmerk richtet sich darauf, inwieweit sich der Suspensiveffekt auch hier auf die Aufrechnungslage auszuwirken vermag. Im oben erörterten Fall der Anfechtung des forderungsbegründenden Verwaltungsakts sind solche Auswirkungen jedenfalls bei Bejahung einer Wirksamkeitshemmung als Folge der aufschiebenden Wirkung festgestellt worden. Wird die Forderung durch den Verwaltungsakt nicht konstituiert, könnte die oben beschriebene Auswirkung des Suspensiveffektes auf die Aufrechnungslage, das Entfallen der Gegenforderung, aus logischen Gründen bereits ausgeschlossen sein. Die Aufrechnungslage könnte damit bei lediglich feststellendem Verwaltungsakt unabhängig von der Wirksamkeit des Verwaltungsakts gegeben sein.

a. Die Rechtslage bei Anwendung der Wirksamkeitstheorie

Da die Forderung, mit der aufgerechnet werden soll, im Fall des materiell rechtmäßigen feststellenden Verwaltungsakts bereits per definitionem nicht durch den Verwaltungsakt konstituiert wird[263], vermag die durch Einlegung eines Rechtsbehelfs eintretende aufschiebende Wirkung auch nicht, wie dies bei der durch den Verwaltungsakt begründeten Forderung gegeben ist, über die Wirksamkeit des Verwaltungsakts die Wirksamkeit der Forderung zu beeinflussen. Mithin ist insoweit ein (rückwirkender) Wegfall der Aufrechnungslage als

---

263 Anders beim materiell rechtswidrigen Verwaltungsakt, der insoweit konstitutiv wirkt.

Folge der aufschiebenden Wirkung in diesen Fällen nicht denkbar[264]. Ebenso wie im Fall des forderungsbegründenden Verwaltungsakts unter Zugrundelegung der Vollziehbarkeitstheorie kommt aber eine Einflußnahme der aufschiebenden Wirkung unter öffentlich-rechtlichen Aspekten in Betracht. Die Aufrechnung in Zusammenhang mit dem im Hinblick auf die Forderung feststellenden Verwaltungsakt wäre als Vollziehung desselben durch die aufschiebende Wirkung gehindert. Insoweit ist auf die obigen Darlegungen zu verweisen.

Etwas anderes ergibt sich auch nicht aus den Besonderheiten des insoweit feststellenden Verwaltungsakts. Enthält er neben der Feststellung ein Leistungsgebot, ist die Vollziehbarkeitshemmung unproblematisch. Beschränkt sich der Verwaltungsakt auf die Feststellung der Forderung, führt auch hier die Bejahung der aufschiebenden Wirkung zur Hinderung der Aufrechnung als Maßnahme der Vollziehung des Verwaltungsakts: Die Möglichkeit des Eintritts der aufschiebenden Wirkung auch im Hinblick auf feststellende Verwaltungsakte läßt sich mittlerweile aus dem ausdrücklichen Wortlaut der Vorschrift des § 80 Abs. 1 S.2 VwGO entnehmen, der nunmehr auch für rechtsgestaltende und feststellende Verwaltungsakte klarstellt, daß insoweit die Einlegung von Rechtsmitteln aufschiebende Wirkung entfaltet[265]. Vor dem Hintergrund eines weiten Vollziehungsbegriffs ist damit durch die Einlegung eines Suspensiveffekt entfaltenden Rechtsbehelfs die Vollziehung des Verwaltungsakts gehindert. Bezogen auf die Feststellung der Forderung durch Verwaltungsakt kann dies nur die Hemmung der in Zusammenhang mit diesem Verwaltungsakt erklärten Aufrechnung als Vollziehungsmaßnahme nach sich ziehen. Die insoweit im Hinblick auf forderungsbegründende Verwaltungsakte angestellten Überlegungen sind auf die Aufrechnung mit einer Forderung, die durch Verwaltungsakt festgestellt wird, über-

---

264 Ein Einfluß des Suspensiveffektes auf die Aufrechnungslage vermag jedoch in den Fällen zu entstehen, in denen der Verwaltungsakt, obwohl er im Hinblick auf die Begründung der Forderung lediglich deklaratorisch ist, für die Aufrechnungslage aus anderen Gründen Bedeutung erlangt, beispielsweise weil die Forderung dadurch erst fällig wird. In diesem Fall gelten die gleichen Grundsätze wie beim Vorliegen eines konstitutiven Verwaltungsakts - im Hinblick auf die Aufrechnungslage ist sogar der feststellende Verwaltungsakt in gewisser Weise konstitutiv, was aber am Grundsatz der Differenzierung nichts zu ändern vermag.

265 S. *Redeker/v.Oertzen*, VwGO § 80 Rz. 6; *Kopp*, VwGO, § 80 Rz. 6; *Schenke*, Verwaltungsprozeßrecht, Rz. 939; *Schmitt Glaeser*, Verwaltungsprozeßrecht, Rz. 250; zur früheren Rechtslage, in der die h. M. ohne die ausdrückliche Regelung in § 80 Abs. 1 S.2 VwGO bereits die aufschiebende Wirkung im Hinblick auf feststellende Verwaltungsakte bejahte, vgl. *Eyermann/Fröhler*, VwGO, § 80 Rz. 4; s. auch *Schoch*, NvWZ 1991, 1121 (1122).

tragbar, da für die Vollziehung eines feststellenden Verwaltungsakts keine Besonderheiten gelten.

Es wäre auch ein Versuch wenig überzeugend, die Aufrechnung in dieser Konstellation nicht als Vollziehung des Verwaltungsakts anzusehen, um auf diesem Wege einen Rückgriff auf die materiell bereits existierende Forderung als Bezugsobjekt der Aufrechnungserklärung zu erreichen.

Die Möglichkeit des Rückgriffs auf die materielle Gesetzeslage ist eine von der Vollziehung des Verwaltungsakts zu unterscheidende Frage. Es ist noch zu untersuchen, ob der Eintritt der aufschiebenden Wirkung der Verwaltung auch die Möglichkeit nimmt, auf die materielle Gesetzeslage zurückzugreifen und in Ansehung derer die Aufrechnung zu erklären. (s. dazu unten V., S. 208 f.)

b. Die Rechtslage bei Anwendung der Vollziehbarkeitstheorie

Bei Anwendung der Vollziehbarkeitstheorie gilt insoweit nichts anderes als in Bezug auf einen forderungsbegründenden Verwaltungsakt, da nach dieser Auffassung Einwirkungen des Suspensiveffektes in Zusammenhang mit der Aufrechnung ohnehin nur auf der öffentlich-rechtlichen Ebene zu entstehen vermögen und insoweit der Unterschied zwischen forderungsbegründenden und lediglich feststellenden Verwaltungsakten keine Auswirkungen zeitigt. Das erklärt sich daraus, daß allein beim forderungsbegründenden Verwaltungsakt ein Durchschlagen von Einwendungen auf die durch ihn konstituierte Forderung logisch möglich ist. Da aber nach der Vollziehbarkeitstheorie bereits in diesen Fällen eine Auswirkung des Suspensiveffektes auf die Aufrechnungslage auszuschließen ist, kommt in den Fällen des feststellenden Verwaltungsakts eine solche Wirkung erst recht nicht in Betracht. Insoweit kommen in Bezug auf die Auswirkung der aufschiebenden Wirkung auf eine Aufrechnung durch die Verwaltung im Fall des feststellenden Verwaltungsakts Wirksamkeits- und Vollziehbarkeitstheorie zum gleichen Ergebnis. Damit wirkt sich die Einlegung von Rechtsbehelfen gegenüber dem Verwaltungsakt zunächst, ebenso wie im Fall des forderungsbegründenden Verwaltungsakts, aufrechnungshindernd aus.

Noch nicht erörtert ist damit jedoch die nur in Verbindung mit dem feststellenden Verwaltungsakt auftretende Frage, ob für die Erklärung der Aufrechnung wegen der unabhängig von dem Verwaltungsakt bestehenden Aufrechnungslage ein Rückgriff auf die bereits aufgrund der Gesetzeslage bestehenden Forderung in Betracht kommt.

V. Der Rückgriff auf die kraft materieller Gesetzeslage bestehende Forderung

Im Fall der Aufrechnung mit einer Forderung, die durch den Verwaltungsakt nicht konstituiert wird, sondern bereits davon unabhängig besteht, ist als Folge dieser besonderen Konstellation im Hinblick auf die Möglichkeit des doppelten Rechtsgrundes der Forderung - zum einen kann die Forderung bereits aufgrund der Gesetzeslage bestehen, zum anderen wird sie durch den Verwaltungsakt konkretisiert - zu erörtern, inwieweit die Verwaltung in der Lage ist, auf die bereits kraft Gesetzes bestehende Forderung zurückzugreifen und insoweit die Aufrechnung zu erklären. Diese Alternative wird jedenfalls dann praktisch interessant, wenn der Verwaltungsakt angefochten wird und auf dem Wege der Aufrechnung die Möglichkeit bestünde, die Forderung trotz der Anfechtung durchzusetzen, was wegen der aufschiebenden Wirkung des Rechtsmittels auf den Verwaltungsakt in Ansehung dessen nicht möglich ist.

Auch hier wird aber deutlich, daß ein derartiger Rückgriff nicht allein durch die Konstellation des im Hinblick auf die Forderung feststellenden Verwaltungsakts bestimmt ist, sondern nur in Betracht kommt, soweit nicht nur die Forderung, sondern die gesamte Aufrechnungslage unabhängig von dem Verwaltungsakt besteht. Dies kann zwar nur in den Fällen des im Hinblick auf die Forderung feststellenden Verwaltungsakts der Fall sein, ist es aber nicht als automatische Folge eines jeden lediglich feststellenden Verwaltungsakts.

1. Die generelle Sperrung des Rückgriffs durch den Erlaß des Verwaltungsakts?

Es wird die Auffassung vertreten, ein Rückgriff auf die Gesetzeslage sei unter der Voraussetzung zulässig, daß der Verwaltungsakt materiell rechtmäßig ist[266].

Bei näherer Hinsicht zeigt sich jedoch, daß diese Auffassung nicht zu einer Lösung der Problematik beizutragen vermag. Die Frage, inwieweit der feststellende Verwaltungsakt die Rechtslage wiederspiegelt, ist zwar bei der Erörterung der Rückgriffsproblematik von Bedeutung, vermag jedoch zur Beantwortung der Frage der Zulässigkeit eines Rückgriffs auf die Gesetzeslage nichts beizutragen. Hintergrund für diesen Ansatz ist, daß eine Aufrechnung, die sich auf die Gesetzeslage bezieht, grundsätzlich und notwendigerweise nur dann aussichtsreich ist, wenn die Aufrechnungslage tatsächlich bereits kraft Gesetzes, unabhängig von einem Verwaltungsakt, vorliegt. Ist dies der Fall, ist aber auch der diese

266 Vgl. *Ebsen*, DÖV 1990, 389 (396).

Rechtslage aufgreifende Verwaltungsakt insofern notwendigerweise materiell rechtlich korrekt. In diesem Sinne läßt sich die Wechselbeziehung zwischen Richtigkeit des Verwaltungsakts und Rückgriffsmöglichkeit auf die Gesetzeslage umkehren: Ein Rückgriff ist jedenfalls nur dann aussichtsreich, wenn der Verwaltungsakt die Rechtslage korrekt wiedergibt. Anderenfalls fehlt es möglicherweise an der Aufrechnungslage, die sich dann nicht bereits aus dem Gesetz ergibt.

Gegen die Möglichkeit eines Rückgriffs wird vorgebracht, die Verwaltung sei nach Erlaß eines auch nur feststellenden Verwaltungsakts und einer in Zusammenhang damit erklärten Aufrechnung gehindert, nunmehr auf die bereits von Gesetzes wegen bestehende Forderung zurückzugreifen und in Ansehung dieser Forderung die Aufrechnung zu erklären[267].

Hierfür könnte sprechen, daß, solange er Bestand hat, der Verwaltungsakt und nicht das Gesetz die Rechtslage bestimmt, da dieser die generelle und abstrakte Regelung des Gesetzes verbindlich konkretisiert und individualisiert[268]. Die Möglichkeit, in Ansehung der Aufrechnung auf die bereits von Gesetzes wegen existierende Forderung zurückzugreifen, wird darüberhinaus auch mit der Argumentation abgelehnt, dadurch entstünde die Gefahr eines beliebigen Hin- und Herspringens der Verwaltung zwischen Gesetz und Verwaltungsakt[269].

Für die Zulässigkeit eines solchen Rückgriffs auf die materielle Rechtslage könnte sprechen, daß die Verwaltung lediglich von Handlungsmöglichkeiten Gebrauch macht, die sie schon zuvor besaß, und keine Anhaltspunkte dafür ersichtlich sind, daß sie diese Handlungsmöglichkeiten durch den Erlaß eines Verwaltungsakts verloren haben könnte. Als Argument läßt sich für eine solche Betrachtung anführen, daß die Befugnis zum Erlaß von Verwaltungsakten dazu dient, die Möglichkeiten der Verwaltung zu erweitern und nicht dazu, diese einzuschränken. Folgt man dieser Ansicht, ist nicht ohne weiteres einzusehen, warum die Verwaltung, wenn sie zunächst in der Lage war, in Ansehung einer gesetzlich begründeten Forderung die Aufrechnung zu erklären, dazu nicht mehr berechtigt sein soll, wenn sie einen die Forderung feststellenden Verwaltungsakt erlassen hat, selbst wenn sie bereits in Zusammenhang damit die Aufrechnung erklärte.

---

267 So *Ehlers*, JuS 1990, 777 (780).

268 Vgl. *Ehlers*, JuS 1990, 777 (780) u. DVBl. 1986, 912 f u. NVwZ 1990, 105 (107); OVG Münster, NJW 1976, 2036 f.

269 So ausdr. *Ehlers*, JuS 1990, 777 (780).

Bei genauerer Betrachtung zeigt sich jedoch, daß die Frage der Zulässigkeit eines Rückgriffs auf die Gesetzeslage in Zusammenhang mit der Aufrechnungsproblematik nicht derart generell beantwortet werden kann. Um zum Kern dieser Problematik vorzudringen, ist es erforderlich, zunächst zwischen der abstrakten Möglichkeit eines Rückgriffs der Behörde auf die Gesetzeslage und damit einhergehender eigenständiger Aufrechnung und einer "Umdeutung" der in Bezug auf den Verwaltungsakt ergangenen Aufrechnungserklärung zu unterscheiden. Bei letzterer ist fraglich, ob die im Zusammenhang mit dem Verwaltungsakt erklärte Aufrechnung sich auch auf die bereits aufgrund der Gesetzeslage bestehende Forderung bezieht. Bedenken gegen diese Möglichkeit könnten sich daraus ergeben, daß hierbei eine bestimmte Aufrechnungserklärung praktisch auf einen doppelten Sachverhalt bezogen wird. Insoweit könnte eine Substitution der zunächst durch den Verwaltungsakt bestimmten Gegenforderung durch die Gegenforderung aufgrund der Gesetzeslage vorliegen, was nicht zuletzt aufgrund der für eine Rechtsgestaltung zu fordernden Bestimmtheit der Erklärung problematisch sein dürfte.

2. Die Differenzierung zwischen einer "Umdeutung" der in Bezug auf den Verwaltungsakt erfolgten Aufrechnungserklärung und einer Aufrechnung in Ansehung der materiellen Rechtslage

Erklärt die Behörde nach oder bei Erlaß des Verwaltungsakts die Aufrechnung und besteht ein Bezug dieser Aufrechnungserklärung zu dem Verwaltungsakt, so ist fraglich, ob die Besonderheiten, die sich aus der Konstellation des feststellenden Verwaltungsakts für die Aufrechnungslage (zugunsten der Behörde) ergeben können, zu berücksichtigen sind.

Jedenfalls ist zu klären, ob die Aufrechnungserklärung der Behörde sich ohne weiteres auch auf die bereits von Gesetzes wegen bestehende Forderung bezieht und gegebenenfalls, etwa bei der Einlegung von Rechtsmitteln gegen den Verwaltungsakt, als solche umgedeutet werden kann oder, ob darin eine unzulässige Auswechslung des Bezugsobjekts der Aufrechnungserklärung zu sehen ist.

a. Die Zulässigkeit einer solchen Differenzierung

Gegenüber einer solchen Differenzierung könnte eingewandt werden, sie sei bereits im Ansatz verfehlt, weil sie verkenne, daß die Aufrechnung im Hinblick auf den Verwaltungsakt und die Aufrechnung im Hinblick auf die Gesetzeslage sich eigentlich auf ein und dieselbe Forderung beziehen würden und aus diesem Grund eine Differenzierung zwischen einer Aufrechnung mit der in dem Verwaltungsakt festgestellten Forderung und einer solchen mit der kraft Gesetzes[270] bestehenden Forderung unsachgemäß, ja rechtslogisch gar nicht möglich ist. Gleichwohl erscheint der Rückgriff auf die kraft Gesetzes bestehende Forderung bereits aus dem Grunde zumindest logisch nicht ausgeschlossen, da der Verwaltung auch vor dem Erlaß des Verwaltungsakts diese Forderung zustand.

Die Differenzierung wird sogar außerordentlich bedeutsam, wenn ein Fall der Rückwirkung des § 389 BGB gegeben ist, weil nach dieser Vorschrift die Erlöschenswirkung ohne weiteres zu dem dort bestimmten Zeitpunkt eintritt[271]. Im Fall des nicht konstitutiven Verwaltungsakts ist dies, liegen die übrigen Voraussetzungen der Aufrechnung vor, der Zeitpunkt der Entstehung der Forderung kraft Gesetzes.

Von hierher spricht nicht nur einiges für die Unterscheidbarkeit der Aufrechnung in Ansehung des Verwaltungsakts und in Ansehung der Gesetzeslage, sondern eine solche Unterscheidung scheint sogar geboten.

Dafür sprechen im übrigen auch Erwägungen, die sich im Fall der Verknüpfung der Aufrechnungserklärung mit dem Verwaltungsakt ergeben: Die Aufrechnung ist im Hinblick auf einen Verwaltungsakt als Maßnahme der behördlichen Vollziehung einzustufen[272]. Für die Vollziehung eines Verwaltungsakts gelten jedoch spezifische Vorschriften, z. B. § 80 VwGO, so daß im Einzelfall zwar die Aufrechnung an sich möglich sein kann, ihr als Vollziehungsmaßnahme jedoch öffentlich-rechtliche Regelungen entgegenstehen und sie daher als solche nicht durchgeführt werden kann, bzw. wieder rückgängig zu machen ist. Diese Probleme treten im Fall der Aufrechnung allein mit einer kraft Gesetzes bestehenden Forderung nicht auf. Infolgedessen wäre es möglich, daß eine völlig verworrene und unklare Rechtslage entstünde, wenn man eine behördliche Aufrechnungserklärung sowohl auf den Verwaltungsakt als auch auf die gesetzlich bestehende Forderung bezöge. Hier könnte die Aufrechnung in Ansehung des Gesetzes unproblematisch wirksam sein, während sie als Maßnahme der Verwaltungs(akts)vollstreckung unzulässig wäre oder rückgängig gemacht werden

---

270 Hierbei wird nicht verkannt, daß die Unterscheidung zwischen dem gesetzlichen Entstehen der Forderung und dem Entstehen infolge der Bestandskraft mißverständlich sein kann. Damit soll auf gar keinen Fall angezweifelt werden, daß auch die durch Bestandskraft entstandene Forderung insoweit gesetzmäßig ist, als sich aus der Bestandskraft die Erfolglosigkeit eines prozessualen Vorgehens dagegen ergeben kann.

271 Zu den Möglichkeiten des Schuldners, die Rückwirkung einseitig zu beschränken s. *Gernhuber*, Erfüllung, § 12 VIII 4a (S. 281); *Staudinger/Kaduk*, BGB, § 389 Rz. 67.

272 S. insoweit oben S. 177 ff.

müßte. Diese Konstellation drohte jedenfalls immer dann, wenn Rechtsmittel gegenüber dem Verwaltungsakt eingelegt würden oder aus anderen Gründen die Vollziehung angreifbar wäre.

b. Die Unzulässigkeit der "Umdeutung" der in Zusammenhang mit dem Verwaltungsakt ergangenen Aufrechnungserklärung

Aus den insoweit bereits deutlich gewordenen Schwierigkeiten nunmehr die Konsequenz zu ziehen, im Fall des Erlasses eines Verwaltungsakts sei für eine Aufrechnung der Rückgriff auf die Gesetzeslage versperrt, erscheint jedoch voreilig und zu weitgehend. Die angestellten Erwägungen machen zwar bereits einige Probleme des Rückgriffs auf die Gesetzeslage deutlich, beantworten aber noch nicht die aufgeworfene Frage nach der Zulässigkeit einer wahlweisen Zuordnung des Bezugspunktes einer behördlichen Aufrechnungserklärung.

aa. Bedenken gegen eine Umdeutung wegen des damit verbundenen Rückgriffs auf die Gesetzeslage

Wie bereits angedeutet, spricht allein das Faktum des Erlasses des Verwaltungsakts noch nicht dafür, der Behörde Möglichkeiten zu verkürzen, die sie bereits vorher besaß, weshalb eine generelle Untersagung der Umdeutung wegen des damit verbundenen Rückgriffs auf die von Gesetzes wegen bestehende Forderung insoweit nicht überzeugt.

Das folgt daraus, daß die Verwaltung zwar in diesem Fall, in dem sie sich durch den Verwaltungsakt einen Vollstreckungstitel beschaffen konnte, ihre Handlungsmöglichkeiten im Rahmen gesetzlich genau geregelter Schranken zunächst zu erweitern vermochte, diese Erweiterung praktisch jedoch in ihr Gegenteil verkehrt wird, wenn man hier als Folge daran knüpft, daß sich die Verwaltung dadurch zugleich auch der Möglichkeit begab, mit der von Gesetzes wegen bestehenden Forderung aufzurechnen. Somit läßt sich allein aus der Existenz eines denselben Lebenssachverhalt betreffenden Verwaltungsakts noch nicht die Unzulässigkeit der Aufrechnung in Ansehung der Gesetzeslage ableiten.

bb. Bedenken gegen eine Umdeutung wegen der Besonderheiten der Verwaltungsaktsvollziehung

Einer Zulassung dieser Umdeutungsmöglichkeit stünde es entgegen, wenn dadurch Zustände eintreten würden, die in Verbindung mit Maßnahmen der Verwaltung als untragbar oder mit dem Rechtsstaatsprinzip unvereinbar anzusehen wären. Das Vorliegen eines solchen Zustands wäre zu bejahen, wenn durch diese Aufrechnungsmöglichkeit eine völlig verworrene, unüberschaubare Situation entstünde, in der einzelne Gesichtspunkte bzw. behördliche Maßnahmen mehrdeutig oder widersprüchlich zu beurteilen wären und in der das mit dem Zustand der Rechtsunklarheit verbundene Risiko einseitig und in einer dem Rechtsstaat zuwiderlaufenden Weise auf den Bürger übertragen würde.

Eine in diesem Sinne widersprüchliche Situation vermöchte einzutreten, falls die Verwaltung durch die Umdeutung "beliebig zwischen Gesetz und Verwaltungsakt hin- und herspringen" könnte, je nachdem, auf welche Weise sich der Anspruch einfacher realisieren läßt. Hier zeigt sich, daß an dieser Stelle Einwände lokalisiert und schlagkräftig sind, die an Durchschlagskraft erheblich verlieren, wenn sie im Zusammenhang mit der Aufrechnungsproblematik undifferenziert gegen die generelle Rückgriffsmöglichkeit auf die materielle Gesetzeslage vorgebracht werden[273].

Diese Einwände finden ihre Begründung in den verwaltungsaktsspezifischen Besonderheiten, vor allem im Hinblick auf die Problematik der Verwaltungsvollstreckung. Hier sprechen gewichtige Argumente gegen einen im Wege der Umdeutung der Aufrechnungserklärung vorzunehmenden Rückgriff auf die Gesetzeslage, wenn die Aufrechnungserklärung zuvor in Verbindung mit einem Verwaltungsakt erfolgte. In Zusammenhang mit dem Verwaltungsakt ist die Aufrechnung, wie bereits dargelegt, als Vollziehung desselben anzusehen[274]. Allein die Einlegung eines Rechtsbehelfs vermag dazu zu führen, daß die Aufrechnung als Vollziehung des Verwaltungsakts unzulässig wird. Eine nunmehr im Rückgriff auf die Gesetzeslage liegende Auswechslung des Rechtsgrundes für die Aufrechnung stünde zu dieser gesetzlichen Wertung in Widerspruch, falls dadurch der unzulässigen Vollziehungsmaßnahme Aufrechnung "neues Leben eingehaucht" würde und sie dadurch als "gewöhnliche" verwaltungsbehördliche Erklärung "in frischem Glanz" erstrahlte.

Diese "vollstreckungsrechtlichen Bedenken" werden auch durch den im Hinblick auf die Forderung lediglich feststellenden Charakter des Verwaltungsakts nicht ausgeräumt. Man vermöchte zwar einzuwenden, ein feststellender Verwaltungsakt könne nicht vollstreckt werden, würde dabei aber übersehen, daß ein solcher Einwand das Faktum des Erlasses des Verwaltungsakts und die damit zusammenhängend durch die Behörde hergestellte Beziehung zwischen Auf-

---

273 So bei *Ehlers*, JuS 1990, 777 (780).

274 So nach dem heute überwiegenden weiten Vollziehungsbegriff, der als Folge der aufschiebenden Wirkung jedes Anknüpfen an den Verwaltungsakt untersagt; s. oben S. 177 ff.

rechnungserklärung und Verwaltungsakt vernachlässigt. Wählt die Verwaltung die besondere Form des Verwaltungsakts, so muß sie auch die Besonderheiten dieses Verfahrens in Kauf nehmen, zumal in aller Regel für die Verwaltung die Vorteile überwiegen dürften. An diesen Besonderheiten muß sie sich auch festhalten lassen, wenn dies im Einzelfall für sie nachteilig ist. Im übrigen stünde eine derartige Umdeutung der Aufrechnungserklärung bzw. ihre Neuausrichtung auf die Gesetzeslage zu der Möglichkeit des Eintritts der aufschiebenden Wirkung auch im Hinblick auf feststellende Verwaltungsakte[275] in Widerspruch, was sich mittlerweile auch aus dem ausdrücklichen Wortlaut der Vorschrift des § 80 Abs. 1 S.2 VwGO entnehmen läßt. Hier ist nunmehr auch für rechtsgestaltende und feststellende Verwaltungsakte klargestellt, daß insoweit die Einlegung von Rechtsmitteln aufschiebende Wirkung entfaltet. Bezogen auf die Feststellung der Forderung durch Verwaltungsakt kann dies nur die Hemmung der in Zusammenhang mit diesem Verwaltungsakt erklärten Aufrechnung als Vollziehungsmaßnahme nach sich ziehen. Darüberhinaus sind Bedenken dieser Art wegen des feststellenden Charakters des Verwaltungsakts völlig ausgeschlossen, wenn der Verwaltungsakt eine über die Forderungsfeststellung hinausgehende Regelung aufweist, wie dies beispielsweise bei einem Leistungsbescheid der Fall ist. Das in einem solchen Leistungsbescheid enthaltene Zahlungsgebot ist unzweifelhaft vollstreckbar, auch wenn die Leistungsfestsetzung nicht konstitutiv ist, also die Forderung bereits kraft Gesetzes bestand.

Daraus folgt, daß im Fall der Aufrechnung in Zusammenhang mit einem Verwaltungsakt die Umdeutung dieser Aufrechnung in eine solche, die sich auf die bereits kraft Gesetzes bestehende Forderung bezieht, unzulässig ist, weil dies insbesondere die vollziehungsspezifischen Besonderheiten des Verwaltungsaktsverfahrens unterlaufen würde. Eine andere Lösung bedeutete, die aufschiebende Wirkung von Rechtsmitteln auszuhöhlen.

Von hierher gründen sich auch Bedenken gegen die Auffassung, die Zulässigkeit des Rückgriffs allein aus der materiellen Rechtmäßigkeit des Verwaltungsakts herzuleiten:

Nach dieser Ansicht soll der Suspensiveffekt der Anfechtung die Wirksamkeit der Aufrechnungserklärung nicht beeinflussen, soweit der Forderungsbescheid

---

275 S. *Redeker/v.Oertzen*, VwGO § 80 Rz. 6; *Kopp*, VwGO, § 80 Rz. 6; *Schenke*, Verwaltungsprozeßrecht, Rz. 939; *Schmitt Glaeser*, Verwaltungsprozeßrecht, Rz. 250; zur früheren Rechtslage, in der die herrschende Meinung ohne die ausdrückliche Regelung in § 80 Abs. 1 S.2 VwGO bereits die aufschiebende Wirkung im Hinblick auf feststellende Verwaltungsakte bejahte, vgl. *Eyermann/Fröhler*, VwGO, § 80 Rz. 4; s. auch *Schoch*, NvWZ 1991, 1121 (1122).

rechtmäßig ist, das heißt die materielle Rechtslage wiedergibt, da die Aufrechnungslage unabhängig von der Festsetzung bestehe und die Aufrechnung auch ohne den Verwaltungsakt wirksam habe erklärt werden können[276]. Die schwebende Unwirksamkeit soll danach dazu führen, daß es wieder unmittelbar auf die materielle Rechtslage ankomme.

Die Rechtmäßigkeit des Verwaltungsakts ist aber nicht geeignet, die oben ausgeführten Schwierigkeiten bei einem Rückgriff auf die Gesetzeslage in den Fällen auszuräumen, in denen die Aufrechnung sich auf den Verwaltungsakt bezog und nun quasi die verwaltungsaktskonkretisierte Hauptforderung durch eine Hauptforderung, die sich aus der Gesetzeslage ergibt, ersetzt werden soll.

Die Einwände, die sich darauf gründen, mit einem solchen Rückgriff würden die Strukturen der Verwaltungsaktsvollstreckung durchbrochen, weil die aufschiebende Wirkung übergangen wird, behalten auch gegenüber einer solchen Lösung ihre Gültigkeit. Demzufolge zeigt sich auch bei diesem Ausgangspunkt, daß die größte Schwierigkeit in Verbindung mit der Frage der Zulässigkeit eines Rückgriffs auf die Gesetzeslage im eigentlichen Bezugspunkt der Aufrechnungserklärung liegt. Erläßt die Behörde einen forderungsfeststellenden Verwaltungsakt und erklärt in Zusammenhang mit diesem die Aufrechnung, so ist nicht einzusehen, warum im Fall der Anfechtung dieses Verwaltungsakts sich diese Aufrechnung ohne weiteres auf die von Gesetzes wegen bestehende Forderung beziehen soll, wenn nur der Verwaltungsakt die Rechtslage korrekt wiedergibt.

3. Die Zulässigkeit des Rückgriffs bei eindeutigem Bezug der Aufrechnungserklärung

Aus dem Vorstehenden ergeben sich die Einwände gegen die Umdeutung der in Zusammenhang mit einem feststellenden Verwaltungsakt erklärten Aufrechnung. Zu der Frage, ob die Verwaltung auch im Fall der aufschiebenden Wirkung eines Rechtsmittels gegen die nur deklaratorische Festsetzung der Forderung durch Verwaltungsakt auf die ursprünglich bereits von Gesetzes wegen bestehende Forderung zum Zweck der Aufrechnung zurückgreifen kann, ist jedoch damit noch keine abschließende Aussage getroffen.

Einige Bedingungen, unter denen die Möglichkeit eines Rückgriffs der Behörde auf die vorher bereits kraft Gesetzes bestehende Forderung zum Zweck der Aufrechnung auch nach Erlaß eines forderungsfeststellenden Verwaltungsakts in Betracht kommen könnte, zeichnen sich als Folge der obigen Ausführungen,

---

276 Vgl. *Ebsen*, DÖV 1990, 389 (396).

zumindest bereits in undeutlichen Umrissen, ab. Diese sollen nachfolgend noch konkretisiert werden.

Ein wesentliches Kriterium für die Zulassung der Möglichkeit des Rückgriffs auf die bereits kraft Gesetzes bestehende Forderung zum Zweck der Aufrechnung ist danach, daß sich der Aufrechnungserklärung der Behörde eindeutig entnehmen läßt, daß sie sich auf die Gesetzeslage bezieht. Es darf nicht unklar bleiben, auf welchen Sachverhalt die Behörde zur Aufrechnung nun Bezug nimmt. Erfolgt die Aufrechnungserklärung in Verbindung mit dem Verwaltungsakt, sprechen nicht nur Gründe des Vertrauensschutzes dagegen, es der Behörde zu gestatten, quasi nach Belieben den Bezugspunkt und damit die materielle Grundlage dieser Aufrechnungserklärung auszutauschen. Dies folgt vor allem daraus, daß die Aufrechnung als Maßnahme zur Vollziehung des Verwaltungsakts anzusehen ist. Diesem Charakter der Aufrechnung wäre es nicht gerecht, wenn der Verwaltungsakt plötzlich ohne weitere Erklärung durch die materielle Rechtslage praktisch substituiert würde. Dadurch würde der Suspensiveffekt, der auch im Hinblick auf feststellende Verwaltungsakte eintritt, ausgehebelt.

Damit ist die Möglichkeit einer auf die materielle Rechtslage bezogenen Aufrechnungserklärung, die nicht in Zusammenhang mit einem Verwaltungsakt steht, allerdings weder bejaht noch verneint. Eine praktikable Anwendung dieser zu prüfenden Rückgriffsmöglichkeit setzte zunächst voraus, daß diese beiden Alternativen zuverlässig voneinander abzugrenzen sind, was die Untersuchung des Merkmales des Zusammenhangs mit dem Verwaltungsakt notwendig macht. Die Differenzierung zwischen einer Aufrechnung, die sich auf die bereits aufgrund der Gesetzeslage bestehende Forderung bezieht, und der Umdeutung einer Aufrechnungserklärung, die in Zusammenhang mit dem Verwaltungsakt erfolgte, besonders vor dem Hintergrund der vorstehend festgestellten Unzulässigkeit dieser Umdeutung, wäre ohne Wert, wenn sich beide Fälle nicht sicher voneinander abgrenzen lassen.

a. Die Abgrenzung von einer Aufrechnungserklärung, die in Zusammenhang mit dem Verwaltungsakt erging

Diese Abgrenzung macht die Bestimmung des Begriffes des Zusammenhangs zwischen Aufrechnungserklärung und Verwaltungsakt erforderlich. Der bislang häufig erwähnte, jedoch noch nicht näher konkretisierte Zusammenhang zwischen Aufrechnungserklärung und dem die Forderung feststellenden Verwaltungsakt liegt jedenfalls dann vor, wenn die Aufrechnungserklärung und der Erlaß des Verwaltungsakts bereits gegenständlich miteinander verbunden sind.

Dies ist zum einen der Fall, wenn in dem die Forderung betreffenden Bescheid zugleich auch die Aufrechnung erklärt wird oder dies in ganz engem zeitlichen und räumlichen Zusammenhang erfolgt, beispielsweise mit gleicher Post. Dasselbe muß auch in dem Fall gelten, in dem eine spätere, dem Erlaß des Verwaltungsakts zeitlich nachfolgende Erklärung, die die Aufrechnung zum Gegenstand hat, auf diesen Verwaltungsakt ausdrücklich Bezug nimmt.

Problematisch ist lediglich der Fall, in dem die Behörde nach Erlaß des die Forderung feststellenden Verwaltungsakts die Aufrechnung erklärt und dabei keine Bezugnahme auf den Verwaltungsakt erfolgt. Besteht nun die Aufrechnungslage auch bereits kraft Gesetzes, kommt für die Aufrechnung ein Abstellen auf diese Gesetzeslage oder eine Maßnahme als Vollziehung des Verwaltungsakts in Betracht. Diese Möglichkeiten eröffneten sich allein infolge einer ungenauen Aufrechnungserklärung, der ein eindeutiger Bezug nicht zu entnehmen ist.

Von hierher sind auch die Bedenken gegen die generelle Rückgriffsmöglichkeit der Verwaltung auf die Gesetzeslage nachvollziehbar, die verhindern wollen, daß die Verwaltung durch einen solchen Rückgriff nach Belieben "zwischen Gesetz und Verwaltungsakt hin- und herspringt" bzw. auf diese Weise die Möglichkeit erhält, eine Forderung doppelt zu realisieren[277].

Diesen Bedenken wird jedoch ausreichend Rechnung getragen, wenn die Umdeutung der in Zusammenhang mit dem Verwaltungsakt erklärten Aufrechnung als eine Aufrechnung bezogen auf die Gesetzeslage, wie hier vertreten, als nicht zulässig erachtet wird und dabei der Begriff des Zusammenhangs mit dem Verwaltungsakt weit interpretiert wird. Ein Zusammenhang mit dem Verwaltungsakt ist danach bereits in den Fällen zu bejahen, in denen die Erklärung dem Verwaltungsakt zeitlich nachfolgt, auch wenn sie keinen ausdrücklichen Bezug nimmt. Dies hat zur Konsequenz, daß die Aufrechnung in Ansehung der Gesetzeslage für die Verwaltung nur (noch) möglich ist, wenn sie dies deutlich zum Ausdruck bringt.

Gegen dieses Ergebnis könnte sprechen, daß es im Wege der Auslegung der Aufrechnungserklärung in den dargestellten Fällen des fehlenden konkreten Bezuges der Aufrechnungserklärung auf den Verwaltungsakt jedenfalls dann nicht zu erreichen ist, wenn man in Anlehnung an die sogenannte Anklangs- oder An-

---

277 S. *Ehlers*, JuS 1990, 777 (780).

deutungstheorie[278] verlangt, daß dieser Bezug in der Erklärung irgendeinen, noch so geringen Niederschlag gefunden haben muß. Diese Bedenken schlagen jedoch nicht durch. Die Auslegung von Willenserklärungen, auch Verwaltungsakten, erfolgt nach den Vorschriften der §§ 133, 157 BGB[279], wonach sowohl der Wille des Erklärenden als auch Gesichtspunkte des Vertrauensschutzes durch die Betrachtungsweise des Empfängerhorizonts[280] zu beachten sind. Nur ausnahmsweise gelten die besonderen Kriterien der Andeutungstheorie, bei formbedürftigen Erklärungen, insbesondere Verfügungen von Todes wegen[281], die hier nicht vorliegen. Es kommt daher darauf an, wie ein vernünftiger Erklärungsempfänger die Erklärung objektiv verstehen durfte.

Im Fall der einem Verwaltungsakt, der die Forderung zum Gegenstand hat, nachfolgenden Aufrechnungserklärung liegt es nahe, daß sich die Erklärung auf diesen Verwaltungsakt bezieht. Dies gilt jedenfalls immer dann, wenn nicht ausdrücklich etwas anderes gesagt wird. Es liegt zwar eine Erklärung vor, die mehrere Inhalte aufweisen kann (Bezug auf den Verwaltungsakt oder Bezug auf die kraft Gesetzes bestehende Forderung), was jedoch aus der Erklärung selbst nicht deutlich wird. In diesem Fall muß die Verwaltung dann jedoch die Folgen dieser fehlenden Eindeutigkeit im Hinblick auf die Aufrechnung mit der kraft Gesetzes bestehenden Forderung tragen. Dies gilt gerade vor dem Hintergrund der Unzulässigkeit der Aufrechnung als Vollziehung des Verwaltungsakts, die als Folge der aufschiebenden Wirkung eintritt.

Diese Wertung, die im Zweifel den Bezug der Aufrechnungserklärung zu dem Verwaltungsakt annimmt, ist auch mit den Grundprinzipien der Aufrechnung vereinbar. Wegen des Charakters der Aufrechnung als Rechtsgestaltung werden als Folge aus dem Gebot der Rechtssicherheit und Rechtsklarheit hohe Anforde-

---

278 Diese wird insbesondere bei der ergänzenden Auslegung von Verfügungen von Todes wegen vertreten, um dem Erblasser nicht einen fremden Willen im Wege der Auslegung zu unterstellen; s. BGH LM § 2084 Nr. 5; LM § 2078 Nr. 3; *MK/Leipold*; BGB § 2084 Rz. 44 ff.; gegen die Andeutungstheorie *Brox*, Erbrecht, Rz. 201; *ders.*, Einschränkung der Irrtumsanfechtung, S. 152 ff.

279 Vgl. hierzu nur *Stelkens*, in: Stelkens/Bonk/Sachs, VwVfG, § 35 Rz. 38 f. m. w. Nachw.; *Kopp*, VwVfG, § 35 Rz. 6; BVerwGE 60, 223; s. auch OLG Düsseldorf, NZV 1990, 363 (364).

280 S. *Medicus*, BGB Allgemeiner Teil, Rz. 319 ff.

281 Vgl. nur *Medicus*, BGB Allgemeiner Teil, Rz. 328, der sich im übrigen dafür ausspricht, das Auslegungs- von dem Formproblem zu trennen (Rz. 330), so daß ein im Wege der Auslegung ermittelter Erklärungsinhalt möglicherweise formnichtig gem. § 125 BGB ist.

rungen an die rechtsgestaltende Erklärung gestellt. Die Erklärung muß unzweideutig und unbedingt sein, ihr Inhalt klar zu bestimmen. Dies ist bei einer weiten Auslegung und Bejahung des Zusammenhangs zwischen Verwaltungsakt und Aufrechnungserklärung, der schon bei einer zeitlich dem Erlaß des Verwaltungsakts nachfolgenden Aufrechnungserklärung vorliegen soll, ausreichend gewährleistet.

Eine solche Betrachtung ist im übrigen dadurch legitimiert, daß auf diese Weise der Verwaltung aus der unklaren Aufrechnungserklärung keine Vorteile erwachsen.

Anknüpfungspunkt der Differenzierung ist damit der Erlaß des (feststellenden) Verwaltungsakts. Dieser ist Ausgangspunkt und Anlaß für die Bejahung eines Zusammenhangs mit einer nachfolgend erklärten Aufrechnung. Mit Erlaß dieses Verwaltungsakts als Maßnahme eines formalisierten Verwaltungsverfahrens, das die der Verwaltung ureigene Handlungsmöglichkeit darstellt und für diese gerade im Hinblick auf die Titelfunktion des Verwaltungsakts große Vorteile bereithält, begibt sich die Verwaltung in den Bereich des formalisierten Verfahrens, dessen Verlassen sie deutlich zum Ausdruck bringen muß. Ergeht nachfolgend eine Maßnahme, die objektiv als Vollziehung des Verwaltungsakts angesehen werden kann, spricht eine Vermutung dafür, daß sie auch die Vollziehung des Verwaltungsakts darstellt. Diese Vermutung kann die Verwaltung widerlegen - dies muß jedoch zweifelsfrei und eindeutig erfolgen.

Eine Zweifelsregelung der hier vorgestellten Art belastet die Verwaltung auch nicht unverhältnismäßig, da dadurch die Aufrechnung unter Rückgriff auf die Gesetzeslage zunächst möglich bleibt, wenn dies aus der Erklärung unzweideutig hervorgeht, die ausreichende Distanz zu dem Verwaltungsakt herstellen muß. Dadurch wird einerseits der willkürliche Austausch des rechtlichen Bezugspunktes bei unveränderter Aufrechnungserklärung vermieden, andererseits bleiben der Verwaltung Handlungsspielräume weitmöglich erhalten.

b. Bedenken gegen diese Möglichkeit des Rückgriffs

Soweit besonders *Ehlers* in der Möglichkeit der Verwaltung, beliebig zwischen Gesetz und Verwaltungsakt hin und her zu springen, die größte Gefahr bei der Zulassung des Rückgriffs auf die Gesetzeslage sieht[282], vermögen seine Ausführungen gegenüber der hier vertretenen, differenzierten Betrachtungsweise nicht zu überzeugen. Genauer betrachtet wirkt sich dieser Einwand in verschie-

---

282 Vgl. *Ehlers*, JuS 1990, 777 (780).

denen Zusammenhängen aus, die im folgenden getrennt beleuchtet werden sollen.

aa. Sperrung des Rückgriffs auf das Gesetz durch den Erlaß des Verwaltungsakts

Mit dem Argument, das beliebige Hin- und Herspringen der Verwaltung zwischen Gesetz und Verwaltungsakt sei unzulässig, wenn ein Verwaltungsakt erlassen worden sei, der nunmehr die Gesetzeslage verbindlich konkretisiere, wird die Rückgriffsmöglichkeit auf die Gesetzeslage verneint[283].

Wie bereits erörtert, vermag allein der Erlaß des Verwaltungsakts die Handlungsmöglichkeiten der Verwaltung nicht zu beschneiden, weil der Telos dieser Möglichkeit auf eine Erweiterung derselben gerichtet ist. Es kann auch kein Ausweichen der Verwaltung auf die Gesetzeslage durch eine Unterlegung der Aufrechnungserklärung mit einer anderen Aufrechnungslage im Fall der Anfechtung des Verwaltungsakts erfolgen. Möglich ist in diesem Fall aber die Abgabe einer erneuten, eigenständigen, eindeutig auf die Gesetzeslage bezogenen Aufrechnungserklärung.

bb. Verwaltungsaktsbezogene Einwendungen gegen den Rückgriff

Das Unbehagen, das in der unbedingten Verhinderung der Wechselmöglichkeit zwischen Verwaltungsakt und Gesetz zum Ausdruck kommt, ist begründet, soweit durch einen derartigen Wechsel die Grundprinzipien des Verwaltungsaktsverfahrens gefährdet werden. Dies ist zumindest im Hinblick auf die dargestellten Friktionen der Fall, die eintreten, wenn man die Umdeutung der in Ansehung des Verwaltungsakts abgegebenen Aufrechnungserklärung in eine solche, die sich auch auf die Gesetzeslage bezieht, zuläßt. Die hier eröffnete Möglichkeit der Umgehung des Suspensiveffektes spricht gegen eine derartige Rückgriffsmöglichkeit auf die Gesetzeslage. Diese Einwendungen sind jedoch gegenüber einem hier vertretenen eingeschränkten Rückgriff bei genauem Bezug auf die Gesetzeslage nicht zu erheben. Nach der hier vertretenen Lösung ist die Verwaltung gezwungen, die Aufrechnungserklärung von dem Verwaltungsakt ausdrücklich zu distanzieren, so daß die insbesondere vollstreckungsspezifischen Einwände ins Leere gehen, wenn kein Bezug der Aufrechnungserklärung zu dem Verwaltungsakt vorhanden ist. Eine Umgehung oder Aufweichung des Suspensiveffektes kann nicht festgestellt werden.

---

283 Vgl. *Ehlers*, JuS 1990, 777 (780).

cc. Gefahr der doppelten Inanspruchnahme bei Eröffnung des Rückgriffs

Eine weitere Facette dieser Argumentation liegt in der heraufbeschworenen Gefahr einer doppelten Realisierung der Forderung durch die Verwaltung bei Zulassung einer Aufrechnung unter Rückgriff auf die Gesetzeslage[284]. Diesem Einwand ist in der Tat insoweit nachzugehen, als es jedenfalls theoretisch möglich erscheint, daß die Verwaltung durch den Erlaß des Verwaltungsakts eine im Wege der Verwaltungsvollstreckung durchsetzbaren Titel erlangt und darüberhinaus im Hinblick auf die auch dem Verwaltungsakt zugrundeliegende Rechtslage bezogen auf die bereits kraft Gesetzes entstandene Forderung die Aufrechnung erklärt. Es zeigt sich jedoch, daß dies kein aufrechnungsspezifisches Problem darstellt, sondern daß diese Konstellation immer dann einzutreten vermag, wenn der in einem Verwaltungsakt verlangte Erfolg unabhängig von der Verwaltungsaktsvollstreckung eingetreten ist und die Verwaltung dennoch den Verwaltungsakt durchzusetzen beabsichtigt. Im Gegensatz zu diesen allgemein auftretenden Fallgestaltungen, in denen die Verwaltung von der Erfüllung des Verwaltungsaktsgebots mitunter noch gar keine Kenntnis hat und deshalb zunächst an der Vollziehung festhält, geht die Verwaltung im Fall der Aufrechnung selbst von einer Erfüllung der Forderung aus, so daß sie in der Regel schon aus diesem Grund von der (weiteren) Vollziehung des Verwaltungsakts Abstand nehmen wird.

Geschieht dies, aus welchem Grunde auch immer, nicht, vermag der Bürger die drohende Gefahr der doppelten Inanspruchnahme abzuwenden. Im Fall der Aufrechnung besteht, regelmäßig abweichend von den sonstigen Fällen der Erfüllung, dabei in weitaus häufigeren Konstellationen die Möglichkeit, daß der Verwaltungsakt durch die Aufrechnung (teilweise) rechtswidrig wird[285], was sich auch auf die Rechtsschutzmöglichkeit des Bürgers auswirkt.

Ein Vorgehen gegenüber der Vollstreckung aus dem Verwaltungsakt ist nur unter gleichzeitiger Aufhebung desselben möglich, auf die Aufhebung des rechtswidrigen Verwaltungsakts hat der Bürger jedoch in diesem Fall einen Anspruch[286].

---

284 Vgl. *Ehlers*, JuS 1990, 777 (780).

285 Vgl. dazu in der insoweit parallelen Konstellation der Aufrechnung durch den Bürger oben 2. Teil, insbesondere S. 64 ff.

286 S. oben 2. Teil, insbesondere S. 102 ff.

Darüberhinaus spricht einiges dafür, in den hier untersuchten Fällen, in denen die Verwaltung die Aufrechnung erklärt und dann nochmals den Verwaltungsakt vollstreckt, die Vollstreckungsmaßnahmen jedenfalls dann als nichtig anzusehen, wenn die Verwaltung keine Zweifel an der Wirksamkeit der Aufrechnung hat. Insoweit käme ein Vorgehen unmittelbar gegenüber den Vollstreckungsakten in Betracht.

dd. Die Ungewißheit des Bestehens der Aufrechnungslage

Bedenken gegen die Zulassung der hier vorgeschlagenen Rückgriffsmöglichkeit könnten daraus hergeleitet werden, daß bei einer Aufrechnung, die in Ansehung der Gesetzeslage erklärt wird, Unsicherheit bestehen kann, inwieweit die Voraussetzungen der gesetzlichen Tatbestände überhaupt verwirklicht sind, nicht zuletzt, weil das klärende Moment eines Verwaltungsakts fehlt, der unabhängig von einer Belastung des Adressaten für alle Verfahrensbetroffenen zur Rechtssicherheit beizutragen vermag.

Dieser Einwand erweist sich jedoch als wenig durchschlagend. Zum einen vermag eine ungewisse Situation auch einzutreten, wenn die Aufrechnung erklärt wird, ohne daß überhaupt ein Verwaltungsakt erlassen wird - wobei, soweit ersichtlich, deswegen aber die Möglichkeit der Aufrechnung durch die Verwaltung in diesen Fällen nirgends bestritten wird. Darüberhinaus ist die Tatsache, daß sie in manchen Fällen ein gewisses Unsicherheitsmoment aufweist, für die Aufrechnung gewissermaßen symptomatisch, ja in gewissem Umfang gewollt und akzeptiert. Dies folgt nicht zuletzt daraus, daß die Aufrechnung gerade nicht die Existenz eines rechtskräftigen Titels voraussetzt. Dies ist jedoch Teil der Systematik der Regelung der Aufrechnung, belastet den Bürger als Adressat einer öffentlich-rechtlichen Aufrechnungserklärung nicht anders, als bei einer Aufrechnung unter Privaten und stellt sich als Ergebnis der gesetzlichen Ausgestaltung der Vorschriften und der darin zum Ausdruck gekommenen Risikoverteilung dar.

Es ergeben sich auch für das öffentliche Recht keine Besonderheiten gegenüber dem Zivilrecht. Das Bestehen der Aufrechnungslage, die Wirksamkeit sowie der Eintritt der Aufrechnungswirkung ist in beiden Fällen verbindlich nur im Rahmen eines gerichtlichen Verfahrens zu klären. Wer als Adressat der Aufrechnungserklärung die Aufrechnungswirkung negiert, muß das Risiko, daß die Aufrechnungswirkung eingetreten ist, im Rahmen eines die eigene Forderung einklagenden Verfahrens tragen. Dasselbe Risiko trägt jedoch letztlich auch der Beklagte, wenn er sich in diesem Verfahren auf die Aufrechnung beruft. Insoweit müssen beide Parteien das Risiko zuvor abwägen und dann gegebenenfalls die Klage erheben oder davon absehen, bzw. sich auf die Aufrechnung berufen oder es unterlassen.

Allein der Einwand, bei einer Aufrechnung unter Rückgriff auf die Gesetzeslage könnte Ungewißheit über das Vorliegen der Aufrechnungsvoraussetzungen bestehen, ist damit nicht geeignet, diese Rückgriffsmöglichkeit zu verneinen.

4. Konsequenzen der Rückgriffsmöglichkeit für das Verwaltungsaktsverfahren

Es ist zu konstatieren, daß bei einer Gestattung des Rückgriffs auf die Gesetzeslage, wie sie hier vertreten wird, der Fall einzutreten vermag, daß die Aufrechnung mit der kraft Gesetzes bestehenden Forderung erklärt wird, während zusätzlich die Feststellung der Forderung in einem Verwaltungsakt erfolgt. Dies hat aber für das Verwaltungsaktsverfahren keine Konsequenzen, die die Rückgriffsmöglichkeit abzulehnen geböten. Die Hauptschwierigkeit dürfte insoweit die bereits angesprochene Möglichkeit der Rechtswidrigkeit des Verwaltungsakts bilden, gegen die der Bürger sich jedoch zu verwahren vermag, wenn die Verwaltung den Verwaltungsakt nicht von sich aus aufhebt[287].

5. Konsequenzen des Rückgriffs auf die Gesetzeslage für die in Ansehung des Verwaltungsakts erklärte Aufrechnung

Eine weitere Folge der Zulassung der Rückgriffsmöglichkeit in der hier dargestellten Weise ist, daß parallel in Bezug auf mehrere tatsächliche Vorgänge die Aufrechnung erklärt werden kann: Die Verwaltung vermag in Ansehung des Verwaltungsakts und in Ansehung der Gesetzeslage eine Aufrechnung zu erklären. Auch daraus ergibt sich jedoch keine unauflösbare Konfliktsituation. Entfaltet die Aufrechnung in Zusammenhang mit dem Verwaltungsakt Wirkung, erlöschen die sich gegenüberstehenden Forderungen. Die im Hinblick auf die Gesetzeslage erklärte Aufrechnung geht ins Leere, da sie diesen Erfolg nicht mehr herbeizuführen vermag, sobald eine Aufrechnungslage nicht mehr besteht[288]. Dasselbe gilt im umgekehrten Fall, in dem die Aufrechnung in Zu-

---

287 S. oben 2. Teil, S. 102 f.

288 Dies ist Folge der Tilgungswirkung des § 389 BGB, vgl. *Gernhuber*, Erfüllung, § 12 VIII 4 S. 283: "Rückwirkend entfallen mit den beiden Forderungen auch alle Aufrechnungslagen, in die sie anderweitig eingetreten waren, und das auch dann, wenn die Aufrechnungslagen zeitlich lange vor jener begründet waren, die tatsächlich die Aufrechnung auslöste. Es gibt keine replicatio compensationis, die es gestatten würde, mit späterer Aufrechnung eine frühere Aufrechnungslage zur Geltung zu bringen."

sammenhang mit dem Verwaltungsakt derjenigen in Bezug auf die Gesetzeslage nachfolgt. Wird gegen den Verwaltungsakt ein Rechtsmittel eingelegt, ist die im Zusammenhang mit dem Verwaltungsakt erklärte Aufrechnung mit dem Eintritt einer aufschiebenden Wirkung im Hinblick auf diesen Verwaltungsakt als Vollziehung rückgängig zu machen.[289].

Eine echte Konkurrenzsituation zwischen mehreren Aufrechnungserklärungen kann demnach nur eintreten, wenn die Behörde gegen zwei verschiedene Forderungen des Bürgers aufrechnet. In diesem Fall ist zu prüfen, welche Aufrechnungslage früher entstanden ist, da zu diesem Zeitpunkt beide Aufrechnungsforderungen erloschen sind (§ 389 BGB). Soweit die Behörde diese erloschene Hauptforderung erneut zur Aufrechnung zu benutzen begehrt, fehlt es wegen der Erfüllungswirkung der vorangegangenen Aufrechnung an einer Aufrechnungslage, da keine wirksame Hauptforderung mehr besteht. Hier ist entscheidend, daß es sich bei der Aufrechnung mit der durch Verwaltungsakt festgesetzten und der kraft Gesetzes bestehenden um ein und dieselbe Forderung handelt.

Damit führt die hier unter engen Voraussetzungen eröffnete Rückgriffsmöglichkeit auf die Gesetzeslage nicht zu unerträglichen Konflikten, sondern stellt eine praktikable Möglichkeit zur Forderungsdurchsetzung durch die Verwaltung dar.

6. Die praktische Relevanz dieser Rückgriffsmöglichkeit

Die sich nach der hier vertretenen Auffassung insoweit ergebende Möglichkeit der Behörde, die Aufrechnung auch in Ansehung der materiellen Gesetzeslage zu erklären, dürfte jedoch aus anderen Gründen in der Praxis wohl nicht von erheblicher Bedeutung sein:

Diese Rückgriffsmöglichkeit auf eine unabhängig vom Erlaß eines Verwaltungsakts bestehende Rechtslage entbindet nicht von den allgemeinen Aufrechnungsvoraussetzungen. Will die Behörde die Aufrechnungswirkung herbeiführen, gelingt ihr das nur, wenn insoweit die materiellen Voraussetzungen vorliegen. Die Aufrechnung wäre daher aber bereits mangels Aufrechnungslage nicht möglich, wenn es ohne den Erlaß des feststellenden Verwaltungsakts an der Voraussetzung des Vorliegens einer wirksamen Hauptforderung fehlte, beispielsweise weil diese nicht hinreichend konkretisiert und damit bestimmt ist. Gleiches gälte auch in dem Fall, in dem es ohne den Erlaß des feststellenden Verwaltungsakts an der Fälligkeit der Forderung fehlt. Im hier weitgehend abstrakt erörterten Fall der bereits aufgrund Gesetzes bestehenden Forderung

---

289 Vgl. dazu oben S. 205.

dürfte es häufig ohne einen zur Leistung auffordernden Verwaltungsakt an diesen Voraussetzungen, insbesondere der Fälligkeit, fehlen[290]. Ohne fällig zu sein, kann die Forderung aber lediglich als Rechtsgrund für die erbrachte Leistung in Betracht kommen[291], nicht aber zur Aufrechnung eingesetzt werden[292].

7. Resümee

Soweit für die Aufrechnung durch die Behörde ein Rückgriff auf die materielle Rechtslage erörtert wird, ist nach dem Vorstehenden zu differenzieren:

Sachlich spricht nichts dagegen, den Rückgriff auf die materielle Rechtslage zu ermöglichen. Es ist aber hierbei eventuell bestehende Konnexität zwischen einem feststellenden Verwaltungsakt und einer in Zusammenhang damit abgegebenen Aufrechnungserklärung, die letztlich auf die Behörde zurückzuführen ist, ausreichend zu berücksichtigen. Dies ist gewährleistet, wenn sich die Erklärung der Aufrechnung ausdrücklich und eindeutig auf die Gesetzeslage bezieht. Die Umdeutung einer im Zusammenhang mit dem Verwaltungsakt erklärten Aufrechnung in eine Aufrechnungserklärung, die sich (auch) auf die Gesetzeslage bezieht, ist unzulässig.

VI. Die von einem Verwaltungsakt unabhängige Aufrechnung der Behörde

In den vorstehenden Darlegungen sind, direkt oder indirekt, auch die Fälle der Aufrechnung unabhängig vom Erlaß eines Verwaltungsakts angesprochen. Diesbezüglich finden sich in der Literatur keine Stellungnahmen, die eine derartige Aufrechnungsmöglichkeit generell in Abrede stellen. Zulässig ist eine Einschränkung der Aufrechnungsmöglichkeit durch den Gesetzgeber, wie sie z. B. in Gestalt der Vorschrift des § 226 AO für die Aufrechnung durch den Bürger zu finden ist. Hier hat der Gesetzgeber dem Bürger die Aufrechnung allein wegen des Bestehens der Aufrechnungslage kraft Gesetzes verwehrt und zusätzliche Anforderungen aufgestellt. Diese Vorschrift gilt jedoch nicht für die Verwal-

---

290 Dazu, daß dem Erlaß des Verwaltungsakts für die Fälligkeit der Forderung Bedeutung zuerkannt wird, bereits *Herbsleb*, S. 26; s. a. *Herdegen*, VBlBW 1984, 193 (194); ferner kommt auch in den Beispielen o. S. 15 ff. die Bedeutung des Erlasses eines Verwaltungsakts für die Fälligkeit öffentlich-rechtlicher Forderungen in gesetzlich ausdrücklich geregelten Fällen zum Ausdruck.

291 Vgl. *Herbsleb*, S. 26, 38.

292 Vgl. nur *Soergel/Zeiss*, BGB, § 387 Rdnr. 8; *MK/v. Feldmann*, BGB, § 387 Rdnr. 19.

tung[293]. Einzelne Beschränkungen der Aufrechnung bestehen jedoch auch hier, vgl. z. B. § 51 Abs. 2 BRRG, § 84 Abs. 2 BBG. Diese Einschränkungen dürften im Einzelfall keine Probleme aufwerfen. Sie sind abhängig vom zugrundeliegenden Sachzusammenhang und an dieser Stelle nicht vertieft zu behandeln.

Das Fehlen von Stellungnahmen, die die Aufrechnungsmöglichkeit in Ansehung der Gesetzeslage generell verneinen, ist aus zwei Gründen nicht verwunderlich. Zum einen lassen sich keine stichhaltigen, sachlich begründeten Argumente gegen eine derartige Aufrechnungsmöglichkeit vorbringen. Die hier ins Feld zu führende Ungewißheit bezüglich des tatsächlichen Vorliegens der Aufrechnungsvoraussetzungen ist, wie an anderer Stelle ausgeführt[294], nicht geeignet, die Aufrechnungsmöglichkeit zu negieren. Der zweite Grund für das Fehlen entsprechender Stellungnahmen in Literatur und Rechtsprechung dürfte darin zu finden sein, daß die Hauptschwierigkeiten der behördlichen Aufrechnung in Verbindung mit einem Verwaltungsakt eintreten. Die Aufrechnung ohne das Hinzutreten eines Verwaltungsakts wirft dagegen keine Schwierigkeiten auf, die über die gewöhnliche Aufrechnungsproblematik hinausgehen und steht demzufolge nicht im Mittelpunkt des Interesses.

---

293 S. *Tipke/Kruse*, AO, § 226 Rz. 15

294 S. o. S. 222.

4. Teil: Die Aufrechnung mit einer rechtswegfremden Forderung

I. Einführung in die Problematik

Bei der Behandlung der Aufrechnung mit einer rechtswegfremden Forderung ist zunächst zu differenzieren, inwieweit die Tatsache der fehlenden Entscheidungszuständigkeit eines Gerichts über die zur Aufrechnung gestellte Gegenforderung materiellrechtlich oder prozessual von Bedeutung ist. Die Möglichkeit, die Aufrechnung mit einer Forderung eines anderen Rechtswegs materiellrechtlich wirksam zu erklären, wird dabei nach einhelliger Meinung nicht in Frage gestellt[1]. Damit ist aber noch keine Aussage darüber getroffen, inwieweit eine solche Aufrechnung auch prozessual zu berücksichtigen ist[2].

Eine der prozeßrechtlich bereits sehr lange kontrovers diskutierten Fragen ist daher die Behandlung der Aufrechnung mit einer rechtswegfremden Forderung im Prozeß. Den Ausgangspunkt der Problematik bildet die oben bereits angesprochene Vorschrift des § 322 Abs.2 ZPO, wonach die Entscheidung, daß die Gegenforderung nicht besteht, bis zur Höhe des Betrags, für den die Aufrechnung geltend gemacht worden ist, der Rechtskraft fähig ist, während ansonsten Entscheidungen über Vorfragen grundsätzlich nicht in Rechtskraft erwachsen[3].

---

1 Vgl. nur BVerwGE 77, 19 (23 f.) = NJW 1987, 2530; BGHZ 16, 124 (127); BFH BB 1988, 1738; *Schenke/Ruthig*, NJW 1992, 2505; *Eyermann/Fröhler*, VwGO, § 40 Rz. 54; *Redeker/v. Oertzen*, VwGO, § 40 Rdnr. 19; *Kopp*, VwGO, § 40 Rz. 45; *Forsthoff*, S. 285 f.; *Erichsen/Martens*, Allgemeines Verwaltungsrecht, § 30 Rz. 2; *Kissel*, GVG, § 13 Rz. 72; *Leipold*, in: Stein/Jonas, ZPO, § 145 Rz. 32; *Rosenberg/Schwab/Gottwald*, Zivilprozeßrecht, § 106 IV 1 (S.); *Habscheid*, ZZP 1965, 371 (373 f.); *MK/v. Feldmann*, BGB, § 387 Rz. 2; *Soergel/Zeiss*, BGB, § 387 Rz. 17. Zu den seit einigen Jahrzehnten nicht mehr aufgegriffenen Gegenstimmen s. bereits o. S. 6 ff.

2 Zur zivilprozessualen Dogmatik beim Zusammentreffen materiellrechtlicher Fragen mit prozessualen Konstellationen speziell für die Aufrechnung ausf. *Buß*, JuS 1994, 147 ff.

3 Vgl. dazu bereits oben S. 115 ff.; *Lüke*, in Festschrift für Kissel z. 65. Geb., S. 709 (719). Demgegenüber stuft *Ehlers*, JuS 1990, 777 (782) die Entscheidung, daß die Gegenforderung nicht besteht, nicht als Vorfrage des Rechtsstreits ein. Er begründet dies mit der über den üblichen Rahmen der Vorfragenkompetenz hinausgehenden Möglichkeit der Rechtskraft dieser Entscheidung. Dies ist jedoch wenig überzeugend, da die besondere Rechtskraftregelung des § 322 ZPO der Entscheidung über die Aufrechnungsforderung nicht die Vorfrageneigenschaft nimmt, sich vielmehr als Ausnahme von dem Grundsatz erweist, daß Vorfrageentscheidungen nicht in Rechtskraft erwachsen; vgl. dazu nur *MK/Gottwald*, ZPO, § 322 Rz. 176; *Schellhammer*, Zivilprozeßrecht, Rz. 326; *Hartmann*, in: Baumbach/Lauterbach/Albers/Hartmann, ZPO, § 322 Anm. 3.

Da nach einhelliger Auffassung, über den Wortlaut des § 322 ZPO hinaus, die Entscheidung über die Gegenforderung auch im Fall ihres Bestehens in Rechtskraft erwächst[4], entsteht ein Konflikt mit den Rechtswegregeln, wenn ein Gericht in Zusammenhang mit der Aufrechnung mit Rechtskraft das Bestehen einer Forderung festzustellen vermag, für die es, unabhängig von der Aufrechnung, nicht entscheidungsbefugt wäre[5].

Diese Streitfrage ist auch für die Problematik der Aufrechnung im öffentlichen Recht von Bedeutung, da die Vorschrift des § 322 ZPO über § 173 VwGO auch im verwaltungsgerichtlichen Verfahren Anwendung findet[6].

Vor dem Hintergrund dieser Problemstellung haben sich in der Vergangenheit zwei grundlegende Lösungsansätze der Behandlung der Aufrechnung mit einer rechtswegfremden Forderung entwickelt. Insbesondere die Rechtsprechung, unterstützt von weiten Teilen der Literatur, favorisierte dabei einen Ansatz, der davon ausgeht, daß die Gerichte grundsätzlich für die Entscheidung über eine rechtswegfremde Forderung nicht kompetent sind[7], während in der Literatur vereinzelte Stimmen zu vernehmen waren, die die Gleichwertigkeit aller Rechtswege in den Vordergrund stellend ein Befassungsrecht auch für eine Entscheidung über rechtswegfremde Forderungen bejahten[8].

---

4 Vgl. nur BGHZ 89, 352; *MK/Gottwald*, ZPO, § 322 Rz. 179; *Schenke/Ruthig*, NJW 1992, 2505; *Zeiss*, Zivilprozeßrecht, Rz. 576, jew. m. weit. Nachw.

5 S. auch *Schenke/Ruthig*, NJW 1992, 2505 (2506); *dies.*, NJW 1993, 1374 ff.; *Lüke*, in: Festschrift für Kissel z. 65. Geb., S. 709 (719); *ders.*, in: Gedächtnisschrift für Geck, S. 493 ff. Zur Aufrechnung mit einer rechtswegfremden Forderung vgl. auch *Baur*, in: Festschrift für Fritz v. Hippel, 1967, S. 1 ff.; *ders.*, JZ 1955, 303 (305); *Rupp*, NJW 1992, 3274 f.; *Ehlers*, JuS 1990, 777 (782 ff.); *Tiemann*, KStZ 1971, 6; *Kröger/Jakobs*, JA 1981, 266 (267 f.); *Herdegen*, VBlBW 1984, 193 (195); *Pietzner*, VerwArch. 73 (1982), 453, VerwArch. 74 (1983), 59 (69 ff.); *Gernhuber*, Erfüllung, § 12 III 10 (S. 223 f); *Kissel*, GVG, § 17 Rz. 40; *Leipold*, in: Stein/Jonas, ZPO, § 145 Rz. 33; *ders.*, ZZP 1994, 216 (219); *Jauernig*, Zivilprozeßrecht, § 45 III (S. 167); *Zöller/Gummer*, ZPO, § 17 GVG Rz. 10; *Thomas/Putzo*, ZPO, § 17 GVG Rz. 7; BGHZ 16, 124 ff.; BVerwGE 77, 19 ff.; HessVGH, DVBl. 1994, 806 f.

6 Das gilt entsprechend auch für andere Verfahrensordnungen, vgl. § 155 FGO, § 141 Abs.2 SGG; § 46 Abs.2 ArbGG.

7 S. BGHZ 16, 124 (130 ff.); BVerwGE 77, 19 (24).

8 So vor allem *Baur*, in: Festschrift für Fritz v. Hippel, 1967, S. 1 (23 f.); *Jauernig/Stürner*, BGB, § 387 Rz. 5 d; *Eike Schmidt*, ZZP 1974, 29 (42 ff.).

Diese zumindest vordergründig klaren Positionen verbergen jedoch noch eine Fülle von Detailproblemen, die aber zunächst, unter Hinweis auf eine spätere Erörterung, noch nicht ausführlich abgehandelt werden sollen.

II. Die Beeinflussung der Aufrechnung mit einer rechtswegfremden Forderung durch die Neufassung des § 17 Abs. 2 GVG

Der oben geschilderte Meinungsstand betraf die Rechtslage vor Inkrafttreten des 4. VwGOÄndG. Durch das 4. VwGOÄndG[9] wurde unter anderem auch die Vorschrift des § 17 GVG novelliert. § 17 Abs.2 S.1 GVG lautet danach: "Das Gericht des zulässigen Rechtsweges entscheidet den Rechtsstreit unter allen in Betracht kommenden rechtlichen Gesichtspunkten."

Hier drängt sich bereits auf den ersten Blick die Möglichkeit auf, der Gesetzgeber habe sich mit dieser Formulierung zumindest in Nähe zur Ansicht *Baurs* begeben, der bereits viel früher folgende These aufgestellt hatte: "Ist ein Gericht eines Rechtswegs nach der für dieses Gericht maßgebenden Regelung der Rechtswegzuständigkeit zulässigerweise mit einer Streitsache befaßt, so ist es nicht gehindert, `zuständigkeitsfremde' tatsächliche oder rechtliche Elemente in seine Entscheidung einzubeziehen, sofern dies notwendig ist, um den Rechtsstreit abschließend zu entscheiden."[10]

Diese Parallelität zeichnete sich schon im Gesetzgebungsverfahren ab, soweit in den Gesetzesentwürfen davon die Rede war, daß das angerufene Gericht den Rechtsstreit grundsätzlich umfassend entscheiden soll, sofern der zu ihm beschrittene Rechtsweg für einen Klagegrund zulässig ist[11].

Die Möglichkeit, daß durch die Neufassung der Vorschrift auch die Frage der prozessualen Behandlung der Aufrechnung mit einer rechtswegfremden Forderung betroffen sein könnte, wurde erst einige Zeit nach Inkrafttreten der Novelle

---

9 Vom 17.12.1990, in Kraft getreten zum 1.1.1991, BGBl I 2809.

10 Vgl. *Baur*, in: Festschrift für Fritz v. Hippel, 1967, S. 1 (15 ff.). Nach *Hoffmann*, ZZP 1994, 3 (28), hat der von *Baur* formulierte Zuständigkeitssatz durch den Gesetzgeber in der Neufassung des § 17 GVG im wesentlichen Bestätigung erfahren; bereits *Schenke/Ruthig*, NJW 1992, 2505 (2508), führten an, die von *Baur* vertretene Lösung auf eine rechtsdogmatisch tragfähige Basis zu stellen; ähnlich auch *Drygala*, NZA 1992, 294 (297).

11 So der Entwurf zur Vorlage beim Bundesrat, vgl. BR-Drucks. 135/90, S. 114 und der Entwurf der Bundesregierung für den Bundestag, vgl. BT-Drucks. 11/7030, S. 37.

erörtert[12]. Dabei haben die Autoren, die aus § 17 Abs.2 S.1 GVG n.F. nunmehr ableiten, das Gericht sei auch im Fall der Aufrechnung mit einer rechtswegfremden Forderung zur Entscheidung über diese Forderung befugt[13], schnell Gefolgschaft gefunden[14]. Die Rechtsprechung ist ebenfalls teilweise gefolgt[15] bzw. hat die Frage ausdrücklich offen gelassen[16]. Um die Frage beantworten zu können, ob damit durch die Neuregelung die Problematik der Aufrechnung eine (teilweise) Lösung erfahren hat, ist es notwendig, die Vorschrift des § 17 Abs. 2 S. 1 GVG näher zu untersuchen.

1. Der Wortlaut der Regelung des § 17 Abs.2 S. 1 GVG

Soweit § 17 Abs. 2 S.1 GVG regelt, daß das Gericht des zulässigen Rechtsweges den Rechtsstreit unter allen in Betracht kommenden rechtlichen Gesichtspunkten entscheidet, entzündet sich der Streit, inwieweit hierdurch auch die Aufrechnung mit einer rechtswegfremden Forderung erfaßt ist, an der Frage, ob diese Aufrechnung einen rechtlichen Gesichtspunkt im Sinne der Vorschrift darstellt.

---

12 Vgl. *Schenke/Ruthig*, NJW 1992, 2505 (2510); *Schilken*, ZZP 1992, 88 (90); *Kopp*, VwGO, 9. Auflage 1992, § 40 Rz. 45, für analoge Anwendung nunmehr 10. Auflage 1994, § 40 Rz. 45; so ebenfalls *Drygala*, NZA 1992, 294 (295 ff.).

13 Vgl. oben neben den in Fn. 12 genannten Fundstellen auch *Schenke*, Verwaltungsprozeßrecht, Rz. 165 f.

14 So *Schellhammer*, Zivilprozeßrecht, Rz. 322; *Zeiss*, Zivilprozeßrecht, Rz. 397; *Albers*, in: Baumbach/Lauterbach/Albers/Hartmann, ZPO, § 17 GVG, Rz. 6; *Kissel*, GVG, § 17 Rz. 40; *Hoffmann*, ZZP 1994, 3 (22 ff.); *Redeker/v. Oertzen*, VwGO, § 40 Rdnr. 19, § 90 Rdnr. 9; a.A. *Rupp*, NJW 1992, 3274; *Leipold*, in: Stein/Jonas, ZPO, § 145 Rz. 33; *ders.*, ZZP 1994, 216 (219); *Jauernig*, Zivilprozeßrecht, § 45 III (S. 167); *Zöller/Gummer*, ZPO, § 17 GVG Rz. 10; *Thomas/Putzo*, ZPO, § 17 GVG Rz. 7; *Zimmermann*, ZPO, § 145 Rz. 8; *Palandt/Heinrichs*, BGB, § 388 Rz. 5; *Lüke*, in: Festschrift für Kissel z. 65. Geb., S. 709 (717 ff.); *Musielak*, JuS 1994, 817 (823); wohl auch *Mayerhofer*, NJW 1992, 1602 (1604). Die von *Kissel*, GVG, § 17 Rz. 40 hier für die ablehnende Auffassung angeführte Fundstelle *MK/Gottwald*, ZPO, § 322 Rz. 186, setzt sich mit der Neufassung des § 17 GVG allerdings nicht auseinander. Aus dem Vorwort der Kommentierung ergibt sich, daß Literatur bis Ende 1991 erfaßt wurde. Die allesamt später erschienenen Abhandlungen, die die Auswirkung der Neufassung auf die Aufrechnung mit einer rechtswegfremden Forderung betrafen, sind somit offenbar nicht berücksichtigt, so daß diese Kommentierung vielmehr (lediglich) die vor der Gesetzesnovelle bestehende Rechtslage zu behandeln scheint.

15 So HessVGH, Beschl. v. 28.1.1994 - 3 TG 2026/93, DVBl. 1994, 806 (807 f.); a. A. ArbG Passau, NZA 1992, 428 (Ls); FG BW, NVwZ-RR 1993, 61 (63); auch noch VGH Kassel, Urt. v. 7.10.1993 - 5 UE 1398/91, NJW 1994, 1488 (1490).

16 Vgl. BVerwG, NJW 1993, 2255.

Teilweise wird angeführt, die Aufrechnung stelle keinen rechtlichen Gesichtspunkt in diesem Sinne dar, sondern ein selbständiges Gegenrecht[17], wobei allerdings nicht ausdrücklich behauptet wird, der Wortlaut des § 17 GVG schließe es aus, die Aufrechnung als rechtlichen Gesichtspunkt im Sinne des § 17 Abs. 2 S.1 GVG anzusehen. Vielmehr wird sogar darauf hingewiesen, daß die Ansicht, die die Anwendung des § 17 GVG auch auf die Aufrechnung mit einer rechtswegfremden Forderung bejaht, sich insoweit auf den Wortlaut der Vorschrift stützt[18]. Auch andere Gegner dieser Auffassung konzedieren, daß der Wortlaut der Vorschrift es zuläßt, auch die Aufrechnung als rechtlichen Gesichtspunkt in diesem Sinne einzustufen[19].

Wie bereits ausgeführt, stellt im Fall der Aufrechnung die Frage des Bestehens oder Nichtbestehens der Gegenforderung im Hinblick auf die Entscheidung über die Klageforderung eine Vorfrage dar. Von der Entscheidung über diese Vorfrage hängt der Ausgang des Klageverfahrens ab. Sie ist daher für die Entscheidung des Rechtsstreits im Sinne des § 17 GVG von ausschlaggebender Bedeutung. Insofern sind keinerlei Anhaltspunkte ersichtlich, warum es sich dann dabei nicht um einen rechtlichen Gesichtspunkt im Sinne dieser Vorschrift handeln soll, der für die Entscheidung des Rechtsstreits relevant ist[20]. Der Charakter der für die Entscheidung bedeutsamen Aufrechnung als Vorfrage unterscheidet sie beispielsweise gerade von der Widerklage, die ein selbständiges Gegenrecht darstellt. Der Unterschied besteht darin, daß im Fall der begründeten Widerklage auch der ursprüngliche Klageanspruch gegeben sein kann, während die wirksame Aufrechnung[21] zu einer Klageabweisung führt[22].

---

17 So *Zöller/Gummer*, ZPO, § 17 GVG Rz. 10.

18 Vgl. *Zöller/Gummer*, ZPO, § 17 GVG Rz. 10.

19 Vgl. *Lüke*, in: Festschrift für Kissel z. 65. Geb., S. 709 (725); *Rupp*, NJW 1992, 3274 läßt die Frage, ob die Gesetzesneufassung diese Interpretation trage, "dahinstehen", weil die Problematik der Aufrechnung mit einer rechtswegfremden Forderung nicht ein Problem der Gesetzesinterpretation, sondern ein Sachproblem sei. Ohne Bezugnahme auf den Wortlaut der Vorschrift wird die Anwendung des § 17 GVG abgelehnt von: *Leipold*, in: Stein/Jonas, ZPO, § 145 Rz. 33; *Thomas/Putzo*, ZPO, § 17 GVG Rz. 7; *Mayerhofer*, NJW 1992, 1602 (1604); *Palandt/Heinrichs*, BGB, § 388 Rz. 5; *Jauernig*, Zivilprozeßrecht, § 45 III (S. 167).

20 Vgl. ausf. *Schenke/Ruthig*, NJW 1992, 2505 (2510).

21 Wobei "wirksam" hier sowohl im materiellen wie auch im prozessualen Sinn verstanden werden soll.

Damit läßt sich festhalten, daß der Wortlaut der Vorschrift des § 17 GVG die Aufrechnung mit einer rechtswegfremden Forderung nicht ausschließt, da sich diese ohne weiteres unter den Begriff des rechtlichen Gesichtspunkts subsumieren läßt[23].

Damit ist zwar noch keine endgültige Entscheidung in dieser Streitfrage gefallen, da der Wortlaut einer Vorschrift zwar die Grenze der Auslegung darstellt, sich aber innerhalb der durch den Wortlaut gezogenen Grenze noch andere Auslegungskriterien heranziehen lassen. Eine Auslegung, die den Anwendungsbereich einer Vorschrift einzuschränken beabsichtigt, wenn der Wortlaut eine weitere Auslegung ohne weiteres deckt, muß sich aber zumindest eine gewisse Begründungslast aufbürden lassen[24].

In diesem Zusammenhang ist auch der Einwand *Lükes* einzuordnen, der ausführt, "Insbesondere der Hinweis, daß der Gesetzgeber nunmehr mit § 17 Abs.2 GVG bewußt einen Eingriff in eine fremde Rechtswegzuständigkeit zugelassen und damit zugleich die früher gegen die *Baur'*sche These vorgebrachten Bedenken entkräftet habe, bedeutet für die Aufrechnung nichts; denn daß der Gesetzgeber einen solchen Eingriff überhaupt zuläßt, sagt nichts darüber aus, wie weit dieser Eingriff geht."[25]. Diese Aussage trägt zur Lösung des Problems wenig bei, da nicht berücksichtigt wird, daß für die Einschränkung eines hier beschriebenen Eingriffs in fremde Rechtswegzuständigkeiten, soweit er jedenfalls vom Wortlaut des Gesetzes umfaßt wird, ein besonderer Rechtfertigungsdruck besteht[26]. Die offenbar angestrebte teleologische Reduktion ist gerade dadurch

---

22 Vgl. *Schenke/Ruthig*, NJW 1992, 2505 (2510); so auch *Hoffmann*, ZZP 1994, 3 (28); HessVGH, DVBl. 1994, 806 (808).

23 Auch nach HessVGH, DVBl. 1994, 806 (808), unter Hinweis auf *Schenke/Ruthig*, NJW 1992, 2505 (2510), spricht die grammatikalische Interpretation der Vorschrift dafür, die Aufrechnung in ihren Anwendungsbereich einzubeziehen.

24 Zum Wortlaut als Grenze Auslegung, der das Feld absteckt, auf dem sich die weitere Tätigkeit des Auslegenden vollzieht, vgl. *Larenz*, Methodenlehre der Rechtswissenschaft, S. 320 (324). Daher ist nicht ganz verständlich, wenn *Rupp*, NJW 1992, 3274 es dahinstehen lassen will, ob die Gesetzesfassung die die Aufrechnung einbeziehende Ansicht deckt und diese Frage als "Sachproblem" einordnet. *Rupp* hält dabei ein Festhalten an der bisherigen Lösung für sachgerechter, ohne darauf einzugehen, daß das Argument der Zweckmäßigkeit im Zusammenhang mit Rechtswegfragen bereits früher als nicht allein geeignet erachtet worden ist, bestehende gesetzliche Rechtswegeregelungen abzuändern, so *Baur*, in: Festschrift für Fritz v. Hippel, 1967, S. 1 (15 f.).

25 S. *Lüke*, in: Festschrift für Kissel z. 65. Geb., S. 709 (726), dazu auch Fn. 54.

26 So im Ergebnis wohl auch *Schenke/Ruthig*, NJW 1992, 2505 (2510).

gekennzeichnet, daß eine gesetzliche Regelung entgegen ihrem Wortlaut nach ihrer immanenten Teleologie einer Einschränkung bedarf[27]. Dies setzt aber voraus, daß sich die Einschränkung der Teleologie oder der Entstehungsgeschichte einer Vorschrift entnehmen lassen muß.

2. Historische Auslegung des § 17 Abs. 2 GVG

Aus der Entstehungsgeschichte und den Gesetzesmaterialien läßt sich keine sichere Aussage gewinnen, inwieweit der Gesetzgeber die Frage der Aufrechnung mit einer rechtswegfremden Forderung zu regeln beabsichtigte. Es lassen sich keine konkreten Anhaltspunkte gewinnen, aus denen eindeutig das Bestehen einer derartigen Regelungsabsicht hervorgeht, allerdings auch keine, die eindeutig gegen das Vorliegen einer solchen Regelungsabsicht sprechen.

Die Materialien lassen zwar allgemeine Regelungsziele des Gesetzgebers erkennen, wenn beispielsweise davon die Rede ist, mit der Novellierung werde das Ziel verfolgt, "der Gleichwertigkeit aller Rechtswege"[28] und den "praktischen Bedürfnissen der heutigen Rechtspflege"[29] Rechnung zu tragen, spezifisch aufrechnungsbezogene Aussagen fehlen aber[30]. Dies gilt insbesondere für die amtliche Begründung zu § 17 GVG, wo sich lediglich die Aussage findet, "Absatz 2 sieht vor, daß das angerufene Gericht den Rechtsstreit grundsätzlich umfassend entscheidet, sofern der zu ihm beschrittene Rechtsweg für einen Klagegrund zulässig ist"[31]. Auch durch den Wortlaut dieser Begründung wird die Berücksichtigung der Aufrechnung mit einer rechtswegfremden Forderung nicht ausgeschlossen[32].

Dies läßt den Schluß zu, daß der Gesetzgeber bei Erlaß der Vorschrift das Problem der Aufrechnung mit einer rechtswegfremden Forderung in diesem Zusammenhang möglicherweise gar nicht bedachte[33]. Daraus folgt aber nicht au-

---

27 Vgl. *Larenz*, Methodenlehre, S. 391.

28 S. BT-Drucks. 11/7030, S. 36.

29 S. BT.Drucks. 11/7030, S. 37.

30 So auch *Schenke/Ruthig*, NJW 1992, 2505 (2512); *Kissel*, GVG, § 17 Rz. 40.

31 Vgl. BT-Drucks. 11/7030, S. 37.

32 Darauf weisen *Schenke/Ruthig*, NJW 1992, 2505 (2513) hin.

33 So *Drygala*, NZA 1992, 294 (297); *Lüke*, in: Festschrift für Kissel z. 65. Geb., S. 709 (725); wohl auch *Kissel*, GVG, § 17 Rz. 40; *Schenke/Ruthig*, NJW 1992, 2505 (2513) halten dies jedenfalls für möglich.

tomatisch, die Fälle der Aufrechnung aus dem Anwendungsbereich auszunehmen, wenn sie unter den Wortlaut der Vorschrift subsumierbar sind[34]. Dies ergibt sich nicht zuletzt daraus, daß sich die teleologische Auslegung, wofür die Gesetzesentstehung von Bedeutung ist, weniger am Willen des (historischen) Gesetzgebers als an dem des Gesetzes orientiert[35].

3. Das Regelungsziel des Gesetzes

Wie bereits angesprochen, sollte das 4. VwGOÄndG nach seiner Zielsetzung unter dem Blickwinkel des Verfassungsprinzips der Gleichwertigkeit aller Gerichtsbarkeiten unnötige Rechtswegstreitigkeiten und Rechtswegaufspaltungen möglichst vermeiden[36]. Vor diesem Hintergrund ist letztlich zu beantworten, ob sich die Berücksichtigung der Aufrechnung mit einer rechtswegfremden Forderung damit vereinbaren läßt oder ob sie dieser Intention des Gesetzes gerade zuwiderläuft.

a. Tendenzen zur prozessualen Berücksichtigung der Aufrechnung mit einer rechtswegfremden Forderung nach der früheren Rechtslage

Gerade in der Frage der Behandlung der Aufrechnung mit einer rechtswegfremden Forderung wurde bereits früher die Situation, in der das Gericht aus Kompetenzgründen nicht über die zur Aufrechnung gestellte, rechtswegfremde Forderung entscheiden durfte, vielfach als unbefriedigend angesehen. Dies wird daran erkennbar, daß auch nach der früheren Rechtslage, die der entsprechenden Berücksichtigung entgegenstand, Möglichkeiten gesucht wurden, die Aufrechnung mit einer rechtswegfremden Forderung trotzdem berücksichtigen zu können. Auf den in dieser Hinsicht am weitest gehenden Ansatz von *Baur*[37] wurde bereits hingewiesen[38]. Diese Auffassung war mit dem geltenden Recht nicht zu vereinbaren und hat sich daher auch nicht durchsetzen können[39]. Dessen unge-

---

34 So ausdrücklich auch *Lüke*, in: Festschrift für Kissel z. 65. Geb., S. 709 (725); vgl. auch *Schenke/Ruthig*, NJW 1992, 2505 (2513).

35 Vgl. *Larenz*, Methodenlehre der Rechtswissenschaft, S. 316 ff., 332, wobei *Larenz* es ablehnt, insoweit vom Willen des Gesetzes zu sprechen, sondern, wegen der damit vermiedenen Personifizierung, den Begriff des normativen Sinn des Gesetzes verwendet (S. 319).

36 Vgl. nur *Kissel*, GVG, § 17 Rz. 40.

37 Vgl. *Baur*, in: Festschrift für Fritz v. Hippel, 1967, S. 1 ff.

38 S. oben S. 229.

39 Vgl. *Schenke/Ruthig*, NJW 1992, 2505 (2507 f.).

achtet lassen sich auch nach der früheren Rechtslage in bestimmten Konstellationen Tendenzen zur prozessualen Berücksichtigung der Aufrechnung rechtswegfremder Forderungen feststellen.

Hier sind in erster Linie die Fälle zu nennen, in denen die Gegenforderung bereits rechtskräftig festgestellt war. Dabei weist aber eine Berücksichtigung der Aufrechnung mit einer solchen Forderung gerade unter dem Gesichtspunkt der Entscheidungskompetenz des Gerichtes keine Schwierigkeit auf, wenn das Gericht des zuständigen Rechtswegs bereits über diese Gegenforderung entschieden hat[40].

Eine Berücksichtigung der Aufrechnung, auch wenn es sich um rechtswegfremde Forderungen handelte, wurde danach teilweise bei unbestrittenen Forderungen befürwortet, die also nicht der Rechtswegzuständigkeit des erkennenden Gerichts unterfielen[41]. Diese Ausnahme wurde damit begründet, daß im Fall einer unbestrittenen Forderung dem Richter keine Entscheidung über das Bestehen der rechtswegfremden Forderung abverlangt werde und somit kein Übergriff in fremde Entscheidungskompetenzen vorliege[42].

Ebenso war nach der früheren Rechtslage die Berücksichtigung der Aufrechnung von Forderungen "artverwandter Rechtswege" gängige Praxis[43], die hauptsächlich im Verhältnis der Zivilgerichte zu den Arbeitsgerichten von Bedeutung war[44].

b. Einwände gegen die nunmehr bejahte Berücksichtigung

Die neuerdings befürwortete Möglichkeit der Berücksichtigung der Aufrechnung mit einer rechtswegfremden Forderung nach der Vorschrift des § 17 Abs. 2 S.2

---

40 Vgl. statt vieler *Kissel*, GVG, § 17 Rz. 40; *Zöller/Gummer*, ZPO, § 13 GVG Rz. 49.

41 Vgl. *Ehlers*, JuS 1990, 777 (782); *Redeker/v. Oertzen*, VwGO, § 40 Rdnr. 19; *Eyermann/Fröhler*, VwGO, § 40 Rz. 56; BVerwGE 77, 19 (24); a. A. *Kopp*, VwGO, § 40 Rz. 45; eingehend m. w. Nachw. *Schenke/Ruthig*, NJW 1992, 2505 (2508).

42 Vgl. nur BGHZ 16, 124 (129) m. w. Nachw.

43 Vgl. BGHZ 26, 304; *Jauernig*, Zivilprozeßrecht, § 45 III (S. 167); *Leipold*, in: Stein/Jonas, ZPO, § 145 Rz. 32; krit. *Gernhuber*, Erfüllung, § 12 III 10, 11 (S. 223 ff.); s. auch *Schenke/Ruthig*, NJW 1992, 2505 (2509 f.).

44 Dazu, daß diese Auffassung nach der Neufassung des § 17 GVG nicht mehr vertretbar sei, s. *Zöller/Gummer*, ZPO, § 13 GVG Rz. 50; a. A. offenbar *Jauernig*, Zivilprozeßrecht, § 45 III (S. 167); *Leipold*, in: Stein/Jonas, ZPO, § 145 Rz. 32.

GVG findet jedoch, wie bereits angesprochen, nicht nur Zustimmung. Gegen diese Auffassung werden unterschiedliche Argumente vorgebracht.

Insbesondere *Rupp* wendet gegen diese Lösung ein, sie führe zu einer unnötigen Rechtswegzersplitterung, schaffe mehr Probleme als sie löse und würde insbesondere "für die Praxis nichts bringen, da sie die Gerichte zwänge, über Rechtsfragen zu entscheiden, die ihnen fremd sind"[45].

aa. Gefahr der Rechtswegzersplitterung

Die Gefahr der Rechtswegzersplitterung sieht *Rupp* in den Fällen, in denen die Aufrechnungsforderung die Klageforderung übersteigt, da nach der Vorschrift des § 322 ZPO die Entscheidung über die Aufrechnungsforderung nur in Höhe der Klageforderung in Rechtskraft erwächst. Soweit die Aufrechnungsforderung die Klageforderung übersteigt, müsse danach, selbst bei Berücksichtigung der Aufrechnung durch das über die Klageforderung entscheidende Gericht, über den Restbetrag ein Gericht eines anderen Rechtswegs entscheiden[46].

Die geringe Durchschlagskraft einer solchen Argumentation zeigt sich, wenn man aber bedenkt, daß die Problematik der Erstreckung der Rechtskraft der Entscheidung auf die Aufrechnungsforderung nur in Höhe der Klageforderung nicht nur bei der Aufrechnung mit rechtswegfremden Forderungen besteht, sondern in allen Fällen der Aufrechnung im Prozeß[47]. Die fehlende Bindungswirkung der Entscheidung über die Aufrechnung hinsichtlich des die Klageforderung übersteigenden Teils, auf die *Rupp* besonders hinweist[48], ist ebenfalls kein Spezifikum der Fälle der Aufrechnung mit rechtswegfremden Forderungen, sondern ergibt sich in dieser Weise auch bei rechtsweggleichen Forderungen[49].

Bei der Berücksichtigung einer rechtswegfremden Forderung tritt zwar zu dieser allgemein bei der Aufrechnung bestehenden Problematik der Umstand hinzu, daß in diesen Fällen über die Aufrechnungsforderung Gerichte verschiedener Rechtswege entscheiden, so daß insoweit, mit der Diktion *Rupps*, von einer ge-

---

45 So *Rupp*, NJW 1992, 3274 (3274 f.).

46 Vgl. *Rupp*, NJW 1992, 3274; ähnlich *Zöller/Gummer*, ZPO, § 17 GVG Rz. 10.

47 So bereits *Schenke/Ruthig*, NJW 1993, 1374 (1375).

48 Vgl. *Rupp*, NJW 1992, 3274.

49 Vgl. insoweit auch *Schenke/Ruthig*, NJW 1993, 1374 (1375 f.), die darauf hinweisen, daß dies eine Konsequenz allgemein anerkannter Prozeßrechtsgrundsätze ist.

wissen "Zersplitterung" gesprochen werden könnte. Jedoch ist nicht einzusehen, warum diese, durch die Vorschrift des § 322 ZPO vorgegebene Aufteilung der Forderung auf zwei Verfahren ausgerechnet in dem Fall unüberwindliche Bedenken aufwerfen soll, in dem Gerichte verschiedener Rechtswege entscheiden sollen. Das Argument der Prozeßökonomie jedenfalls, das *Rupp* ins Feld führt[50], vermag nicht zu überzeugen, da der Beklagte in all diesen Fällen einen weiteren Rechtsstreit anstrengen muß, will er den übersteigenden Teil seiner Aufrechnungsforderung gerichtlich geltend machen. Berücksichtigt man dies, wird deutlich, daß es unter dem Gesichtspunkt der Prozeßökonomie für den Beklagten gleichgültig ist, ob dieser zusätzliche Rechtsstreit auf dem Rechtsweg der ursprünglichen Klageforderung oder einem anderen ausgetragen werden muß. Im übrigen vermag die Nichtberücksichtigung der Aufrechnung auch vor dem Hintergrund der durch die Gesetzesneuregelung angestrebten Rechtsschutzeffektivität nicht zu überzeugen[51], worauf allerdings noch einzugehen sein wird[52].

bb. Entscheidung über fremde Rechtsmaterien

Zu erwägen wäre allenfalls, ob der Berücksichtigung der rechtswegfremden Forderung Bedenken entgegenstehen, die sich darauf gründen, daß das Gericht damit über eine ihm fremde Materie zu entscheiden hat[53].

Bei genauerer Hinsicht läßt sich auch von diesem Ansatzpunkt her die Ablehnung der Berücksichtigung der Aufrechnung mit einer rechtswegfremden Gegenforderung nicht überzeugend begründen.

Zwar muß das Gericht in einem solchen Fall tatsächlich über ihm möglicherweise ansonsten fremde Rechtsfragen befinden, dies stellt jedoch ebenfalls keine ausschließliche Besonderheit der Aufrechnungsproblematik dar. Dieses Phänomen besteht vielmehr auch in anderen Fällen.

Hier ist zunächst anzuführen, daß bei einer Entscheidung über bloße Vorfragen das Gericht auch solche Fragen, die einem anderen Gerichtsbereich zuzuordnen

---

50 Vgl. *Rupp*, NJW 1992, 3274, der von einem Ergebnis spricht, "das die angestrebte Prozeßökonomie in ihr Gegenteil verkehrte".

51 S. HessVGH, DVBl. 1994, 806 (807).

52 S. auch im folgenden, insbesondere unter bb, cc.

53 Diese Bedenken hat offenbar *Rupp*, NJW 1992, 3274 (3275).

sind, zu entscheiden vermag[54]. Eine Entscheidung über an sich fremde Rechtsmaterien besteht daneben noch in den Fällen der sog. Kumulation, die dadurch charakterisiert sind, daß ein Sachverhalt unter verschiedene Rechtsvorschriften subsumierbar ist, wobei jeder Normbereich der Beurteilung einer anderen Gerichtsbarkeit unterliegt[55]. Die Fälle der Kumulation sollten aber durch die Novellierung der Vorschrift des § 17 Abs. 2 GVG gerade geregelt werden. Danach hat das zulässigerweise angerufene Gericht den Rechtsstreit auch im Hinblick auf Rechtsvorschriften, die einer anderen Gerichtsbarkeit unterfallen, zu entscheiden[56]. Von hierher muß der Einwand, bei der Berücksichtigung der Aufrechnung mit einer rechtswegfremden Forderung müsse das Gericht über ihm fremde Fragen entscheiden, erheblich an Gewicht verlieren, wenn der Gesetzgeber in parallelem Zusammenhang gerade eine entsprechende Entscheidungskompetenz zur Berücksichtigung anderer Rechtsmaterien statuiert.

cc. Einwand der Praxisferne

Soweit *Rupp* explizit einwendet, die Berücksichtigung der Aufrechnung mit einer rechtswegfremden Forderung würde "für die Praxis nichts bringen"[57], erweist sich dies als beinahe polemisch. Mit einem solchen Einwand werden letztlich auch alle Fälle mit dem Vorwurf der Praxisferne belegt, in denen bereits vor der Gesetzesänderung die Aufrechnung mit einer Forderung berücksichtigt

---

54 S. hierzu *Schenke/Ruthig*, NJW 1993, 1374 (1376). Eine Umkehrung der "Begründungslast" liegt auch vor, wenn *Lüke*, in: Festschrift für Kissel z. 65. Geb., S. 709 (727), ausführt, die Relevanz des § 17 Abs. 2 GVG gerade in der aus § 322 ZPO folgenden Rechtskraft einer Entscheidung über Vorfragen zu sehen, sei eine "Hypothese, die nicht zu belegen ist und sich auf das Bestreben gründet, in § 17 Abs. 2 GVG eine möglichst weitgehende Verankerung der als wünschenswert betrachteten Zuständigkeit kraft Sachzusammenhangs zu sehen". Soweit der Wortlaut der Vorschrift ein solches Ergebnis trägt, ist gerade umgekehrt zu postulieren, daß die Auffasssung, die dieses Ergebnis, aus welchen Gründen auch immer, ablehnt, eine Hypothese aufstellt, die erst zu belegen ist.

55 Vgl. zur Kumulation bereits *Baur*, in: Festschrift für Fritz v. Hippel, 1967, S. 1 (4 f.); zur Vergleichbarkeit mit den Fällen der Aufrechnung ausf. *Schenke/Ruthig*, NJW 1992, 2505 (2511).

56 Insoweit sollte die Neufassung gerade die Fälle der Kumulation zum Zwecke der der Vereinfachung des Rechtsschutzes in diesem Sinne regeln, vgl. nur *Kissel*, GVG, § 17 Rz. 36; *Schenke/Ruthig*, NJW 1992, 2505 (2511); *Schenke/Ruthig*, NJW 1993, 1374 (1375); dies wird auch von den die Berücksichtigung der Aufrechnung ablehnenden Autoren ausdrücklich anerkannt, vgl. *Zöller/Gummer*, ZPO, § 17 GVG Rz. 5 f.; *Leipold*, in: Stein/Jonas, ZPO, § 145 Rz. 33; *Lüke*, in: Festschrift für Kissel z. 65. Geb., S. 709 (725).

57 S. *Rupp*, NJW 1992, 3274 (3275).

wurde, die der Entscheidungszuständigkeit eines anderen Gerichts unterfiel. Hier sind beispielsweise die Fälle anzuführen, in denen die Zivilgerichte die Aufrechnung mit einer Forderung, die der Zuständigkeit der Arbeitsgerichtsbarkeit unterlag, berücksichtigten[58]. Auch die Aufrechnung mit unbestrittenen Forderungen ist, wie bereits angesprochen, unabhängig von Rechtswegfragen, vor der Gesetzesnovelle zugelassen worden[59].

Ohne hierauf an dieser Stelle genauer eingehen zu müssen, zeigt allein die Tatsache der Berücksichtigung der Aufrechnung in diesen Fällen, insbesondere durch die Rechtsprechung, daß hieran zweifelsohne auch ein Bedarf der Praxis bestanden haben muß, der durch den Vorwurf der Praxisferne der Berücksichtigung der Aufrechnung mit einer rechtswegfremden Forderung geradezu konterkariert wird. Dies wird besonders deutlich, wenn die Gerichtspraxis die Berücksichtigung der Aufrechnung mit einer rechtswegfremden Forderung gerade mit dem Aspekt der Rechtsschutzeffektivität begründet[60].

dd. Aufrechnung und Streitgegenstand

Als systematischer Einwand wird der Berücksichtigung der Aufrechnung entgegengehalten, § 17 Abs. 2 GVG gestatte die rechtswegüberschreitende Entscheidungsbefugnis "nur für *einen* Streitgegenstand (den der Klage), während hier zwei verschiedene 'Streitgegenstände' (Klage und Aufrechnung) vorliegen, für die ebensowenig wie im Falle objektiver Klagehäufung eine rechtswegüberschreitende Entscheidungsbefugnis begründet werden kann"[61]. Wegen dieser

---

58 Vgl. BGHZ 26, 304 (305) dies wurde damit begründet, es handele sich insoweit nicht um eine Frage des Rechtswegs, sondern um eine solche der sachlichen Zuständigkeit, s. dazu auch *Schenke/Ruthig*, NJW 1992, 2505 (2509), mit weiteren Beispielen für die Berücksichtigung der Aufrechnung mit Forderungen aus "artverwandten Rechtswegen".

59 Vgl. nur BVerwGE 77, 19 (24).

60 So HessVGH, DVBl. 1994, 806 (807).

61 So *Jauernig*, Zivilprozeßrecht, § 45 III (S. 167), der damit die analoge Anwendbarkeit der Vorschrift des § 17 GVG verneint, zur Frage der Analogie s. auch unten S. 245; zum Streitgegenstand als Gegenargument der Berücksichtigung der Aufrechnung so auch *Leipold*, in: Stein/Jonas, ZPO, § 145 Rz. 33; *ders.*, ZZP 1994, 216 (219); ähnlich *Lüke*, in: Festschrift für Kissel z. 65. Geb., S. 709 (730 f.); *Thomas/Putzo*, ZPO, § 17 GVG Rz. 7; *Musielak*, JuS 1994, 817 (823).

Nähe der Aufrechnung zu Klagehäufung und Widerklage soll sie danach (ebenfalls) vom Anwendungsbereich des § 17 Abs. 2 GVG nicht erfaßt sein[62].

Hier ist zunächst festzustellen, daß im Fall von Klagehäufung und Widerklage das Vorliegen verschiedener Streitgegenstände nicht angezweifelt werden soll[63]. Zu beachten ist aber, daß auch die genannten Autoren, die die Nichtberücksichtigung der Aufrechnung mit einer am Streitgegenstandsbegriff orientierten Argumentation zu begründen suchen, doch recht behutsam formulieren. So ist von "verschiedenen 'Streitgegenständen'" in Gestalt von Klage und Aufrechnung die Rede, wobei der Begriff Streitgegenstände in Anführungszeichen gesetzt wird[64] bzw. davon, daß die Aufrechnung dem durch die Klage bestimmten Streitgegenstand einen weiteren Streitgegenstand hinzufügt[65]. Ohne auf den schwierigen und umstrittenen Streitgegenstandsbegriff umfassend einzugehen, zeigt bereits diese zurückhaltende Formulierung, daß mit Hinweisen auf den Streitgegenstand die Nichtberücksichtigung der Aufrechnung mit rechtswegfremden Forderungen wohl nicht völlig überzeugend zu begründen ist.

Dies wäre der Fall, wenn die Aufrechnung wie die Klagehäufung oder die Widerklage einen eigenen Streitgegenstand im Sinne des prozessualen Streitgegenstandsbegriffs darstellte. Dieser ist nach dem zweigliedrigen Streitgegenstandsbegriff durch Klageantrag und Klagegrund bestimmt[66]. Hierunter ist aber die Aufrechnung als Ausübung eines Gegenrechts[67] nicht einzuordnen.

---

62 Vgl. nur *Leipold*, ZZP 1994, 216 (220).

63 Vgl. dazu nur *MK/Wolf*, ZPO, § 17 GVG Rz. 13, ohne allerdings die Aufrechnung in diesem Zusammenhang zu erwähnen. Zum Streitgegenstand bei Klagehäufung und Widerklage vgl. auch *Schellhammer*, Zivilprozeßrecht, Rz. 127 ff., 1573 ff.; *Jauernig*, Zivilprozeßrecht, § 37 (S. 131 ff.), § 46 I (S. 170), § 88 I (S. 311).

64 Vgl. *Jauernig*, Zivilprozeßrecht, § 45 III (S. 167).

65 So *Leipold*, ZZP 1994, 216 (219 f.) - vgl. auch *Leipold*, in: Stein/Jonas, ZPO, § 145 Rz. 30 wo ausdrücklich ausgeführt ist, die Gegenforderung werde durch die Aufrechnung nicht Streitgegenstand.

66 Vgl. statt vieler *Schellhammer*, Zivilprozeßrecht, Rz. 130.

67 Zur Aufrechnung als Verteidigungsmittel im Gegensatz zur Widerklage vgl. nur *Schellhammer*, Zivilprozeßrecht, Rz. 328; s. auch *Schenke/Ruthig*, NJW 1992, 2505 (2510) m. w. Nachw. auch auf Auffassungen, die die Aufrechnung stark in die Nähe der Widerklage rücken.

Die Nichtberücksichtigung der Aufrechnung mit dem Hinweis auf eine insoweit bestehende Nähe zu den Fällen der Klagehäufung[68] vermag deshalb nicht zu überzeugen, weil wesentliche Unterschiede beider Institute übergangen werden.

Hervorzuheben ist hier bereits, daß auch von den die Berücksichtigung der Aufrechnung ablehnenden Autoren Besonderheiten der Aufrechnung im Vergleich zur Widerklage, z. T. unter ausdrücklichem Hinweis auf die Folgen für den Streitgegenstand, anerkannt werden[69]. Diese Besonderheiten betreffen indes nicht allein das Verhältnis der Aufrechnung zur Widerklage, sondern auch das zur Klagehäufung. Kennzeichen der Klagehäufung ist es gerade, daß hier verschiedene Streitgegenstände in den Prozeß eingeführt werden[70]. Damit liegt aber mit dem Vorliegen eines insoweit neuen Streitgegenstandes ein wesentlicher Unterschied zur Aufrechnung vor, der unberücksichtigt bliebe, lehnte man die Berücksichtigung der Aufrechnung wegen ihrer in gewisser Hinsicht sicherlich gegebenen Nähe zur Klagehäufung ab. Die Gemeinsamkeiten von Aufrechnung einerseits und Klagehäufung und Widerklage andererseits bestehen darin, daß bei der Aufrechnung ebenfalls der Prozeßstoff erweitert wird[71]. Im Gegensatz zu Klagehäufung und Widerklage wird jedoch kein neuer Streitgegenstand in das Verfahren einbezogen. Dieser Unterschied zwischen Aufrechnung und Widerklage wird auch nicht ausreichend beachtet, wenn die Berücksichtigung der Aufrechnung mit dem Hinweis abgelehnt wird, die Vorschrift des § 17 GVG räume lediglich eine Entscheidungsbefugnis über den jeweiligen prozessualen Anspruch im Sinne des Streitgegenstandes ein und keine Befugnis zur Entscheidung über andere Ansprüche wie im Fall der Widerklage und der Aufrechnungsforderung[72]. Im Gegensatz zur Widerklage ist die Aufrechnung in der Lage, die

---

68 So *Leipold*, ZZP 1994, 216 (220), wonach die Situation der Aufrechnung der der objektiven Klagehäufung "ähnelt". Für 'Gleichstellung' von Aufrechnung und Klagehäufung, *ders.*, in: Stein/Jonas, ZPO, § 145 Rz. 33; ähnlich *Jauernig*, Zivilprozeßrecht, § 45 III (S. 167).

69 S. *Leipold*, in: Stein/Jonas, ZPO, § 145 Rz. 30, der hier ausdrücklich ausführt, die Aufrechnung als Verteidigungsmittel mache die Gegenforderung nicht zum Streitgegenstand; vgl. auch *Jauernig*, Zivilprozeßrecht, § 45 III (S. 166), wonach die Aufrechnung als Verteidigungsmittel den Prozeßstoff (sic !) erweitere, während die Widerklage weder Angriffs- noch Verteidigungsmittel, sondern als selbständige Klage der Angriff selbst sei (§ 46 I, [S. 170]).

70 So auch *Jauernig*, Zivilprozeßrecht, § 88 I (S. 311 f.); *Schellhammer*, Zivilprozeßrecht, Rz. 1561.

71 Vgl *Jauernig*, Zivilprozeßrecht, § 45 III (S. 166); *Leipold*, in: Stein/Jonas, ZPO, § 145 Rz. 30.

72 So *Thomas/Putzo*, ZPO, § 17 GVG Rz. 7.

Klageforderung unmittelbar zu beeinflussen[73]. Die Entscheidung über die Aufrechnungsforderung betrifft daher gerade den Streitgegenstand der Klage und nicht, wie bei der Widerklage, einen neuen Streitgegenstand[74].

Hinzu kommt, daß nach der Vorschrift des § 17 Abs. 2 S. 1 GVG das Gericht den *Rechtsstreit* unter *allen rechtlichen Gesichtspunkten* entscheidet, wobei der Begriff "Rechtsstreit" unproblematisch das Verteidigungsmittel der Aufrechnung zu umfassen vermag[75]. Soweit man die Fälle der rechtswegüberschreitenden Klagehäufung oder Widerklage, obwohl ebenfalls nach dem Wortlaut nicht ausgeschlossen, als von der Regelung nicht erfaßt ansieht, hat dies gute Gründe. Hier ist im Fall der Klagehäufung die Gefahr der Rechtswegmanipulation offenkundig, während im Fall der Widerklage die bestehenden Rechtswegzuweisungen völlig obsolet würden, wenn beispielsweise in einem zivilgerichtlichen Verfahren der Beklagte danach widerklageweise die Aufhebung eines Verwaltungsaktes beantragen könnte. In diesen Fällen läßt sich die Anwendung des § 17 Abs. 2 GVG nicht zuletzt auch unter Hinweis auf die Gesetzesmotive verneinen, soweit dort in erster Linie die Fälle der materiellen Kumulation angesprochen waren, die aber auch gerade im Hinblick auf die Gefahr der Rechtswegmanipulation oder der sonstigen Rechtswegunterschiede nicht die angesprochenen Gefahren mit sich bringen dürften (vgl. dazu im folgenden ee).

ee. Gefahr der Rechtswegmanipulation

Die Nichtberücksichtigung der Aufrechnung mit einer rechtswegfremden Forderung wird zudem mit der Gefahr der Rechtswegerschleichung begründet[76]. Hiergegen ist allerdings einzuwenden, daß die materiellrechtlich eröffnete Aufrechnungsmöglichkeit nur schwerlich als prozessualer Rechtsmißbrauch qualifiziert werden kann[77]. Auch ist zu beachten, daß in den Fällen der Aufrechnung die Gefahr der Rechtswegerschleichung geringer ist, als in den unzweifelhaft von § 17 Abs. 2 S.1 GVG erfaßten Fällen der rechtlichen Kumulation, in denen der Kläger in der Lage ist, in gewissem Umfang den Rechtsweg zu bestim-

---

73 Darauf stellt beispielsweise auch der HessVGH, DVBl. 1994, 806 (807 f.) ausdrücklich ab. Vgl. auch *Schenke/Ruthig*, NJW 1992, 2505 (2510).

74 Vgl. nur *Leipold*, in: Stein/Jonas, ZPO, § 145 Rz. 30 u. die Ausführungen o. S. 240 m. w. Nachw.

75 S. dazu bereits oben S. 230.

76 So wohl *Jauernig*, Zivilprozeßrecht, § 45 III (S. 167).

77 Vgl. *Hoffmann*, ZZP 1994, 3 (28).

men[78]. In ersteren wird dem (aufrechnenden) Beklagten der Rechtsweg vom Kläger aufgezwungen, während bei letzteren durch vorgeschobene Ansprüche tatsächlich eine gewisse Manipulationsgefahr begründet ist. Im Fall der Aufrechnung ist die Entscheidung des Gerichts im Gegensatz dazu nur möglich, wenn die vom Kläger geltend gemachte, rechtswegzugehörige Forderung überhaupt besteht[79].

Hier ist auch die Verbindung zu dem bereits angesprochenen Begründungsansatz zu ziehen, der die Aufrechnung in Parallele zu den Klagehäufungs- und Widerklagefällen von der Anwendung des § 17 GVG ausnehmen möchte. In diesen Fällen besteht, anders als im Fall der Aufrechnung, die gegenüber der Kumulation noch weitergehende Gefahr der Rechtswegmanipulation, weil sie sich nicht einmal auf den Streitgegenstand beschränkte. Ließe man auch hier Rechtswegüberschreitungen zu, bedeutete dies, daß praktisch der Rechtsweg frei zu gestalten wäre, wodurch dann tatsächlich die "Gleichwertigkeit aller Rechtswege" erreicht wäre, die in dieser Form aber von niemandem angestrebt wird. Hier liegt ein qualitativer und quantitativer Unterschied zu der zweifelsohne zumindest theoretisch in den Fällen der Kumulation bestehenden Manipulationsmöglichkeit, der aber jedenfalls bei offensichtlichem Nichtbestehen eines nur zur Rechtswegerschleichung vorgeschobenen Anspruchs wirksam begegnet werden kann[80].

ff. Gefahr des ausufernden Eingriffs in fremde Rechtswegzuständigkeiten

Die zuletzt angestellten Erwägungen im Hinblick auf eine Anwendung des § 17 Abs. 2 GVG auf die Fälle der Klagehäufung und Widerklage betreffen auch die Frage eines ausufernden Eingriffs in fremde Rechtswegzuständigkeiten, der in dieser Form durch § 17 Abs. 2 GVG nicht ermöglicht werden sollte. Die Berücksichtigung der Aufrechnung mit einer rechtswegfremden Forderung wäre abzulehnen, wenn sie ebenfalls zu einem solchen Eingriff führte. Gerade die bereits dargelegten zwischen Aufrechnung und Widerklage bzw. Klagehäufung bestehenden Unterschiede, vor allem hinsichtlich des Streitgegenstandes, zeigen aber, daß die Berücksichtigung der Aufrechnung prozessual eine ganz andere Qualität aufweist als etwa Widerklage und Klagehäufung. Der Eingriff in eine fremde Rechtswegzuständigkeit ist aus diesem Grunde seinem Wesen nach nä-

---

78 Vgl. hierzu bereits *Schenke/Ruthig*, NJW 1992, 2505 (2512 f.); *Schenke/Ruthig*, NJW 1993, 1374 (1375).

79 S. hierzu ausf. *Schenke/Ruthig*, NJW 1992, 2505 (2513).

80 S. *Schenke/Ruthig*, NJW 1992, 2505 (2513) m. w. Nachw.

her bei den Fällen der rechtlichen Kumulation als denen der Widerklage oder Klagehäufung einzuordnen, womit die Ablehnung der Berücksichtigung der Aufrechnung mit einer rechtswegfremden Forderung sich weder auf den Wortlaut, noch auf die ratio der Vorschrift des § 17 Abs. 2 S.1 GVG zu stützen vermag.

4. Direkte oder analoge Anwendung des § 17 Abs. 2 S.1 GVG

Soweit nach dem Vorgenannten die Ablehnung der Berücksichtigung der Aufrechnung mit einer rechtswegfremden Forderung nicht zu überzeugen vermag, ist jedoch noch die Frage zu klären, ob die Berücksichtigung der Aufrechnung durch direkte[81] oder analoge[82] Anwendung der Vorschrift des § 17 Abs. 2 S. 1 GVG erfolgen kann. Auch wenn dieser Frage letztlich eher theoretische denn praktische Bedeutung zukommen dürfte, soll ihr dennoch, wenn auch nur in einem an ihrer praktischen Bedeutung orientierten Umfang, nachgegangen werden.

a. Begriff und Voraussetzung einer Analogie

Als Methode richterlicher Rechtsfortbildung dient die Analogie dazu, die für einen bestimmten Tatbestand gegebene Regelung auf einen anderen, vom Gesetz nicht geregelten Tatbestand zu übertragen[83]. Danach setzt die Analogie definitionsgemäß zunächst eine Regelungslücke voraus.

b. Fehlen einer Regelungslücke

Soweit *Drygala* in diesem Zusammenhang ausführt, § 17 Abs.2 GVG regele unmittelbar nur den Fall, daß die Klageforderung auf mehrere Anspruchsgrundlagen gestützt werden kann und daher die Berücksichtigung der Aufrechnung im

---

81 Hierfür *Schenke/Ruthig*, NJW 1992, 2505 (2510 ff.); *Schenke/Ruthig*, NJW 1993, 1374 ff.; *Kissel*, GVG, § 17 Rz. 40; *Schellhammer*, Zivilprozeßrecht, Rz. 322; wohl auch *Albers*, in: Baumbach/Lauterbach/Albers/Hartmann, ZPO, § 17 GVG, Rz. 6; *Zeiss*, Zivilprozeßrecht, Rz. 397.

82 Diese befürworten *Drygala*, NZA 1992, 294 (295 ff.) u. nunmehr, entgegen der Vorauflage *Kopp*, VwGO, § 40 Rz. 45.

83 Vgl. *Larenz*, Methodenlehre, S. 366 ff. (381); zur Analogie vgl. auch *Pawlowski*, Einführung in die juristische Methodenlehre, Rz. 158, 203.

Wege einer Analogie zu dieser Vorschrift befürwortet[84], vermag dies nicht zu überzeugen.

Hierbei wird nicht ausreichend berücksichtigt, daß die Fälle der Kumulation im Gegensatz zur Problematik der Aufrechnung zwar in den Gesetzesmaterialien ihren Niederschlag gefunden haben, dies jedoch nichts daran ändert, daß die Aufrechnung durch den Wortlaut, den die gesetzliche Regelung letztlich erfahren hat, unproblematisch erfaßt zu werden vermag. Hierfür ist letztlich der Umstand maßgeblich, wonach in § 17 GVG von der Entscheidung des Rechtsstreits allgemein und nicht explizit von der Fallgestaltung der Kumulation die Rede ist. Wie bereits erwähnt, läßt sich die Fallgestaltung der Aufrechnung unproblematisch als rechtlicher Gesichtspunkt bei der Entscheidung des Rechtsstreits im Sinne des § 17 Abs. 2 GVG verstehen[85].

Sowohl der gegen die Berücksichtigung der Aufrechnung vorgebrachte Einwand, die Aufrechnung stelle "als selbständiges Gegenrecht" keinen "rechtlichen Gesichtspunkt" im Sinne des § 17 GVG dar[86], als auch die Argumentation, mit der unter Hinweis auf die Erweiterung des Prozeßstoffes und der damit gezogenen Verbindung zu Fragen des Streitgegenstands eine "analoge Anwendung" des § 17 GVG abgelehnt wird[87], geben für die Problematik der Frage einer Analogie unmittelbar nichts her.

Zum Vorliegen der Voraussetzungen der Analogie werden keinerlei Ausführungen gemacht. Vom hier vertretenen Ansatzpunkt her stellen dies daher keine die analoge Anwendung der Vorschrift betreffenden Ausführungen dar, sondern es handelt sich um Gesichtspunkte, die bei der Auslegung des § 17 GVG in Erwägung zu ziehen sind und hierbei, letztlich nicht überzeugend, auf eine teleologische Reduktion der Vorschrift zielen.

Insoweit ist danach festzustellen, daß zur Berücksichtigung der Aufrechnung mit einer rechtswegfremden Forderung im Prozeß keine Analogie zur Vorschrift des § 17 Abs. 2 S. 2 GVG gezogen werden muß, sondern dieser Fall ihrer direkten Anwendung unterliegt.

---

84 Vgl. *Drygala*, NZA 1992, 294 (297); gänzlich ohne nähere Begründung der Analogie *Kopp*, VwGO, § 40 Rz. 45.

85 S. dazu bereits oben S. 230 f. m. w. Nachw.

86 Vgl. *Zöller/Gummer*, ZPO, § 17 GVG Rz. 10.

87 Vgl. *Jauernig*, Zivilprozeßrecht, § 45 III (S. 167).

III. Die Problematik in den von § 17 Abs.2 GVG nicht erfaßten Fällen

Eine das soeben gefundene Ergebnis insbesondere in praktischer Hinsicht einschränkende Bestimmung findet sich in Gestalt der Vorschrift des § 17 Abs.2 S.2 GVG. Danach bleiben durch § 17 Abs.1 S.1 GVG die Vorschriften der Art. 14 Abs.3 S.4 und 34 S.3 GG unberührt. Dies bedeutet aber, daß die genannten, grundgesetzlich fundierten Rechtswegbestimmungen von der Anwendung des § 17 Abs.1 S.1 GVG ausgenommen werden müssen. Für die Aufrechnung mit einer rechtswegfremden Forderung kann somit die Aufrechnung mit einer Forderung aus einem Amtshaftungsanspruch oder aus Enteignungsentschädigung nur dann durch das Gericht berücksichtigt werden, wenn es auch zur Entscheidung über die Aufrechnungsforderung befugt wäre[88].

Gerade durch diese Einschränkung ist jedoch ein in der Praxis besonders bedeutsames Feld der Aufrechnungsproblematik vom Anwendungsbereich des § 17 Abs.2 S.1 GVG ausgenommen, da die Ansprüche aus Amtshaftung gewissermaßen die "klassischen Aufrechnungsforderungen" in diesem Zusammenhang darstellen[89].

Damit stellt sich aber in einer derartigen Konstellation die Frage der Berücksichtigung der Aufrechnung praktisch in exakt der gleichen Weise, wie dies vor der Novellierung des § 17 GVG der Fall gewesen ist, wenn beispielsweise in einem verwaltungsgerichtlichen Verfahren mit einer Forderung aufgerechnet wird, für deren Geltendmachung wegen Art. 14 Abs. 3 oder Art. 34 GG auf den Zivilrechtsweg verwiesen ist.

1. Die Behandlung der Aufrechnungsproblematik vor der Gesetzesnovelle

a. Ansätze zur Berücksichtigung der Aufrechnung

Wie bereits erwähnt, wurde auch vor Änderung der Vorschrift des § 17 Abs. 2 GVG der Versuch unternommen, die Aufrechnung mit einer rechtswegfremden Forderung prozessual zu berücksichtigen, obwohl dem die damalige Gesetzes-

---

88 S. hierzu näher *Schenke/Ruthig*, NJW 1992, 2505 (2513); s. auch *Kopp*, VwGO, § 40 Rz. 45.

89 So auch *Pietzner*, VerwArch. 74 (1983), 59 (70) m. Fn. 109, 112, allgemein zur Aufrechnung mit rechtswegfremden Forderungen, unabhängig von der (zum Zeitpunkt des Aufsatzes noch nicht relevanten) Problematik der Anwendung des § 17 Abs. 2 GVG.

lage entgegenstand. Diese Ansätze versuchten einen Rechtsweg des Sachzusammenhangs zu begründen[90].

Dem sind die Praxis und der überwiegende Teil der Literatur nicht gefolgt[91].

b. Die Lösung bei Nichtberücksichtigung der Aufrechnung

Die Behandlung der Frage der Berücksichtigung der Aufrechnung mit einer rechtswegfremden Forderung ist im wesentlichen durch die Rechtsprechung geprägt, deren Lösung von der Literatur überwiegend gebilligt wurde.

Ausgehend von der Prämisse, daß die Gerichte sich eines Übergriffs auf fremde Rechtswegzuständigkeiten grundsätzlich zu enthalten haben, sieht sich der die Aufrechnung prozessual nicht berücksichtigende Ansatz jedoch insoweit vor ein Dilemma gestellt, als die Aufrechnung trotz der prozessualen Unbeachtlichkeit materiellrechtlich Wirkungen entfaltet. In diesem Fall vermag eine Situation einzutreten, in der der Aufrechnende in dem Verfahren, in dem er die Aufrechnung erklärte, unterliegt und darüberhinaus seine Aufrechnungsforderung wegen der materiellen Wirksamkeit der Aufrechnung verliert, so daß er in einem neuen Verfahren, das diese Forderung zum Gegenstand hätte, dieselbe nicht mehr erfolgreich geltend machen könnte.

Um dieses Ergebnis zu vermeiden, sah sich die Rechtsprechung gewissermaßen zu einem prozessualen "Kunstgriff" veranlaßt, der einerseits den Übergriff in die fremde Rechtswegzuständigkeit vermeidet und andererseits den Aufrechnenden nicht in zwei Verfahren unterliegen läßt.

Ausgehend von zum Teil heftig diskutierten Entscheidungen des Reichsgerichts haben zunächst der Bundesgerichtshof, später auch das Bundesverwaltungsgericht, einen Lösungsansatz entwickelt, der zu einem gerechten Ausgleich der widerstreitenden Interessen und Gesichtspunkte führen sollte.

aa. Lösung des RG: Wahlmöglichkeit zwischen Aussetzung und Sachentscheidung

Danach war das Reichsgericht zunächst davon ausgegangen, im Falle der Aufrechnung mit einer rechtswegfremden Forderung, die weder rechtskräftig festge-

---

90 S. dazu oben S. 228.

91 S. dazu bereits oben S. 228 m. w. Nachw.

stellt noch unbestritten ist, habe der Richter ein Wahlrecht, ob er diese Aufrechnung berücksichtige, d. h. eine Sachentscheidung treffe oder das Verfahren gem. § 148 ZPO aussetze. Soweit er eine Sachentscheidung treffe, solle dieser jedoch im Hinblick auf die Gegenforderung entgegen der Vorschrift des § 322 ZPO keine Rechtskraft zukommen[92]. Diese Einschränkung des § 322 ZPO findet im Wortlaut der Vorschrift keine Stütze und läuft dem Sinn, die materiellrechtliche Abhängigkeit der beiden Forderungen zu berücksichtigen, zuwider[93].

In der Folge hat denn auch der BGH die vom Reichsgericht eingeräumte Wahlmöglichkeit zwischen Sachentscheidung und Aussetzung verneint. Er hat klargestellt, daß im Fall der Sachentscheidung die Wirkung des § 322 ZPO nicht zu umgehen sei und eine rechtskräftige Entscheidung über einen rechtswegfremden Gegenstand der Vorschrift des § 13 GVG zuwiderlaufe. Gegen die direkte Anwendung des § 148 ZPO wendet er ein, eine Aussetzung des Verfahrens komme nicht in Betracht, wenn ein Aufrechnungseinwand im Rechtsstreit überhaupt nicht zu berücksichtigen sei. Damit konstatiert der BGH eine Situation, die im Fall der Zurückweisung der Aufrechnung wegen der materiellrechtlichen Wirkung der Aufrechnung auf eine "Rechtsverweigerung gegenüber dem Beklagten" hinausliefe, wenn dieser rechtskräftig zur Zahlung der Klagforderung verurteilt würde, obwohl diese bereits durch die Aufrechnung erloschen wäre, die aber in Verbindung mit der Aussetzung nach § 148 ZPO an sich auch eine Entscheidungskompetenz verlange[94].

bb. Lösung des BGH: Pflicht zur Aussetzung des Verfahrens

Den Weg aus der gerade geschilderten Zwangslage findet der BGH durch die Bejahung einer Aussetzungspflicht in diesen Fällen, obwohl nach dem Wortlaut des § 148 ZPO lediglich von einem aussetzen "Können" die Rede ist. Nur auf diese Weise, so der BGH, könne "jede unzulässige und unerwünschte Überschneidung der verschiedenen Rechtswege für Forderung und Gegenforderung vermieden werden"[95]. Durch die Aussetzung werde "einerseits die notwendige Entscheidung über die Aufrechnung und damit über das Fortbestehen oder das

---

92 S. RGZ 77, 412 f.; 80, 371 (372); 155, 243 (245 f.); 157, 109 (120); vgl. auch *Pietzner*, VerwArch. 74 (1983), 59 (68) m. w. Nachw. i. Fn. 100.

93 Vgl. nur *Pietzner*, VerwArch. 74 (1983), 59 (69); *Kröger/Jakobs*, JA 1981, 266 (267). Gegen diese Nichtbeachtung der Vorschrift des § 322 ZPO auch BGHZ 16, 124 (130 f.).

94 Vgl. BGHZ 16, 124 (132 ff.).

95 S. BGHZ 16, 124 (138).

Erlöschen der Klagforderung ermöglicht, andererseits aber auch ein unzulässiger Eingriff in den für eine klageweise Geltendmachung der Gegenforderung ausschließlich zuständigen Rechtsweg vermieden"[96]. In diesem Zwang zur Aussetzung liegt nach dem BGH "auch keine für die Parteien unbillige oder ungewöhnliche Erschwerung der Rechtsverfolgung", vielmehr handelt es sich "um eine Folge der Schaffung getrennter Rechtswege für privatrechtliche und öffentlich-rechtliche Ansprüche". Er führt weiterhin aus: "Beide Parteien mußten von vornherein damit rechnen, daß sie im Streitfall ihre Forderungen vor verschiedenen Gerichten geltend machen müßten. Es ist kein zwingender Grund ersichtlich, weshalb gerade durch den Zufall einer Aufrechnungsmöglichkeit die eine oder andere Forderung der Entscheidung in dem für sie gebotenen Rechtsweg sollte entzogen werden können oder gar müssen"[97]. Diese Argumentation ist auch für die nach der Gesetzesnovelle bestehenden, verfassungsrechtlich begründeten Rechtswegzuweisungen treffend.

Den Schutz des Klägers trotz gebotener Aussetzung sieht der BGH durch die Möglichkeit des Erlasses eines Vorbehaltsurteils gem. § 302 ZPO gegeben[98]. Daneben wird festgestellt, daß eine selbständige und endgültige Entscheidung dann erfolgen kann, wenn nicht über das Bestehen der Gegenforderung befunden werden muß, etwa weil die Aufrechnung mangels Vorliegens sonstiger Aufrechnungsvoraussetzungen als unzulässig angesehen werden muß. Hier nennt der BGH in erster Linie die Fälle der fehlenden Aufrechnungsbefugnis[99].

cc. Lösung des BVerwG: Anschluß an den BGH

Das Bundesverwaltungsgericht hat zur Berücksichtigung der Aufrechnung mit einer rechtswegfremden Forderung ausgeführt: Den "Verwaltungsgerichten ist aber eine solche streitige Entscheidung über das Bestehen oder Nichtbestehen einer Forderung, für die ein anderer Rechtsweg gegeben ist, verwehrt. Dieser Streit muß in dem anderen Rechtsweg ausgetragen werden. Die dargelegte Konsequenz wirft verfahrensrechtlich dann keine Probleme auf, wenn die Frage des Bestehens oder Nichtbestehens der Gegenforderung, mit der aufgerechnet worden ist, den Gegenstand eines anderen Rechtsstreits bildet oder wenn darüber eine Verwaltungsbehörde zu entscheiden hat. In diesem Fall ist nach § 94 VwGO das Gericht gehalten, das Verfahren bis zur Erledigung des anderen

---

96 Vgl. BGHZ 16, 124 (139).

97 So BGHZ 16, 124 (140).

98 Vgl. BGHZ 16, 124 (141).

99 S. BGHZ 16, 124 (141).

Rechtsstreits oder bis zur Entscheidung der Verwaltungsbehörde auszusetzen. Für eine andere Entscheidung wird dem Gericht dann regelmäßig kein Spielraum bleiben."[100] Es ist kein Grund ersichtlich, diese Argumentation nicht auf die gem. § 17 Abs.2 S. 2 GVG von einer rechtswegübergreifenden Entscheidungskompetenz ausgenommenen Fälle zu übertragen.

Daneben sind aber noch die Fälle zu bedenken, in denen über die Frage des Bestehens oder Nichtbestehens der Gegenforderung noch kein Rechtsstreit anhängig ist bzw. darüber auch nicht eine Verwaltungsbehörde zu entscheiden hat. Das Bundesverwaltungsgericht will für "diesen gesetzlich nicht geregelten Sachverhalt die Grundsätze der §§ 94, 173 VwGO in Verbindung mit §§ 148, 151 ZPO entsprechend" anwenden[101].

Das Bundesverwaltungsgericht schließt sich dabei der oben geschilderten Argumentation des BGH an, um einen sachgerechten Ausgleich zwischen materiellrechtlicher Aufrechnungswirkung und verfahrensmäßiger Entscheidungskompetenz zu erreichen.

Die analoge Anwendung des § 94 VwGO wird ausführlich begründet und letztlich ebenfalls auf die Interessen des Beklagten gestützt. Wie der BGH sieht das Bundesverwaltungsgericht im Erlaß eines Vorbehaltsurteils die Möglichkeit, auch die Rechtsschutzinteressen des Klägers zu berücksichtigen. Diesen werde auch durch die gem. § 173 VwGO eröffnete Möglichkeit, den in den §§ 148, 151 ZPO enthaltenen Rechtsgedanken entsprechend anzuwenden und dem Beklagten eine Frist zur Geltendmachung seiner Gegenforderung zu bestimmen, Rechnung getragen[102].

---

100 Vgl. BVerwGE 77, 19 (24 f.) Diese Rechtsprechung wurde in der nach der Novellierung des § 17 Abs.2 GVG ergangenen Entscheidung, BVerwG, NJW 1993, 2255, bestätigt.

101 S. BVerwGE 77, 19 (25).

102 Vgl. BVerwGE 77, 19 (27). Dieser Lösung sind auch die Instanzgerichte gefolgt. Vgl. OVG Saarland, Az. 1 R 184/88, Urteil v. 14.8.1990, S. 22; grds. zustimmend auch HessVGH, DVBl. 1994, 806 (807); ebenso VGH Mannheim, NVwZ 1990, 684 (685), jedoch für den Fall einschränkend, in dem der Anspruch des Bürgers offensichtlich nicht besteht. Vgl. auch OVG Lüneburg, OVGE 33, 388; OVG Münster, NJW 1980, 1068.

dd. Stellungnahmen der Literatur

Der durch die höchstrichterliche Rechtsprechung beschrittene Weg zur Lösung der Problematik der Aufrechnung mit einer rechtswegfremden Forderung hat sich auch in der Literatur durchsetzen können[103].

Hierbei wird dieser Lösungsweg auch von Autoren im Ergebnis nicht angegriffen, die sich gegen die auch hier vertretene Auffassung wenden, in der Vorschrift des § 17 Abs. 2 GVG eine teilweise Lösung des Problems der Aufrechnung mit einer rechtswegfremden Forderung zu sehen[104]. Zwar wird eingewendet, die Argumentation des Bundesverwaltungsgerichts hinsichtlich der Analogie zu § 94 VwGO stünde auf schwachen Füßen, diese Lösung aber mit dem Hinweis letztlich goutiert, daß "allein der Weg über die Aussetzung zur verfahrensrechtlichen Umsetzung des materiellen Rechts führt, ohne gegen die zwingenden Rechtswegvorschriften zu verstoßen"[105].

Geringfügige Abweichungen in Einzelheiten ändern hierbei nichts an einem breiten Konsens im Hinblick auf die von der Rechtsprechung verfolgte Lösung. Zu erwähnen sind in diesem Zusammenhang Überlegungen, die die Notwendigkeit einer mit der Aussetzung des Verfahrens verbundenen Fristsetzung zur Einleitung des Verfahrens über die Gegenforderung in Abrede stellen, da bereits durch den Erlaß des Vorbehaltsurteils ein ausreichender Druck zur Rechtshängigmachung der Gegenforderung ausgehe[106]. Obwohl dieser Ansatz durchaus zu überzeugen vermag, stellt er, in der Gesamtschau betrachtet, eher eine Nuancierung dar, die an dieser Stelle nicht weiter vertieft zu werden braucht, da im Hinblick auf die Leitlinien der Lösung Übereinstimmung besteht.

---

103 Vgl. nur die Nachw. in BVerwGE 77, 19 (27); ferner *Ehlers*, JuS 1990, 777 (783), *Kröger/Jakobs*, JA 1981, 266 (269); *Pietzner*, VerwArch. 74 (1983), 59 (72 ff. m. umf. Nachw.); s. aus der neueren Lit:. *Kopp*, VwGO, § 94 Rz. 8; *Eyermann/Fröhler*, VwGO, § 94 Rz. 4; *Schenke*, Verwaltungsprozeßrecht, Rz. 166; *Wolff/Bachof/Stober*, Verwaltungsrecht I, § 55 Rz. 47; nunmehr auch *Redeker/v. Oertzen*, VwGO, § 94 Rdnr. 2, unter Aufgabe der früher vertretenen a. A.

104 S. *Lüke*, in: Gedächtnisschrift für Geck, S. 493 (501 ff.).

105 Vgl. *Lüke*, in: Gedächtnisschrift für Geck, S. 493 (501 f.).

106 So *Schenke*, Verwaltungsprozeßrecht, Rz. 166; *Schenke/Ruthig*, NJW 1992, 2505 (2513 f.).

2. Die Übertragung dieser Lösung auf die von § 17 Abs.2 S.1 GVG nicht erfaßten Fälle

Der insoweit in der Literatur anzutreffende breite Konsens legt es nahe, diese vor der Gesetzesnovelle entwickelte Lösung auch für die Fälle zu erwägen, die nunmehr, selbst bei grundsätzlicher Verortung der Problematik der Berücksichtigung der Aufrechnung mit einer rechtswegfremden Forderung in der Vorschrift des § 17 Abs. 2 S.1 GVG, wegen § 17 Abs.2 S. 2 GVG von der Berücksichtigungsmöglichkeit nicht erfaßt werden.

Die insoweit durch den BGH und das Bundesverwaltungsgericht für diese Lösung vorgebrachten Argumente sind auch für die durch § 17 Abs. 2 S. 2 GVG geregelten Fälle fruchtbar zu machen. In den Konstellationen, in denen in einem verwaltungsgerichtlichen Verfahren mit einer Forderung aufgerechnet wird, die aufgrund verfassungsrechtlicher Zuweisung in den Entscheidungsbereich der Zivilgerichte fällt, ist der durch diese Lösung verfolgte Ausgleich zwischen den Interessen des Beklagten einerseits, der durch die Aufrechnung materiell seine Gegenforderung einbüßt, und denen des Klägers, dessen Rechtsverfolgung durch den Erlaß eines Vorbehaltsurteils gesichert werden kann, in gleicher Weise von Bedeutung. Es sind keinerlei Ansätze ersichtlich, die eine andere Lösung, die ebenfalls in dieser Weise in der Lage wäre, den unterschiedlichen Interessen Rechnung zu tragen, angezeigt sein lassen.

Damit läßt sich für die durch § 17 Abs.2 S.2 GVG von der Regelung des § 17 Abs.2 S.1 GVG ausgenommenen Fälle an dem bereits früher entwickelten Modell zur prozessualen Behandlung der Aufrechnung mit einer rechtswegfremden Forderung festhalten. Ein Abweichen hiervon ist weder durch die Gesetzesänderung notwendig geworden, noch durch andere kritische Überlegungen indiziert, die zwar methodologisch nicht gänzlich von der Hand zu weisen sind, aber keine andere Möglichkeit aufzeigen, die in diesen Fällen bestehenden unterschiedlichen Interessen und Bedürfnisse in gleichem Maße zu befriedigen.

5. Teil: Zusammenfassung der Untersuchung

(1) Das Rechtsinstitut der Aufrechnung, wie es in den Vorschriften der §§ 387 ff. BGB geregelt ist, findet auch im Bereich des öffentlichen Rechts Anwendung.

(2) Im Fall des öffentlich-rechtlichen Zusammenhangs der Aufrechnung sind die die Aufrechnung betreffenden Regelungen des BGB anwendbar. Das gilt insbesondere auch für die Vorschrift des § 389 BGB, dessen Anwendung keine öffentlich-rechtlichen Besonderheiten entgegenstehen.

(3) Bei der Anwendung des Rechtsinstituts der Aufrechnung in Zusammenhang mit öffentlich-rechtlichen Forderungen ist es nicht geboten, die Vorschrift des § 226 AO, wonach eine Aufrechnung gegen Ansprüche aus dem Steuerverhältnis nur mit rechtskräftig festgestellten oder unbestrittenen Forderungen zulässig ist, über den Bereich des Steuerrechts hinaus auszudehnen.

(4) Bei der Aufrechnung durch den Bürger sind vor allem die Fälle problematisch, in denen die behördliche Forderung durch Verwaltungsakt geltend gemacht wird. Hier sind die Auswirkungen der Aufrechnung auf diesen Verwaltungsakt umstritten.

(5) Bei der Untersuchung der Wirkung der Aufrechnung auf einen Verwaltungsakt ist an die Wirkung der Erfüllung auf einen Verwaltungsakt anzuknüpfen. Hierbei ist im Hinblick auf den Verwaltungsakt zwischen der Forderungsfestsetzung und der Leistungsaufforderung zu unterscheiden.

(6) Die Forderungsfestsetzung wird durch die Erfüllung weder im Fall des forderungsbegründenden noch im Fall des forderungsfeststellenden Verwaltungsakts rechtswidrig.

(7) Die Leistungsaufforderung wird durch eine nachfolgende Erfüllung ebenfalls nicht rechtswidrig.

(8) Eine Rechtswidrigkeit der Leistungsaufforderung kommt in Betracht, wenn diese der Erfüllung nachfolgt.

(9) Die Forderungsfestsetzung findet durch die Erfüllung auch keine Erledigung, während bei einer Leistungsaufforderung durch nachfolgende Erfüllung Erledigung eintreten kann.

(10) Tritt das Erlöschen der Forderungen als Folge einer Aufrechnung ein, gilt grundsätzlich dasselbe wie im Fall der Erfüllung.

(11) Die Besonderheit der Aufrechnung besteht in der Rückwirkung des § 389 BGB, als deren Folge auch eine Leistungsaufforderung rechtswidrig zu werden vermag, die mit der Forderungsfestsetzung verbunden ist, da die Aufrechnungslage in der Konstellation des forderungsfeststellenden Verwaltungsakts bereits zeitlich vorher gegeben sein kann.

(12) Leugnet die Verwaltung die Aufrechnungswirkung und geht demnach aus dem Leistungsbescheid vor, ist für die Geltendmachung des Aufrechnungseinwands zwischen den Fällen, in denen die Aufrechnung die Rechtmäßigkeit eines Leistungsgebots nicht berührt und jenen, in denen ein Leistungsgebot durch die Aufrechnung rechtswidrig wird, zu unterscheiden.

(13) Läßt die Aufrechnung die Rechtmäßigkeit des Leistungsgebots unberührt, ist die Erfüllung der Forderung im Vollstreckungsverfahren, wobei hier landesrechtliche Besonderheiten zu beachten sind, bzw. durch eine allgemeine Feststellungsklage geltend zu machen.

(14) Wirkt sich die Aufrechnung auf die Rechtmäßigkeit des Verwaltungsakts aus, ist wegen der Tatbestandswirkung des rechtswidrigen Verwaltungsakts ein Vorgehen gegenüber der Leistungsaufforderung notwendig.

(15) Hier besteht ein Anspruch des Bürgers auf Rücknahme des Leistungsgebots, auch wenn dieses im Zeitpunkt der Aufrechnung bereits bestandskräftig war.

(16) Dieser Anspruch ist bei Bestandskräftigkeit des Leistungsgebots im Wege einer Verpflichtungsklage zu verfolgen, die in analoger Anwendung des § 113 Abs. 1 S.2 VwGO mit einem Antrag auf Rückgängigmachung der Vollzugsfolgen verbunden werden kann.

(17) Erfolgt die Erklärung der Aufrechnung seitens der Behörde, ist die rechtliche Einordnung einer solchen Erklärung umstritten. Mangels Regelungswirkung stellt die behördliche Aufrechnungserklärung keinen Verwaltungsakt, sondern eine öffentlich-rechtliche Willenserklärung dar. Ein anderer Ansatz würde jedenfalls das Rechtsinstitut der Aufrechnung nach den Vorschriften der §§ 387 ff. BGB verlassen.

(18) Auch bei der Aufrechnung durch die Behörde, die in Verbindung mit einem Verwaltungsakt steht, ist zwischen forderungsfeststellenden und forderungsbegründenden Verwaltungsakten zu differenzieren.

(19) Beim Vorgehen des Bürgers gegen eine solche Aufrechnung sind verschiedene Möglichkeiten gegeben. Zum einen ist ein Vorgehen gegenüber der Aufrechnung als solcher in Betracht zu ziehen, zum anderen ein Vorgehen gegenüber dem Verwaltungsakt.

(20) Ist der Verwaltungsakt für die Aufrechnungslage von Bedeutung, kann wegen der besonderen Fehlerfolgen eines Verwaltungsakts, insbesondere wegen der Tatbestandswirkung, für den Bürger ein Vorgehen gegenüber dem Verwaltungsakt angezeigt sein.

(21) Bei einem Vorgehen gegenüber dem Verwaltungsakt im Wirkungsbereich der Aufrechnung ist dabei durch den Suspensiveffekt eine Auswirkung auf die durch den Verwaltungsakt bestimmte Aufrechnungslage in Betracht zu ziehen.

(22) Nach der Vollziehbarkeitstheorie, der vom BVerwG vertretenen Auffassung, ist eine Beeinflussung der Aufrechnungslage beim forderungsbegründenden Verwaltungsakt zu verneinen. Der Eintritt der Vollziehbarkeitshemmung führt nicht zum Wegfall einer wirksamen Forderung; auch läßt er die Fälligkeit, Durchsetzbarkeit oder Einredefreiheit der Forderung im Sinne der §§ 387 ff. BGB nicht entfallen.

(23) Entgegen der Auffassung des Bundesverwaltungsgerichts ist die behördliche Aufrechnung aber als Vollziehung des Verwaltungsakts anzusehen, so daß auch nach der Vollziehbarkeitstheorie der Suspensiveffekt die Aufrechnung hindert, bzw. diese rückgängig zu machen ist, wenn sie erklärt wurde, bevor Suspensivwirkung entfaltende Rechtsbehelfe eingelegt wurden.

(24) Legt man die Wirksamkeitstheorie zugrunde, wirkt sich der Supensiveffekt beim forderungsbegründenden Verwaltungsakt auf das Bestehen der Aufrechnungslage aus.

(25) Beim forderungsfeststellenden Verwaltungsakt besteht die Forderung unabhängig von der Wirksamkeit des Verwaltungsakts. Daher kann in diesen Fällen die Aufrechnungslage insgesamt bereits zeitlich vor dem Erlaß des Verwaltungsakts und damit unabhängig von dessen Wirksamkeit gegeben sein.

(26) Die aufschiebende Wirkung eines Rechtsbehelfs, die im Hinblick auf einen Verwaltungsakt eintritt, wirkt sich in diesen Fällen weder nach der Vollziehbarkeitstheorie noch nach der Wirksamkeitstheorie auf die Aufrechnungslage aus.

(27) Eine Aufrechnung seitens der Behörde ist jedoch als Vollziehung des Verwaltungsakts durch die aufschiebende Wirkung ausgeschlossen.

(28) Problematisch ist indes, inwieweit die Verwaltung nach dem Erlaß eines feststellenden Verwaltungsakts noch im Hinblick auf die unabhängig davon bestehende Aufrechnungslage die Aufrechnung wirksam erklären kann, d. h. ob der Verwaltungsakt den Rückgriff auf diese Aufrechnungslage hindert.

(29) Hierbei ist zwischen der Umdeutung einer in Ansehung des Verwaltungsakts erklärten Aufrechnung in eine Aufrechnung unter Rückgriff auf die unabhängig von diesem Verwaltungsakt bestehende Aufrechnungslage und einer selbständigen Aufrechnung in Ansehung dieser Aufrechnungslage zu differenzieren.

(30) Erklärt die Verwaltung in Zusammenhang mit einem Verwaltungsakt die Aufrechnung, vermag diese Aufrechnungserklärung nicht auf eine unabhängig von der Wirksamkeit eines Verwaltungsakts bestehende Aufrechnungslage bezogen zu werden.

(31) Gleichwohl ist der Verwaltung der Rückgriff auf diese bereits kraft Gesetzes bestehende Aufrechnungslage nicht versperrt, es ist allein ein eindeutiger Bezug der Aufrechnungserklärung zu verlangen. Durch den Erlaß des Verwaltungsakts büßt die Behörde in Bezug auf eine Aufrechnung nicht materielle Möglichkeiten ein, die sie bereits zuvor besaß.

(32) Durch diese Einschränkung ist der Gefahr eines beliebigen Hin- und Herspringens zwischen Gesetz und Verwaltungsakt, die als Hauptargument gegen eine Rückgriffsmöglichkeit vorgebracht wird, ausreichend begegnet.

(33) Die prozessuale Berücksichtigung der Aufrechnung mit einer rechtswegfremden Forderung ist nunmehr durch die Neufassung des § 17 Abs. 2 S.1 GVG ermöglicht.

(34) Zu beachten ist die Regelung des § 17 Abs.2 S.2 GVG, wonach dies nicht in den Fällen des Art. 14 Abs.3 S.4 und 34 S. 3 GG gilt.

(35) Hier ist die Lösung der Aufrechnungsproblematik durch eine Anknüpfung an die bereits früher verfolgte Möglichkeit der Aussetzung des Verfahrens in Verbindung mit dem Erlaß eines Vorbehaltsurteils zu gewinnen.

Literaturverzeichnis

Achterberg, Norbert: Allgemeines Verwaltungsrecht, 2. Auflage, Heidelberg; C. F. Müller, 1986

Achterberg, Norbert: Allgemeines Verwaltungsrecht, Heidelberg; Schaeffers Grundriß Verlag R. v. Decker & C. F. Müller, 1985, (zit.: Allgemeines Verwaltungsrecht, Grundriß)

App, Michael: Verwaltungsvollstreckungsrecht, 2. Auflage, Köln, Berlin u. a.; Heymanns, 1992

Appel, Rudolf: Probleme der Aufrechnung und vorläufiger Rechtsschutz, BayVBl. 1983, S. 201 ff.

Arndt, Gottfried: Vollstreckungsgegenklage zur Abwehr unzulässiger Vollstreckung aus Verwaltungsakten?, MDR 1964, S. 376 ff.

Arnold, Rainer: Aufrechnung im Anfechtungsverfahren gegen den Leistungsbescheid, BayVBl. 1972, S. 151 ff.

Bachof, Otto: Rechtsprechungsberichte, Die Rechtsprechung des Bundesverwaltungsgerichts Band 13 - 19, JZ 1966, S. 473 ff.

Battis, Ulrich: Aufrechnung im Anfechtungsprozeß, DVBl. 1971, S. 572 ff.

Baumbach, Adolf/Lauterbach, Wolfgang/u. a.: Zivilprozeßordnung, 53. Auflage, München; Beck, 1995, (zit.: Bearbeiter, in: Baumbach/Lauterbach/Albers/Hartmann)

Baumeister, Peter/Schenke, Wolf-Rüdiger: Der rechtswidrig gewordene Verwaltungsakt - BVerwGE 84, 111, JuS 1990, S. 547 ff.

Baumeister, Peter/Schenke, Wolf-Rüdiger: Probleme des Rechtsschutzes bei der Vollstreckung von Verwaltungsakten, NVwZ 1993, S. 1 ff.

Baumeister, Peter: Anm. zu VGH Bad.-Württ., VBlBW 1992, 251, VBlBW 1993, S. 53 f.

Baumeister, Peter: Der Anspruch auf ein Wiederaufgreifen unanfechtbar abgeschlossener Verwaltungsverfahren, VerwArch. Bd. 83 (1992), S. 374 ff.

Baur, Fritz: Zuständigkeit aus dem Sachzusammnenhang - Ein Beitrag zur Rechtswegzuständigkeit bei mehrfacher Klagebegründung, in: Festschrift für Fritz von Hippel zum 70. Geburtstag, 1967, S. 1 ff.

Bettermann, Karl August: Anm. (zu BVerwG, DVBl. 1969, 700), DVBl. 1969, S. 703 ff.

Bochumer Kommentar zum Sozialgesetzbuch: Allgemeiner Teil, Hrsg. Wilhelm Wertenbruch, Bearb. Hans O. Freitag u. a., Berlin, New York; Walter de Gruyter, 1979, (zit.: Bearb. in Bochumer Kommentar)

Borgs-Maciejewski, Hermann: Die Durchsetzung vermögensrechtlicher Ansprüche des Dienstherrn gegen Beamte, Bonn; Ludwig Röhrscheid, 1967

Bosch, Edgar/Schmidt, Jörg: Praktische Einführung in das verwaltungsgerichtliche Verfahren, 5. Auflage, Stuttgart u. a.; Kohlhammer, 1992

Bötticher, Eduard: Die "Selbstexekution" im Wege der Aufrechnung und die Sicherungsfunktion des Aufrechnungsrechts, Festschrift für Schima zum 75 Geburtstag, S. 95 ff., Wien; Manzsche Verlags- und Universitätsbuchhandlung, 1969

Brox, Hans/Walker, Wolf-D.: Zwangsvollstreckungsrecht, 4. Auflage, Köln, Berlin u. a.; Heymanns, 1993

Brox, Hans: Die Einschränkung der Irrtumsanfechtung - Ein Beitrag zur Lehre von der Willenserklärung und deren Auslegung, Karlsruhe; Müller, 1960

Brox, Hans: Erbrecht, 15. Auflage, Köln, Berlin u. a.; Heymanns, 1994

Bücking, Hans-Jörg: Rechtsschutz bei zurückgenommenen und erledigten Verwaltungsakten, (Univ. Regensburg Diss., 1976), Bern, Frankfurt/M.; Lang, 1976

Buhmann, Robert: Probleme der Aufrechnung im öffentlichen Recht, MDR 1984, S. 983 ff.

Bülow, Peter: Grundfragen der Erfüllung und ihrer Surrogate, JuS 1991, S. 529 ff.

Burgi, Martin: Die Erledigung des Rechtsstreits in der Hauptsache als Problem der verwaltungsrechtlichen Dogmatik, DVBl. 1991, S. 193 ff.

Burmester, Marion: Die Verrechnung von Steuerforderungen, (Univ. Hamburg Diss., 1976), Berlin; Duncker und Humblot, 1977

Buß, Thomas: Prozeßaufrechnung und materielles Recht, JuS 1994, S. 147 ff.

Dieckmann, Karl: Verwaltungsrecht - Ein Hand- und Lehrbuch zur Einführung in die Verfassung und innere Verwaltung des Deutschen Reichs und Preußens, 2. u. 3. Auflage, Berlin; Vahlen, 1923

Drygala, Tim: Auswirkung der Neuregelung der §§ 17, 17 a GVG auf die Prozeßaufrechnung im Arbeitsrecht, NZA 1992, S. 294 ff.

Ebsen, Ingwer: Öffentlich-rechtliche Aufrechnung und Forderungsdurchsetzung durch Verwaltungsakt, DÖV 1982, S. 389 ff.

Ehlers, Dirk: Die Aufrechnung im öffentlichen Recht, JuS 1990, S. 777 ff.

Ehlers, Dirk: Die Klagearten und besonderen Sachentscheidungsvoraussetzungen im Kommunalverfassungsstreitverfahren, NVwZ 1990, S. 105 ff.

Ehlers, Dirk: Die Rechtsnatur der Aufrechnung im öffentlichen Recht, NVwZ 1983, S. 446 ff.

Ehlers, Dirk: Rechtsverhältnisse in der Leistungsverwaltung, DVBl. 1986, S. 912 ff.

Engel, Christoph: Planungssicherheit für Unternehmen durch Verwaltungsakt, Diss. 1992, Tübingen; Mohr, 1992

Engelhardt, Hanns/App, Michael: Verwaltungsvollstreckungsgesetz, Verwaltungszustellungsgesetz, 3. Auflage, München; Beck, 1992

Enneccerus, Ludwig/Kipp, Theodor/Wolff, Martin: Lehrbuch des Bürgerlichen Rechts, Band 2, Recht der Schuldverhältnisse, 14. Bearbeitung, v. Lehmann, Heinrich, Tübingen; Mohr, 1954, (zit.: Enneccerus/Lehmann)

Erichsen, Hans-Uwe/Klenke, Reiner: Rechtsfragen der aufschiebenden Wirkung des § 80 VwGO, DÖV 1976, S. 833 ff.

Erichsen, Hans-Uwe/Martens, Wolfgang (Hrsg.): Allgemeines Verwaltungsrecht, 9. Auflage, Berlin, New York; de Gruyter, 1992, (zit.: Erichsen/Martens)

Erlenkämper, Friedel: Verwaltungsvollstreckungsgesetz Nordrhein-Westfalen, 3. Auflage, Köln u. a.; Deutscher Gemeindeverlag, 1981

Erman, Walter/Westermann, Harm Peter (Hrsg.): Bürgerliches Recht, 9. Auflage, Münster; Aschendorff, 1993, (zit.: Erman/Bearbeiter)

Eyermann, Erich/Fröhler, Ludwig: Verwaltungsgerichtsordnung, 9. Auflage, München; Beck, 1988

Finkelnburg, Klaus/Jank, Klaus Peter: Vorläufiger Rechtsschutz im Verwaltungsstreitverfahren, 3. Auflage, München; Beck, 1986

Fischer, Peter: Rechtsschutz gegen die Vollstreckung aus Verwaltungsakten - unter Berücksichtigung der Rechtsprechung des Bayerischen Verwaltungsgerichtshofs, BayVBl. 1980, S. 173 ff.

Fleiner, Fritz: Institutionen des Deutschen Verwaltungsrechts, 2. Neudruck der 8. Auflage (Tübingen 1928); Scientia Verlag Aalen, 1963

Fliegauf, Harald/Maurer, Volkhard: Verwaltungsvollstreckungsgesetz für Baden-Württemberg, 2. Auflage, Stuttgart u. a.; Kohlhammer, 1983

Forsthoff, Ernst: Lehrbuch des Verwaltungsrechts Band I, Allgemeiner Teil, 10. Auflage, München; Beck, 1973

Forsthoff, Ernst: Lehrbuch des Verwaltungsrechts, Band I, Allgemeiner Teil, München, Berlin; Beck, 1950

Friedrichs, Karl: Verwaltungsrechtspflege, Erster Band, Berlin; Heymanns, 1920

Gaul, Hans Friedhelm: Die Mitwirkung des Zivilgerichts an der Vollstreckung von Verwaltungsakten und verwaltungsgerichtlichen Entscheidungen, JZ 1979, S. 496 ff.

Gernhuber, Joachim: Handbuch des Schuldrechts, Band 3: Die Erfüllung und ihre Surrogate, Tübingen; Mohr, 1983

Glose, Thomas: Probleme der Aufrechnung im öffentlichen Recht, DÖV 1990, S. 146 ff.

Götz, Volkmar: Allgemeines Verwaltungsrecht, 3. Auflage, München; Beck, 1985

Groß, Rolf/Kreiling, Harald: Zivilprozessuale Rechtsbehelfe bei Vollstreckungsmaßnahmen der Verwaltung?, DVBl. 1964, S. 863 ff.

Grüner, Hans: Sozialgesetzbuch, Loseblatt Stand 1980, Percha, Kempfenhausen; R. Schulz

Grunsky, Wolfgang: Die Rückwirkung der Aufrechnung, JuS 1963, S. 102 ff.

Günther, Hellmuth: Kostenentscheidung nach beiderseitiger Erledigungserklärung, DVBl. 1988, S. 612 ff.

Hartmann: Können die bürgerlichen Gerichte über öffentlichrechtliche Gegenforderungen entscheiden?, DJZ 1912, S. 1519

Hartmann: Über die Zulässigkeit gegenseitiger Aufrechnung öffentlichrechtlicher und privatrechtlicher Forderungen, VerwArch.Bd. 25 (1917), S. 389 ff.

Hatschek, Julius: Lehrbuch des deutschen und preußischen Verwaltungsrechts, 3. u. 4. Auflage, Leipzig, Erlangen; Deichertsche Verlagsbuchhandlung, 1924

Hauck, Karl: Sozialgesetzbuch I Allgemeiner Teil, Loseblatt Stand Dez. 1994, Berlin; E. Schmidt

Haueisen: Die Rechtsgrundlage der Vollstreckung des Verwaltungsaktes, NJW 1956, S. 1457 ff.

Heckmann, Dirk: Der Sofortvollzug staatlicher Geldforderungen, (Freiburg (Br.) Univ. Diss. 1991), Berlin; Duncker und Humblot, 1992

Henckel, Wolfram: Vom Gerechtigkeitswert verfahrensrechtlicher Normen, Göttingen; Vandenhoeck & Ruprecht, 1966

Herbsleb, Hartmut: Die Aufrechnung im Verwaltungsrecht, (Westf. Wilhelms-Univ., Münster, Diss.), 1968

Herdegen, Michael: Die Aufrechnung gegen durch Leistungsbescheid geltend gemachte Forderungen im Verwaltungsrecht, VBlBW 1984, S. 193 ff.

Hermann, Ulrike: Die Aufrechnung im Steuerrecht - Qualifikation und Wirkungen, (Passau Univ. Diss., 1992), Frankfurt a. M., Berlin, Bern u. a.; Lang, 1993

Hipp, Wolfgang: Die Aufrechnung im öffentlichen Recht, (Univ. Hamburg Diss., 1935), Hamburg; Hans Christians Druckerei und Verlag, 1935

Hoffmann, Uwe: § 17 Abs. 2 Satz 1 GVG und der allgemeine Gerichtsstand des Sachzusammenhangs, ZZP 1994 (Band 107), S. 3 ff.

Hoheisel: Zur Aufrechnung bei öffentlich-rechtlichen Forderungen, PrVbl. 40 (1919), S. 570 f.

Huba, Hermann: Grundfälle zum vorläufigen Rechtsschutz nach der VwGO, JuS 1990, S. 382 ff., 805 ff., 983 ff.

Hufen, Friedhelm: Verwaltungsprozeßrecht, München; Beck, 1994

Hundt-Eßwein, Hans U.: Die Aufrechnung als Verwaltungsakt - zugleich eine Besprechung des BFH-Urteils vom 2.4.1987, VII R 148/83 - (BStBl. II, 536), DStR 1987, S. 575 ff.

Jauernig, Otmar: Zivilprozeßrecht, 24. Auflage, München; Beck, 1993

Jauernig/Schlechtriem/u. a.: Bürgerliches Gesetzbuch, 7. Aufl., München; Beck, 1994

Jellinek, Walter: Verwaltungsrecht, Berlin; Julius Springer, 1928

Josef, Eugen: Aufrechnung öffentlich-rechtlicher und privatrechtlicher Forderungen gegeneinander, VerwArch. 22 (1914), S. 369 ff.

Josef, Eugen: Gesetzwidrige Einziehung von Abgaben in ihrer Einwirkung auf die Zulässigkeit des Rechtswegs sowie Aufrechnung öffentlich-rechtlicher und privatrechtlicher Forderungen gegeneinander, VerwArch. 24 (1916), S. 324 ff.

Kissel, Rudolf: Gerichtsverfassungsgesetz, 2. Auflage, München; Beck, 1994

Klappstein, Walter: Rechtseinheit und Rechtsvielfalt im Verwaltungsrecht - Dargestellt am Beispiel der Bestandskraft von Verwaltungsakten nach dem Allgemeinen und dem Besonderen Verwaltungsrecht - (Univ. Kiel Diss. 1993/94), Heidelberg; R. v. Decker's Verlag, G. Schenk, 1994

Klein, Bodo: Auf dem Weg zum 5. VwGO-Änderungsgesetz, BayVBl. 1992, S. 196 ff.

Kleinlein, Kornelius: Der maßgebliche Zeitpunkt für die Beurteilung der Rechtmäßigkeit von Verwaltungsakten, VerwArch. 81 (1990), S. 149 ff.

Knack, Hanns Joachim: Verwaltungsverfahrensgesetz, 4. Auflage, (zit.: Berb., in: Knack),Köln, Berlin u.a.; Heymanns, 1993

Knapp, Blaise: Grundlagen des Verwaltungsrechts Band I, Übers. v. Elisabeth Gasser-Wolf, Dt.-sprachige Ausgabe der 4. Aufl. des "Précis de droit administratif", Basel, Frankfurt a. M.; Helbing und Lichtenhahn, 1992

Koch, Hans-Joachim: Allgemeines Verwaltungsrecht, Frankfurt a. M.; Metzner, 1984

Kohls, Klaus-Michael: Die Aufrechnung gegenüber Kommunalabgaben, KStZ 1985, S. 181 ff.

Kollmann, Andreas: Zur Bindungswirkung von Verwaltungsakten, DÖV 1990, S. 189 ff.

Kopp, Ferdinand: Verwaltungsgerichtsordnung, 10. Auflage, München; Beck, 1994

Krause, Peter: Rechtsformen des Verwaltungshandelns, (Saarl. Univ. Habil.), Berlin; Duncker und Humblot, 1974

Kröger, Konrad/Jakobs, Michael: Probleme der Aufrechnung im Verwaltungsprozeß, JA 1981, S. 266 ff.

Kröller, Hans-Reiner: Vollstreckungsschutz im Verwaltungszwangsverfahren, Köln u. a.; Heymanns, 1970

Larenz, Karl: Allgemeiner Teil des deutschen Bürgerlichen Rechts, 7. Auflage, München; Beck, 1989

Larenz, Karl: Lehrbuch des Schuldrechts Band I, Allgemeiner Teil, 14. Auflage, München; Beck, 1987

Leipold, Dieter: Anmerkung zu BGH, Urt. v. 12.5.1993 - VIII ZR 119/92, (ZZP, 1994 (Band 107), S. 211 ff.), ZZP 1994 (Band 107), S. 216 ff.

Löwenberg, Bernward: Die Geltendmachung von Geldforderungen im Verwaltungsrecht, (Univ. Münster Diss., 1967), Berlin; Duncker und Humblot, 1967

Lüke, Gerhard/Huppert, Ulf: Durchblick: Die Aufrechnung, JuS 1971, S. 165 ff.

Lüke, Gerhard: Aufrechnung im Verwaltungsprozeß mit einer zivilprozessualen Gegenforderung, in: Gedächtnisschrift für Geck, 1989, S. 493 ff., Köln u. a.; Heymanns, 1989

Lüke, Gerhard: Der Rechtsweg zu den Arbeitsgerichten und die dogmatische Bedeutung der Neuregelung, in: Arbeitrecht in der Bewährung, Festschrift für Otto Rudolf Kissel z. 65. Geburtstag, 1994, S. 709 ff.

Mallachow, Rolf: Die Aufrechenbarkeit publizistischer und ziviler Forderungen gegeneinander, VerwArch. 28 (1921), S. 279 ff.

Marotzke, Wolfgang: Die logische Sekunde - ein Nullum mit Dauerwirkung?, AcP 1991, S. 177 ff.

Martens, Joachim: Aufrechnung und Verrechnungsvertrag im Steuerrecht, StuW 1989, S. 69 ff.

Maurer, Hartmut: Allgemeines Verwaltungsrecht, 9. Auflage, München; Beck, 1994

Mayerhofer, Horst: Rechtsweg oder sachliche Zuständigkeit?, NJW 1992, S. 1602 ff.

Medicus, Dieter: Allgemeiner Teil des BGB, 6. Auflage, Heidelberg; C. F. Müller, 1994

Menger, Christian-Friedrich: Aus der Praxis der Verwaltung und der Verwaltungsgerichtsbarkeit, Höchstrichterliche Rechtsprechung zum Verwaltungsrecht, VerwArch. 52 (1961), S. 92 ff.

Metschies, Friedrich: Anmerkung zu OVG Münster, Urt. v. 6.4.1976 - II A 242/74 - (abgedruckt in DÖV 1976, 673 ff.), DÖV 1977, S. 142.

Metzner, Richard: Rechtsschutz gegen die Vollstreckung aus Verwaltungsakten, BayVBl. 1975, S. 640 ff.

Meyer, Hans: Die Kodifikation des Verwaltungsverfahrens und die Sanktion für Verfahrensfehler, NVwZ 1986, S. 513 ff.

Milatz, J. E.: Aufrechnung durch die Finanzverwaltung, Inf. 1984, S.101 ff.

Münchener Kommentar Bürgerliches Gesetzbuch: Schuldrecht, Allgemeiner Teil (Band 2), 3. Auflage, München; Beck, 1994, (zit.: Bearbeiter, in: MK, BGB)

Münchener Kommentar zur Zivilprozeßordnung: (Herausgegeben von Gerhard Lüke, Alfred Walchshöfer), München; Beck, 1992, (zit.: Bearbeiter, in: MK, ZPO)

Musielak, Hans-Joachim: Die Aufrechnung des Beklagten im Zivilprozeß, JuS 1994, S. 817 ff.

Nebinger, Robert: Verwaltungsrecht Allgemeiner Teil, 2. Auflage, Stuttgart; Wiss. Verlagsgesellschaft, 1949

Neupert, Helmuth: Die Aufrechnung gegen einen Leistungsbescheid und ihre Stellung im Verwaltungsprozeß - OVG Münster, NJW 1976, 2036, JuS 1978, S. 825 ff.

Obermayer, Klaus: Grundzüge des Verwaltungsrechts und des Verwaltungsprozeßrechts, 2. Auflage, Stuttgart u. a.; Boorberg, 1975

Obermayer, Klaus: Verwaltungverfahrensgesetz, 2. Auflage, Neuwied; Luchterhand, 1990

Oertmann, Paul: Die Rechtsbeständigkeit von Forderung und Gegenforderung als Erfordernis der Aufrechnung, Das Recht 1901, S. 447 ff.

Palandt: Bürgerliches Gesetzbuch, 54. Auflage, München; Beck, 1995, (zit.: Palandt/Bearbeiter)

Pawlowski, Hans-Martin: Einführung in die juristische Methodenlehre, Heidelberg; Müller, Jur. Verlag, 1986

Peine, Franz-Joseph: Allgemeines Verwaltungsrecht, Heidelberg; C. F. Müller, 1994

Peters, Horst/Hommel, Hubertus : Sozialgesetzbuch, Allgemeiner Teil, Loseblatt Stand 1.8. 1986, Stuttgart, Berlin u. a.; Kohlhammer

Pietzner, Rainer/Ronellenfitsch, Michael: Das Assessorexamen im Öffentlichen Recht, 8. Auflage, Düsseldorf; Werner, 1993

Pietzner, Rainer: Aufrechnung im Steuerprozeß, VerArch. 76 (1985), S. 87 ff.

Pietzner, Rainer: Grundfragen der Aufrechnung im öffentlichen Recht, VerwArch. 73 (1982), S. 453 ff.; VerwArch 74 (1983), S. 59 ff.

Pietzner, Rainer: Zur einseitigen Erledigungserklärung im Verwaltungsprozeß, VerwArch. 77 (1986), S. 299 ff.

Plagemann, Hermann: Vorläufiger Rechtsschutz im Verfahren vor den Sozialgerichten, Essen; Jur. Fachbuchverlag, 1979

Planck, G.: Kommentar zum Bürgerlichen Gesetzbuch nebst Einführungsgesetzen, Band 2, 1. Hälfte, 1914, 4. u. 5. Auflage 1913 - 1930, Berlin; Guttentag Verlagsbuchhandlung, (zit: Planck/Bearb.)

Quaritsch, Helmut: Die einstweilige Anordnung im Verwaltungsprozeß, VerwArch. 51 (1960), S. 210 ff.

Randak, Michael: Bindungswirkung von Verwaltungsakten, JuS 1992, S. 33 ff.

Redeker, Konrad/v. Oertzen, Hans-Joachim: Verwaltungsgerichtsordnung, 11. Auflage, Stuttgart, Berlin, Köln; Kohlhammer, 1994

Renck, Ludwig: Rechtsschutz gegen die Vollstreckung aus Verwaltungsakten - Zur Problematik von Art. 21 BayVwZVG, BayVBl. 1975, S. 637 ff.

Renck, Ludwig: Rechtsschutz gegen die Vollstreckung aus Verwaltungsakten, BayVBl. 1976, S. 682 ff.

RGRK: Das Bürgerliche Gesetzbuch Band II 1. Teil, 12. Auflage, Berlin, New York; de Gruyter, 1976, (zit: RGRK/Bearb.)

Rietdorf, Fritz/Waldhausen, Hubertus/Voss, Friedhelm: Verwaltungsvollstreckungsgesetz für das Land Nordrhein-Westfalen (VwVG NW), 2. Auflage, Wiesbaden; Kommunal- und Schulverlag KG A. Heinig, 1981

Rosenberg, Leo/Gaul, Hans Friedhelm/Schilken, Eberhard: Zwangsvollstreckungsrecht, 10. Auflage, München; Beck, 1987

Rupp, Hans Heinrich: Zur Aufrechnung mit rechtswegfremden Forderungen im Prozeß, NJW 1992, S. 3274 f.

Sadler, Gerhard: Verwaltungsvollstreckungsgesetz, 2. Auflage, Heidelberg; C. F. Müller, 1992

Sahlmüller, Fred: Nochmals: Aufrechnungsmöglichkeiten gegen Erschließungsbeiträge, KStZ 1971, S. 73 f.

Sahlmüller, Fred: Gegenforderungen im Erschließungsbeitragsrecht, BayVBl. 1970, S. 128.

Schellhammer, Kurt: Zivilprozeß, 6. Auflage, Heidelberg; C. F. Müller, 1994

Schenke, Wolf-Rüdiger/Baumeister, Peter: Der rechtswidrig gewordene Verwaltungsakt - BVerwGE 84, 111, JuS 1990, S. 547 ff.

Schenke, Wolf-Rüdiger/Baumeister, Peter: Probleme des Rechtsschutzes bei der Vollstreckung von Verwaltungsakten, NVwZ 1993, S. 1 ff.

Schenke, Wolf-Rüdiger/Ruthig, Josef: Die Aufrechnung mit rechtswegfremden Forderungen im Prozeß, NJW 1992, S. 2505 ff.

Schenke, Wolf-Rüdiger/Ruthig, Josef: Zur Aufrechnung mit rechtswegfremden Forderungen im Prozeß, NJW 1993, S. 1374 ff.

Schenke, Wolf-Rüdiger: Verwaltungsprozeßrecht, 2. Auflage, Heidelberg; C. F. Müller, 1994

Schenke, Wolf-Rüdiger: Rechtsprobleme des Konkurrentenrechtsschutzes im Wirtschaftsverwaltungsrecht, NVwZ 1993, S. 718 ff.

Schenke, Wolf-Rüdiger: Polizei- und Ordnungsrecht, in: Steiner (Hrsg.), Besonderes Verwaltungsrecht, 4. Auflage, Heidelberg; C. F. Müller, 1992, (zit.: Polizeirecht)

Schenke, Wolf-Rüdiger: Der Folgenbeseitigungsanspruch bei Verwaltungsakten mit Drittwirkung, DVBl. 1990, S. 328 ff.

Schenke, Wolf-Rüdiger: Formeller oder materieller Verwaltungsaktsbegriff?, NVwZ 1990, S. 1009 ff.

Schenke, Wolf-Rüdiger: Fälle zum Beamtenrecht, 2. Auflage, München; Beck, 1990

Schenke, Wolf-Rüdiger: Der verfahrensfehlerhafte Verwaltungsakt gem. § 46 VwVfG, DÖV 1986, S. 305 ff.

Schenke, Wolf-Rüdiger: Probleme des vorläufigen Rechtsschutzes gem. § 80 Abs. 5 VwGO, DVBl. 1986, S. 9 ff.

Schenke, Wolf-Rüdiger: Die Fortsetzungsfeststellungsklage, in: Festschrift für Christian Friedrich Menger, 1985, S. 461 ff.

Schenke, Wolf-Rüdiger: Probleme der Bestandskraft von Verwaltungsakten, DÖV 1983, S. 320 ff.

Schenke, Wolf-Rüdiger: Bonner Kommentar zum GG, Kommnetierung Art. 19 Abs 4, (Zweitbearbeitung), Stand Dez. 1982, Heidelberg; C. F. Müller

Schenke, Wolf-Rüdiger: Rechtsschutz gegen erledigtes Verwaltungshandeln, Jura 1980, S. 133 ff.

Schenke, Wolf-Rüdiger: Rechtsschutz gegen normatives Unrecht, Berlin, Duncker & Humblot, 1979

Schenke, Wolf-Rüdiger: Rechtsschutz gegen die Vollstreckung aus Verwaltungsakten, BayVBl. 1976, S. 680 ff.

Schenke, Wolf-Rüdiger: Vollstreckungsrechtsschutz gegen Verwaltungsakte bei nach Bestandskraft entstandenen Einwendungen gegen den zu vollstreckenden Anspruch, VerwArch. 61 (1970), S. 260 ff., 342 ff.

Schenke, Wolf-Rüdiger: Vorbeugende Unterlassungs- und Feststellungsklage im Verwaltungsprozeß, AÖR 95 (1970), S. 223 ff.

Scherzberg, Arno: Nachschieben einer kommunalen Abgabensatzung im Anfechtungsprozeß?, BayVBl. 1992, S. 426 ff.

Schilken, Eberhard: Anmerkung zu BGH - III ZR 53/90 (ZZP 1992, 83 ff.), ZZP 1992, S. 88 ff.

Schmidt, Eike: Die Prozeßaufrechnung im Spannungsfeld von Widerklage und prozessualer Einrede, ZZP 1974, S. 29 ff.

Schmidt, Walter: Die Aufrechnung mit einer in einem angefochtenen Leistungsbescheid konkretisierten Gegenforderung - BVerwGE 66, 218, JuS 1984, S. 28 ff.

Schmitt Glaeser, Walter: Verwaltungsprozeßrecht, 12. Auflage, Stuttgart u. a.; Boorberg, 1993

Schneider, Werner: Verwaltungsvollstreckungsgesetz für Baden-Württemberg, Stuttgart; Boorberg, 1974

Schoch, Friedrich: Der vorläufige Rechtsschutz im 4. VwGO-Änderungsgesetz, NVwZ 1991, S. 1121 ff.

Schoch, Friedrich: Vorläufiger Rechtsschutz und Risikoverteilung im Verwaltungsrecht, Heidelberg; R. v. Decker's Verlag, G. Schenck, 1988

Schumann, Herbert: Können privatrechtliche und öffentlichrechtliche Forderungen gegeneinander aufgerechnet werden?, (Univ. Heidelberg Diss., 1916), Borna-Leipzig; Robert Noske Dissertationsdruck, 1916

Schwabe, Jürgen: Verwaltungsprozeßrecht, 3. Auflage, Düsseldorf; Werner, 1991

Schweickhardt, Rudolf (Hrsg.): Allgemeines Verwaltungsrecht, 4. Auflage, Stuttgart u. a.; Kohlhammer, 1985

Seibert, Max-Jürgen: Der praktische Fall, Öffentliches Recht: Verbotswidriges Parken, JuS 1985, S. 625 ff.

Seibert, Max-Jürgen: Die Bindungswirkung von Verwaltungsakten, (Univ. Bonn Diss. 1988), Baden-Baden; Nomos, 1989

Soergel, Hans Theodor: Bürgerliches Gesetzbuch, Schuldrecht I (Band 2), 12. Auflage, Stutgart, Berlin u. a.; Kohlhammer, 1990, (zit.: Soergel/Bearbeiter)

Staudinger, Julius v. (Begr.): Kommentar zum Bürgerlichen Gesetzbuch, 12. Auflage, Band 2, Schweitzer, de Gruyter & Co, Berlin, 1994

Stein, Friedrich/Jonas, Martin: Zivilprozeßordnung, 21. Auflage, Tübingen; Mohr, 1994, (zit.: Berb. in: Stein/Jonas)

Sussmann, Julius: Die Aufrechnung im öffentlichen Recht, namentlich ihre Berücksichtigung im Prozeß, (Univ. Heidelberg Diss., o. J.); Druck: Berthold Levy, Berlin, o. J.

Tezner, Friedrich: Die Privatrechtstitel im öffentlichen Recht, AöR Bd. 9 (1894), S. 325 ff., 489 ff.

Thomas, Heinz/Putzo, Hans: Zivilprozeßordnung, 18. Auflage, München; Beck, 1993

Tiemann, Burkhard: Aufrechnungsmöglichkeiten gegen Erschließungsbeiträge, KStZ 1971, S. 6 ff.

Tiemann, Burkhard: Nochmals: Aufrechnungsmöglichkeiten gegen Erschließungsbeiträge, KStZ 1971, S. 176 f.

Tipke, Klaus/Kruse, Wilhelm: Abgabenordnung, 10. Auflage, Köln; O. Schmidt, Stand 1994

Tipke, Klaus/Lang, Joachim: Steuerrecht, 13. Auflage, Köln; O. Schmidt, 1991

Traulsen, Hans-Dietrich: Die Rechtsbehelfe im Verwaltungsvollstreckungsverfahren, (Univ. Tübingen Diss. 1969), Berlin; Duncker und Humblot, 1970

Trupp, Andreas: Zum Problem der Aufrechnung mit einer verjährten Forderung, JR 1991, S. 497 ff.

Ule, Carl-Hermann: Verwaltungsprozeßrecht, 9. Auflage, München; Beck, 1987

v. Mutius, Albert: Rechtsgrundlagen und verfassungsrechtliche Grenzen der Verwaltungsvollstreckung, in: Verwaltungsvollstreckung, Schriftenreihe Lorenz von Stein Institut für Verwaltungswissenschaften, Christian Albrecht Universität Kiel, Dokumentation der Fachtagung v. 20.10.1986, S. 13 ff.

Vahle, Jürgen: Vollstreckung und Rechtsschutz im Verwaltungsrecht, 3. Auflage, Essen; Hamann, 1991

Vallendar, Willi: Ist die Aufrechnung des Dienstherrn ein Verwaltungsakt?, Anmerkung zum Urteil des BVerwG vom 13.10.1971 - VI C 137.67 DÖD 1972, 57, DÖD 1972, S. 52 f.

Veitenthal, Hermann: Die Aufrechnung im Verwaltungsrecht, BayVBl. 1990, S. 615 ff.

Weber, Hermann: Beitragsrückgewähr nach irrtümlich angenommener Mitgliedschaft in Zwangsverbänden - OVG Hamburg, MDR 1968 1036 -, JuS 1970, S. 169 ff.

Weber, Martin: Vorläufiger Rechtsschutz bei subventionsrechtlichen Konkurrentenklagen, (Frankfurt/M. Univ. Diss., 1990), Frankfurt/M.; Lang, 1990

Weidemann, Clemens: Die Rechtsnatur der Aufrechnung im Verwaltungsrecht - unter besonderer Berücksichtigung des Beamtenrechts, DVBl. 1981, S. 113 ff.

Wolff, Hans J./Bachof, Otto/Stober, Rolf: Verwaltungsrecht I, 10. Auflage, München; Beck 1994

Wolff, Hans J./Bachof, Otto: Verwaltungsrecht III, 4. Auflage, München; Beck, 1978

Wolff, Hans J.: Verwaltungsrecht I, 9. Auflage, München; Beck, 1974

Würtenberger, Thomas: Verwaltungsgerichtsbarkeit, München; Beck, 1990

Wüterich, Christoph: Aussetzung der Vollziehung und Säumniszuschläge, NVwZ 1987, S. 959 ff.

Zeiss, Walter: Zivilprozeßrecht, 8. Auflage, Tübingen; Mohr, 1993

Zimmermann, Walter: ZPO, 3. Auflage, Heidelberg; C. F. Müller, 1993

Zöller, Richard: Zivilprozeßordnung, 19. Auflage, Köln; O. Schmidt, 1995 (zit.: Zöller/Bearbeiter)

Stephan Südhoff

Der Folgenbeseitigungsanspruch als Grundlage verwaltungsverfahrensrechtlicher Verwertungsverbote

Frankfurt/M., Berlin, Bern, New York, Paris, Wien, 1995. 287 S.
Europäische Hochschulschriften: Reihe 2, Rechtswissenschaft. Bd. 1688
ISBN 3-631-48235-3 br. DM 84.--*

Die Studie zeigt zunächst den Entwicklungsstand der Verwertungsverbotslehre im Strafprozeßrecht, dem Bundesdisziplinarrecht, dem Strafrecht, dem Kartellrecht (unter Einbeziehung des Europäischen Kartellrechts) und dem Sozialverfahrensrecht auf. Untersucht wird, inwieweit sich strafprozessuale Erkenntnisse überhaupt auf das Verwaltungsverfahren transferieren lassen. Zu klären ist ferner, warum das Institut des Folgenbeseitigungsanspruchs - und nicht der grundrechtlich gewährleistete Unterlassungsanspruch - über die Sanktion des Verwertungsverbotes im Falle der Verletzung subjektiver Rechte entscheidet. Unter Anwendung der Struktur des Folgenbeseitigungsanpruchs werden die wesentlichen Fragen einer für das Verwaltungsverfahren zutreffenden Lösung zugeführt.

Aus dem Inhalt: Verwertungsverbote im Strafprozeßrecht und besonderen Verwaltungsverfahren (Disziplinarrecht/Steuerrecht/Kartellrecht; Europäisches Kartellrecht/Sozialverfahrensrecht) · Verwertungsverbote im Verwaltungsverfahren (Dogmatische Verortung) · Einzelheiten der Verwertungsverbotslehre unter Anwendung der Struktur des Folgebeseitigungsanspruches

Printed by
CPI books GmbH, Leck

FSC
www.fsc.org
MIX
Papier | Fördert gute Waldnutzung
FSC® C083411

Kolibri 360 GmbH
Ferdinand-Jühlke-Straße 7
99095 Erfurt, Deutschland
produktsicherheit@kolibri360.de